EINE FAMILIE – ZWEI SPRACHEN

Explorative pädolinguistische Fallstudie
über die zweisprachige Erziehung
zweier Kinder im Vorschulalter

RUDOLF PISEK

Die Deutsche Bibliothek – CIP-Einheitsaufnahme
Ein Titeldateisatz für diese Publikation ist bei der Deutschen Bibliothek erhältlich.

ISBN 3-901249-62-1

Herstellung: Books on Demand GmbH

© 2002 innsbruck university press
Alle Rechte vorbehalten

Universität Innsbruck, Innrain 52, A-6020 Innsbruck
http://www.university-press.at/

Vorwort

Die vorliegende Arbeit ist eine leicht verkürzte Fassung des Teiles 1 meiner Dissertation, die im November 2001 an der Universität Innsbruck vorgelegt und approbiert wurde.

Die Transkriptionen aller während der Beobachtungszeit aufgezeichneten Kommunikations- und Interaktionssituationen der beiden Kinder, der Interviews mit den Eltern sowie mein Forschungstagebuch sind im Teil 2 der Dissertation enthalten. Wegen ihres großen Umfanges wurde auf eine Einbeziehung dieser Materialien in die vorliegende Arbeit verzichtet.

Danken möchte ich den Professoren Dr. Peter Stöger und Dr. Michael Schratz für die vielen wertvollen Gespräche, ihr Vertrauen und die Freiheit, die sie mir bei der Gestaltung dieser Arbeit ließen.

Meiner Tochter Karin und Meinem Schwiegersohn Bernard gegenüber bin ich zu ganz besonderem Dank verpflichtet. Sie haben mich nicht nur durch ihren Entschluss, ihre Kinder zweisprachig zu erziehen, überhaupt erst auf den Gedanken gebracht, zweisprachige Kindererziehung zum Thema meiner Dissertation zu machen, sondern sie waren auch bereit, mir ihre Kinder als „Forschungsobjekte" anzuvertrauen. Außerdem haben sie mich regelmäßig mit wertvollen Informationen über interessante sprachliche Äußerungen der beiden Kinder versorgt.

Danken möchte ich auch meinem Sohn Gerhard für das sorgfältige, zeitraubende Korrekturlesen und für die Hilfe bei der Beschaffung wichtiger Literatur sowie meinem Enkelsohn David für wichtigen Problemlösungen am Computer.

Schließlich danke ich meiner Frau für die Ermutigung, diese Arbeit in Angriff zu nehmen, aber auch für ihre große Geduld und ihr Verständnis für meine fortgesetzten, intensiven Arbeiten am Computer.

Inhaltsverzeichnis

	Einleitung	9
1	**Die Studie und ihre Ziele**	13
2	**Überlegungen zur Methodenwahl**	15
2.1	Pädolinguistik als eigenständiger interdisziplinärer Forschungsbereich	15
2.2	Die Fallstudie	17
2.2.1	Begriff und Definition	18
2.2.2	Merkmale qualitativer Methodologie in Fallstudien	19
2.2.3	Schritte im Forschungsprozess	21
2.2.4	Gütekriterien für Fallstudien	22
2.2.5	Praktische Nützlichkeit	23
2.3	Die teilnehmende Beobachtung	23
2.3.1	Definition	24
2.3.2	Kennzeichen der teilnehmenden Beobachtung	25
2.3.3	Gegenstand der Beobachtung	26
2.3.4	Formen der Beobachtung	26
2.3.5	Die teilnehmende Beobachtung aus qualitativer Sicht	32
3	**Die Kinder und ihr soziales und sprachliches Umfeld**	39
3.1	Die Eltern	39
3.1.1	Die Mutter	39
3.1.2	Der Vater	40
3.2	Die Großeltern	42
3.2.1	Die Großmutter	42
3.2.2	Der Großvater	42
3.3	Andere Erzieher	48
3.4	Die Kinder	49
3.4.1	Tom	49
3.4.2	Nora	59

4 Sammeln von Daten ... 63
4.1 Arten der Daten ... 63
4.2 Aufnahmemethode ... 67

5 Zweisprachigkeit ... 73
5.1 Begriffsbestimmung ... 73
5.1.1 Was bedeutet Zweisprachigkeit? ... 73
5.1.2 Definition von Zweisprachigkeit ... 74
5.1.3 Arten der Zweisprachigkeit ... 79
5.2 Soziokulturelle Aspekte der Zweisprachigkeit ... 84
5.2.1 Sprache und Nationalität ... 84
5.2.2 Das Wiederaufleben sprachlicher Verschiedenheiten ... 88
5.3 Auswirkungen der Zweisprachigkeit auf das Kind ... 91
5.3.1 Mögliche negative Auswirkungen ... 92
5.3.2 Mögliche positive Auswirkungen ... 96
5.3.3 Keine Auswirkungen ... 100

6 Sprachkontakte und Spracherziehungsmethoden ... 103
6.1 Fallstudien nach der „one parent – one language" Methode ... 103
6.2 Rahmenbedingungen und Prinzipien für Toms und Noras bilinguale Erziehung ... 113

7 Wie kommt das Kind zur Sprache?
7.1 Zusammenhang zwischen Erst- und Zweitspracherwerb ... 133
7.2 Modelle des Spracherwerbs ... 134
7.2.1 Spracherwerb und geistige Entwicklung des Menschen (Piaget) ... 135
7.2.2 Spracherwerb und soziale Entwicklung des Menschen (Wygotski) ... 140
7.2.3 Spracherwerb und physische Entwicklung des Menschen (Lenneberg) ... 142
7.2.4 Das behavioristische Modell (Skinner) ... 144
7.2.5 Das nativistische Modell (Chomsky) ... 155
7.2.6 Exkurs: Sprache und Denken: Die Whorf-Theorie ... 163
7.2.7 Sprache aus gemeinsamer Handlung von Mutter und

		Kind (Bruner)	168
		7.2.7.1 Spiel und Sprache (Das „Format")	170
		7.2.7.2 „Bücher lesen"	173

8 Ein Sprachsystem oder zwei Sprachsysteme?   179

9 Merkmale bilingualer Sprache   189

9.1	Sprachverweigerung		189
	9.1.1	Tom	190
	9.1.2	Nora	196
9.2	Produktive und rezeptive Zweisprachigkeit		207
9.3	Stottern		214
9.4	Sprachverspätung		218
	9.4.1	Entwicklung sprachlicher Strukturen	219
		9.4.1.1 Einwortsätze	219
		9.4.1.2 Zweiwortsätze	222
		9.4.1.3 Drei- und Mehrwortäußerungen	224
9.5	Sprachmischung		227
	9.5.1	Was versteht man unter Sprachmischung?	227
	9.5.2	Studien über Sprachmischung	228
	9.5.3	Sprachmischungen bei Tom und Nora	246
9.6	Interferenz		255
	9.6.1	Was ist Interferenz?	255
	9.6.2	Interferenzen bei Tom und Nora	258
9.7	Sprachwechsel		271

10 Die Rolle der Inputsprache   275

10.1	Funktion und Wirkung der an Kinder gerichteten Sprache (KGS)	279
10.2	Vorlese- und Kommunikationssprache	288
10.3	Von den ersten Versteckspielen zum Spielen mit der Sprache	294

11 Emotionale Zuwendung   297

12	**Zweisprachigkeit, Kultur und Identität**		307
	12.1 Definition des Begriffes Identität		307
	12.2 Idealistische und rationalistische Sprachauffassung		308
	12.3 Von der Identität der Eltern zur Identität der Kinder		314
		12.3.1 Der Vater	314
		12.3.1.1 Zweisprachigkeit, Multikulturalität und Identität in Neuseeland	314
		12.3.1.2 Sprachprobleme des Vaters und ihre Auswirkungen	317
		12.3.1.3 Zweisprachigkeit und Identität	319
		12.3.1.4 Der Einfluss des Ehepartners auf die eigene Identität	322
		12.3.2 Die Mutter	323
		12.3.3 Die Kinder	325
		12.3.3.1 Ihre Vornamen	325
		12.3.3.2 Von der Identität der Eltern zur Sozialisation der Kinder	326
		12.3.3.3 Identität der Kinder in einer internationalisierten Welt	328
	12.4 Sprache und Kultur		329
		12.4.1 Definition des Begriffes Kultur	330
		12.4.2 Sind zweisprachige Kinder gleichzeitig bikulturell?	332
13	**Das Sprach- und Sozialverhalten der Kinder in einem fremdsprachigen Umfeld**		337
	13.1 England		337
		13.1.1 Tom	339
		13.1.2 Nora	350
	13.2 Ungarn		354
		13.2.1 Tom	357
		13.2.2 Nora	361
14	**Erkenntnisse und Schlussfolgerungen**		365
15	**Literaturverzeichnis**		377

Einleitung

Das Interesse am Studium der sprachlichen Entwicklung zweisprachiger Kinder hat in den letzten Jahren stark zugenommen. Diese Entwicklung kann auf zwei Faktoren zurückzuführen sein: Erstens auf das wachsende Bewusstsein der Bedeutung von Zwei- und Mehrsprachigkeit in einer immer stärker wachsenden Internationalisierung und Globalisierung unserer Welt; und zweitens auf das steigende Interesse an interdisziplinären Studien über den Spracherwerb im Allgemeinen.

Bei meiner Suche nach Literatur zum Thema zweisprachige Kindererziehung stieß ich u. a. auf eine große Zahl von Fallstudien. Neben unterschiedlichen inhaltlichen Schwerpunktsetzungen unterschieden sich diese Fallstudien vor allem in einem wesentlichen Punkt: Die eine Gruppe von Spracherwerbsforschern sammelte die Daten in der eigenen Familie, die andere Gruppe untersuchte die sprachliche Entwicklung fremder Kinder. So führten zum Beispiel Ronjat (1913), Leopold (1949), Fantini (1976), Taeschner (1983), Porschè (1983), Saunders (1988) und Kielhöfer und Jonekeit (1998) ihre Studien als Mütter bzw. Väter ihrer eigenen, zweisprachig aufwachsenden Kinder durch, während De Houwer (1990), Arnberg (1991), Döpke (1992) oder Lanza (1997) bestimmte Aspekte einer zweisprachigen Erziehung und Entwicklung am Beispiel fremder Kinder erforschten. Es ist mir keine Fallstudie bekannt, in der so wie im vorliegenden Fall der Forscher als Großvater versucht, die zweisprachige Entwicklung zweier Enkelkinder im Vorschulalter zu beschreiben.

Meine Position als Großvater beinhaltet meiner Meinung nach Vorteile aus beiden Gruppen. Als Großvater kenne ich meine „Forschungsobjekte" und ihre Umgebung sehr gut, und die den Kindern vertraute und übliche familiäre Situation – und damit auch ihr Sprachverhalten – wird durch mich in keiner Weise beeinflusst oder verändert, wie das bei der Anwesenheit eines fremden Beobachters der Fall sein kann. Für die beiden Kinder bin ich immer der Opa, der mit ihnen spielt, ihnen Geschichten erzählt oder vorliest, und nie der Forscher, der an ihrer sprachlichen Entwicklung interessiert ist.

Andererseits wird oft der Einwand erhoben, dass Eltern ihre eigenen Kinder nicht objektiv beurteilen können, und dass die unvermeidliche Befangenheit der Eltern zu einer Verzerrung der Forschungsergebnisse führen würde. Obwohl mir klar ist, dass auch ich in meiner Situation nicht davor gefeit bin, gewisse Entwicklungen oder Erkenntnisse eher subjektiv aus meiner Rolle als Großvater und nicht sosehr objektiv als Forscher zu sehen, erscheint mir die Distanz zwischen mir und den Kindern doch groß genug zu sein, um die zweisprachige Entwicklung der beiden Kinder möglichst objektiv zu beschreiben und beurteilen zu können. Und obwohl mit bewusst ist, dass ich nur Einblick in einen kleinen Ausschnitt ihres sprachlichen und sozialen Handelns gewinnen konnte, glaube ich doch, dass die gewonnenen Materialien für eine Beschreibung der bilingualen Entwicklung der beiden Kinder ausreichen.

Die vorliegende Arbeit ist wie folgt gegliedert:

Im Kapitel 1 werden die Ziele meiner Studie dargestellt.

Im Kapitel 2 wird meine Entscheidung begründet, die Untersuchung als pädolinguistische Fallstudie mit Hilfe qualitativer Forschungsmethoden in Form einer teilnehmenden Beobachtung durchzuführen. Außerdem wird die teilnehmende Beobachtung aus qualitativer Sicht beschrieben.

Im Kapitel 3 werden die beiden Kinder und ihr soziales und sprachliches Umfeld beschrieben und der Entschluss der Eltern erklärt, ihre Kinder zweisprachig (deutsch – englisch) zu erziehen.

Im Kapitel 4 wird dargestellt, wie die Daten für die Studie gewonnen und festgehalten wurden. Es wird auch begründet, warum für die Datenerhebung nur spontane Sprache der beiden Kinder in natürliche Interaktions- und Kommunikationssituationen aufgezeichnet wurde.

Im Kapitel 5 werden zuerst detaillierte Begriffsbestimmungen zum Thema Zweisprachigkeit durchgeführt. Ausgehend von den verschiedenen Definitionen über den Begriff Zweisprachigkeit werden dann soziolinguistische Aspekte der Zweisprachigkeit dargestellt. Weiters werden Auswirkungen einer Zweisprachigkeit auf das Kind untersucht.

Im ersten Teil des Kapitels 6 werden anhand konkreter Beispiele (Ronjat, Leopold, Taeschner, Saunders, Kielhöfer und Jonekeit u. a. m.) verschiedene Methoden zweisprachiger Erziehung aufgezeigt. Im zweiten Teil dieses Kapitels werden die Rahmenbedingungen für die bilinguale Erziehung der Kinder Tom und

Nora dargelegt und die Entscheidung der Eltern für die *„one person – one language"* Methode begründet.

Im Kapitel 7 werden wichtige Modelle des Spracherwerbs beschrieben (Piaget, Wygotski, Lenneberg, Skinner, Chomsky, Bruner), die sowohl den Erst- als auch den Zweitspracherwerb des Kindes in die gesamte Entwicklung seiner Persönlichkeit eingebunden sehen, und aus denen Aussagen über einen bilingualen Spracherwerb abgeleitet werden können. Außerdem wird in diesem Kapitel auf Whorfs Theorie über den Zusammenhang zwischen Sprache und Denken eingegangen.

Im Kapitel 8 wird versucht, die Frage zu beantworten, ob Kinder, die von Anfang an zwei Sprachen simultan erwerben, beim Beginn ihres Spracherwerbs nur ein einziges linguistisches System besitzen, das sich erst allmählich zu zwei getrennten Systemen entwickelt, oder ob Kinder bereits von der frühesten Stufe ihrer sprachlichen Entwicklung an in der Lage sind, diese zwei Sprachsysteme zu trennen.

Im Kapitel 9 werden typische Merkmale bilingualer Sprache wie Stottern, Sprachverweigerung, Sprachverzögerung, Sprachmischung, Interferenz und Sprachenwechsel am Beispiel der beiden Kinder beschrieben. Außerdem wird untersucht, wie sich Unterschiede in der Spracherziehungsmethode auf den Spracherwerb der beiden Kinder auswirkten.

Im Kapitel 10 wird die Rolle der Inputsprache auf den bilingualen Spracherwerb von Kindern sowie die Bedeutung von Sprachspielen untersucht. Außerdem wird das Sprachverhalten der Kinder in Vorlese- und Erzählsituationen beschrieben.

Im Kapitel 11 wird die Bedeutung emotionaler Zuwendung für den bilingualen Spracherwerb dargestellt.

Das Kapitel 12 beschäftigt sich mit dem Zusammenhang von Sprache, Kultur und Identität. Am konkreten Beispiel der beiden Kinder und ihrer Eltern werden u. a. folgende Fragen untersucht: Gehören Zweisprachigkeit, Multikulturalität und Bi-Identität zwangsläufig zusammen? Bringt die Zweisprachigkeit eine doppelte Welt- und Wirklichkeitsanschauung? Kann Zweisprachigkeit zu Identitätsverlust und Heimatlosigkeit führen?

Im Kapitel 13 wird das Sprach- und Sozialverhalten der beiden Kinder in einem fremdsprachigen Umfeld beschrieben, und zwar nicht nur im Kontakt mit Native Speakers, sondern auch in Situationen, in denen Englisch als Lingua franca gesprochen wurde.

Im Kapitel 14 werden die Erkenntnisse und Schlussfolgerungen der Studie zusammengefasst.

1 Die Studie und ihre Ziele

Die vorliegende Arbeit ist eine Fallstudie über den Spracherwerb zweier zweisprachiger Kinder. Sie basiert auf einer Langzeitbeobachtung über einen Zeitraum von einem Jahr. Die notwendigen Daten wurden aus der Teilnahme am täglichen Leben der beiden Kinder gewonnen.

Die Hauptziele der Studie waren folgende:
(1) Mit dieser Fallstudie einen Beitrag zum aktuellen Stand der Forschung über zweisprachige Kindererziehung zu leisten.
(2) Zu überprüfen, wie – und ob überhaupt – sich der Lernprozess beim Erwerb zweier Sprachen vom Prozess beim Erwerb einer Sprache unterscheidet.
(3) Herauszufinden, wie und wann ein Kind beginnt, Sprachen zu unterscheiden, sodass es schließlich erkennt, dass es zwei unterschiedliche linguistische Systeme verwendet.
(4) Zu beschreiben, wie gewisse Merkmale bilingualer Sprache (Sprachverweigerung, Sprachmischung, Sprachenwechsel, Interferenz) bei den beiden Kindern zum Ausdruck kommen.
(5) Eine Wechselbeziehung herauszufinden zwischen der Konsequenz der Erzieher bei der Wahl der Sprache und der Bereitschaft der Kinder, am Grundsatz *„one person – one language"* festzuhalten.
(6) Die Möglichkeit zu überprüfen, ob eine geringere Quantität im Kontakt mit der schwächeren Sprache durch die Qualität der Sprachvorbilder und der Interaktion kompensiert werden kann.
(7) Einen allgemeinen Eindruck über Ausmaß und Umfang der sprachlichen Fähigkeiten der Kinder in den beiden Sprachen zu gewinnen.
(8) Zu untersuchen, wie weit sich die durch eine Übersiedlung geänderten Voraussetzungen auf die zweisprachige Entwicklung der beiden Kinder auswirkt.
(9) Zu untersuchen, welche Techniken die Erzieher – bewusst oder unbewusst – anwenden, um den Kindern die beiden Sprachen zu vermitteln.

(10) Zu untersuchen, wie weit und in welcher Form die zweisprachige Erziehung der beiden Kinder die Interaktion innerhalb der Familie beeinflusst.

(11) Zu untersuchen, ob und in welcher Form es bereits bei Kindern in diesem Alter möglich ist, zweisprachige Erziehung mit interkultureller Erziehung zu verbinden.

(12) Die sprachliche Entwicklung des Mädchens Nora mit der ihres älteren Bruders Tom zu vergleichen.

(13) Zu untersuchen, ob sich die Entwicklungsstufen im Spracherwerb bei bilingualen Kindern von denen einsprachig aufwachsender Kinder unterscheiden.

(14) Zu untersuche, wie es die Kinder bewerkstelligen, ihre Wünsche und Vorstellungen zu äußern, gleichgültig wie ungrammatisch oder sprachlich „falsch" ihre Äußerungen auch sein mögen.

(15) Das Sprach- und Sozialverhalten der Kinder in einer rein englischsprachigen Umgebung bzw. in einer Umgebung zu beobachten, in der Englisch als Lingua franca verwendet wird.

(16) Einen Beitrag zu dem von der EU-Kommission und dem Europarat aufgerufenen „Europäischen Jahr der Sprachen" (2001) zu leisten.

2 Überlegungen zur Methodenwahl

Bei der vorliegenden Arbeit handelt es sich um eine explorative pädolinguistische Feldstudie, die den „Fall" zweier Kinder im Vorschulalter darstellt, und die ihre sprachliche Entwicklung zu beschreiben, zu strukturieren und zu gliedern versucht, ohne ein ganz bestimmtes Analyse-Instrument anzuwenden. Bei Studium der Fachliteratur über bilingualen Spracherwerb stellte ich fest, dass jede dieser Studien eine Fallstudie per se ist, denn so vieles ist nur individuell zu fassen: das Sprachpaar, das Alter, der Altersunterschied der beiden Kinder, ihre Wohnumwelt, die beruflichen Verhältnisse der Eltern, der Einfluss der Miterzieher, die spezielle Rolle des Großvaters u. ä. Jede dieser Fallstudien wirft interessante und neue Fragen auf, ohne den empirischen Beweis über eine bestimmte Entwicklungsreihe erbringen zu wollen und zu können. *„Erkannt werden soll, was den besonderen Fall, der studiert wird, bestimmt und von anderen Fällen unterscheidet"* (Ziegler 2000, 27).

Im Folgenden möchte ich meine Methodenwahl begründen.

2.1 Pädolinguistik als eigenständiger interdisziplinärer Forschungsbereich

(Duden-Fremdwörterbuch 1997, Seite 584: *„Pädolinguistik": Teilgebiet der angewandten Sprachwissenschaft, auf dem man sich mit den Stadien des Spracherwerbs und der systematischen Entwicklung der Kindersprache beschäftigt*).

Die Erforschung der gesprochenen Sprache, insbesondere der primäre Spracherwerb und die Sprache des Vorschulkindes, gehören zu den interdisziplinären Forschungsbereichen, die sich erst relativ spät entwickelt haben. Dies hängt vor allem mit der Entwicklung der Linguistik und Philosophie zusammen. Die Linguistik war im 19. Jahrhundert historisch orientiert und hatte als Gegenstand die Schriftsprachen europäischer Kulturvölker. Erst allmählich konnte seit dem 2. Weltkrieg ein steigendes Interesse an der Erforschung der gesprochenen Sprache festgestellt werden.

Die eigentlichen Begründer der Kindersprachenforschung waren nach Oksaar (1987) aber keine Sprachwissenschaftler, sondern Philosophen, Mediziner, Psychologen und

Pädagogen. Ein Höhepunkt der von den Psychologen vertretenen Kindersprachenforschung wurde Anfang des 20. Jahrhunderts mit den Werken von Clara und William Stern erreicht. Sie leiteten die moderne Pädolinguistik ein.

Nach Oksaar hängen Erwerb, Produktion und Verstehen der Sprache neben der Psychologie und Linguistik auch mit anderen Wissenschaften vom Menschen zusammen,

> *„da Sprache in einem biologischen und sozialen Kontext existiert und sich entwickelt. Sie funktioniert als primäres Mittel des menschlichen Ausdrucks und der Kommunikation; mit der Sprache zusammen werden auch soziale Normen und Verhaltensweisen und kulturelle Tradierungen erworben. Ein Verständnis des Spracherwerbs und der Sprachentwicklung eines Individuums setzt die Berücksichtigung der Tatsache voraus, daß der Mensch ein biologisches, soziales und kulturell—geistiges Wesen ist"* (1987, 10).

Für ihre zentralen Aufgabe, nämlich die Entstehung und Entwicklung der kommunikativen Kompetenz des Kindes zu untersuchen, muss sich die Pädolinguistik das gesicherte Wissen anderer Wissenschaften, denen es um die Entwicklung des Menschen geht, (z. B. der Soziologie, der Kulturanthropologie oder der Medizin) zu Eigen machen. Für Oksaar (1987) ist Pädolinguistik ein interdisziplinärer Forschungsbereich, wobei für sie die Interdisziplinarität nicht nur als eine reine Koexistenz verschiedener Wissenschaften zu verstehen ist, durch die ein Problem von verschiedenen Seiten beleuchtet wird. *„Vielmehr wird sie hier verstanden als eine Synthese, als die Einbeziehung von verschiedenen Techniken, theoretisch-methodischen Ansätzen und grundlegenden Paradigmen in einer Weise, die ich als eine sich am Forschungsgegenstand orientierende kreative Integration bezeichnen möchte"* (Oksaar 1987, 11).

Für Oksaar (1987) erscheint es daher angebracht, die Wissenschaft, deren Forschungsgegenstand die Sprache und Sprachentwicklung der Kinder ist, als eigenständige Disziplin der Sprachwissenschaft zu betrachten, und zwar als *Pädolinguistik* (diesen Terminus hatte der tschechische Phonetiker Karel Ohnesorg im Jahre 1955 vorgeschlagen). Dabei umfasst der Forschungsbereich der Pädolinguistik für Oksaar nur Kinder bis zum Volksschulalter. Es ist also das Alter, in dem sich die beiden Kinder Tom und Nora befinden, deren sprachliche Entwicklung von mir beobachtet wurde und nun beschrieben werden soll.

Die Grenzziehung beim Eintritt in die Schule, d. h. bei einem Alter von etwa sechs bis sieben Jahren, ergibt sich für Oksaar (1987) aus der Tatsache, dass erstens bis dahin gewöhnlich nur ein Sprachtyp – die gesprochene Sprache – das einzige sprachliche Mittel des Kindes ist, und dass zweitens dann das wesentlichste Stadium der Sprachentwicklung abgeschlossen ist.

Oksaar (1987, 12) gliedert den pädolinguistischen Forschungsbereich in zwei Hauptgebiete, die sie als *sprachliche Ontogenese* und als die *primäre Erweiterungsstufe* bezeichnet.

Unter *sprachlicher Ontogenese* versteht sie die Entwicklung der Sprache in der Periode des Baby- und Kleinkindalters, die etwa die ersten vier Lebensjahre umfasst. *„In der Endphase dieser Stufe verfügen deutsche und englischsprechende Kinder schon über eine Reihe wichtiger syntaktischer Regeln ihrer Sprache"* (Oksaar 1987, 12). Nora befand sich während der Zeit meiner Beobachtungen in dieser Periode der sprachlichen Ontogenese.

Die *primäre Erweiterungsstufe*, die vom vierten bis zum sechsten oder siebenten Lebensjahr verläuft, ist für Oksaar sprachlich gekennzeichnet durch die verfeinerte Verwendung lexikalischer und grammatischer Elemente. Weiters ist sie gekennzeichnet durch einen sich ausbreitenden Sozialisierungsprozess, durch zunehmende Umwelteinflüsse, da der Kontakt mit Menschen außerhalb der Familie durch Spielgefährten und Kindergarten zunimmt. Es ist die Periode, in der *„die kognitiven und orektischen[1] Merkmale der Kinder in stärkerem Maße ihren individuellen Ausdruck finden"* (Lewis 1970. In: Oksaar 1987, 12). Alle diese Merkmale treffen auf Tom zu.

2.2 Die Fallstudie

In der erziehungswissenschaftlichen Forschung der letzten Jahre hat das Interesse an Fallstudien und an der sogenannten „narrativen Forschung" (Huschke-Rhein 1991,

126) stark zugenommen. Unter „narrativer Forschung" versteht Huschke-Rhein die Erforschung von Biographien, Lebensgeschichten *„oder einfach von Ereignissen und Fallgeschichten"* (1991, 126). Damit soll in der Erziehungswissenschaft etwas nachgeholt werden, das in anderen Fachgebieten, z. B. in der Jurisprudenz oder in der Medizin, eine lange Tradition hat: Das Lernen am Fall, die Kasuistik.

2.2.1 Begriff und Definition

Die Fallstudie, nach Lamnek *„ein idealtypisches Forschungsmuster qualitativen Zuschnitts"* (1995, 2), ist dadurch charakterisiert, dass sie ein einzelnes soziales Element als Untersuchungsobjekt und –element wählt. In der Erziehungswissenschaft bieten sich nach Huschke-Rhein (1991, 130) vor allem fünf Bereiche an, die als Themen für Fallstudien geeignet sind:

- eine Person
- eine Gruppe
- eine Institution
- ein Ereignis (in einer Lebenswelt)
- ein Projekt

Auch für Mayring ist es gleichgültig, ob der Gegenstand einer Fallanalyse eine einzelne Person oder ein komplexeres soziales System ist (Familie, gesellschaftliche Subgruppe usw.). *„Die Grundgedanken bleiben aber die gleichen"* (1999, 28).

Buschbeck versteht Fallstudien *„als deskriptive, differenzierte Beschreibung von Einzelfällen, die sich auf die Subjektivität des am Erziehungsprozeß Beteiligten und des beobachtenden Wissenschaftlers bewußt einlassen und nicht von vornherein auf Verallgemeinerungsfähigkeit abzielen"* (1982, 103).

Bei der Fallstudie handelt es sich nicht um eine spezifische und isolierte Technik der empirischen Sozialforschung, sondern um einen „approach", einen Forschungsansatz. *„Unter dem Ansatz der Fallanalyse wird prinzipiell das gesamte Spektrum der*

---

[1] orektisch: die Aspekte der Erfahrung wie Impuls, Haltung, Wunsch, Emotion betreffend (Duden Bd. 5 1997, 575).

sozialwissenschaftlichen Erhebungsmethoden subsumiert, weshalb man sie auch als einen approach betrachtet" (Witzel 1982. In: Lamnek 1995, 4). Nach Lamnek kann man einen solchen approach als einen Forschungsansatz verstehen, *„der die theoretischen Vorgaben der Methodologie in praktische Handlungsanweisungen umsetzt, ohne selbst Erhebungstechnik zu sein"* (ebd., 5). Unter Verwendung einer Kombination verschiedener Methoden soll versucht werden, ein ganzheitliches und damit realistisches Bild des Forschungsobjektes nachzuzeichnen.

2.2.2 Merkmale qualitativer Methodologie in Fallstudien

„Die deutend-beschreibende Fallstudie der Art, wie ich sie hier in den Mittelpunkt stelle, ist stark praxisverbunden. Sie knüpft eher an praktische Erfahrungen in pädagogischen Berufen als an wissenschaftliche Theorien an und redet lieber Mundart als akademischen Jargon" (Stenhouse 1982, 53).

Lamnek (1988, 1995) nennt vier Merkmale qualitativer Methodologie in Fallstudien, die sich von herkömmlichen quantitativen Forschungsmethoden unterscheiden:

a) Offenheit
Offenheit des Forschers bezüglich des theoretischen Konzeptes, gegenüber den untersuchten Personen sowie in der Erhebungssituation gehören zu den zentralen Prinzipien qualitativer Sozialforschung. *„Der ungemeine Vorteil der qualitativen Methoden besteht zunächst in ihrer ‚**Offenheit**', d. h. der zu erforschende Gegenstand wird von der Forschung nicht oder nur wenig strukturiert. Die Strukturierung ergibt sich während es Forschungsprozesses"* (Girtler 1992, 38. Hervorhebung R. G.). Die Forderung, der Forscher müsse den Untersuchungspersonen die Chance eröffnen, sich authentisch, d. h. unbeeinflusst und natürlich zu verhalten und zu äußern, um die Offenheit in der Entwicklung des theoretischen Konzeptes verwirklichen zu können, versuchte ich dadurch zu erfüllen, dass meine Beobachtungen im natürlichen Lebensraum der beiden Kinder (in ihrem normalen Tagesablauf und im Rahmen unserer zahlreichen und regelmäßigen sozialen, d. h. nicht zum Zwecke der Untersuchung geschaffenen Kontakte) stattfanden. *„Theoretische Konzepte und Hypothesen werden nicht aufgrund von wissenschaftlichem und alltagsweltlichem*

Vorwissen formuliert, sondern durch kontrolliertes Fremdverstehen der von den Untersuchten verwendeten Alltagskonzepte entwickelt" (Lamnek 1995, 18).

b) Kommunikativität

„Im qualitativen Paradigma wird davon ausgegangen, daß soziale Wirklichkeit durch situative Interaktionen oder Kommunikation konstruiert wird" (ebd., 19). Während von Vertretern quantitativer Forschungsmethoden die enge Interaktion zwischen Forscher und Untersuchungspersonen und der unwiederholbare Charakter einer Situation kritisiert wird, wird in der qualitativen Forschung gerade auf diese enge und intensive Bindung besonderer Wert gelegt. Demnach ist die enge soziale und emotionale Bindung, die zwischen Tom, Nora und mir, also den Untersuchungspersonen und dem Forscher besteht, kein Hindernis für einen erfolgreichen Forschungsverlauf, sondern eher eine notwendige Voraussetzung dafür. Girtler stellt dazu fest, dass im Gegensatz zu den quantitativen Methoden die qualitativen Methoden einen Forschungsprozess fordern, der durch eine echte *Kommunikation* des Forschers mit den Individuen der zu erforschenden Kultur oder Gruppe bestimmt ist. *„Während in den üblichen Verfahren dem Individuum meist ein Fragebogen mit vorgegebenen Fragen, die zwar der Forscher, aber oft nicht der Befragte für wichtig findet, vorgelegt wird, ist die Datengewinnung in der ‚freien' Feldforschung eine kommunikative Leistung"* (Lamnek 1992, 39).

c) Naturalistizität

Nach Lamnek (1995, 20) soll

- das Untersuchungsfeld der qualitativen Sozialforschung die natürliche Welt sein, die mit naturalistischen Methoden erfasst und beschrieben werden soll;
- die Kommunikation, die wissenschaftlich betrachtet wird, möglichst natürlich sein;
- die Untersuchungssituation dem Lebensalltag der zu Untersuchenden nicht fremd sein, und
- auf kommunikative Akte eingegangen werden, die Alltagssituationen möglichst ähnlich sind.

Alle diese Forderungen werden in meiner Situation erfüllt: Es ist die natürliche Welt der beiden Kinder, in der die Untersuchungen durchgeführt wurden, und es sind Alltagssituationen, in denen die Interaktionen stattfanden.

d) Interpretativität

Nach Lamnek liegt das Problem der quantitativen empirischen Sozialforschung darin, Ergebnisse, die in Form von statistischen Ähnlichkeitsmaßen und Tabellen vorliegen, ohne ausreichende Berücksichtigung von spezifischen Sinnstrukturen und situativen Bezügen der Untersuchten zu interpretieren. Dieses Manko versucht die qualitative Sozialforschung durch den „approach" der Fallstudie zu überwinden. Denn erst die ausführliche und intensive Kommunikation mit den untersuchten Personen bzw. die Betrachtung von Kommunikation dieser Personen macht wissenschaftliche Interpretation möglich. *„Wenn es der Soziologie wirklich um die Erforschung der Wirklichkeit des handelnden Menschen geht, dann muß sie sich der aufreibenden Arbeit der Fallstudie unterziehen"* (Abels 1975. In: Lamnek 1995, 21).

2.2.3 Schritte des Forschungsprozesses

Bei der Frage nach dem Ablauf meiner Forschungsarbeit orientierte ich mich an Stenhouse (1982, 39), der meint, dass sich die Durchführung von Fallstudien *„wie von selbst"* in drei Teile gliedert:

(1) *„Das Sammeln und Aufzeichnen von Informationen, d. h. Feldforschung",*

(2) *„die Aufbereitung der Informationen über den Fall",* und schließlich

(3) *„die Anfertigung eines Berichtes".*

Bei Schritt (1) geht es um „Feldforschung", *wobei die qualitativen Methoden der Informationssammlung überall anzuwenden sind, wo dies möglich ist"* (Huschke-Rhein 1991, 131). Stenhouse spricht hier von *„Feldarbeit"*, und er rät dazu, *„Informationen aufspüren, hervorlocken und sammeln, und zwar hautnah am Untersuchungsgegenstand. Dazu gehören jedoch nicht nur die Arbeiten vor Ort, sondern auch die Abende und Wochenenden zwischen den eigentlichen Beobachtungen"* (1982, 39). Seiner Forderung, häufiger von der Beobachtung zu Interviews überzugehen, weil der Moment der Beobachtung schnell vorübergeht und darum nicht mehr in demselben Maße für weitere Auswertungen zur Verfügung steht wie ein Interview, das als festes Dokument jederzeit für die weitere Forschung zur Verfügung steht, wurde von mir durch die Tonaufzeichnung bzw. Transkription von Kommunikations- und Interaktionssituationen der beiden Kinder Rechnung getragen.

2.2.4 Gütekriterien für Fallstudien

Für Fallbeispiele kommen als Gütekriterien, wie Huschke-Rhein feststellt, nicht die am Laborversuch orientierten traditionellen Gütekriterien der Objektivität, Validität und Reliabilität in Frage. *„Diese Kriterien gelten natürlich nur für die statistisch austauschbaren Fälle als Fälle eines allgemeinen Gesetzes oder doch mindestens für die Fälle einer relativ homogenen Population"* (1991, 137). Bei Fallbeispielen geht es nicht um *„Fälle von der Stange"*. *„Es geht vielmehr um einmalige und besondere Fälle, die nur mit qualitativen Kriterien erfaßbar sind, und die darum weder ‚standardisierbar' noch ‚meßbar' noch ‚generalisierbar' in einer quantitativen Art sind"* (ebd., 137).

Für Huschke-Rhein sind neue Gütekriterien zu formulieren, die der jeweiligen Forschungsaufgabe gerecht werden. Er schlägt daher für die Fallstudienforschung und die narrative Forschung folgende Gütekriterien vor (1991, 138):

    (1) Realitätshaltigkeit (mit Sozialkontext),

    (2) Transparenz (Forscher: ‚saubere' methodische Arbeit),

    (3) Praxisrelevanz (Bedeutung für Praxis und Praktiker)

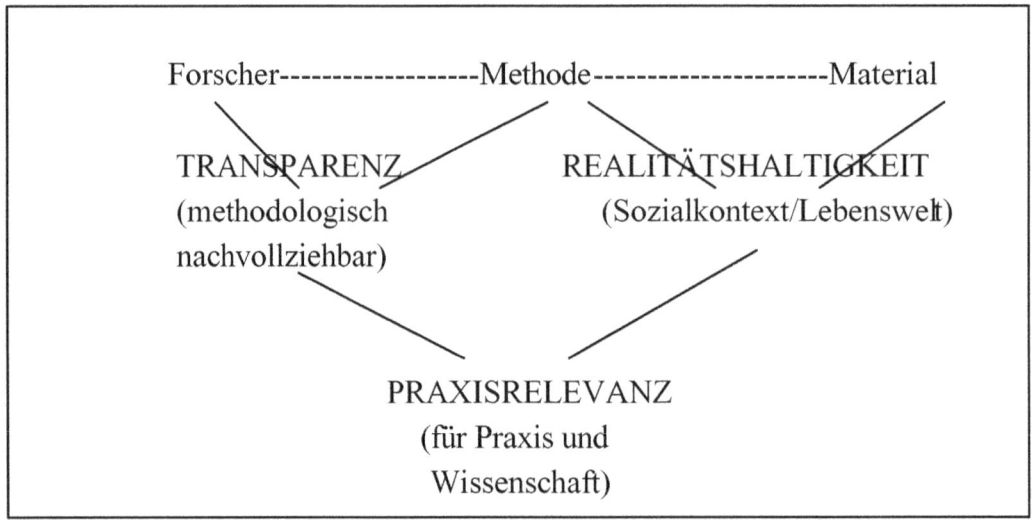

Das Kriterium der „Praxisrelevanz" soll zum Ausdruck bringen, dass die Forschung und ihre Resultate einen gewissen exemplarischen Wert besitzen, *„und zwar für die Probleme der Leser und der Praktiker, so daß sie für die Diskussion relevanter Problembereiche der Erziehung bedeutsam sind und, wenn möglich, auch für die erziehungstheoretische Diskussion"* (ebd., 139).

Brügelmann (1982, 81) formuliert folgende drei Anforderungen an den Forscher:
- (a) Er soll Sachkenntnis über sein Forschungsgebiet besitzen;
- (b) Es soll ihn eine persönliche Vertrautheit mit dem Untersuchungsgegenstand verbinden;
- (c) Er soll methodisch angemessen arbeiten.

2.2.5 Praktische Nützlichkeit

Fallstudien werden nach Brügelmann *„für Leute mit konkreten Problemen geschrieben"* (1982, 78). Sie sollen ihr Verständnis und die Lösung dieser Probleme fördern. Damit eine Fallstudie für sie nützlich wird, muss sie vier Kriterien genügen:
- (1) Der Fall muss so ausgewählt und abgegrenzt werden, dass seine Untersuchung Einsichten erbringt, die für das Problem des Lesers <u>bedeutsam</u> sind.
- (2) Der Fall muss mit Methoden untersucht werden, die eine <u>zutreffende</u> Beschreibung und Erklärung dieser Situation selbst ermöglichen.
- (3) Die Erfahrungen müssen in einer Weise organisiert und analysiert werden, dass sie auf andere Bedingungen <u>übertragbar</u> und anwendbar sind.
- (4) Die Erfahrungen müssen in einer Form dargestellt und berichtet werden, die anderen ohne den Hintergrund der Untersuchung und spezielle Fachkenntnisse <u>zugänglich</u> sind.

(Unterstreichungen H. B.)

2.3 Die teilnehmende Beobachtung

Huschke-Rhein stellt fest, dass Beobachtungen an sich trivial oder nichtssagend sein können. *„Sie werden erst bedeutsam unter einer bestimmten Fragestellung/Hypothese/Bezugstheorie – eben einem pädagogischen Erkenntnisinteresse, das wir auch als ‚Beobachtungsinteresse' bezeichnen können"* (1991, 26).

Für Roland Girtler ist die „teilnehmende Beobachtung" neben dem „narrativen Interview" die klassische und auch wichtigste Methode der qualitativen Sozialforschung. Denn während die quantifizierenden Methoden wohl durch ihre

Tabellen und Skalen einen hohen Grad an „Wissenschaftlichkeit" zeigen, erfassen sie das soziale und kulturelle Handeln der Menschen nur unvollkommen. Dabei ist Girtlers wichtigste Forderung an die Forscher, *„die Menschen, mit denen es man zu tun hat, zu achten und sie nicht als bloße Datenlieferanten zu sehen"* (1992, 11).

2.3.1 Definition

Girtler versteht unter der Methode der teilnehmenden Beobachtung (der Terminus *„participant observation"* stammt ursprünglich vom amerikanischen Soziologen Lindemann) ein Verfahren, *„durch welches der Beobachter sinnlich wahrnehmbares Handeln erfassen will"* (1992, 44). Der Beobachter selbst verhält sich bei der Beobachtung gegenüber dem zu Beobachtenden grundsätzlich passiv. Gleichzeitig aber versucht er, seine Beobachtung im Sinne seiner Fragestellung zu systematisieren und *„den Beobachtungsvorgang kritisch hinsichtlich einer Verzerrung durch seine Perspektive zu prüfen"* (ebd., 44).

Von Schwartz und Schwartz wird die teilnehmende Beobachtung folgendermaßen definiert:
> *„Für unsere Zwecke definieren wir teilnehmende Beobachtung als einen Prozeß, in dem die Anwesenheit des Beobachters in einer sozialen Situation zum Zwecke wissenschaftlicher Erhebung unterhalten wird. Der Beobachter steht in unmittelbarer persönlicher Beziehung zu den Beobachteten, und indem er mit ihnen an ihrem natürlichen Lebensbereich partizipiert, sammelt er Daten. So ist der Beobachter Teil des unter Beobachtung stehenden Kontextes, und er modifiziert nicht nur diesen Kontext, sondern wird auch von ihm beeinflußt"* (1955. In: Girtler 1992, 47).

Eine andere Begriffsbestimmung liefert Becker:
> *„The participant observer gathers data by participating in the daily life of the group or organization he studies. He watches the people he is studying to see what situations they ordinarily meet and how they behave in them"* (1958. In: Lamnek 1995, 256).

Nach diesen Definitionen ist die teilnehmende Beobachtung eine für meine Untersuchung geeignete Methode, denn sie konnte von mir in der natürlichen Lebenswelt der beiden Kinder, in ihrem familiären Umfeld eingesetzt werden. Außerdem nahm ich als soziale Bezugsperson und gleichzeitig auch als forschender Beobachter am Alltagsleben der von mir beobachteten Kinder teil.

Die Begriffsbestimmung von Schwartz und Schwartz verweist aber auf eine grundlegende Schwierigkeit teilnehmender Beobachtung, die auch für meine Untersuchung zutrifft: Auf der einen Seite bin ich ein beobachtender Forscher, dessen Ziel es ist, die bilinguale Entwicklung der beiden Kinder möglichst „objektiv" und genau zu erfassen und zu beschreiben. Auf der anderen Seite bin ich als Großvater eine sehr enge und wichtige Bezugsperson für die beobachteten Kinder, der sich regelmäßig und häufig als Teilnehmer an den Handlungen dieser Kinder beteiligt.

In der Definition von Schwartz und Schwartz wird aber auch das Problem der Veränderung der sozialen Situation durch den Beobachter angesprochen. Es ist mir klar, dass ich Kommunikations- und Interaktionssituationen der beiden Kinder und mit den beiden Kindern manchmal unbewusst, manchmal aber auch bewusst und gezielt im Interesse meiner Forschung beeinflusst oder verändert habe. Nachdem Tom und Nora in mir in erster Linie den Großvater sahen, gab es in diesem Zusammenhang nie irgendwelche Probleme. Wenn es, wie Girtler (1992) meint, dem Forscher gelungen ist, von den Mitgliedern der Gruppe akzeptiert zu werden, dann stellt sich deses Problem der Modifikation des sozialen Handelns durch den Forscher nur am Rande, und er wird als Teilnehmer an den Interaktionen angenommen. *„Es handelt sich also dabei vor allem um ein Problem der Person und weniger um eines der Forschung"* (ebd., 47).

2.3.2 Kennzeichen der teilnehmenden Beobachtung

Das maßgebliche Kennzeichen der teilnehmenden Beobachtung ist *„der Einsatz in der natürlichen Lebenswelt der Untersuchungspersonen. Der Sozialforscher nimmt am Alltagsleben der ihn interessierenden Personen und Gruppen teil und versucht durch genaue Beobachtung, etwa deren Interaktionsmuster (...) zu explorieren und für die wissenschaftliche Auswertung zu dokumentieren"* (Lamnek 1995, 240). Dabei wird die Beobachtung vornehmlich dort praktiziert, wo es um sonst schwer zugängliche soziale Felder geht.

2.3.3 Gegenstand der Beobachtung

Gegenstand meiner Beobachtung ist das sprachliche und soziale Handeln bzw. die zweisprachige Entwicklung meiner Enkelkinder Tom und Nora. Die Methode der teilnehmenden Beobachtung erlaubte es, ihr Verhalten im natürlichen familiären und sozialen Umfeld zu erfassen und zu dem Zeitpunkt festzuhalten, zu dem es tatsächlich geschah. Der Einsatz meiner Beobachtungen war also unabhängig von der Bereitschaft der Kinder, mir als „Interviewpartner" zur Verfügung zu stehen.

Es ist mir bewusst, dass es für meine Beobachtungen sowohl räumliche als auch zeitliche Begrenzungen und Beschränkungen gab, und dass diese Beobachtungen trotz der regelmäßigen und häufigen Kontakte nur einen Ausschnitt aus dem totalen sprachlichen und sozialen Geschehen der beiden Kinder erfassen konnten. *„Die Beobachtung ist räumlich mindestens durch die Reichweite der menschlichen Sinnesorgane begrenzt, auch wenn technische Medien diese prinzipiell erweitern können. (...) Der Gegenstand und die Methode der Beobachtung sind auch zeitlich limitiert, weshalb tatsächlich immer nur Ausschnitte aus der sozialen Realität erfaßt werden können"* (Lamnek 1995, 246).

2.3.4 Formen der Beobachtung

a) Naive versus wissenschaftliche Beobachtung

Nach Lamnek (1995, 249 f.) unterscheidet sich die wissenschaftliche Beobachtung von der Alltagsbeobachtung vor allem durch folgende Kriterien:
- Sie wird systematisch geplant und nicht dem Zufall überlassen.
- Die beobachteten Ereignisse werden systematisch aufgezeichnet.
- Die wissenschaftliche Beobachtung dient einem Forschungszweck.

„Die wissenschaftliche Beobachtung unterscheidet sich von der nichtwissenschaftlichen vor allem durch die Stelle und den Zweck, die sie innerhalb der miteinander zusammenhängenden Tätigkeiten erfüllt, aus denen eine

wissenschaftliche Untersuchung besteht, nicht aber durch irgendeine Eigenschaft des Beobachters selbst" (Jahoda 1966. In: Lamnek 1995, 249).

b) *Strukturierte und unstrukturierte Beobachtung*

In der Literatur (z. B. Huschke-Rhein 1991, Girtler 1992, Lamnek 1995, Mayring 1999) wird allgemein zwischen strukturierter und unstrukturierter Beobachtung unterschieden. Der Unterschied zwischen diesen beiden Formen der Beobachtung ist dabei nicht der Grad der Wissenschaftlichkeit, sondern vielmehr die Art des Vorgehens. *„Sowohl die strukturierte als auch die unstrukturierte Beobachtung richten sich auf ein genau formuliertes Forschungsziel, sind systematisch geplant, werden systematisch aufgezeichnet und können Überprüfungen zugeführt werden"* (Lamnek 1995, 250).

Bei der strukturierte Beobachtung zeichnet der Forscher seine Beobachtungen nach einem relativ differenzierten System *„in voraus festgelegter Beobachtungskategorien"* (ebd., 250) auf. Diese Art der Beobachtung, die vor allem zum Zweck der Quantifizierung eingesetzt wird, setzt die Aufstellung eines detaillierten Kategoriensystems voraus, welches aber erst möglich ist, wenn dem Beobachtungsvorgang differenzierte und konkrete Hypothesen zugrundeliegen.

Dagegen sind bei der unstrukturierten Beobachtung, die zur Erfassung vornehmlich qualitativer Merkmale verwendet werden, nur mehr oder weniger *„allgemeine Richtlinien als Rahmen der Beobachtung"* (ebd., 250) vorhanden. Innerhalb dieses Rahmens hat der Forscher für seine Beobachtungen freien Spielraum.

Huschke-Rhein (1991, 29) stellt fest, dass die unstrukturierte Beobachtung häufig mit einer „naiven" oder „unwissenschaftlichen" Beobachtung gleichgesetzt wird und nur die strukturierte Beobachtung das Prädikat „wissenschaftlich" erhält. Er lehnt diese Unterscheidung aus zwei Gründen ab. Erstens gibt es selten Beobachtungen, die völlig unstrukturiert sind, weil fast immer ein Beobachtungsinteresse vorliegt, auch wenn dieses ganz unbewusst, also „naiv" ist. Zweitens suggeriert diese Gegenüberstellung, dass ein bewusstes und detailliertes Beobachtungsinteresse schon per se „wissenschaftlich" genannt zu werden verdient. Ob eine Beobachtung „wissenschaftlich" ist, darüber entscheiden nach Huschke-Rhein aber erst die Fragestellung und das fachliche Erkenntnisinteresse.

„Die wirklich bedeutsamen Unterschiede zwischen ‚naiver' und ‚wissenschaftlicher' Beobachtung treffen nicht die quantitativen Beobachtungs- und Auswertungsverfahren, sondern die wissenschaftlich geleitete Einsicht in die **Ursachen**, **Bedingungen** *und* **Folgen** *eines Verhaltens. Diese aber sind gerade nicht Gegenstand quantitativer Entscheidungen, sondern liegen im Voraussetzungsbereich eines pädagogischen Feldes"* (ebd., 34).

Huschke-Rhein schlägt stattdessen eine andere Unterscheidung vor, die für ihn *„nicht nur richtiger, sondern auch praxisnäher ist"* (ebd., 29). In seinem Methodenschema werden die Methoden der Beobachtung einem *„polaren Kontinuum"* zugeordnet, das jeweils durch die beiden wissenschaftstheoretischen Hauptpole „Subjektivität" und „Allgemeingültigkeit" begrenzt wird. „*Zwischen diesen beiden Polen gibt es mannigfache Verbindungen. Wir können sagen: Zwischen beiden Polen liegt die Realität"* (ebd., 34).

Für Huschke-Rhein heißt der Gegensatz von „subjektiv" nicht „objektiv", sondern „allgemeingültig". *Die ‚Objektivität' liegt eher zwischen den beiden Polen"* (ebd., 34).

Für Girtler (1992, 49 f.) sucht die „unstrukturierte teilnehmende Beobachtung" als Bereich der „freien Feldforschung" den direkten Zugang zu Menschen und erweitert den Kontakt je nach Fragestellung ständig, ohne an irgendwelche vorgegebene Hypothesen gebunden zu sein. Es ist für ihn die einzige Methode, die brauchbare Ergebnisse liefert. *„Ganz im Gegensatz zu denen, die mit ihren mathematischen Methoden an Köche erinnern, die mit ihren vielen Geräten und Mixmaschinen nichts Eßbares herstellen würden"* (Andreski 1977. In: Girtler 1992, 50).

Charakteristisch für diese Form der Beobachtung ist nach Girtler (1992), dass kein systematischer Erhebungsplan vorliegt. Der Spielraum, den der Beobachter hat, ist relativ weit. Er ist nicht durch irgendwelche Vorgaben (wie bei der strukturierten Beobachtung) gebunden und hat somit die Möglichkeit, komplexe Situationen und Handlungsprozesse *„beinahe ungeschränkt zu erfassen"* (ebd., 46). Dass bei der unstrukturierten Beobachtung nicht wie bei der strukturierten Beobachtung die Möglichkeit besteht, das Vorgehen des Beobachters und die Auswertung der gefundenen Daten zu kontrollieren, sieht Girtler eher als einen Vorteil dieser Methode.

Denn dieser Mangel an Kontrolle räumt dem Beobachter einen breiten Rahmen ein, in dem er aufgrund seiner im Laufe der Forschung sich andauernd erweiternden Perspektive und seines sich andauernd ändernden Wissens neue Bereiche heranziehen und interpretieren kann. *„Das einzige Kontrollmittel liegt bei der ‚unstrukturierten teilnehmenden Beobachtung' im Forscher selbst, dessen Sorgfalt ihn daran hindern soll, vermeidbare Verzerrungen anzunehmen"* (ebd., 46).

Meine Untersuchung ist als qualitatives Forschungskonzept konzipiert. Die Beobachtungen erfolgten daher grundsätzlich unstrukturiert im Sinne von Huschke-Rhein (1991), Girtler (1992) und Lamnek (1995), obwohl auch *„die unstrukturierte Beobachtung ein Minimum an Strukturierung erfordert"* (Lamnek 1995, 250).

c) *Offene und verdeckte Beobachtung*

Bei der offenen Beobachtung tritt der Beobachter ausdrücklich als Forscher auf. Dies bedeutet aber nicht, dass die beobachteten Personen deshalb immer genau wissen, welche Ziele mit der Studie verfolgt werden.

Bei der verdeckten Beobachtung gibt der Beobachter seine Identität als Forscher nicht zu erkennen. *„Ihr Sinn liegt in dem Bestreben, die Gefahr einer Störung des sozialen Feldes und damit evtl. eine Modifikation des Verhaltens durch das Wissen um die Anwesenheit eines Forschers zu vermeiden"* (Lamnek 1995, 251).

Huschke-Rhein weist darauf hin, dass es zu jeder wissenschaftlichen Tätigkeit gehört, den Einfluss des Forschers auf das von ihm beobachtete Feld abzuschätzen. Diese Einschätzung kann nicht im Voraus eindeutig zugunsten der einen oder der anderen Seite erfolgen, sondern ist von der Praxis der Untersuchung und des Beobachtungsfeldes abhängig. Er meint, dass es etwa bei Kinderuntersuchungen durchaus sinnvoll sein kann, die Kinder durch die „Einwegscheibe" zu beobachten. Sie werden dann weniger abgelenkt. *„Distanz kann hier zeitweise einen höheren Informationswert erbringen"* (1991, 35).

„Auch die Wirkung einer offenen Aufstellung von scheinbar so selbstverständlich die Objektivität fördernde Dokumentationsmittel wie Tonband oder Videokamera muß ebenfalls vorher bedacht werden" (ebd., 35). Solche Geräte können

gelegentlich bei Kindern zu einem solchen Maß von Schauspielerei oder Albernheiten führen, dass eine objektive Erfassung der Beobachtungssituation nicht möglich ist.

In meiner Untersuchung führte ich sowohl offene als auch verdeckte Beobachtungen durch. In der Regel war ich für Tom und Nora der Opa, d. h. ich beobachtete verdeckt und gab meine Rolle als Forscher nicht zu erkennen. Mit dem Einsatz des Minidisc Recorders war aber eine verdeckte Beobachtung nicht mehr so leicht möglich. Anfangs fragte mich Tom immer wieder: *„What are you doing, Opa?"*, und ich erklärte ihm, dass ich unsere Gespräche und unser gemeinsames Singen aufzeichne, und dass wir dann hören können, was wir gesprochen und gesungen haben. Es gehörte zu den Lieblingsbeschäftigungen Toms, seine Stimme bzw. unsere Gespräche oder unseren Gesang aus den Lautsprechern zu hören. Bald aber hatte sich Tom an das Mikrofon und den Recorder gewöhnt und wartete geduldig, bis ich die Geräte vorbereitet hatte – um dann, während einer Interaktion, sofort darauf zu vergessen. Auf dem Spielplatz in Oxford (vgl. Kap. 13.1.1) war er sogar stolz darauf, weil ihn die anderen Kinder darum beneideten, ein so *„cooles"* Mikrofon tragen zu dürfen: *„What a lucky boy you are"*. Manchmal stellte er die rhetorische Frage *„Opa, why are you recording this?"*, um von mir die Antwort zu erhalten, die er gerne hört: *„Well, you know that I'm writing a book about how well you and Nora speak English. And when you are older and when you go to school, then you can read this book about you and Nora."*

Nora sah in diesem Mikrofon und dem Mindisc Recorder eher ein Spielzeug (mit dem sie auch spielen durfte) und fragte höchstens ab und zu *„Opa, isn des?"*, ohne aber an einer Antwort oder Erklärung tatsächlich interessiert zu sein.

d) Teilnehmende und nicht teilnehmend Beobachtung

Der Unterschied zwischen teilnehmender und nicht teilnehmender Beobachtung besteht nach Lamnek (1995, 251) darin, dass bei der teilnehmenden Beobachtung der Beobachter selbst Element des zu beobachtenden Feldes wird, wohingegen bei der nicht teilnehmenden Beobachtung der Beobachter gleichsam von außen her das ihn interessierende Verhalten beobachtet. *„The term of the participating observer is used here to refer to research characterized by a period of intense social interaction between the researcher and the subjects, in the milieu of the latter. During this period,* *data are unobtrusively and systematically collected"* (Bogdan/Taylor 1975. In: Lamnek 1995, 251).

Für Huschke-Rhein (1991, 32) gibt es für die teilnehmende Beobachtung ein grundsätzliches wissenschaftliches und methodologisches Problem: Partizipation, Nähe und Kontakt ermöglichen einerseits genauere Einzelkenntnisse; andererseits findet durch die Anwesenheit des Forschers im Feld gleichzeitig eine Beeinflussung des Feldes – gewollt oder ungewollt – statt, was bedeutet: *„Das Feld kann nicht ganz ‚objektiv' beobachtet werden"* (ebd., 32). In der idealen Forschungssituation müsste der Forscher *„gleichsam hin- und hergehen zwischen dem Pol des ‚subjektiven' Erlebens und dem Pol der ‚allgemeingültigen' wissenschaftlichen Darstellung dieses Erlebens"* (ebd., 32). Über das Verhältnis von teilnehmender und distanzierter Forschung kann aber allein in der Praxis einer Untersuchung entschieden werden.

Girtler (1992, 63 f.) weist darauf hin, dass manche Autoren (z. B. Grümer 1974) einem zu intensiven Eindringen des Forschers mit einiger Skepsis gegenüberstehen. Sie sehen darin das Problem des *„going native"*, das in der Literatur auch als *„over-identification"* bezeichnet wird.

> *„Unter ‚going native' wird die Tatsache verstanden, daß der teilnehmende Beobachter die Urteilsmaßstäbe und Verhaltensmuster der Akteure im Feld übernimmt und damit beginnt, sich mit ihnen zu identifizieren"* (ebd., 63).

Als negativ wird dabei angesehen, dass dadurch der Forscher die Fähigkeit verliert, sich auf seine Beobachtungsaufgabe zu konzentrieren. Der Beobachter würde dadurch die erforderliche Distanz zu seinem Beobachtungsobjekt verlieren, und seine Beobachtungen würden ungenau bzw. seine Aufzeichnungen verzerrt werden.

Diesen Bedenken hält Girtler entgegen, dass die Aufgabe der Distanz, die den Forscher zu einem „going native" macht, keineswegs dazu angetan ist, die Objektivität von Daten zu beeinträchtigen.

> *„Vielmehr, dies soll hier klar gemacht werden, gelingt es erst auf einem solchen Weg, die Alltagswirklichkeiten der betreffenden Menschen in ihrer ganzen Tiefe zu erfassen. Man nähert sich demnach der sogenannten ‚Objektivität' so viel eher, als wenn man distanziert beobachtet und Aufzeichnungen macht"* (ebd., 64).

Außerdem, meint Girtler, dass in den meisten Fällen eine ehrliche Identifikation mit der betreffenden Lebenswelt wohl eher nützen als schaden wird, *„denn schließlich* *enthält sie so etwas wie Achtung vor den Menschen, deren Denken und Handeln man verstehen und nicht distanziert studieren will"* (ebd., 64).

e) *Feld- und Laborbeobachtungen*

Während Laborbeobachtungen in einem künstlich geschaffenen Umfeld vorgenommen werden, erfolgen Feldbeobachtungen in natürlichen Alltagssituationen der Beobachteten. Feldbeobachtungen beziehen sich auf Vorgänge, die zeitlich und räumlich dort beobachtet werden, wo sie sich in der Realität abspielen.

Im Sinne der Feldbeobachtung beobachtete ich Tom und Nora beim Spielen in ihrem Kinderzimmer, auf dem Spielplatz, beim Vorlesen und Singen mit den Eltern und Großeltern, bei Spaziergängen und Wanderungen, in Interaktionen mit Freunden und Verwandten; also überall dort, wo sich diese Vorgänge in der Realität abspielten.

2.3.5 Die teilnehmende Beobachtung aus qualitativer Sicht

a) Offenheit und Kommunikation

Wie bereits oben ausgeführt wurde, versucht der Sozialforscher bei einem qualitativen Forschungsansatz in Abweichung von standardisierten Erhebungstechniken und den darin festgelegten Beobachtungskriterien nicht erwartete, unvorhergesehene Ereignisse und Verhaltensweisen, Meinungsäußerungen etc. zu erfassen, weil er durch diesen nicht eingeplanten Informationsgewinn zu weiter- und tiefergehenden Erkenntnissen gelangen kann. Um allerdings diese Absicht realisieren zu können, bedarf es einer Haltung großer **Offenheit**. Einer Offenheit, die für meine unstrukturierte teilnehmende Beobachtung geradezu Voraussetzung war, da spontane Äußerungen und plötzliche, unerwartete Reaktionen der beiden Kinder ebenso wie unvorhergesehene Veränderungen der Situation immer wieder auftraten und eine flexible Reaktion als Umlenkung meines Augenmerks auf die neue Situation notwendig machten. Diese Art des qualitativen Forschens bedeutete jedoch keineswegs ein unsystematisches und konzeptloses Vorgehen, sondern es bedeutet nur, dass trotz dieser gedanklichen Vorstrukturierung variabel, flexibel und offen gearbeitet wurde.

Von ebenso großer Bedeutung wie die Offenheit ist die **Kommunikation** im Rahmen der qualitativen Sozialforschung, und gerade die teilnehmende Beobachtung läuft in der Regel kommunikativ ab.

Es waren jeweils natürliche, zwanglose Kommunikations- und Interaktionssituationen, die ich beobachtete oder an denen ich mich selbst beteiligte, und von denen ich hoffte, die notwendigen und interessierenden Informationen zu erlangen. *„Forschen wird damit als Kommunikation begriffen"* (Lamnek 1988, 24).

b) Die Rolle des Beobachters

Je nach der Intensität der Beobachtung bzw. der Identifikation mit dem zu untersuchenden Feld teilt Lamnek (1995, 263 ff.) die teilnehmende Beobachtung in vier Typen ein:
- völlige Identifikation mit dem Feld
- Teilnehmer als Beobachter
- Beobachter als Teilnehmer
- reiner Beobachter ohne Interaktion mit dem Feld

Bei *völliger Identifikation mit dem Feld* ist den Beobachteten die wahre Identität und der Zweck der Teilnahme nicht bekannt. Der Beobachter interagiert mit den zu Beobachtenden auf allen nur denkbaren Ebenen und in allen auftretenden Situationen so natürlich wie nur möglich. Bei einer solchen völligen Identifikation mit dem zu untersuchenden Feld besteht die Gefahr, daß neben der vollständigen Teilnahme am Alltagsleben keine Möglichkeit für eine wissenschaftliche Beobachtung selbst mehr besteht.

Mir ist durchaus bewusst, dass aufgrund meiner engen sozialen und emotionalen Bindung zu den beiden Kindern die Gefahr des „going native" bestand. Auf diesen möglichen Rollenkonflikt werde ich später noch zurückkommen.

Der *Teilnehmer als Beobachter* ist primär Teilnehmer der Feldsituation und sekundär Beobachter. Von der vollständigen Teilnahme unterscheidet sich diese Form der Beobachterrolle vor allem dadurch, dass sich hier sowohl der Beobachter als auch die Beobachteten einer Feldbeziehung bewusst sind.

Der *Beobachter als Teilnehmer* ist wohl mehr oder weniger in das soziale Geschehen integriert, primär aber ist seine Rolle die eines Beobachters. Diese Form der Beobachtung vermindert das Risiko, in das beobachtete Feld sozialisiert zu werden und damit Selbstverständlichkeiten zu übersehen.

Die *vollständige Beobachterrolle* gestattet dem Beobachter keinerlei soziale Interaktion mit den Beobachteten. Hier ist es den Beobachteten nicht bekannt, dass sie beobachtet werden.

Bei diesen vier Rollentypen der Beobachtung handelt es sich um eine idealtypische Kennzeichnung. In der Realität können sie sehr unterschiedlich ausfallen. Auf einem Kontinuum zwischen den beiden Extremen kann der Beobachter sehr verschiedene Rollen einnehmen.

Dies trifft auch auf meine Situation zu:
- Wenn ich mit Tom und Nora spielte, wenn wir einen Spaziergang machten, wenn wir mit dem Auto fuhren u. ä., identifizierte ich mich völlig mit dem Feld.
- Wenn mir die Kinder zusahen, wie ich den Minidisc Recorder und das Mikrofon vorbereitete, bevor ich ihnen eine Geschichte vorlas, dann war ihnen meine Rolle als Forscher bewusst.
- Wenn ich Tom und Nora beobachtete, wie sie sich bei einem gemeinsamen Mittagessen miteinander unterhielten, dann war ich wohl auch in das soziale Geschehen integriert, primär war aber meine Rolle die eines Beobachters.
- Wenn ich aber auf einem Kinderspielplatz auf einer Bank saß und beobachtete, wie Tom und Nora in einem Sandkasten spielten und mit den anderen Kindern kommunizierten, dann bestand keinerlei Interaktion zwischen mir und den beiden Kindern. Es war ihnen auch nicht bewusst, dass sie beobachtet wurden.

Für alle vier Formen der teilnehmenden Beobachtung gilt aber die Forderung Girtlers: „*Der Forscher muß sich bemühen, die jeweilige Forschungssituation so wenig wie möglich zu stören und die normalen Ereignisse im Leben seiner Forschungsobjekte zu ‚verstehen'*" (1992, 105).

c) Rollenkonflikte

Rollenkonflikte können dadurch entstehen, dass der Forscher zum einen Beobachter und zum anderen Teilnehmer ist. Als Beobachter soll er Situationen objektiv betrachten, also eine gewisse Neutralität wahren, während er als Teilnehmer in einer spezifischen sozialen Rolle eine Gesamtpersönlichkeit darstellen muss, d. h. Meinungen, Gefühle etc. zeigen soll. Nach Lamnek (1995) kann dieser Zwiespalt zu Beobachtungsfehlern im Sinne des quantitativen Paradigmas führen. Am häufigsten dürfte dabei der Fehler gemacht werden, dass Wünsche und Vorstellungen des Beobachters seine Beobachtungen verfälschen. Oft werden Selbstverständlichkeiten übersehen oder Wertungen und Beobachtungen vermischt. *„Wir glauben nur, was wir sehen – leider sehen wir nur, was wir glauben wollen"* (Atteslander 1975. In: Lamnek 1995, 276). Lamnek sieht das größte Problem für den teilnehmenden Beobachter in der Bewältigung des schwierigen Balanceaktes zwischen Engagement und Solidarität mit dem Untersuchungsfeld und seiner kritischen und reflektierten Vorgangsweise im Feld.

> *„Wir stellen fest, daß in den einzelnen Forschungsphasen bei teilnehmender Bobachtung und unter der Voraussetzung qualitativer Methodologie das Dilemma von Identifikation und Distanz auftritt. Einen Ausweg, eine problemimmanente Lösung auf methodologischer und damit generalistischer Ebene halten wir für ausgeschlossen. Mit diesem Dilemma muß der Forscher leben, und er muß jeweils für sich eine mehr oder weniger begründete und begründbare Entscheidung treffen"* (Lamnek 1995, 317).

Auch Ziegler (2000) weist auf diese Problematik hin, wenn er feststellt, dass die Forschenden in dem Feld, das sie objektiv darzustellen versuchen, auch subjektiv involviert sind. Sie sind aktiv Beobachtende, Instrument der Beobachtung und passiv Beobachtete in einem und sind in diesem Sinn Subjekt und Objekt zugleich.

> *„Damit ist der Prozeß des Verstehens einer fremden Erfahrung immer auch mit einer selbstreflexiven Bewegung verbunden. Nicht nur das untersuchte Objekt ist der entscheidende Ort, an dem relevante Wahrnehmungen gemacht und Informationen gesammelt werden können. Auch an den Forschenden selbst zeigen sich Regungen und Erfahrungen,*

deren Wahrnehmung für die Forschungssituation von Bedeutung sind"
(ebd., 32).

d) Die Aufzeichnung der Beobachtungsdaten

Bezüglich des Protokollierens der Beobachtungsergebnisse stellen sich nach Lamnek (1995) grundsätzlich folgende Fragen:
- Wann wird protokolliert?
- Wie wird protokolliert?
- Was wird protokolliert?

Wann wird protokolliert?

In verschiedenen Experimenten konnte nachgewiesen werden, dass die behaltenen Inhalte mit zunehmender Zeit geringer werden. *„Die behaltenen Beobachtungsinhalte sind dem Logarithmus der verstrichenen Zeit umgekehrt proportional"* (Lamnek 1995, 295). Aus dieser Erkenntnis ergibt sich die Forderung, dass die Spanne zwischen Beobachtung und Niederschrift möglichst gering sein soll. Es wird daher empfohlen, unmittelbar nach der Beobachtung die gewonnenen Eindrücke und Ergebnisse aus der sozialen Situation niederzuschreiben. Schnelles Anfertigen von Protokollen verhindert das Vergessen wichtiger Details. *„Leave the setting as soon as you have observed as much as you can accurately remember. Record your notes as soon after the observation as possible"* (Bogdan/Taylor 1975. In: Lamnek 1995, 296).

Meine Art, Beobachtungsinhalte aufzuzeichnen, entsprach dieser Forderung. Spontane Äußerungen und Verhaltensweisen Toms und Noras, die mir für meine Untersuchung wichtig und interessant erschienen, wurden sofort im „Forschungstagebuch" festgehalten.

Wie wird protokolliert?

Meine Beobachtungen wurden auf zwei Arten protokolliert. Erstens notierte ich, wie oben beschrieben, spontane Äußerungen der Kinder jeweils sofort im Forschungstagebuch. Die meisten Informationen über die zweisprachliche Entwicklung Toms und Noras entnehme ich jedoch den Tonaufzeichnungen von

Kommunikations- und Interaktionssituationen der beiden Kinder. Die Vorteile dieser Aufzeichnungen mit dem Minidisc Recorder liegen darin, dass längere Sequenzen, Gespräche und Aktivitäten zum Zeitpunkt des Ereignisses festgehalten, gespeichert und zu einem späteren Zeitpunkt abgehört und transkribiert werden können. Die Gefahr des Vergessens oder einer Verzerrung einer sprachlichen Äußerung ist hier nicht gegeben, denn ich kann eine Sequenz oder eine Äußerung jederzeit vom Aufnahmegerät abrufen bzw. sie wiederholen. Die Gefahr der Beeinflussung einer sozialen Situation durch solche Geräte war, wie an anderer Stelle beschrieben, äußerst gering.

Zu Beginn der Beobachtungsphase versuchte ich auch, Interaktionssituationen von Tom und Nora mit der Videokamera aufzuzeichnen. Ich nahm aber bald wieder davon Abstand, weil ich merkte, wie stark der Einsatz der Videokamera das Verhalten der Kinder beeinflusste. Außerdem musste ich notgedrungen während einer Videoaufzeichnung meine Rolle im sozialen Feld ändern. Während ich eine Situation mit der Videokamera aufzeichnete, konnte ich mich nicht gleichzeitig an ihren Interaktionen beteiligen (was die Kinder aber, wenn ich anwesend war, von mir erwarteten).

Was wird protokolliert?

Was protokolliert werden soll, erklärt Lamnek folgendermaßen:
> *„Qualitativer Forschung geht es um die im Feld ablaufenden Interaktionen zwischen den Menschen dieses Feldes; (...) deren Beschreibung ist notwendige Voraussetzung für die weitergehenden Analysen. (...) Es soll all das protokolliert werden, was diesem Zweck dient. Daß man nicht a priori und immer weiß, was man notieren soll, ist – insbesondere im Anfangsstadium der Feldbeobachtung – verständlich. Deshalb sollte man eigentlich alles festhalten, doch daß nicht alles aufgezeichnet werden kann, braucht nicht besonders betont zu werden"* (1995, 299).

Dazu möchte ich folgende Beispiele anführen:
Tagebuch Tom:
16. 5. 01:

Heute holte ich Tom vom Kindergarten ab. Vor dem Kindergarten wartete eine schwarze Mutter mit ihrem Baby. Nachdem wir uns eine Zeitlang mit der Mutter unterhalten hatten, begann Tom mich auf der Heimfahrt zu fragen:
- Why has this woman and the baby such a dark skin?
- Why are their hands not so dark?
- Is their skin **downstairs** also dark?
- When these people live here, will they get a white skin?

Als ich ihm dann erklärte, dass Schwarze vor allem in Afrika leben, dass aber auch die Maoris in Neuseeland eine dunklere Hautfarbe als wir haben, fragte er: **Opa, is Nora a Maori?**

Tagebuch Nora: 19. 5. 01:

Reise nach Oxford. Während der Fahrt nach München und während des Fluges nach Stansted redet Nora, wie gewohnt, mit Tom, Daddy und mir fast nur deutsch. Nur ab und zu entschlüpft ihr eine englische Äußerung. Während der Autofahrt nach Oxford schläft sie kurz vor Oxford ein, wird aber dann wieder hellwach (obwohl es schon sehr spät am Abend ist) und isst noch mit und spielt mit ihrer schwerst behinderten Cousine Lydia (13). Sie geht nicht so wie Tom auf die ihr völlig fremden Verwandten zu und schweigt die meiste Zeit, wenn sie angesprochen wird. Mit uns redet sie deutsch.

Transkription:

30. 4. 01: Volders: Daddy liest mit Nora ein Buch.
Daddy: Now, what are those people doing there?
Nora: Ammm, ammm. Playing.
Daddy: No, they are not playing. They are rolling the asphalt.
Nora: The asphalt.
Daddy: Rolling with a big steam roller.
Nora: Is des a kleine steam roller.
Daddy: It's a little steam roller. What's happened there?
Nora: Umfallt.
Daddy: The truck has fallen over.
Nora: Yes. Muß ma wieder aufischiabm.

3 Die Kinder und ihr soziales und sprachliches Umfeld

Für die meisten Kinder sind die ersten und wichtigsten Bezugspersonen sofort nach der Geburt ihre Eltern. Mutter und Vater dienen als ihre ersten Modelle und Informationsquellen. In Toms und Noras Situation war das sicherlich ebenso der Fall, wobei aber beide Kinder in ihren ersten Lebensjahren zusätzlich zu den Eltern auch noch einen sehr intensiven und engen Kontakt mit den Großeltern hatten, in deren Haus sie lebten, und die daher sicherlich auch einen großen und wichtigen Einfluss auf die Entwicklung des Sprachverhaltens der beiden Kinder ausübten.

3.1 Die Eltern

3.1.1 Die Mutter

Die Mutter, Karin Millen geb. Pisek, besuchte ein Realgymnasium in Innsbruck. Nach der Matura, die sie mit Auszeichnung bestand, ging sie im Rahmen eines AFS (American Field Service)-Programmes für ein Jahr in die USA. Sie lebte bei einer Familie in einem Vorort von Chicago und absolvierte während dieses Jahres die Abschlussklasse der High School. Sie fühlte sich in ihrer amerikanischen Familie sehr wohl und verstand sich sehr gut mit ihren neuen „Geschwistern". Mehrere ausgedehnte Reisen in den Westen und Süden der USA boten ihr die Möglichkeit, Land und Leute kennen zu lernen. Außerdem trug dieser Aufenthalt in einer rein englischsprachigen Umgebung nicht nur zu einer deutlichen und für ihr weiteres privates und berufliches Leben wichtigen Verbesserung ihrer Englischkenntnisse (vor allem im kommunikativen Bereich) bei, sondern auch zu einer intensiven Beschäftigung mit der US-amerikanischen Kultur. Die Kontakte mit ihrer amerikanischen Familie waren in den ersten Monaten nach der Rückkehr aus den USA recht intensiv, d. h. es fand ein reger Briefwechsel statt. Nachdem eine geplante Europareise der Familie mit Aufenthalt in Innsbruck nicht zustande kam, wurde der Briefwechsel immer seltener, beschränkte sich zum Schluss nur noch auf den Austausch von Weihnachtsgrüßen und brach schließlich ganz ab. Das durch den Amerikaaufenthalt geweckte Interesse für die englische Sprache führte zu dem Entschluss, nach ihrer Rückkehr aus den Vereinigten Staaten an die Universität

Innsbruck ein Lehramtsstudium in den Fächern Englisch und Geographie zu beginnen. Während eines Studienaufenthaltes an der Universität Berlin lernte sie ihren späteren Mann und Vater der beiden Kinder Tom und Nora kennen.

Ihr Probejahr nach Abschluss des Studiums absolvierte sie an der Höheren Bildungslehranstalt für wirtschaftliche Berufe in Innsbruck. Nach einem halben Jahr am Oberstufenrealgymnasium in Telfs/Tirol ging sie für vier Jahre nach Neuseeland, wo ihr späterer Mann an der Universität Wellington Geologie studierte. Während dieser vier Jahre unterrichtete sie an verschiedenen neuseeländischen Schulen Deutsch, Englisch und Französisch. Während dieses Aufenthaltes in Neuseeland und durch die damit verbundene intensive Beschäftigung mit der englischen Sprache konnte sie ihre Sprachbeherrschung in Englisch dermaßen perfektionieren, dass sie von ihren Gesprächspartnern häufig als Native Speaker angesehen wurde. Außerdem erfuhr sie in dieser Zeit nicht nur sehr viel über die Kultur der Maoris, der Ureinwohner Neuseelands, sondern auch über das Leben in einer multikulturellen Gesellschaft im Allgemeinen.

Nachdem ihr späterer Mann sein Studium beendet hatte, entschlossen sie sich, gemeinsam nach Europa zurückzukehren. Sie heirateten und bezogen die Erdgeschosswohnung des elterlichen Hauses in Aldrans. Karin trat wieder in den Schuldienst ein und unterrichtete bis zur Geburt ihres Sohnes Tom am Realgymnasium in Wörgl/Tirol. Nach einem Karenzjahr erhielt sie eine Stelle am Bundesgymnasium, Bundesrealgymnasium und Wirtschaftskundlichen Bundesrealgymnasium für Berufstätige in Innsbruck, an dem sie seither Englisch und Geographie unterrichtet. Diese Lehrertätigkeit wurde nur durch die Geburt der Tochter Nora und die anschließende Karenzzeit unterbrochen.

3.1.2 Der Vater

Der Vater, Bernard Millen, wurde in Wellington, Neuseeland geboren. Seine Eltern waren aus beruflichen Gründen nach Neuseeland emigriert und stammten väterlicherseits aus Schottland und mütterlicherseits aus Irland ab. Er und seine Geschwister wuchsen daher einsprachig auf. Während seiner Schulzeit kam er nur in einer einzigen Situation in Kontakt mit der deutschen Sprache, als er im Schulchor Schubert-Lieder und deutsche Volkslieder lernte. Dabei verstand er aber nicht immer, was er mit seinen Mitschülern sang. Seine erste Bekanntschaft mit Europa machte er im Rahmen seiner „OE", d. h. seiner „Overseas Experiences". Es ist für einen jungen Neuseeländer nahezu selbstverständlich, dass er nach Abschluss der High School ein Jahr lang die Welt bereist. Das hängt einerseits mit der isolierten geographischen Lage Neuseelands zusammen, andererseits aber auch damit, dass die meisten Neuseeländer noch Verwandte in der Alten Welt, in den USA oder in einem asiatischen Staat haben. So kam er nach Abschluss der High School nach Europa und lebte und arbeitete ca. ein Jahr in Deutschland. Anschließend legte er mit dem Fahrrad beinahe 10.000 Kilometer zurück und besuchte dabei nicht nur die Heimat seiner Vorfahren in England, Schottland und Irland, sondern durchquerte auch viele Länder Mittel- und Südeuropas. Bei dieser Fahrradtour lernte er in Berlin seine spätere Frau kennen, die sich gerade für einige Wochen zu Studienzwecken an der dortigen Universität aufhielt. Obwohl er sich sowohl während seines einjährigen Deutschlandaufenthaltes als auch während seiner Radtour durch die verschiedenen europäischen Länder überall problemlos mit seinem Englisch verständigen konnte, wurde ihm während dieser Zeit das erste Mal bewusst, wie wichtig und wertvoll es ist, mehr als nur eine Sprache zu verstehen bzw. zu sprechen.

Nach Beendigung seines Europatrips ging er nach Oxford/England, wo eine seiner Schwestern lebt, und begann am Oxford Polytechnic ein Geologiestudium. Nach einem Jahr kehrte er nach Neuseeland zurück, wo er an der Universität Wellington sein Studium fortsetzte und schließlich erfolgreich abschloss. Im Hinblick auf die damals schon geplante Übersiedlung nach Österreich besuchte er auch Deutschkurse an der Universität. Seit März 1995 hat er seinen ständigen Wohnsitz in Österreich. Seine Deutschkenntnisse konnte er seither durch den Besuch von Sprachkursen, durch intensives Selbststudium, vor allem aber durch den ständigen Kontakt mit der deutschen Sprache im privaten und beruflichen Bereich sehr stark verbessern. Während er in den ersten Monaten im Kreise unserer Familie nur englisch redete (er wusste, dass wir ihn alle verstanden und mit ihm in seiner Muttersprache kommunizieren konnten) und aufgrund eines stark ausgeprägten Fehlerbewusstseins Scheu davor hatte, deutsche Ausdrücke zu verwenden, redete er nach Überwindung dieser Anfangsschwierigkeiten und mit wachsender Sicherheit immer mehr deutsch. Nun bereiten ihm gelegentliche Fehler im grammatikalischen oder lexikalischen Bereich oder Interferenzen aus dem Englischen keinerlei Probleme mehr. Dies ist auch eine wichtige Voraussetzung für seine berufliche Tätigkeit als Geologe.

Englisch war von Beginn ihrer Bekanntschaft an die Sprache, die die Eltern im persönlichen Gespräch miteinander verwendeten, und Englisch ist auch seither ihre Interaktions- und Kommunikationssprache. Mit zunehmender Sicherheit des Vaters in der deutschen Sprache erfolgt zwar nun manchmal auch zwischen den beiden ein Sprachwechsel (vor allem in Kommunikationssituationen, die in deutscher Sprache geführt werden, und an denen mehrere Personen beteiligt sind). Aber grundsätzlich ist auch jetzt immer noch Englisch ihre Sprache.

3.2 Die Großeltern

3.2.1 Die Großmutter

Die Großmutter stammt aus Deutschland. Nach dem Besuch einer Frauenfachschule ging sie als Hauswirtschaftsleiterin in die Schweiz und lernte dort ihren späteren Ehemann kennen. Seit ihrer Heirat lebt sie in Österreich. Sie ist der soziale und emotionale Mittelpunkt der Familie und steht jederzeit zur Verfügung, wenn für die Enkelkinder ein Babysitter benötigt wird. Außerdem treffen sich seit Jahren regelmäßig an jedem Sonntag alle Kinder, Enkel- und Schwiegerkinder zum gemeinsamen Mittagessen im Haus der Großeltern. Die Großmutter versteht zwar recht gut Englisch, hatte aber immer große Hemmungen und eine große Scheu davor, ihre sicherlich ausreichend vorhandenen Kenntnisse und Fertigkeiten auch tatsächlich in Kommunikationssituationen anzuwenden. Sie spricht daher mit ihrem Schwiegersohn bzw. mit Tom und Nora nur deutsch.

3.2.2 Der Großvater

Als **Großvater** bin ich gleichzeitig Forscher und Verfasser dieser Arbeit. Mein Interesse für Sprachen bzw. das Bewusstsein, welche Bedeutung die Kenntnis mehrerer Sprachen haben kann, reichen zurück bis in meine Kindheit. Ich wuchs in Krems/Niederösterreich auf und erlebte dort als neunjähriges Kind das Ende des Zweiten Weltkrieges. Niederösterreich wurde zur russischen Besatzungszone. In der Arbeitersiedlung, in der ich mit meiner Mutter wohnte (mein Vater kam erst ein Jahr später aus russischer Gefangenschaft zurück), wurde für die russischen Besatzungssoldaten eine Kaserne errichtet, und sogar in unserer kleinen

Eineinhalbzimmerwohnung wurden russische Soldaten einquartiert. Meiner Mutter und mir wurde mein winziges Kabinett überlassen, und wochenlang lebten wir, vor allem aber meine Mutter, in großer Angst vor Übergriffen durch die häufig betrunkenen Soldaten. In dieser ersten Zeit nach dem Zusammenbruch gab es für die Zivilbevölkerung kaum etwas zu essen, und meine Mutter musste im „Schleichhandel" Kleidungsstücke von sich und meinem Vater verkaufen, damit wir überleben konnten. Dies war aber auch die Zeit, in der ich – als neunjähriges Kind eher noch unbewusst – das erste Mal erkannte, wie wichtig es sein konnte, etwas in einer fremden Sprache sagen zu können. Denn trotz unserer Angst vor den Besatzungssoldaten und unserem Bemühen, Kontakte mit ihnen so weit wie möglich zu vermeiden, hatten wir Kinder ein paar russische Wörter aufgegriffen und ihre Aussprache und Bedeutung gelernt. Und ich erlebte, wie die Kenntnis einiger weniger Wörter und vor allem das Bemühen, diese Wörter anzuwenden, wahre Wunder wirkte. Ein „Guten Tag", ein „Brot, bitte", ein „Danke" auf Russisch bewirkte, dass ich von den Soldaten immer wieder einmal etwas zu essen bekam. Trotzdem war das Sozialprestige der russischen Sprache aufgrund unserer Erfahrungen mit den Besatzungssoldaten in dieser Zeit so negativ, dass wir Kinder uns dann im Gymnasium und später auch in der Lehrerbildungsanstalt, wo Russisch als zweite Fremdsprache neben Englisch Pflichtgegenstand war, weigerten, diese Sprache zu lernen und den Unterricht teilweise boykottierten. *„Das Sozialprestige der Sprache kann durch sehr unterschiedliche Faktoren bestimmt werden. Jüngere Kinder messen den Wert der Sprache meist am Wert der Menschen, die in ihrer Umgebung diese Sprache sprechen"* (Kielhöfer 1995, 359). Von Amerika hingegen kamen die für uns damals lebenswichtigen und sehnsüchtig erwarteten CARE-Pakete. Wir erfuhren auch, dass es den Menschen in der englischen und amerikanischen Besatzungszone viel besser ging als uns. Also war Englisch für mich die Sprache, die es sich zu lernen lohnte.

Vor allem in der Lehrerbildungsanstalt, die ich von 1950 bis 1955 in Krems besuchte, galt dann auch dem Fach Englisch mein besonderes Interesse. Sehr groß war jedoch meine Enttäuschung, als ich nach der Matura meine erste Stelle als Lehrer und Erzieher in einem großen Privatinstitut in der Schweiz antrat. Schüler und Lehrer in diesem Institut kamen nicht nur aus verschiedenen europäischen Staaten, sondern auch aus Nord- und Südamerika, Afrika und Asien. Es gab in diesem Institut eine deutsche, englische, italienische und französische Schulabteilung, und obwohl ich als Lehrer nur in der deutschen Schulabteilung eingesetzt war, hatte ich in meiner Tätigkeit als Erzieher und „Hauschef", d. h. Heimleiter der Juniorabteilung, doch mit allen Schülern und im Lehrerkollegium auch mit allen Lehrern zu tun. Dabei merkte ich vom ersten Tag an mit großem Schrecken, dass ich kaum in der Lage war, mich mit Schülern und Lehrern auch nur über einfachste und alltägliche Themen in der von mir in der Schule gelernten Fremdsprache – Englisch – zu unterhalten. *„Man muß im Gymnasium nicht sieben bis neun Jahre Englischunterricht haben, um Englisch dann in vielen Fällen **nicht** zu können"* (Finkenstaedt/Schröder 1990. In: Graf 1997, 31). Die Probleme begannen damit, dass ich Gesprächspartner häufig nicht verstand, und zwar vor allem deshalb, weil sie nicht das „British-English" sprachen, das ich neun Jahre lang im Gymnasium bzw. in der Lehrerbildungsanstalt gelernt hatte, sondern ein Englisch mit einem afrikanischen, einem indischen, einem brasilianischen oder einem französischen Akzent. Außerdem waren während meiner gesamten Schulzeit meine Englischlehrer die einzigen Menschen, von denen ich Englisch hörte. Und auch das eher selten, denn sie sprachen sogar während des Englischunterrichtes meist deutsch. Hörverstehen als eigene Fertigkeit und wesentliche Voraussetzung für das Zustandekommen einer Kommunikation war unbekannt. Hörverstehensübungen mit Native Speakers über ein auditives oder audio-visuelles Medium, wie sie heute bereits für jedes Volksschulkind selbstverständlich sind, gab es nicht. Es war daher nicht verwunderlich, dass ich größte Probleme hatte, das Englisch meiner Gesprächspartner zu verstehen. Und das nicht nur wegen der verschiedenen Akzente, sondern auch wegen des für mich völlig ungewohnten Sprechtempos und des verwendeten Wortschatzes. Diese Menschen sprachen Englisch in einem für sie ganz normalen, für mich aber, der das „didaktisch gebremste" Sprechtempo meiner Englischlehrer gewohnt war, in einem viel zu raschen Tempo. Ähnlich wie beim Hören erging es mir beim Sprechen. Wenn wir als Schüler im Englischunterricht im Gymnasium und in der Lehrerbildungsanstalt wirklich einmal in die Situation kamen, englisch reden zu müssen – was ohnehin sehr selten vorkam –, dann war es entweder im Rahmen von Redeübungen über literarische oder landeskundliche Themen oder beim Übersetzen isolierter Grammatiksätze. Dass wir Englisch lernen sollten, um in der Lage zu sein, mit anderssprachigen Menschen in Alltagssituationen zu kommunizieren, wurde uns von unseren Lehrern während unserer gesamten Schulzeit nicht bewusst gemacht. Die Folgen dieses Englischunterrichtes bekam ich vom ersten Tag an deutlich zu spüren. Es war mir kaum möglich, mich mit meinen englischsprachigen Kollegen oder mit Schülern auf Englisch zu unterhalten. Beim einfachsten Wortschatz des alltäglichen

Lebens hatte ich riesige Lücken, vor allem aber scheiterte ich immer wieder daran, Einzelwörter in sinnvolle, situativ richtige Sätze einzubauen. Dass ich hingegen in der Lage gewesen wäre, lange und komplizierte Sätze aus dem Aktiv ins Passiv umzuformen, oder dass ich die Zeitenfolge bei den „if-sentences" ausgezeichnet beherrschte, half mir in diesen Situationen eher wenig. Ich war über diese Situation sehr überrascht, denn schließlich hatte ich in Englisch mit „Sehr gut" maturiert und daher angenommen, Englisch „zu können". Was mich besonders überraschte, gleichzeitig aber, von meiner Situation aus betrachtet, auch sehr frustrierte, war die Beobachtung, mit welcher Selbstverständlichkeit und Leichtigkeit bereits unsere jüngsten Schüler, also die acht- bis zehnjährigen, mindestens in zwei, manchmal aber auch schon in mehreren Sprachen miteinander kommunizierten. Ich fragte mich damals, wie es dazu kommen konnte, dass ich trotz meiner neun Jahre Englischunterricht so manchen Kommunikationssituationen hilflos gegenüberstand. Die Erklärung für diese Mängel war für mich sehr bald klar. Abgesehen von der Tatsache, dass manche unserer Schüler bereits in ihrem Elternhaus zweisprachig erzogen worden waren, waren es die Unterschiede in den Methoden, wie nach dem Krieg in Österreich Englisch unterrichtet wurde, bzw. was in diesem Internat getan wurde, um den Schülern Fremdsprachenkenntnisse zu vermitteln. In Österreich lernten wir eine Menge über die englische Sprache, aber wir lernten nicht englisch zu sprechen. Ähnlich wie im Lateinunterricht mussten wir eine Menge formaler Grammatikregeln auswendig lernen; auch in Englisch mussten wir unzählige isolierte, aus jeglichem Zusammenhang gerissene Sätze übersetzen; lautes Reihumlesen irgendwelcher literarischer oder landeskundlicher Texte war neben diesem Übersetzen unsere Hauptbeschäftigung, während ein stilles, sinnerfassendes Lesen als eigenständige Fertigkeit unbekannt war; und schließlich war auch in Englisch die Unterrichtssprache zum größten Teil Deutsch. Dabei war dies aber sicherlich nicht die Schuld meiner Englischlehrer. Meine Englischlehrer waren wahrscheinlich nicht besser oder schlechter als die an anderen Schulen. Sie vermittelten die Fremdsprache nach dem damaligen Kenntnisstand, so wie sie es an der Universität gelernt hatten, also nach einer reinen Grammatik-Übersetzungsmethode.

Damals wurde mir klar, dass ein erfolgreicher, das heißt mit dem Ziel der Kommunikationsfähigkeit ausgerichteter Englischunterricht völlig anders gestaltet werden müsse. Die Schüler im Schweizer Internat lernten nicht deshalb rascher und leichter verschiedene Fremdsprachen, weil sie bessere Schüler waren, sondern einzig und allein deshalb, weil die unterschiedensten Maßnahmen und für mich, der nur den traditionellen Frontalunterricht erlebt hatte, völlig neue Methoden angewendet wurden, um ein rasches und müheloses Fremdsprachenlernen zu ermöglichen und zu fördern. So erfolgte der schulische, lehrplanmäßige Fremdsprachenunterricht in Kleingruppen bis zu höchstens sechs Schülern und grundsätzlich nur durch Lehrer, die die jeweilige Sprache als Muttersprache beherrschten. Damit war gewährleistet, dass der gesamte Unterricht in der Zielsprache ablief.

Noch wichtiger aber waren meiner Meinung nach die zahlreichen außerunterrichtlichen Maßnahmen, die dazu beitrugen, dass die Schüler innerhalb kurzer Zeit in einer fremden Sprache mit ihren Mitschülern kommunizieren konnten. Es wurde zum Beispiel darauf geachtet, dass nie zwei Schüler mit derselben Muttersprache ein Zimmer miteinander teilten, sondern dass jeweils beispielsweise ein Bub mit deutscher Muttersprache ein Zimmer mit einem englisch-, französische- oder italienischsprachigen Schüler teilte. Dabei kam auch immer wieder zu der von der Schule durchaus erwünschten und beabsichtigten Situation, dass zum Beispiel der Schüler A aus Argentinien den Schüler B aus Frankreich nicht verstand, und umgekehrt, und dass die Buben daher gezwungen waren, auf eine ihnen beiden gemeinsame, dritte Sprache auszuweichen. Diese *Lingua franca* war häufig Englisch.

Eine weitere Maßnahme zur Förderung der Kommunikationsfähigkeit in fremden Sprachen war die Anordnung, dass bei den gemeinsamen Mahlzeiten im Speisesaal an verschiedenen Wochentagen jeweils nur eine bestimmte Sprache erlaubt war. So durfte zum Beispiel an einem Mittwoch während der Mahlzeiten nur französisch oder an einem Freitag nur englisch gesprochen werden. Wer sich nicht an diese Anordnung hielt, musste eine Geldbuße bezahlen. Wir Lehrer mussten uns natürlich genauso an diese Regelung halten. Diese Bestimmung bewirkte, dass auch ich nach verhältnismäßig kurzer Zeit in der Lage war, einfache Gespräche in Französisch oder Italienisch zu führen – etwas, das ich in Englisch während all der neun Jahre Schulunterricht nicht gelernt hatte.

Diese Erkenntnisse und Erfahrungen sowie mein grundsätzliches Interesse für die englische Sprache bewogen mich dazu, mich von diesem Zeitpunkt an intensiv mit didaktischen und methodischen Fragen des Englischunterrichtes zu beschäftigen. Schon während meiner Zeit als Lehrer an einer Volksschuloberstufe führte ich nach dem Erwerb des Lehramtes für Hauptschulen Englisch als Freigegenstand ein und versuchte, die in der Schweiz gewonnenen Erkenntnisse umzusetzen. Nach meinem Wechsel an die Übungsvolksschule der Pädagogischen Akademie Innsbruck im Jahre 1970 wurde an den österreichischen Volksschulen die sogenannte „Fremdsprachliche Vorschulung" als Schulversuch eingeführt, und ich hatte wiederum die Möglichkeit, in den dritten und vierten Klassen der Übungsvolksschule meine Vorstellungen von einem zeitgemäßen, kommunikativen Englischunterricht mit Kindern zu erproben und zu verwirklichen und diese Vorstellungen und Erfahrungen auch an Studierende weiterzugeben. Mit der Einführung der Hauptschullehrerausbildung an den Pädagogischen Akademien begann meine jahrelange intensive Beschäftigung mit Fragen der Methodik und Didaktik des Englischunterrichtes für Zehn- bis Vierzehnjährige, und schließlich hatte ich in den achtziger Jahren als Mitglied der Lehrplankommission die Gelegenheit, meine Vorstellungen bei der Neugestaltung des Englischlehrplanes für Hauptschulen und AHS-Unterstufen mit einzubringen. Daneben bemühte ich mich viele Jahre lang, Tiroler LehrerInnen meine Vorstellungen, Erfahrungen und Erkenntnisse über Englischunterricht, die ich mir durch eigenen Unterricht, im Selbststudium und bei zahlreichen internationalen Fortbildungskursen in Österreich und England erworben hatte, im Rahmen von Aus- und Fortbildungsveranstaltungen des Pädagogischen Institutes weiterzugeben.

Als sich meine Tochter und ihr neuseeländischer Ehemann im Sommer 1996 bei der Geburt ihres ersten Kindes entschlossen, ihr Kind zweisprachig deutsch – englisch zu erziehen, ergab sich für mich nach der intensiven beruflichen Beschäftigung mit Fragen des Englischunterrichtes nun auch privat die ideale Gelegenheit, mich auch weiterhin mit diesem Thema zu beschäftigen. Im Sommer 1998 entschloss ich mich mit Zustimmung der Eltern des Kindes, die zweisprachige Erziehung des damals zweijährigen Enkelsohnes Tom als Thema für meine Diplomarbeit zu wählen. Im Form einer Längsschnittstudie beobachtete und beschrieb ich über einen Zeitraum von etwa 1½ Jahren die sprachliche Entwicklung des Kindes sowohl in Englisch als auch in Deutsch. Im Juli 2000 reichte ich die Diplomarbeit ein, im Oktober 2000 schloss ich das Pädagogikstudium ab.
Je intensiver ich mich mit zweisprachiger Kindererziehung befasste, je länger und genauer ich die äußerst erfolgreich verlaufende bilinguale Entwicklung Toms beobachtete, und je mehr ich mich in die umfangreiche Literatur vertiefte, desto größer wurde mein Interesse an diesem Thema. Ich fasste daher bereits während des

Verfassens der Diplomarbeit den Entschluss, dieses Thema als Dissertation weiter zu verfolgen. In Form einer explorativen Fallstudie sollte nicht nur die zweisprachige Entwicklung Toms weiter verfolgt und beschrieben werden. Die Dissertation sollte auch auf Toms um zwei Jahre jüngere Schwester Nora ausgeweitet und die bilinguale Entwicklung dieser beiden Kinder verglichen werden. Diesem Vorhaben standen von Anfang an alle Familienmitgliedern äußerst positiv gegenüber, und vor allem die Eltern der beiden Kinder, ohne deren Mitarbeit ein derartiges Forschungsvorhaben nicht möglich gewesen wäre, sagten mir ihre volle Unterstützung zu.

3.3 Andere Erzieher

Neben den Eltern und den Großeltern mütterlicherseits (die Großeltern väterlicherseits starben bereits vor der Geburt der beiden Kinder) gab es und gibt es weitere Menschen, die einen wichtigen erzieherischen Einfluss auf die beiden Kinder ausübten bzw. noch immer ausüben. Hier sind in erster Linie die beiden Geschwister der Mutter mit ihren Familien zu nennen, zu denen ein sehr enger und herzlicher Kontakt besteht. Es gibt häufige gegenseitige Besuche und regelmäßige Treffen im Haus der Großeltern. Obwohl Toms und Noras Onkel und Tanten alle sehr gut Englisch sprechen (sie sind alle Englischlehrer), wird miteinander, abgesehen von einigen eher seltenen Sprachwechsel, grundsätzlich in deutscher Sprache kommuniziert. Dies geschieht vor allem deshalb, um Toms gleichaltrigen Cousin und dessen Schwester, die beide kein Englisch verstehen, nicht von den Interaktionen auszuschließen.

Sehr wichtig vor allem für die Entwicklung der englischen Sprache sind für Tom und Nora aber auch die zahlreichen Kontakte mit Verwandten väterlicherseits (aus Neuseeland, England oder Kanada), denn sie sprechen alle nur englisch. So arbeitete zum Beispiel eine achtzehnjährige Cousine der Kinder aus Neuseeland, Bridget, vom Jänner bis Oktober 2000 als Au-Pair-Mädchen in Innsbruck. Den größten Teil ihrer Freizeit verbrachte Bridget, die bei ihrer Ankunft kein Wort Deutsch verstand, bei den Kindern und war für sie daher ein sehr wichtiges sprachliches Vorbild.

3.4 Die Kinder

3.4.1 Tom

Thomas Gabriel wurde am 1.August 1996 in Innsbruck geboren. Für die Wahl der beiden Vornamen waren zwei Gründe ausschlaggebend: Der Rufname sollte ein Name sein, der sowohl im deutschen als auch im englischen Sprach- und Kulturkreis gebräuchlich ist. Der zweite Name „Gabriel" wurde nach einer Schwester des Vaters ausgewählt. In der Regel wird das Kind von allen *Tom* gerufen. Wenn er einmal nicht folgt, heißt er bei den Eltern *Thomas*. Und wenn ihn der Vater einmal mit *Thomas Gabriel* anspricht, was sehr selten vorkommt, dann weiß der Bub, dass es an der Zeit ist, sein Verhalten zu ändern. Für seine Schwester Nora ist er *der Tom*, oder *Tommy*. Wenn er sich wehgetan hat und weint, wenn er krank ist, oder wenn er vom Kindergarten heimkommt, nennt sie ihn liebevoll *Tommyle* oder *Schatzele*.

Tom wohnte in seinen ersten vier Lebensjahren mit seinen Eltern in der Erdgeschosswohnung des Hauses seiner Großeltern in Aldrans. Die Mutter, die vor der Geburt des Kindes als Lehrerin am Realgymnasium in Wörgl beschäftigt gewesen war, trat nach einem Jahr Karenzzeit eine Stelle mit halber Lehrverpflichtung am Bundesgymnasium für Berufstätige („Abendgymnasium") in Innsbruck an. Diese Beschäftigung hatte den großen Vorteil, dass sich die Mutter trotz ihres Berufes tagsüber voll dem Kind widmen konnte. Am Abend übernahm dann der Vater die Betreuung Toms. Außerdem standen die Großeltern jederzeit zur Verfügung, wenn Hilfe benötigt wurde. Nicht nur die räumliche Nähe, sondern vor allem das enge, herzliche Verhältnis zwischen den beiden Familien trug dazu bei, dass Tom von Anfang an sehr viel Zeit „upstairs", d.h. bei Oma und Opa verbrachte. Zwei Jahre lang, bis zur Geburt seiner Schwester Nora, war Tom der alleinige Mittelpunkt der Aufmerksamkeit und Zuwendung nicht nur seitens der Eltern, sondern ebenso der Großeltern. Tom genoss diese Situation sichtlich, nutzte sie aber nie aus. Bereits ab dem Alter von 15 Monaten ging Tom zuerst an einem Vormittag pro Woche, später dann zweimal pro Woche mit großer Begeisterung in eine von Eltern organisierte Spielgruppe in Aldrans. Während der Zeit der Schwangerschaft wurde Tom von seinen Eltern sehr behutsam und liebevoll auf die Geburt seiner Schwester oder seines Bruders (die Mutter hatte sich vom Arzt nicht sagen lassen, ob es ein Bub oder ein Mädchen sein würde) vorbereitet. Trotzdem bedeutete die neue familiäre Situation für ihn einen großen Einschnitt, und anfangs wurde er immer wieder zwischen Liebe zu seiner winzigen Schwester und Eifersucht über die Zuwendung, die ihr zuteil wurde, hin- und hergerissen. Den Eltern gelang es aber bald, Tom bewusst zu machen, dass die Anwesenheit der Schwester nicht bedeutet, dass sie ihn nun weniger gern haben, auch wenn sie nicht mehr so viel Zeit wie vorher für ihn aufwenden können. So entwickelte sich das Verhältnis zwischen Tom und Nora sehr positiv. Auch wenn es später immer wieder einmal Situationen gab, in denen Tom auf seine Schwester eifersüchtig war, so erkannte er doch bald die Vorteile des „großen Bruders", trat und tritt gerne als Noras Helfer und Beschützer auf, akzeptierte sie aber auch bald als vollwertige Partnerin beim Spielen. In seiner Gutmütigkeit störte es ihn selten, wenn Nora ihm einen gerade mühsam erbauten, hohen Duplo-Turm umwarf oder ein Puzzle durcheinander brachte. Er freute sich mit Nora, wenn es ihr gelang, ein paar Duplo-Würfel zusammenzustecken und konnte herzlich lachen, wenn Nora in der Zeit des ersten Spracherwerbs irgendwelche Wörter völlig verdreht hervorbrachte. Böse und verärgert konnte er nur werden, wenn ich ihm Geschichten erzählte oder vorlas und Nora kam, um ebenfalls ihren Anspruch auf einen Platz auf meinem Schoß anzumelden. Solche Situationen konnten nicht immer ohne Geschrei und Tränen bereinigt werden.

Von Anfang an sprach Tom mit Nora nur deutsch. Obwohl er sah, dass sein Vater und ich mit Nora nur englisch sprachen, und so selbstverständlich es für Tom immer war, mit seinem Vater und mir nur in englischer Sprache zu kommunizieren, war Tom nicht dazu zu bewegen, mit seiner Schwester ebenfalls englisch zu reden. Hinweise wie *„Tom, why don't you talk English to Nora?"* oder *„Tom, please talk English to Nora, so that she also learns to speak English"* blieben, abgesehen von einem englisch intonierten *„Nora"*, erfolglos.

Da die Wohnung im Haus der Großeltern mit dem Heranwachsen der beiden Kinder zu klein geworden war, übersiedelte Tom im August 2000, kurz nach seinem vierten Geburtstag, nach Volders, wo seine Eltern eine größere Eigentumswohnung erworben hatten. Obwohl Tom auf diese Übersiedlung bestens vorbereitet worden war, obwohl er bereits vor der Übersiedlung des öfteren in die neue Wohnung mitfahren und sein großes, neues Kinderzimmer bewundern durfte, und obwohl ihm immer wieder bestätigt wurde, dass er auch in Zukunft sehr oft zu Oma und Opa kommen dürfe, fiel ihm das Weggehen von Aldrans, von Oma und Opa, doch sehr schwer. Dies zeigt sich auch in folgendem Gespräch zwischen Tom, Oma und Opa am 13.August 2000, dem Tag der Übersiedlung:

> (Tom kommt nach dem Frühstück zu Oma und Opa)
> Tom: Oma, heut bringen wir me in Bett nach Volders. Des muss i dem Opa auch sagen. (zu Opa): Opa, today we are sleeping in Volders. Will you be sad?
> Opa: Yes, but only a little bit.
> Tom: Why only a little bit?
> Opa: Because Volders is not so far away, and we'll see each other very often.
> Tom: And I will sometimes sleep by you.
> Opa: Yes, of course. I'm sure you'll sleep at our place very often. And you? Will you be sad?
> Tom: Hmm. (zu Oma): Oma, bist du a a bissele traurig?
> Oma: Ja, aber auch nur a bissele.
> Tom: Warum auch nur a bissele?
> Oma: Weil du in Volders so ein schönes und großes Zimmer hast. Und weil wir dich oft besuchen werden. Und weil du oft zu uns kommen wirst.

Tom gewöhnte sich sehr rasch an die neue Situation. Von Anfang an fühlte er sich in seiner neuen Umgebung sehr wohl, und die Kontakte zu den Großeltern haben sich wohl zahlenmäßig verringert, nicht aber an Herzlichkeit und emotionaler Tiefe. Seit September 2000 besucht Tom den Kindergarten in Volders.

Tom ist ein sehr empfindsames, sensibles Kind. Dies zeigt sich u. a. an folgenden Beispielen:

a) Tom liebt es, wie bereits erwähnt, wenn ich ihm Geschichten erzähle oder vorlese. Wie er dabei voll mitlebt, lässt sich an seinem Gesichtsausdruck, an seiner körperlichen Anspannung und an seinen vor Aufregung feuchten Händen erkennen. Dabei muss ich jedoch sehr darauf achten, dass alle Geschichten gut ausgehen, und dass die Geschichten nur von „guten" Menschen und „guten" Tieren handeln. Und sollte in einer Geschichte tatsächlich einmal ein „böses" Wesen vorkommen, dann muss ich dafür sorgen, dass dieses Wesen, d. h. dieser Mensch oder ein bestimmtes Tier so rasch wie möglich etwas Gutes tut. Dann löst sich seine Spannung, er lacht befreit auf, und sein Gesicht strahlt. Eines seiner Lieblingsbücher im Alter von etwa 4;6 Jahren war zum Beispiel eine Zeitlang das englische Buch *„The Selfish Crocodile"*. Die Geschichte erzählt von einem bösen Krokodil, das in einem See lebt und kein anderes Tier an das Wasser lässt. Die Tiere trauen sich nicht in die Nähe des Sees aus Angst davor, vom Krokodil gefressen zu werden. Daher müssen sie, wenn sie durstig sind, weit laufen, um ihren Durst an einem anderen See stillen zu können. Doch eines Tages bekommt das Krokodil Zahnweh, und eine winzige Maus zieht ihm einen faulen Zahn und befreit das Krokodil von seinen Schmerzen. Von nun an ist das Krokodil zu allen Tieren freundlich. Wenn die Tiere Durst haben, brauchen sie nicht mehr so weit zu laufen, und sie dürfen sogar im See schwimmen und mit dem Krokodil spielen.

Immer wieder musste ich Tom diese Geschichte vorlesen. Aber erst ab der Stelle, wo das Krokodil nicht mehr böse ist. Die ersten Seiten mit Bildern vom bösen Krokodil überblätterte er so rasch wie möglich.

b) Auf dem Weg in den Kindergarten ging Tom (4;4) mit seiner Mutter täglich an einem Kruzifix vorbei, das am Wegrand steht. Jedes Mal blieb er vor dem Kruzifix stehen und ließ sich von seiner Mutter die Geschichte vom gekreuzigten Jesus erzählen. Dass es „böse" Menschen waren, die Jesus ans Kreuz nagelten, beschäftigte ihn ganz besonders, und immer wieder begann er auch mit mir darüber zu reden und konnte einfach nicht verstehen, wie Menschen etwas so Böses tun konnten.

c) Im Alter von 4;11 Jahren war *Der König der Löwen* nach dem gleichnamigen Walt Disney Film, dessen englische Version er kannte, eines von Toms Lieblingsbüchern. Die Stelle, bei der der „gute" König Mufasa von seinem „bösen" Bruder Scar getötet wird, bewegte ihn immer wieder ganz besonders:

>Opa (liest weiter): Endlich hatte er einen Felsvorsprung entdeckt (...) Und plötzlich spürte er, wie die Steine unter seinen Hinterpfoten nachgaben...
>Tom: Opa, what is ‚nachgaben'?
>Opa: The stones and the rocks started sliding down because Mufasa was too heavy.
>Tom: Opa, first he didn't die because he did jump up quickly. When he did fall down the little rock.

Opa: Yeah. But then he fell down into the deep valley, and he was killed by the hooves of the gnus.
Tom: Aha.
Opa (liest weiter): Er verlor den Halt und stürzte wieder hinab in die Schlucht, wo die Gnus noch immer vorbeidonnerten (...) und Mufasa wurde unter den donnernden Hufen der Gnus begraben (...)
Tom (beginnt zu weinen)
Opa: You need not cry, Tommy.
Tom: I am so sad that Mufasa did die.
Tom (schluchzt weiter): He is such a good lion.
Opa (versucht Tom zu trösten, der sich nicht erfangen kann und noch immer weint): Tommy, stop crying. You know that Mufasa is not really dead. He will live on a star now.
Tom (schluchzend): Opa, why did the gnus run over Mufasa?
Opa: Because they were so much afraid of the hyenas. The hyenas and Scar were so bad. Not the gnus.
Oma (kommt dazu): Mein Gott, Schatzele. Du, des is ja nur a Buch.
Tom (beginnt wieder zu weinen): Aber i bin so traurig, daß der Mufasa gstorben is.

Bereits sehr früh begann Toms Mutter mit den Kindern zu zeichnen, zu malen oder aus Plastilin Figuren zu formen. Tom zeigte dabei von Anfang an nicht nur großes Interesse und Geschick, sondern auch eine unglaubliche Ausdauer. Stundenlang konnte er sich mit solchen Tätigkeiten beschäftigen. Ab dem Alter von etwa vier Jahren gehörte das Zusammensetzen von Puzzles zu seinen Lieblingsbeschäftigungen. *„I have to concentrate"* sagte er immer, während er sich mit einem großen, komplizierten Puzzle abplagte. Sehr gerne und mit ebenso großer Ausdauer hörte Tom in dieser Zeit auch Tonkassetten mit deutschen und englischen Märchen oder Kinderliedern. Bereits mit vier Jahren konnte er viele englische und deutsch Lieder und Reime auswendig.

Mit großer Begeisterung und mit einem für sein Alter erstaunlichen Geschick und mit einer unglaublichen Ausdauer half Tom von klein auf seinem Vater und mir bei Arbeiten im Haus oder im Garten. So wartete er während seiner Zeit in Aldrans immer wieder sehnsüchtig darauf, mir im Sommer beim Rasenmähen helfen zu dürfen.

„Friday is lawn-mowing day" war unser geflügeltes Wort, und Tom wäre zutiefst enttäuscht und beleidigt gewesen, wenn ich einmal den Rasen ohne seine Hilfe gemäht hätte. Er schob mit mir den Rasenmäher; er half mir, das Gras zusammenzurechen; er füllte das Gras in einen Kübel und trug es zum Komposthaufen. Eine gemeinsame Jause durfte als Abschluss unserer Arbeit nicht fehlen. Immer wieder fragte er: *„Opa, why you need my help?"* oder *„Opa, why I am helping you?"*, um die Bestätigung zu erhalten: *„I could never do all this work without your help."*

Mit 4;2 Jahren begann sich Tom für Zahlen zu interessieren. Er zählte anwesende Personen, Stühle, Teller, etc. Mit Hilfe des Adventkalenders lernte er, Zahlen zu lesen bzw. zu erkennen. Und zwar auf Deutsch ebenso wie auf Englisch. Seine Mutter fragte er: *„Mummy, welches Fenster darf i heute aufmachen?"* Und wenn die Mutter sagte: *„Das Fenster Nummer acht"*, dann wurde zuerst einmal gemeinsam die Zahl Acht gesucht. In ähnlicher Weise lernte Tom mit seinem Vater die englischen Wörter für die Zahlen:

    Daddy: Where is the four, Tom? Look, look at it. Where is the four on the box?
    Tom: There.
    Daddy: That's right. That's the four.
    Tom: And where is the five?
    Daddy: Where is the five? You write the five for daddy.
    (Tom kritzelt irgend etwas)
    Daddy: Should that be a five? Should daddy write a five? Let's see what it looks like.
    Nora. Der Tom hats falsch macht.
    Tom: Where is it? Is it at the bottom?
    Daddy: In the middle. It's on the sleigh. On the presents. Next to Santa Claus.
    Tom: There. Is this a five, daddy?
    Daddy: Yes, that's a five.
    Nora: Five. Des is a five.
Beispiele für Toms sprachliches Verhalten

Zu Toms bemerkenswerten Eigenschaften zählt sicher auch sein häufiges Fragen. Von Beginn des Spracherwerbs an gehörten „Why" und „Warum" zu seinen am häufigsten verwendeten Wörtern (vgl. Pisek 2000, 88). In der Regel gingen die Erwachsenen auch immer geduldig auf seine Fragen ein, beantworteten sie so gut wie möglich und erklärten ihm, was er wissen wollte. Es war aber nicht immer nur Interesse und Wissbegierde, was ihn zu diesem vielen Fragen bewegte. Häufig stellte er Fragen, deren Antworten er schon kannte. Damit wollte er einfach eine stockende Kommunikationssituation weiterführen oder verhindern, dass man sich möglicherweise nicht mehr mit ihm beschäftigt.

a) Tom (4;3):

Tom: Opa, why is it not snowing?

Opa: Well, maybe it has to get a little bit colder.

Tom: Why you can already see a little bit of snow?

Opa: Well, it's just between rain and snow, And when it gets a little bit colder, then the rain will turn into...

Tom: Snow...**Why will the rain turn into snow?**

Opa: Tommy! I've already told you, and you know why. Now you tell me.

Tom (lacht): Because when it gets colder, then the rain will turn into snow. And when it's really hard then it's ice.

b) Tom (4;5):

Tom baut mit seinem Onkel Greg seit einer vollen Stunde ein Duplo-Schloss. Immer wieder sagte Tom während dieser Zeit voll Staunen und Bewunderung über seine eigene Leistung:

We are making a very big castle.

Nun fragt er plötzlich: Uncle Greg.

Greg: Hm?

Tom: **What are we making here?**

Greg: Well, you know. We are making a very big castle.

c) Tom (4;7):

Während einer Autofahrt von Volders nach Aldrans.

Tom: Opa, why was there a traffic light?

Opa: Oh, you know why the traffic lights are there. You tell me. I ask you, and you tell me. Why are the traffic lights there?

Tom (mit müder und schwacher Stimme): I don't know. I'm so tired.
Opa (lacht): Oh, no, no, no. Now tell me, come on.
Tom (lacht auch): So that the other cars can't drive.
Opa: That's it. And why should the other cars not drive?
Tom: Because then they will crash into each other.

Lewis sieht in derartigen rhetorischen Fragen „*partly a game, the game of question and answer, and partly a tentative questioning. (...) It is the social sanction for what he already knows that satisfies him*" (1951. In: Oksaar 1987, 106). Oksaar (1987, 106) sieht in solchen Fragen auch die Tendenz, die sich für das Kind im Spielcharakter des Fragens wie auch im Vergnügen ausdrücken, das schon Bekannte von anderen bestätigt zu sehen.

Wie genau Tom aber andererseits immer auf die Erklärungen der Erwachsenen hörte, und wie intensiv er sich damit auseinander setzte, zeigt sich darin, dass er nicht allein mit „Why?" oder „Warum?" oder „Why not?" fragte, sondern bei seiner Frage häufig die ganze, teilweise lange und komplizierte Satzstruktur seines erwachsenen Gesprächspartner wiederholte, wie zum Beispiel in folgenden Situationen:

a) Tom (4;0):
Tom und Opa betrachten das Bild eine Baustelle.
Tom: They did it today?
Opa: No, not everything today. They couldn't do everything today.
Tom: **Why they couldn't do everything today.**
Opa: It took them weeks to build this big house.
Tom: **Why it took them weeks to build this big house?**

b) Tom (4;3):
Tom und Opa schauen aus dem Fenster.
Tom: Opa, look, It isn't snowing any more. It's raining again. Why?
Opa: I'm afraid it isn't cold enough for snow. But maybe tomorrow morning, when you look out of the window, there will be snow outside.
Tom: Why when I will look out of the window there will be snow outside?

c) Tom (4;4):

Tom und Opa zeichnen.

Tom: Please draw a baby what is just coming out from mummy's tummy. Here.

Opa: Well, then I'll have to draw a mummy cow first.

Nora: And noch a farm. And noch a farm.

Opa: Yes. And look, Tom, here the baby is coming out from mummy.

Tom: And the baby has still got one baby in its tummy.

Opa: No, that's not possible. Mummy cows only have one baby.

Tom: **Why that's not possible? Why mummy cows only have one baby?**

Opa: Because there is not enough room in mummy's tummy for two babies.

d) Tom (4;6):

Opa erklärt Tom den Unterschied zwischen „downhill-skiing" und „cross-country skiing".

Opa: For cross-country skiing you need special skis with a special binding, and you even need special ski-boot.

Tom: **Opa, why for cross-country skiing you need special skis with a special binding. And why you even need special ski-boots?**

e) Tom (4;6):

Opa hat Tom ein Bilderbuch gekauft.

Opa: Tom, look, I've bought a new book for you and Nora.

Tom: **Why have you bought a new book for me and Nora?**

f) Tom (5;0):

Während einer Bergwanderung unterhalten sich Tom und Opa über Kühe auf der Alm.

Tom: Why are the babies at the farm?

Opa: Only when they are older they come up to the Alm.

Tom: **Why only when they are older they come up to the Alm?**

(Anhang 193, 26 – 28)

Zimmer ist der Meinung, die vielen Warum-Fragen, die Kinder in endloser Folge stellen, seien offenbar weniger dazu da, Gründe zu erforschen. *„Kinder geben sich im allgemeinen schon mit den fadenscheinigsten Begründungen zufrieden, haben bis zum siebten, achten Lebensjahr überhaupt nur wenig Interesse an Gründen"* (1999, 22). Wenn wir Toms Fragen beispielsweise zum Thema „Gott" und „Jesus" betrachten, die er im Alter von 4;7 Jahren stellte, so trifft diese Feststellung Zimmers auf Tom in keiner Weise zu:

>Why will Jesus never die?
>Who is the father of Jesus?
>Why was Jesus nailed on to the cross?
>Who is the father of Godfather?
>Can Jesus ski in heaven?
>Why does Jesus not live on the earth any more?
>Does Jesus make miracles now?
>Why let Jesus us die?
>How can the soul find God?

Auch das folgende Beispiel zeigt, wie intensiv sich Tom mit den Antworten seiner Gesprächspartner auseinander setzte:

>Über ein Gespräch über Kinder, Eltern und Großeltern kommen Tom (4;8) und Opa auf die Themen Heiraten und Kinderkriegen zu sprechen.
>Opa: When you are old enough you will marry a woman, and you'll have children.
>Tom: And Nora will marry a man.
>Opa: I'm sure she will. And she will also have children.
>Tom: Opa, why can I not behold Nora (= ‚behalten'; vgl. Kap. ‚Interferenz') Why can I not marry Nora?
>Opa: No, it's not allowed to marry his sister.
>Tom: Why not?
>Opa: Well, when somebody marries his sister, and when they have children, then these children might be handicapped.
>Tom: Opa, did auntie Catherine marry her brother?
>(Toms Tante Catherine hat eine behinderte Tochter)

Bei solchen und ähnlichen Fragen gab Tom sich also, wie die Beispiele zeigen, keineswegs mit „den fadenscheinigsten Begründungen" zufrieden. Wenn ihm eine Antwort nicht reichte, wenn er eine Antwort nicht verstand, oder wenn ihm schon wieder etwas Neues eingefallen war, wiederholte er seine Frage, fragte nach oder formulierte seine Frage um. Das große Interesse und die Wissbegierde, die durch solche Fragen zum Ausdruck kommen, machten die Kontakte mit Tom ungemein interessant, gleichzeitig aber manchmal äußerst *„demanding"*, wie es sein Vater bezeichnet, d. h. fordernd und anspruchsvoll.

Dieses viele Fragen fiel sogar Toms gleichaltrigem Cousin Clemens bald auf. Als Tom während einer Bergwanderung wieder einmal nicht aufhörte, mich die verschiedensten Dinge zu fragen, bemerkte plötzlich Clemens: *„Opa, warum fragt denn der Tom immer?"*

3.4.2 Nora

Nora Jane wurde am 6. August 1998 in Innsbruck geboren. Auch bei der Tochter entschieden sich die Eltern für einen Rufnamen, der in beiden Kulturkreisen gebräuchlich ist. Der zweite Name „Jane" wurde nach einer Verwandten des Vaters ausgewählt. Das Kind wird in der Regel von allen *Nora* gerufen. Manchmal sprechen sie die Eltern, besonders aber auch Tom mit *Nory* an.

Nora wohnte bis zu ihrem zweiten Geburtstag mit ihren Eltern und ihrem Bruder Tom bei den Großeltern in Aldrans. Obwohl sich die Mutter während des Karenzjahres voll dem Kind widmen konnte und auch nachher durch ihre berufliche Tätigkeit am Abendgymnasium tagsüber genügend Zeit für das Kind aufbrachte, und obwohl der Vater, so weit es sein Beruf erlaubte, bei der Erziehung und Betreuung der Kinder ebenso mitwirkte wie bei den verschiedensten Arbeiten im Haushalt, waren während dieser Zeit die Großeltern – ebenso wie für Tom – auch für Nora wichtige und einflussreiche Miterzieher. *„The presence of grandparents, either permanent or visiting from overseas, is an important factor of language maintenance"* (Döpke 1992, 55). Mit Tom ging Nora ab dem Alter von 18 Monaten in die Spielgruppe in Aldrans. Die Liebe zu ihrer „Tante" war so groß, dass Nora auch nach der Übersiedlung nach Volders noch ein Jahr lang einmal pro Woche die Spielgruppe in Aldrans besuchte.

Während dieser Zeit ging sie aber auch bereits einmal in der Woche in eine Spielgruppe in Volders.

Die Übersiedlung nach Volders fiel Nora sehr schwer. Da sie zum Zeitpunkt der Übersiedlung erst zwei Jahre alt war, konnte sie noch nicht so wie Tom auf diese Veränderung vorbereitet werden und verstand nicht, warum sie plötzlich nicht mehr in Aldrans, bei Oma und Opa wohnen und in „ihrem" Kinderzimmer spielen und schlafen durfte. Es dauerte mehrere Wochen, bis sich Nora an die neue Situation gewöhnte. Vor allem wenn Tom vormittags im Kindergarten und Nora mit ihrer Mutter allein zu Hause war, weinte sie sehr oft und wollte unbedingt zu Oma und Opa (die Mutter nannte das „Oma- und –Opa -Schmerzen"). Und wenn sie in Aldrans war, sträubte sie sich mit Händen und Füßen davor, wieder zurück nach Volders zu fahren. Diese Probleme legten sich aber nach einigen Wochen, und Nora fühlte sich nach diesen Anfangsschwierigkeiten in ihrem neuen Heim zu Hause und war stolz auf ihr schönes, großes Kinderzimmer. Sie war glücklich, wenn sie „Omas Opa", wie sie sagte, besuchen durfte, freute sich aber dann immer sehr darauf, am Abend oder nach einer Nacht in Aldrans wieder heimfahren zu dürfen. Bedingt durch die oben beschriebene familiäre Situation war Noras emotionale Bildung an die Mutter von Anfang an besonders stark.

Nora ist ein heiteres, fröhliches, unkompliziertes Kind. Sie genießt sichtlich ihre Rolle als jüngere Schwester Toms bzw. als jüngstes Enkelkind der Großeltern und die mit dieser Situation verbundenen Vorteile. Sie ist glücklich, wenn sie mit Tom spielen kann, und wenn der große Bruder sie als Spielpartnerin akzeptiert. Wenn sich aber jemand einmal intensiv mit Tom beschäftigt und sie an Toms Reaktion merkt, dass ihre Anwesenheit stört, dann nimmt sie das ohne Proteste zur Kenntnis, dreht sich um, geht weg und beschäftigt sich mit etwas anderem. Nur sehr selten gibt es Situationen, in denen Nora auf Tom eifersüchtig ist. Wenn vormittags Tom im Kindergarten und sie mit ihrer Mutter allein zu Hause ist, hilft sie mit Begeisterung ihrer Mutter bei der Hausarbeit. Sie legt Wäsche zusammen und verräumt sie, hilft beim Staubsaugen und Abstauben und „kocht". Wenn die Mutter keine Zeit hat, mit ihr zu spielen, dann kann sie sich mit erstaunlicher Ausdauer und über eine lange Zeit allein mit ihren Spielsachen beschäftigen. Bereits mit 2;5 Jahren zog sie ihre Puppen an und aus, wickelte sie, führte sie im Puppenwagen in der Wohnung spazieren und „untersuchte" sie mit den Inhalten des Arztkoffers, den sie zu Weihnachten geschenkt bekommen hatte. Sie wollte sich auch selber anziehen und wehrte sich lautstark gegen Versuche, ihr zu helfen. Wenn es darum geht, ihren Willen durchzusetzen, kann Nora sehr konsequent und energisch sein. Sie liebt ihren Bruder Tom. Er ist ihr großes Vorbild, und häufig imitiert sie seine sprachlichen Äußerungen, auch wenn sie sie oft nicht versteht.

Nora (2;5):
Tom, Nora und ihr Cousin Clemens sind zum Essen bei den Großeltern.
Clemens: Was heißt denn Messer auf Englisch, Opa?
Opa: Frag den Tom, der weiß es.
Tom: Knife.
Clemens: Und Gabel?
Tom: Fork. Und **da Teller** hoaßt bowl.
Nora: Und **Latella hoaßt bowl**, Clemens. **Latella**[2] **hoasst bowl**.

Diese große gegenseitige Zuneigung schließt aber gelegentliche Streitereien zwischen den beiden Kindern nicht aus.

Im Unterschied zu Tom, der mit jedem Fremden, der zu ihm freundlich ist, sofort mitgehen würde, ist Nora fremden Menschen gegenüber anfangs vorsichtig und misstrauisch, und es dauert oft recht lang, bis jemand ihr Zutrauen gewinnen kann.

Nora besitzt einen ungemein starken Willen. Von eigenen Wünschen oder Vorstellungen ist sie im Unterschied zu Tom durch Argumente kaum abzubringen.

---

[2] Anm.: „Latella" ist ein bei Kindern beliebtes Molkegetränk.

4 Sammeln von Daten

4.1 Arten der Daten

Die Daten für diese Studie wurden im Wesentlichen auf zwei Arten gesammelt: Zum größten Teil stammen die Daten aus regelmäßigen Tonaufzeichnungen spontaner Sprache der beiden Kinder Tom und Nora in Interaktion miteinander, mit ihren Eltern und Großeltern, aber auch mit anderen Verwandten über einen Zeitraum von einem Jahr (August 2000 bis August 2001).

Parallel zu diesen Tonaufzeichnungen führten die Mutter der Kinder und ich, wie es auch von Girtler (1992) empfohlen wird, während dieses Beobachtungszeitraumes ein Forschungstagebuch, in welchem spontane, kurze Äußerungen der Kinder, uns wichtig erscheinende Beobachtungen über Toms und Noras Sprach- und Sozialverhalten, stichwortartige Bemerkungen zum Fortgang meiner Forschung, Hinweise auf Forschungsergebnisse u. a. für eine spätere Auswertung sofort festgehalten wurden. *„Am Ende der Forschung kann ein Blick in so ein Tagebuch recht nützlich sein, da es im Nachhinein dem Forscher wieder gewisse Zusammenhänge klar legt, die er vielleicht schon wieder vergessen hat"* (Girtler 1992, 131).

Gegen Ende der Beobachtungszeit wurden auch einige Beobachtungen direkt in die Dissertation übernommen.

Im Mittelpunkt der Untersuchungen stand dabei jeweils der spontane Sprachgebrauch der Kinder in der natürlichen Umgebung zu Hause bzw. bei den Großeltern. Theoretische Gründe haben mich dazu bewogen, meine Daten aus natürlichen Beobachtungssituationen und nicht aus künstlichen Testsituationen zu gewinnen. *„Ich war zum Schluß gekommen, daß man den Spracherwerb nur anhand natürlicher Abläufe zuhause beim Kind studieren konnte, nicht im künstliche Rahmen des Laboratoriums. (...) Statt daß wir die Kinder zu uns kommen ließen, gingen wir zu ihnen"* (Bruner 1997, 118). Auch Dunn (1988) hat in seinen Forschungsarbeiten über die Entwicklung des Sozial- und Sprachverhaltens von Kindern gezeigt, dass bei einer Beobachtung von Kindern im Elternhaus, in der komplexen sozialen Welt der Familie dieses Sozial- und Sprachverhalten eine Form und Entwicklung aufzeigt, die bisher nicht erkannt worden war. Ebenso weisen Corsaro und Streek (1986, 15) darauf hin, dass die große Zahl von Studien über Kindersprache und Sozialverhalten von Kindern, die in den letzten Jahren durchgeführt wurden, eine bemerkenswerte Verschiebung von streng experimentellen Testmethoden hin zu mehr interpretativen Methoden erkennen lässt. Die Entscheidung, natürliche Situationen und spontane Sprache als Grundlage für die Beobachtung der zweisprachigen Entwicklung der beiden Kinder gegenüber experimentellen Daten zu bevorzugen, wurde von mir aber auch deshalb getroffen, weil sich experimentelle Bedingungen für Kinder in diesem Alter als viel zu belastend und anstrengend herausgestellt haben, und weil Tests in diesem Alter nicht das natürliche Sprach- und Sozialverhalten von Kindern testen, sondern allein ihr Testverhalten (Lanza 1997, 91). In ähnlicher Weise äußert sich Huschke-Rhein: *"Erziehungssituationen sind keine Laborsituationen. Darum ist es grundsätzlich fraglich, Methoden, die in Laborsituationen angemessen sind, auch auf die wesentlich komplexeren Situationen des Erziehungs- und Sozialfeldes anzuwenden"* (1991, 187).

Freie Konversationen der Kinder untereinander sowie mit den Eltern und Großeltern waren meine wichtigsten Datenquellen. Zwischen August 2000 und August 2001 wurden in regelmäßigen Abständen von der Mutter in der Wohnung der Familie Gespräche der Kinder bzw. mit den Kindern in unterschiedlichen Situationen bzw. mit unterschiedlicher Beteiligung aufgezeichnet. So wurden Gespräche der beiden Kinder während des Spielens im Kinderzimmer oder vor dem Einschlafen aufgezeichnet; Gespräche der Mutter mit Nora (während Tom im Kindergarten war) oder mit beiden Kindern in verschiedensten Situationen während des Tages (beim An- und Ausziehen, Kochen, Wäsche zusammenlegen, Singen u.ä.). *"Interaction with children is very often the same from one day to another – routines of feeding, bathing, dressing, undressing etc. Here ritualized forms of behaviour or language or games are of special interest"* (Söderbergh 1980, 25. In: Lanza 1997, 93).

Während des Beobachtungszeitraumes (August 2000 bis August 2001) war die Mutter Lehrerin mit halber Lehrverpflichtung am Abendgymnasium in Innsbruck. Sie war daher tagsüber immer zu Hause und konnte sich voll den Kindern widmen. Jeweils dreimal pro Woche fuhr sie am Abend in die Schule, wenn der Vater bereits von der Arbeit nach Hause gekommen war. Der Vater hatte von Anfang an eine aktive Rolle bei der Erziehung und Betreuung der Kinder übernommen, d.h. er fütterte und wickelte sie, badete sie, spielte mit ihnen. Ein großer Teil der Aufzeichnungen erfolgte daher, wenn der Vater zu Hause war und am Familienleben teilnehmen konnte: beim gemeinsamen Abendessen, beim Spielen vor dem Schlafengehen oder bei verschiedensten Aktivitäten zum Wochenende.

Bis zum Beginn der Beobachtungen, d. h. bis August 2000, wohnten die beiden Kinder mit ihren Eltern in der Erdgeschosswohnung unseres Hauses in Aldrans. Ende August 2000 übersiedelte die Familie in eine größere Eigentumswohnung nach Volders, etwa 20 Autominuten von Aldrans entfernt. Mindestens einen Tag pro Woche (häufig mit Übernachtung) verbrachten die beiden Kinder weiterhin in Aldrans, und diese Tage nutzte auch ich für Tonaufnahmen. Dabei legte auch ich Wert darauf, die Kinder nur in natürlichen Kommunikationssituationen aufzuzeichnen, wie zum Beispiel beim Abendessen oder Frühstück mit Oma und Opa, beim gemeinsamen Spielen, bei Spaziergängen in den Wald oder zu einem Bach, beim Geschichtenerzählen, oder während der Fahrt mit dem Auto von Aldrans nach Volders. Bei einer Reihe von Aufzeichnungen waren aber auch mehrere Sprecher anwesend, die alle miteinander kommunizierten und interagierten. Dabei handelte es sich für Tom und Nora um ganz normale Situationen: Sehr häufig sind bei ihnen Verwandte oder Freunde auf Besuch, die manchmal auch einige Tage bei ihnen wohnen. Ähnlich ist es bei den Großeltern. Das Haus der Großeltern ist der beliebte und regelmäßige Treffpunkt für die gesamte Familie, das heißt für unsere drei Kinder samt ihren Ehepartnern und unseren fünf Enkelkindern. Auch solche Situationen wurden für Tonaufzeichnungen genutzt.

Schließlich wollte ich aber auch das Sprach- und Sozialverhalten der beiden Kinder gegenüber Gesprächspartnern mit nicht-deutscher Muttersprache bzw. gegenüber Menschen, die Deutsch weder sprechen noch verstehen, beobachten. Es wurden daher Kommunikationssituationen der Kinder mit verschiedensten englischsprachigen Verwandten sowohl in Volders als auch während eines Aufenthaltes in England aufgezeichnet. Ebenso aber wurden Gespräche der Kinder mit Menschen mit einer anderen Muttersprache (zum Beispiel Ungarisch) aufgenommen, die nicht deutsch, wohl aber englisch sprachen. In diesem Fall wurde Englisch von allen Gesprächspartner als Lingua franca verwendet, d. h. als *„Verkehrssprache eines großen, verschiedene mehrsprachige Länder umfassenden Raumes"* (Duden, Fremdwörterbuch 1997, 476). Auch in diesen Fällen wurde Wert auf natürliche Kommunikationssituationen gelegt (vgl. Kap. 13).

Neben diesen freien Formen der Konversation war für mich eine zweite Art von Sprechsituation interessant und wichtig: die Interaktion beim Vorlesen eines Buches. Es wurden daher mehrere Situationen aufgezeichnet, in denen entweder die Mutter oder ich Tom und/oder Nora Geschichten aus deutschen oder englischen Kinderbüchern vorlasen.

Für den Einsatz der Tonaufzeichnungen gab es keinen genauen Plan und keine speziellen Vorgaben. Aufzeichnungen wurden dann durchgeführt, wenn die Situation dafür geeignet erschien. Jedenfalls aber war der Abstand zwischen zwei Aufzeichnungen nie größer als zwei Wochen. Auch die Dauer der einzelnen Aufzeichnungen war sehr unterschiedlich. Sie reichte von einer vollen Stunde bis zu wenigen Minuten. Diese unterschiedliche Länge steht im Zusammenhang mit dem Grundsatz der Natürlichkeit der Kommunikationssituationen. Wenn die Kinder in einer bestimmten Situation nichts mehr zu sagen hatten bzw. etwas anderes tun wollten, was den Einsatz des Aufzeichnungsgerätes unmöglich machte, dann wäre es im Widerspruch zum Grundsatz der Natürlichkeit und Spontaneität gestanden, den Kindern allein um der Aufzeichnung willen eine ungewollte, unnatürliche Sprechsituation aufzwingen zu wollen. Da im Rahmen dieser Untersuchung weder spezifische linguistische Besonderheiten erforscht noch spezifischen Arten von Daten gefunden werden sollten, wurde das Material willkürlich gesammelt.

Diese Tonaufnahmen von Gesprächen der Kinder und mit den Kindern bildeten die Kerndaten für diese Studie. Dazu kamen Daten und Informationen von Tagebüchern der Mutter und mir mit Eintragungen über bemerkenswerte Äußerungen der Kinder und Beobachtungen über Besonderheiten in ihrer sprachlichen und sozialen Entwicklung. Diese Tagebuchaufzeichnungen waren insbesondere aber auch für die Beobachtung von Noras sprachlicher Entwicklung wichtig, denn ungefähr ab ihrem zweiten Geburtstag, also mit Beginn der Beobachtungen fing sie an, Zwei- und Dreiwortsätzen zu formulieren. Außerdem war dies die Zeit, in der Nora die beiden Sprachen sehr stark mischte. Solche Äußerungen wurden jeweils sofort von der Mutter oder von mir im Tagebuch vermerkt.

Schließlich gab es regelmäßig informelle Gespräche mit den Eltern während der gesamten Beobachtungszeit. Diese Gespräche beinhalteten verschiedenste Aspekte der

Sprachentwicklung der Kinder, Fragen ihrer Zweisprachigkeit, aber auch Fragen zum Sozialverhalten der Kinder und der Interaktion innerhalb der Familie.

4.2   Aufnahmemethode

Vor meiner endgültigen Entscheidung über das Dissertationsthema diskutierte ich Detailfragen, die meine Studie betrafen, mit den Eltern der Kinder. Es war mir von Anfang an bewusst, dass diese Arbeit nur mit Zustimmung und Unterstützung der Eltern durchgeführt werden konnte. Denn die sprachliche Entwicklung der Kinder zu untersuchen und zu veröffentliche, schließt ein, dass notwendigerweise ein Teil der familiären Privatsphäre preisgegeben wird. Wir schlossen einen „Forschungsvertrag" ab, der unter anderem die Klauseln beinhaltet, dass meine Untersuchungen und Tonaufzeichnungen abzubrechen sind, wenn zu erkennen ist, dass die Aufzeichnungen bzw. meine Tätigkeiten als Forscher das Verhalten der Kinder bzw. die Interaktion und unser Verhältnis untereinander ungünstig oder negativ beeinflussen, sowie dass rein persönliche Themen bzw. Inhalte, die sich auf den privaten Bereich der Familie beziehen, nur mit Zustimmung der Eltern veröffentlicht werden dürfen. Außerdem besprach ich mit der Mutter Richtlinien zur Führung des Tagebuches über die zweisprachige Entwicklung der beiden Kinder. Bei diesen Gesprächen wurde von mir auch betont, dass es für die Eltern nicht notwendig sei, in den Situationen, die aufgezeichnet werden sollten, bestimmte spezifische Diskursstrategien anzuwenden oder auf einen speziellen sprachlichen Input zu achten. So weit wie möglich sollten die beiden Kinder die Aktivitäten und Gesprächsthemen bestimmen.

Um die spätere Auswertung der Daten zu erleichtern, vereinbarten wir, zu jeder Aufnahme den situativen Kontext anzugeben, d.h. Datum; Uhrzeit; Ort der Aufnahme (Kinderzimmer, Wohnzimmer, Küche, Wald etc.); wer war während der Aufnahme anwesend; was taten sie.

Alle Tonaufzeichnungen für diese Studie wurden mit einem AIWA AM-F65 Minidisc Recorder gemacht. Verbunden damit war ein etwa zwei Zentimeter großes, empfangsstarkes externes Sony-Stereomikrofon mit einer Reichweite von mehreren Metern, das für die Kinder völlig unauffällig irgendwo in ihrer Nähe im Zimmer aufgestellt oder hingelegt werden konnte. Anfangs fragte Tom, dem zu dieser Zeit mein Interesse an seiner Sprache bzw. an der Sprache seiner Schwester Nora schon bewusst war, manchmal: „*Opa, what are you doing?*", gab sich mit meiner Antwort „*I'm recording what we are talking, so that I can listen to it afterwards*" zufrieden und kümmerte sich später überhaupt nicht mehr um das Gerät. Auch Nora fragte zuerst öfters, wenn sie ihrer Mutter oder mir zusah, wie wir das Gerät und das Mikrofon herrichteten: „*Is denn des?*", um sich ebenfalls mit der Antwort „*That's a microphone*" oder „*That's a minidisc recorder*" zufriedenzugeben. Neben der ausgezeichneten Aufnahmequalität besteht der große Vorteil dieses Minicisc Recorders auch darin, dass er so klein ist, dass man ihn in eine Hosen- oder Jackentasche stecken und bei Spaziergängen mitnehmen kann.

Wenn die Tonaufnahmen offensichtlich keinerlei Auswirkungen auf das Sozial- und Sprachverhalten der Kinder hatten, so erhob sich aber doch die Frage, welchen Einfluss die Anwesenheit des Aufnahmegerätes auf das Sprachverhalten der Erwachsenen ausübte. Wurden die Interaktionen zwischen den Erwachsenen (Mutter, Vater, Großeltern) und den Kindern von den Erwachsenen durch das Bewusstsein, dass eine Interaktion aufgezeichnet wird, in irgendeiner Weise verändert? Wells (1985) fand in seiner Studie heraus, dass Erwachsene in beobachteten bzw. aufgezeichneten Situationen ihr Sprachverhalten unbewusst verändern. So neigen sie zum Beispiel häufig zu sprachlichen Erweiterungen und Wiederholungen, wobei diese Erweiterungen und Wiederholungen die Funktion von Anmerkungen oder Erläuterung besitzen. Ob und wie weit diese Erkenntnisse auch in unserer Situation zu beobachten waren, soll später genauer behandelt werden.

Die Aufnahmeintervalle variierten, waren aber nie länger als zwei Wochen. Häufig hatte die Mutter den Minidisc Recorder bei sich in Volders und nahm Gespräche der Kinder bei den verschiedensten Aktivitäten und in den unterschiedlichsten Situationen auf. Die Mutter erhielt dazu von mir keinerlei Anweisungen, sondern sie selbst bestimmte Zeitpunkt und Dauer einer Aufnahme. Wenn die Kinder aber einmal einen Nachmittag, einen ganzen Tag oder über ein Wochenende bei den Großeltern blieben, was recht häufig vorkam, nützte ich diese Gelegenheiten für Tonaufzeichnungen.

Bei den von mir aufgezeichneten Situationen war ich immer voll in die Interaktion mit integriert, das heißt ich war **Teilnehmer** (vgl. Lamnek 1997). Während ich mich mit den beiden Kindern unterhielt, mit ihnen spielte oder ihnen eine Geschichte erzählte oder vorlas, hatte ich keine Möglichkeit, gleichzeitig in die Rolle des **Beobachters** zu schlüpfen, d.h. das Sprachverhalten der Kinder gezielt und bewusst zu beobachten oder mir gar Notizen darüber zu machen. *„While the observer is busy writing down the context for one utterance, he misses the non-verbal information for the next"* (Ochs 1979, 52). Dieser Rollenkonflikt bei meinen Aufnahmen bzw. meine Abwesenheit bei den von der Mutter ausgezeichneten Interaktionen führte dazu, dass dem nonverbalen Kontext nicht genügend Beachtung geschenkt werden konnte. Dieses Problem wird auch von Lanza bestätigt, wenn sie eine ähnliche Situation im Zusammenhang mit ihren Fallstudien beschreibt: *„The obvious drawback to the observer's absence in these interactions is the potential lack of record of the non-verbal context"* (1997, 94). Aus diesem Grund diskutierte ich mit den Eltern der Kinder auch den Einsatz einer Videokamera zur Aufzeichnung von Interaktionen, um sowohl verbale als auch nonverbale Informationen zu erhalten. Aufgrund unserer Erfahrungen mit dem Verhalten der Kinder beim Einsatz der Videokamera bei verschiedenen anderen Anlässen kamen wir jedoch zum Schluss, dass die Anwesenheit der Kamera bzw. des „Kameramannes" die Natürlichkeit und Echtheit der Interaktionssituationen zu stark beeinträchtigen würde.

Die Transkriptionen der aufgenommenen Interaktionen in den Computer erfolgten jeweils so rasch wie möglich nach den Aufzeichnungen wörtlich in deutscher bzw. englischer Orthographie mit Angabe des Datums, des Ortes und der Situation. Wenn Tom oder Nora bei der Aussprache eines Wortes Schwierigkeiten hatten oder ein Wort besonders interessant aussprachen, wurde dies in Lautschrift ergänzt. Ebenso wurden wichtig erscheinende Hinweise zum Kontext in Klammern hinzugefügt. Alle Interaktionen wurden zur Gänze transkribiert (einschließlich Wiederholungen, „false starts", erfundener Lieder oder Nonsens-Äußerungen der Kinder). Was jedoch nicht transkribiert wurde, waren längere Gespräche zwischen Erwachsenen ohne Einbeziehung der Kinder. Alle anderen Äußerungen von Erwachsenen wurden vollständig transkribiert.

Der folgende Text ist ein Beispiel für einen Teil einer transkribierten Szene vom 31.12. 2000. Tom (4 Jahre, 5 Monate) und Nora (2 Jahre, 5 Monate) bauen mit Uncle Greg, der zu Besuch aus England in Volders ist und weder deutsch spricht noch versteht, ein Duplo-Schloss.

    Tom: Nora, des da. Tust du's bitte eini ins Haus. Des brauch ma.
    Nora: Na, ghört mir. Brauch i für mein Haus.

Greg: Tom, put that there.
Tom: What?
Greg: We need another flat bit there, Tom.
Tom: Where is it?
Nora: Da is eins.
(Nora muss diese Äußerung Gregs verstanden haben, sonst könnte sie nicht so reagieren)
Tom: Nora has found one, uncle Greg.
Greg: Good girl, Nora.
(Tom und Nora beginnen um einen Duplo-Würfel zu streiten)
Greg: Stop fighting. There is no reason for it.
Tom: Uncle Greg.
Greg: Hm?
Tom: What are we making here?
(Grund der Frage: Aufrechterhaltung des Gespräches)
Greg: Well, you know. We are making a very big castle. Let's try and use all the Duplo.
Nora: Hast du noch Stöckelen, Tom?
Tom: Na. (zu Greg): When will we go out, uncle Greg?
Greg: A bit later.
Nora: Jetzt is noch kalt draußen. When going out, uncle Greg, ha?
(Nora hat also sowohl Toms Frage als auch Gregs Antwort verstanden, reagiert aber nur auf Deutsch. - *Rezeptive Zweisprachigkeit!*).

In diesem Zusammenhang erhebt sich die Frage nach der Zuverlässigkeit solcher Transkriptionen. Eine ideale Transkription gibt genau das wieder, was auf dem Tonträger gehört wurde. Doch dazu sagt Wells: *„Since there is no possibility of determining the ‚correct' version of any particular utterance it is not clear whether it is even appropriate to talk of ‚reliability'"* (1985, 47). Wells berichtet von einem Experiment, das er mit sechs Sprachforschern durchführte. Diesen Forschern wurde die Tonaufzeichnung einer auf Video aufgezeichneten Interaktion zwischen einem Vater und einem kleinen Kind präsentiert. Die Forscher wurden gebeten, einen fünf Minuten langen Ausschnitt dieses Soundtracks zu transkribieren. Wells zeigt auf, dass nur 30 Prozent der Äußerungen von allen sechs Forschern gleich transkribiert worden waren. Und sogar nachdem die Forscher die Videoaufzeichnung noch einmal zusammen mit dem Soundtrack zu sehen bzw. zu hören bekamen, stieg der Prozentsatz an Übereinstimmung nicht signifikant an. Die Gründe für diese Unterschiede erklärt Wells so:

„In order to transcribe one must draw on one's own experience of similar situations as well as on the actual speech signal, to make the best possible guess as to what the speaker intended and, therefore, as to what he actually said. Since different people have different experience to draw on, it is inevitable that there should discrepancies between them in what they hear" (1985, 47).

Im Unterschied zu verschiedenen Forschungsprojekten, bei denen für die Transkriptionen mehrere Personen herangezogen wurden, wurden in meiner Untersuchung alle aufgezeichneten Interaktionen von mir alleine transkribiert. Es kann also von einer gewissen Konstanz in der Interpretation der sprachlichen Äußerungen ausgegangen werden. Außerdem stellt Macaulay fest: *„The success of a transcription is not to be judged on how much the transcriber has managed to include but on how much the reader succeeds in getting out of it"* (1988. In: Lanza 1997, 102).

Meine Altersangaben kennzeichnen, wie bei den meisten einschlägigen Autoren, etwa bei Fantini (1976), Hoffmann (1991), Döpke (1992) oder Kielhöfer/Jonekeit (1998) üblich, das Lebensjahr sowie die Anzahl der schon vollendeten Monate. Meine Angaben wie zum Beispiel „Tom (4;5)" oder „Nora (2;2)" bedeuten also, dass Tom zum Zeitpunkt dieser Aufzeichnung 4 Jahre und 5 Monate bzw. Nora 2 Jahre und 2 Monate alt war. Da es mir bei dieser Arbeit nicht um so detaillierte linguistische Analysen ging, die noch genauere Altersangaben erfordert hätten, habe ich mich bei der Angabe von Tagen, wie dies zum Beispiel Saunders (1988), De Houwer (1990) oder Lanza (1997) tun, auf das Kapitel 9.4.1 (Entwicklung sprachlicher Strukturen) beschränkt.

Insgesamt wurden während des Beobachtungszeitraumes 78 Kommunikations- bzw. Interaktionssituationen aufgezeichnet, transkribiert und archiviert.

5 Zweisprachigkeit

5.1 Begriffsbestimmung

5.1.1 Was bedeutet Zweisprachigkeit?

In der Literatur über Zweisprachigkeit stößt man immer wieder auf den Hinweis, dass mehr als die Hälfte der Weltbevölkerung zweisprachig sei (Grosjean 1982, McLaughlin 1984, Edwards 1995). Solche allgemeine Aussagen sind offen für verschiedenste Interpretationen des Begriffes Zweisprachigkeit und können sehr irreführend sein, denn sie sagen weder etwas aus über den Grad der Beherrschung, noch über Fragen der Interferenz, der funktionalen Anwendung, das Verhältnis der beiden Sprachen zueinander, die vier Fertigkeiten, die Spracherwerbssituation, das Alter u. ä. Außerdem lassen solche Hinweise die wichtige Frage offen, ob es sich bei einem zweisprachigen Menschen um eine „individuelle" Zweisprachigkeit handelt, d. h. ob dieser Mensch in einem grundsätzlich einsprachigen Land wie Österreich oder Deutschland aufwächst, oder ob es sich um eine „gesellschaftliche" Zweisprachigkeit handelt, d. h. ob ein Mensch in einem offiziell zwei- oder mehrsprachigen Land wie Indien, der Schweiz, Kanada oder Belgien lebt. Aber auch Neuseeland, die Heimat von Toms und Noras Vater, ist offiziell zweisprachig, denn neben Englisch ist Maori, die Sprache der Ureinwohner Neuseelands, zweite offizielle Sprache und wird von allen Kindern in der Schule gelernt. Dabei muss aber berücksichtigt werden, dass der Hinweis auf „zwei- oder mehrsprachigen Länder" nichts über die Situation des einzelnen Menschen in einem solchen Land aussagt. Wenn jemand in einem zweisprachigen Land aufwächst, dann heißt das noch nicht, dass er deshalb auch zweisprachig sein muss. So ist zum Beispiel für den Schweizer Schriftsteller Peter Bichsel die Schweiz nicht viersprachig, sondern einsprachig wie jede andere Gegend der Welt. Die Schweiz ist für ihn ein Land, in dem seine eigene Sprache, Deutsch, ebenso eine Fremdsprache ist wie Französisch und Italienisch und Romanisch. *„Es liegt ein Stück Arroganz in der Geschichte der Viersprachigkeit (...). Denn wenn die Schweiz viersprachig ist, dann sind es eben wir Schweizer auch. (...) Wir glauben, sozusagen, daß Viersprachigkeit so etwas wie ein Kollektivbesitz ist – ich Schweizer spreche die vier Sprachen zwar nicht, aber wir Schweizer schon"* (1996, 14).

Grosjean (1982, 231) beschreibt eine Untersuchung, die er mit dem Ziel durchführte, herauszufinden, was „Zweisprachigkeit" für einen Laien bedeutet. Er stellte einer Anzahl seiner sowohl einsprachigen als auch zweisprachigen Collegestudenten die Frage: *„If someone told you that X was bilingual in English and French, what would you understand by that?"* Das Ergebnis war eindeutig: Für beide Gruppen von Studenten war das wichtigste Kriterium, *„that X speaks both languages fluently"*, gefolgt von *„X spreaks English and French"* und *„X understands and speaks English and French."* Zweisprachigkeit wird also in erster Linie mit der Fertigkeit des Sprechens verbunden. Das Verstehen gehörter und gelesener Sprache, also die Fertigkeiten Hör- und Leseverstehen, wird erst an dritter Stelle genannt, während die Fertigkeit Schreiben überhaupt nicht erwähnt wird.

So stellt sich auch im vorliegenden Fall die Frage, wer von den folgenden Personen als zweisprachig bezeichnet werden kann:
- Tom, der gesprochenes Deutsch und Englisch versteht, der in Deutsch und Englisch über altersgemäße Themen fließend kommunizieren, aber weder lesen noch schreiben kann;
- Nora, die gesprochenes Deutsch und Englisch versteht, aber meist deutsch spricht und weder lesen noch schreiben kann;
- Der Vater der beiden Kinder, der in Neuseeland aufwuchs, und der seit seiner Übersiedlung nach Österreich im familiären und beruflichen Umfeld vor allem deutsch spricht;
- Die Mutter der beiden Kinder, die an der Universität Englisch studierte, sich mehrere Jahre in Neuseeland aufhielt und nun Englisch unterrichtet;
- Der Großvater der beiden Kinder, der seine Englischkenntnisse vor allem autodidaktisch und durch Kontakte mit Native Speakers erwarb.

5.1.2 Definitionen von Zweisprachigkeit

Bereits die oben angeführten Beispiele weisen auf die Formenvielfalt von Zweisprachigkeit hin. Was versteht man wirklich unter Zweisprachigkeit? Wann bezeichnen wir einen Menschen als zweisprachig? Die verschiedenen wissenschaftlichen Definitionen – nach Graf (1987, 18) gibt es mehr als zwanzig – zeigen, dass die Entscheidungen darüber, welcher Mensch als zweisprachig zu bezeichnen ist, sehr willkürlich getroffen werden. Das hängt nach Hoffmann (1997,

17) vor allem auch mit dem Zusammenspiel linguistischer, sozialer und psychologischer Faktoren zusammen, die das individuelle Verhalten beeinflussen. Zweisprachenforschung entwickelt sich außerdem immer stärker zu einem interdisziplinären Bereich, in dem Wissenschaftler aus verschiedenen akademischen Gebieten wie der Soziologie, Psychologie, Linguistik, Anthropologie und Pädagogik tätig sind und ihre unterschiedlichen Methoden, Kriterien und Theorien einbringen. Baetens-Beardsmore sagt dazu am Beginn seiner umfassenden Diskussion über die verschiedenen Definitionen von Zweisprachigkeit: *„Bilingualism as a concept has open ended semantics"* (1982, 1). Auch Charlotte Hoffmann (1997, 18) sieht kein Problem darin, dass es so viele unterschiedliche Definitionen gibt, denn damit ist der Forscher in der Lage, diejenige Definition zu wählen, die am besten in sein Konzept passt.

Aus der großen Zahl der Definitionen von Zweisprachigkeit sollen nun einige für unsere konkrete Situation wichtige angeführt werden.

Bloomfield stellt sehr hohe Ansprüche an Zweisprachigkeit, wenn er sagt: *„In the extreme case of foreign language learning, the speaker becomes so proficient as to be indistinguishable from the native speakers round him. (...) In the cases where this perfect foreign-language learning is not accompanied by loss of the native language, it results in ‚bilingualism', the native-like control of two languages"* (1933, 55 f.).

Für Pearl und Lambert sind zwei Merkmale wichtig: Erstens der frühzeitige Erwerb der beiden Sprachen, und zweitens eine einigermaßen vergleichbare Kenntnis beider Sprachen. *„The true bilingual masters both languages at an early stage and has facility with both as means of communication"* (1962, 6).

Für Haugen (1969, 35) beginnt Zweisprachigkeit dann, wenn der Sprecher einer Sprache in der Lage ist, vollständige, sinnvolle Sätze in der anderen Sprache zu äußern. Dabei verabsäumt es Haugen jedoch, anzugeben, was er unter „vollständig" bzw. „sinnvoll" versteht.

Eine sehr realistische Definition von Zweisprachigkeit gibt Leopold: *„Bilingual: speaking two languages interchangeably. The ideal form of bilingualism (...) is when both languages are spoken equally well for all purposes of life. In practice only* *approximations to this ideal can be expected. Bilingualism is a fact even when one language is spoken much better and more extensively than the other, as long as both are regularly employed as media of intercourse"* (1949. In: Van Overbeke 1972, 117).

Van Overbeke versteht unter Zweisprachigkeit „*an optional or obligatory means for efficient two-way communication between two or more different ‚worlds' using two different linguistic systems"* (1972, 86).

Eine der kürzesten und prägnantesten Definitionen bietet Uriel Weinreich, einer der Gründungsväter der Zweisprachenforschung: „*Die Praxis, abwechselnd zwei Sprachen zu gebrauchen, soll Z w e i s p r a c h i g k e i t heißen, die an solcher Praxis beteiligten Personen werden z w e i s p r a c h i g genannt"* (1976, 15. Hervorhebung U. W.).

Für Saunders bedeutet Zweisprachigkeit die Fähigkeit, mehr als eine Sprache zu verwenden, „*but this conceals a variety of possibilities regarding the forms of language that are used and contexts in which they are brought into play"* (1982. In: Akkari 1998, 2).

Schließlich fordert Langenmayr: „*Prinzipiell sollte der Erfolg Bilingualer in einer Aufgabe, die einen bestimmten Grad an verbaler Kompetenz erfordert, in beiden Sprachen derselbe sein* (1997, 353).

Graf schlägt anstelle einer Definition von Zweisprachigkeit, die auf einen bestimmten Sprachstand zielt, eine handlungsorientierte Definition von Zweisprachigkeit vor, die Kinder als natürliche Lerner, die in einer zweisprachigen Umwelt aufwachsen, einbezieht: „*Zweisprachigkeit besteht in der Fähigkeit, spontan eine zweite Sprache erfolgreich zu gebrauchen, wenn die Handlungssituation es empfiehlt"* (1997, 245).

Diese Definition bezieht sich nach Graf (1997) auf aktives sprachliches Handeln in bestimmten Situationen und auf eindeutige und vollständige Äußerungen als Bedingung für eine erfolgreiche Kommunikation. Diese Form sprachlichen Handelns schließt eine einfache Grammatik oder Lexik nicht aus; auch einzelne Fehler können eine erfolgreiche Kommunikation nicht stören. Wesentlich ist die Fähigkeit, spontan auf den fließenden und eindeutigen Gebrauch einer zweiten Sprache übergehen zu können, wenn die Situation es erfordert. Dabei ist für Graf in der Praxis mit Zweisprachigkeit ein spontaner, fließender und eindeutiger Gebrauch gemeint, der sich auf den **mündlichen** Sprachgebrauch beschränkt (Hervorhebung R. P.).

Während bei den bisherigen Definitionen allein die Frage der Sprachbeherrschung und der damit verbundenen kommunikativen Kompetenz beachtet wird, stellt Skutnabb-Kangas (1984) die *Einstellung* („*attitude*") gegenüber den beiden Sprachen in den Mittelpunkt ihrer Überlegungen. Dieses Thema wurde auch von Kielhöfer und Jonekeit aufgegriffen, die betonen, dass die entscheidende Instanz das **Bewusstsein der Zweisprachigkeit** (Hervorhebung K. und J.) ist, „*das individuelle Gefühl, in beiden Sprachen ‚zu Hause zu sein'*" (1998, 11). Skutnabb-Kangas versteht unter „*attitude*" nicht nur die Selbst-Identifikation des Zweisprachigen mit seinen Sprachen, sondern auch die Anerkennung und Akzeptanz dieser Zweisprachigkeit durch andere:

„*A bilingual speaker is someone who is able to function in two (or more) languages, either in monolingual or bilingual communities, in accordance with the sociocultural demands made of an individual's communicative and cognitive competence by these communities or by the individual herself, at the same level as native speakers, and who is able positively to identify with both (or all) language groups (and cultures) or parts of them*" (1984, 90).

Bei dieser umfassenden Definition hatte Skutnabb-Kangas vor allem Immigranten und Kinder von Minderheiten im Sinn, „*who, I hope, will be given the opportunity to become so completely bilingual that they satisfy the demands of my definition, something I think of as entirely possible*" (ebd., 91). Die in der folgenden Übersicht zusammengefassten Kriterien sind meiner Meinung nach aber nicht nur für Immigranten oder Minderheiten wichtig und gültig, sondern sie gelten für alle zweisprachig aufwachsenden Menschen, also auch für Tom und Nora.

<u>Defining bilingualism</u>

<u>Criterion</u>	<u>A speaker is bilingual who</u>
Origin	(a) has learnt two languages in the family from native speakers from the beginning

	(b) has used two languages in parallel as means of communication from the beginning
Competence	(a) complete mastery of two languages
	(b) native-like control of two languages
	(c) equal mastery of two languages
	(d) can produce complete meaningful utterances in the other language
	(e) has at least some knowledge and control of the grammatical structure of the other language
	(f) has come into contact with another language
Function	uses (or can use) two languages (in most situations) (in accordance with her own wishes and the demands of the community)
Attitudes	(a) identifies herself as bilingual/with two languages and/or two cultures (or parts of them)
	(b) is identified by others as bilingual/as a native speaker of two languages

Für **Tom** treffen alle genannten Merkmale zu:
- Er lernte beide Sprachen von Anfang an in einer Familie von Native Speakers.
- Er gebrauchte von Anfang an beide Sprachen als Kommunikationsmittel.
- Er spricht beide Sprachen annähernd gleich gut.
- Er verwendet je nach Situation und Gesprächspartner beide Sprachen.
- Er identifiziert sich selbst als zweisprachig.
- Er wird auch von anderen als zweisprachig identifiziert.

Für **Nora,** bei der zu berücksichtigen ist, dass mein Beobachtungszeitraum ihr drittes Lebensjahr umfasste, ergibt sich folgende Situation:
- Auch sie lernte von Anfang an beide Sprachen von Native Speakers.
- Sie verwendete von Anfang an nur Deutsch als Kommunikationsmittel.
- Erst ab etwa 2;10 Jahren begann sie fallweise, einfache zusammenhängende und sinnvolle Äußerungen in Englisch zu produzieren.
- Sie verwendete bis zum Alter von 2;10 Jahren nur die deutsche Sprache, um eigene Wünsche zu artikulieren oder auf Äußerungen ihrer Umwelt zu reagieren.
- Sie identifiziert sich selbst (noch) nicht als zweisprachig.
- Sie wir auch von anderen (noch) nicht als zweisprachig identifiziert.

5.1.3 Arten der Zweisprachigkeit

a) Additive und subtraktive Form der Zweisprachigkeit

Lamberts Unterscheidung von additiver und subtraktiver Form der Zweisprachigkeit (1955. In: Langenmayr 1997, 353) bedeutet, dass bei der *additiven* Form beide Sprachen und beide Kulturen positive Elemente zur allgemeinen Entwicklung des Kindes beitragen. Das ist zum Beispiel der Fall, wenn die Familie und die Gemeinschaft beide Sprachen positiv wertschätzen.
Subtraktive Bilingualität entsteht, wenn beide Sprachen eher in einem Wettbewerb mit- oder gegeneinender stehen. Das kann zum Beispiel bei mexikanischen Einwanderern in den USA, aber auch bei den Immigranten in den westeuropäischen Staaten der Fall sein, wenn die ethnische und linguistische Minderheit ihre eigenen kulturellen Werte geringer schätzt als die der ökonomisch und kulturell prestigeträchtigeren Gruppe. In diesen Fällen besteht die Gefahr, dass die jeweilige

Muttersprache rasch durch die prestigebeladene Sprache des Einwanderungslandes ersetzt wird. Weinreich beschreibt diese beiden Situationen so:

"Wenn im einen Fall in einem Individuum zwei Sprachen zusammenstoßen, die von vergleichbarem sozialem und kulturellem Wert sind (...), so mag dieser Zusammenstoß psychologisch gesehen äußerst spektakulär sein, die dauerhaften sprachlichen Spuren eines solchen Zusammenstoßes werden jedoch gleich Null sein. Wenn im anderen Fall aber bei einer Anzahl schlichter Bauern zwei bisweilen gegensätzliche Mengen sprachlicher Gepflogenheiten koexistieren, die eine Menge eine angesehene Sprache, die andere eine verachtete Mundart, so kann dies wichtige Rückwirkungen auf die Sprachgeschichte dieses Teiles der Welt haben" (1976, 10).

b) Koordinierte (coordinate) oder zusammengesetzte (compound) Zweisprachigkeit

Bei diesen beiden Arten von Zweisprachigkeit geht es um den Einfluss, den die beiden Sprachsysteme aufeinander ausüben. Entsprechend der Beziehung, die zwischen dem linguistischen Zeichen und dem semantischen Inhalt besteht, gibt es nach Weinreich (1976) zwei Arten von Zweisprachigkeit:

In der *koordinierten (coordinate)* Zweisprachigkeit werden die beiden Sprachen in getrennten sozialen Kontexten gelernt, und diese Menschen haben zwei getrennte Sprachsysteme (vgl. Kap. 8). Die Wörter der beiden Sprachen werden getrennt gehalten, die Zeichen beider Sprachen sind an jeweils eigene Bedeutungen assoziiert. *"Coordinate bilingualism is developed through experience in different contexts where the two languages are rarely interchanged (...). Thus the word ‚book' has its own meaning and the Russian equivalent ‚kniga' has its own, different meaning"* (McLaughlin 1982, 240). Langenmayr (1997) sieht als Voraussetzung für diese Art der Zweisprachigkeit eine Erziehung, bei der Vater und Mutter jeweils konsequent nur ihre eigene Sprache mit dem Kind sprechen. So kann Noras Weigerung, die *"Engelen"* auch als *"angels"* anzuerkennen, als Beispiel für eine koordinierte Zweisprachigkeit angesehen werden:

Tom und Nora erzählen ihrem Daddy, dass der Nikolaus da war.

> Nora: Engelen war da. Die Engelen. Die Engelen war da. Daddy, die Engelen.
> Daddy: The angels?

Nora: Na, die Engelen.

Daddy: But this is what they are in English, Nory.

Nora: Engelen. Die Engelen.

Daddy: The angels, like that? Did they have wings?

Nora: Na. Die Engelen like this. Engelen.

Daddy: Angels. The angels they are called in English.

Mummy: Engelen heißen die Daddy. Da kannst du sagen was du willst. Die heißen Engelen.

Daddy: They are also called angels.

Nora: Na. Na. Engelen. Na, die Engelen.

Für Nora sind *Engelen* und *angels* offensichtlich zwei verschiedene Wesen.

Ein ähnliches Beispiel finden wir bei Schoen. Es wird von einem österreichischen Bauern erzählt, der nach einer Italienreise von den Seinen gefragt wird, wie es ihm gefallen habe. „*Alles hat ihm gut gefallen. ‚Nur eins', sagt er, ‚hat mich g'stört: Daß sie nämlich cavallo nennen, was doch eigentlich ein Pferd ist'*" (1996, 78).

Nach Kramsch sind solche Begriffe wie *Engel* oder *Pferd* bzw. *angel* und *cavallo* völlig willkürlich und stehen in keinem Zusammenhang mit der realen Welt, denn alle diese Wesen könnten in jeder Sprache auch anders heißen. Für einsprachige Menschen jedoch sind solche Wörter nicht willkürliche Zeichen. Für sie sind Wörter Teil ihres natürlichen Lebens. „*On the contrary, they view it as a necessity of nature. (...) Seen from the perspective of the user, words and thoughts are one. (...) Only detached researchers and non-native speakers see the relation between signs as mere contingence*" (2000, 20).

Ein schönes Beispiel für diese Willkür lexikalischer Begriffe finden wir auch beim Schweizer Schriftsteller Peter Bichsel. In seiner Geschichte „*Ein Tisch ist ein Tisch*" (1979) fragt sich ein alter Mann, warum er eigentlich zum Tisch Tisch sagt, zum Bild Bild, warum das Bett Bett heißt, und warum man den Stuhl Stuhl nennt. „*Warum denn eigentlich? Die Franzosen sagen zum Bett ‚li', dem Tisch ‚tabl', nennen das Bild ‚tablo' und den Stuhl ‚schäs', und sie verstehen sich. Und die Chinesen verstehen sich auch*" (ebd., 20). Er beginnt daher, die Namen der Dinge und Tätigkeiten zu ändern.

Der Tisch heißt für ihn jetzt Teppich, zum Teppich sagt er Schrank, liegen heißt läuten, stehen heißt frieren.

Bei den *zusammengesetzten* (*compound*) Bilingualen wird die Zweitsprache nach der Erstsprache in nicht getrennten sozialen Kontexten, zum Beispiel mit Hilfe der ersten Sprache in der Schule gelernt. „*In diesem Fall haben wir es mit Menschen zu tun, die die zweite über die erste gelernt haben oder erlernen, d. h. ihr System durch das System der Erstsprache ('Muttersprache') filtrieren*" (Weinreich 1976, 248). „*In Type B, the compound type, the bilingual knows the words 'book' and 'kniga' but has one common meaning for both; that is, each word conjures up the same reality*" (McLaughlin 1982, 240).

c) Simultane und sukzessive Zweisprachigkeit

Kinder, die von Geburt an beiden Sprachen ausgesetzt sind, erwerben die Sprachen *simultan*. Solche Kinder hören die eine Sprache von ihrer Mutter und die andere von ihrem Vater oder eine Sprache von ihren Eltern und die andere von einem Miterzieher. Die Grenze zwischen simultanem und sukzessivem Zweitspracherwerb wird von McLaughlin eher willkürlich bei drei Jahren angesetzt. „*The child who is introduced to a second language before 3 years will be regarded as acquiring the two languages simultaneously*" (1984, 73).

Ein solcher simultaner Erwerb zweier Sprachen in der Kindheit geschieht nicht ganz „so nebenbei" und spielerisch, wie wir vielleicht vor fünf Jahren, bei der Geburt Toms, angenommen hatten. Bald wurde uns bewusst, dass der doppelte Spracherwerb einer Bewusstheit aller an der Erziehung der beiden Kinder beteiligten Personen bedarf, denn die Zweisprachigkeit ergibt sich nicht von selbst, sobald man die Kinder nur irgendwann, irgendwie den beiden Sprachen aussetzt. Es braucht sehr viel Geduld, Konsequenz, Geschick und Willensstärke seitens der Erzieher, die Kinder zweisprachig zu machen.

Von *sukzessiver* Zweisprachigkeit spricht man nach McLaughlin, wenn ein Kind die zweite Sprache nach dem Alter von drei Jahren erwirbt: „*The child introduced to a second language after 3 will be considered to have one language established and to acquire the second successively, as a second language*" (1984, 73). Ein solcher sukzessiver Bilingualismus kommt im Alltag verhältnismäßig häufig vor, z. B. bei Kindern mit Migrationsgeschichte. Diese wachsen zum Beispiel in Österreich oder Deutschland in vielen Fällen bis zum dritten Lebensjahr weitestgehend unter dem Einfluss ihres Elternpaares auf und fangen erst im Kindergarten an, Deutsch zu lernen. Obwohl sie im Verlauf der folgenden drei bis vier Jahre täglich viele Stunden unter pädagogischer Betreuung im Einflussbereich der deutschen Sprache verbringen, ist nicht gewährleistet, dass sie dabei die für den Schuleintritt notwendige sprachliche Kompetenz in dieser Sprache erwerben (Garlin, 2000).

d) Natürliche und kulturelle Zweisprachigkeit

Natürliche Zweisprachigkeit wird nach Larcher zur Bezeichnung von Personen gebraucht, die zwei Sprachen ohne Schulunterricht gelernt haben, und zwar in ihrem Alltagsleben als ihr „natürliches" Kommunikationsmedium. *„Für solche Personen ist bilinguale Kompetenz etwas, das sie unbedingt erwerben müssen, um ihr Leben angemessen steuern zu können"* (1991, 129).

Kulturelle Zweisprachigkeit ist für Larcher (1991) das Ergebnis formaler Unterweisung, zum Beispiel durch Schulunterricht. Der Begriff impliziert, dass zweisprachige Menschen wenig oder gar keine Möglichkeiten haben, die zweite Sprache in ihrem außerschulischen Alltag in Kommunikationssituationen auf „natürliche" Weise zu lernen. Kulturelle Zweisprachigkeit bleibt daher oft auf den schulischen Kontext beschränkt.

Aufgrund der *„one person – one language"* Methode handelt es sich bei Tom und Nora um eine *natürlichen* Zweisprachigkeit. Denn beiden Kindern ist bewusst, dass sie eine bilinguale Kompetenz erwerben müssen, um mit ihren Bezugspersonen kommunizieren und somit *„ihr Leben angemessen steuern zu können"* (ebd., 129).

e) Produktive (aktive) und rezeptive (passive) Zweisprachigkeit

Bei dieser Unterscheidung steht die Interaktion zwischen sprachlicher Rezeption und Produktion im Mittelpunkt. Man spricht von *rezeptiver* oder *passiver* Zweisprachigkeit, wenn jemand eine zweite Sprache versteht, und zwar entweder in gesprochener oder geschriebener Form. Nach Wandruszka ist der Fertigkeit des

Verstehens von Sprache, die in jedem Spracherwerbsprozess dem sprachlichen Ausdruck vorausgeht, bisher von Linguisten kaum beachtet worden. *„In keinem der uns bis heute angebotenen theoretischen Modelle der menschlichen Sprache gibt es einen Platz für diese schlechthin entscheidende Unterscheidung zwischen unserer tätigen und unserer verstehenden Mehrsprachigkeit"* (1979, 21). Die beiden Begriffe *passiv* und *rezeptiv* haben grundsätzlich dieselbe Bedeutung. Meiner Meinung nach hat aber der Ausdruck *passiv* eine eher negative Konnotation und wird nicht der Tatsache gerecht, dass das Verstehen, d. h. das Dekodieren gesprochener Sprache ein äußerst aktiver Vorgang ist. Ich bevorzuge daher den Ausdruck *rezeptive* Zweisprachigkeit.

Die Begriffe *aktive* oder *produktive* Zweisprachigkeit umfassen alle vier Fertigkeitsbereiche, d. h. die Fähigkeit, die beiden Sprachen nicht nur zu sprechen und zu verstehen, sondern sie auch zu lesen und zu schreiben. Bei frühkindlicher Zweisprachigkeit ist jedoch zu berücksichtigen, dass sich die Unterscheidung zwischen Rezeption und Produktion nur auf die beiden Fertigkeiten Hören und Sprechen beziehen kann, da die Fertigkeiten Lesen und Schreiben erst mit dem Eintritt in die Schule erworben werden.

Sowohl bei Tom als auch bei Nora haben wir es demnach mit einer *additiven*, *koordinierten* und *simultanen* Zweisprachigkeit zu tun: Beide Sprachen besitzen in der Familie und in der Gesellschaft einen hohen Stellenwert; die beiden Sprachen wurden aufgrund der von den Eltern und Miterziehern konsequent beachteten *„one person – one language"*-Methode in zwei getrennten sozialen Systemen gelernt; und schließlich waren die Kinder von Geburt an, obwohl das gesellschaftliche Umfeld deutschsprachig ist, beiden Sprachen ausgesetzt. Außerdem kann man bei Tom von *produktiver* Zweisprachigkeit sprechen, während Nora als *rezeptiv* zweisprachig bezeichnet werden kann.

5.2 Soziokulturelle Aspekte der Zweisprachigkeit

5.2.1 Sprache und Nationalität

Der Streit zwischen Befürwortern und Gegnern der Zweisprachigkeit ist sehr alt. Die Vorstellung einer engen Verbindung von Sprache und nationaler Identität, die in

Europa aus der romantischen Bewegung des späten achtzehnten und frühen neunzehnten Jahrhunderts entstand, hatte weitreichende Auswirkungen auf die Einstellung gegenüber Zweisprachigkeit. Diese Ideen wurden in den nachfolgenden Jahrzehnten immer wieder von Politikern und Philosophen in ihren Bestrebungen zur Durchsetzung ihrer nationalstaatlichen Vorstellungen und Ziele verwendet. Eine nationale Sprache wurde als Zeichen der Einheit eines Staates und als Symbol seiner Identität verstanden. Nach Thiesse sind alle nationalen Sprachen, die derzeit in Europa gesprochen werden, die Schöpfungen von politischen Willensäußerungen. *„Starting in the eighteenth century, well-intentioned scholars gathered together disparate dialects, ‚purified' them of terminology deemed foreign, supplied what vocabulary was lacking, and established a grammatical structure.* **Thus, a national language was born**" (1998. In: Akkari 1998, 2. Hervorhebung R. P.). Von nun an hatte jede Nation ihre eigene Sprache, *„of which virtually all of its speakers are unaware that this language owes its existence to a process not unlike the one that produced Esperanto"* (ebd., 2). Die Nationalität eines Menschen wurde durch seine Sprache definiert; die Sprache wurde als Hauptkriterium zur Definition von Nationalität und Staatsbürgerschaft eines Menschen angesehen (vgl. Kap. 12). In Frankreich hatte diese Politik zur Folge, dass Minderheitensprachen wie Provencalisch, Bretonisch oder Baskisch immer mehr an Bedeutung verloren. In Deutschland lieferten die Philosophen Herder (1744-1803), Fichte (1762-1814) und Wilhelm von Humboldt (1767-1835) die theoretischen Begründungen für eine Verbindung von Sprache und Politik. Herder entwickelte seine Ideen über Sprache und Nationalismus in seinem philosophischen Werk „Abhandlung über den Ursprung der Sprache" (1772). Danach können Sprache und nationale Identität nicht voneinander getrennt werden. Die Sprache ist der Spiegel einer Nation (Grosjean 1982, Edwards 1995, Hoffmann 1997, Akkari 1998).

Diese Art von Ideologie schenkte den Bedürfnissen sprachlicher Minderheiten keine Beachtung. So sprach sich der deutsche Pädagoge Friedrich Ludwig Jahn zu Beginn des 19. Jahrhunderts massiv gegen eine zweisprachige Erziehung aus, denn diese würde die sprachliche und kognitive Entwicklung des Kindes verzögern, wenn nicht gar behindern. Er und andere nach ihm behaupteten, dass ein Kind nur eine Sprache bewältigen könne. Außerdem würde jede Sprache dem Kind eine besondere Sicht der Welt vermitteln. Wenn also ein Kind mit zwei verschiedenen Vorstellungen und Perspektiven konfrontiert würde, würde es zwischen zwei „Weltanschauungen" hin- und hergerissen werden. Und daran müsse ein Kind scheitern. Diese Anschauung war bis zum Ende des 19. Jahrhunderts weit verbreitet, und sogar im ersten Drittel des 20. Jahrhunderts vertraten verschiedene Wissenschaftler noch die Meinung, Zweisprachigkeit verursache intellektuelle Verzögerungen, ein linguistisches Chaos und gespaltene Identitäten (vgl. Kap. 12.2). In Sinne der im Deutschland der Hitlerzeit vorherrschenden völkisch-nationalistischen Ideen, wo sich eine Reihe von Veröffentlichungen ausgiebig mit Fragen der „Assimilierung", „Einschmelzung" und „Umvolkung" beschäftigte, schrieb der berühmte und einflussreiche Sprachwissenschaftler Leo Weisgerber:

„Wenn wir Deutschen schon das einzige Volk Europas sind, das sich nach seiner Muttersprache nennt, dann soll uns das nicht nur ein steter Hinweis darauf sein, wie eng das Schicksal deutsches Volk und deutsche Sprache miteinander verkettet hat; es soll uns vor allem an die Aufgabe erinnern, die volkhaften Kräfte unserer Muttersprache so lebendig zu erhalten und zu stärken, daß sie sich immer reicher auswirken können, daß sie besonders in Stunden der Not und Gefahr ihre volle Leistung entfalten können – zum Heile unseres Volkes" (1939, 84).

Sogar im Jahre 1966 stellte Weisgerber noch fest, *„daß der Mensch im Grunde einsprachig angelegt ist (vor allem insofern die dem sprachlichen Sektor zukommende geistige Energie mit dem Bewältigen einer Sprache vollauf beschäftigt ist), daß die geistige Anverwandlung der Welt die Geschlossenheit einer Muttersprache erfordert (so wie man auch nicht erwartet, daß jemand in zwei Religionen lebt)"* (1966, 85).

Im Anhang zu seinem Buch *Sprachen in Kontakt* mit dem Titel *Die Auswirkungen der Zweisprachigkeit auf das Individuum* gibt Weinreich nicht nur einen Überblick über die zum Großteil negativen Aussagen von etwa fünfzig Autoren zum Thema Zweisprachigkeit, sondern verurteilt auch scharf Weisgerbers Ansichten: *„Wenn man solchen Autoren wie Weisgerber glauben wollte, so müßte Zweisprachigkeit imstande sein, sich nachteilig auf die Intelligenz ganzer ethnischer Gruppen auswirken und ihre schöpferischen Fähigkeiten für Generationen verkümmern lassen"* (1976, 151).

Lange Zeit verfolgten viele europäische Staaten eine solche zentralistische Politik, die keine sprachlichen und kulturellen Verschiedenheiten zuließ. Das bedeutet, dass die Mitglieder sprachlicher Minderheiten gezwungen waren, die Sprache der dominierenden Mehrheit zu lernen, um überleben und am öffentlichen Leben teilnehmen zu können. Die Meinung der Mehrheit über Zweisprachigkeit war (und ist teilweise auch heute noch) geprägt und beeinflusst von ihrer Einstellung und ihren Vorurteilen gegenüber Minderheiten, die in ihrer Mitte leben. Wenn solche Minderheiten unterdrückt, sozial und wirtschaftlich benachteiligt werden, wenn ihre Sprachen nicht gefördert werden, dann bringt diese negative Einstellung der Gesellschaft gegenüber den Mitgliedern der Minderheiten auch eine negative Einstellung gegenüber der Zweisprachigkeit im Allgemeinen mit sich. Die Folge einer solchen Entwicklung kann sein, dass sich schließlich sogar die Mitglieder einer Minderheit selbst als minderwertig fühlen. Als Konsequenz einer solchen Entwicklung kann auch die Zweisprachigkeit mit dazu beitragen, die Vorstellung zu verstärken, dass die Verwendung von zwei Sprachen für den Einzelnen Probleme und Nachteile mit sich bringen kann (Grosjean 1982, Mc Laughlin 1984, Hoffmann 1997).

Zweisprachigkeit wird daher manchmal von Minderheiten selbst als ein notwendiges Übel betrachtet, das einen Kompromiss zwischen der Notwendigkeit darstellt, einerseits ihre eigene Sprache und Identität bewahren zu wollen, und andererseits soziale, politische und wirtschaftliche Kontakte mit der Mehrheit aufrechterhalten zu müssen.

Es ist eine Tatsache, dass in vielen Teilen der Welt dem Thema Zweisprachigkeit noch immer mit großem Misstrauen begegnet wird. Und zwar sowohl von Mehrheiten als auch von Minderheiten. Von den Ersteren, denen der Schutz der Mehrheit vor Unterwanderung, Überfremdung und multikultureller Auflösung am Herzen liegt, mag es als eine Art Bedrohung oder „Verschwörung" gedeutet werden, wenn Vertreter einer Minderheit in einer Sprache sprechen, die von der Mehrheit nicht verstanden wird. *„Policies supporting a country's linguistic minorities are still quite rare. A linguistic minority is often considered a threat to the nation, especially since nationalism has been equated with monolingualism. The ‚monilingual' nation often feels that language diversity will aggravate sectionism and regionalism and create instability"* (Grosjean 1982, 26). Für die Letzteren kann diese Zweisprachigkeit die letzte Stufe vor einer sprachlichen Kapitulation bedeuten, d. h. eine Verschiebung in Richtung Einsprachigkeit, gekoppelt mit dem Niedergang der Minderheitensprache und ihrer Kultur.

5.2.2 Das Wiederaufleben sprachlicher Verschiedenheiten

Forschungen über kognitive Vorteile von Zweisprachigkeit, ein internationales Ansteigen der Immigration und innenpolitische Veränderungen bei Großmächten auf der ganzen Welt trugen in der Mitte des 20. Jahrhunderts dazu bei, die Debatte über sprachliche Verschiedenheiten und Zweisprachigkeit wieder aufleben zu lassen. Die Situation in den USA ist ein typisches Beispiel dafür. Obwohl die offizielle Politik der USA sprachliche Minderheiten, die etwa sechs Prozent der Gesamtbevölkerung ausmachen, weder förderte noch unterdrückte, sondern höchstens tolerierte, erwartete die anglo-amerikanische Mehrheit von den sprachlichen Minderheiten doch, dass sie sich so schnell wie möglich in die englischsprachige Gesellschaft integrieren sollten.

„Americans believe that the use of ethnic languages and the maintenance of ethnic culture are to be tolerated, but in no way should they slow down the acquisition of English and a rapid assimilation of the ‚foreigner' into American life. Thus (...) bilingualism has been treated as a ‚necessary evil', a transition from monolingualism in a foreign language to monolingualism in English. And the ‚foreigner', until he or she is integrated into the community both linguistically and culturally, is treated as an alien and an object of curiosity" (Grosjean 1982, 65).

Gogolin weist auf Studien über die Situation ethnischer Minderheiten in den USA hin, aus denen sich entnehmen lässt, dass diese Einstellung der englischsprachigen Mehrheit zu besonderer Solidarität mit der eigenen ethnischen Gruppe führte. *„Im Zusammenhang damit steht die Sprachloyalität: die treue Verwendung der eigenen Sprache als Symbol der Solidarität mit der eigenen Gruppe"* (1988, 34).

Doch seit den frühen 60er Jahren des 20. Jahrhunderts wird in den USA das Thema Zweisprachigkeit mit den Debatten über kulturelle Verschiedenheiten, Immigrationspolitik und die Demokratisierung der amerikanischen Gesellschaft verknüpft. Dazu kam, dass aufgrund der stark steigenden Zahl von Immigranten die Zahl der Kinder mit Minderheitensprachen rapide anwuchs. Während Immigranten aus Puerto Rico und Mexiko in die USA kamen, um dort Arbeit zu finden, flüchteten Menschen aus Kuba aus politischen Gründen in die USA.

Zur selben Zeit war die Bürgerrechtsbewegung die treibende und entscheidende Kraft bei der Durchsetzung gleicher Rechte für afro-amerikanische Bürger. Diese Bewegung resultierte im *Civil Rights Act of 1964*, das eine Diskriminierung von Menschen aufgrund ihrer Hautfarbe, Rasse, Religion oder nationaler Herkunft im öffentlichen Leben und in den Schulen verbietet (Akkari 1998).

Vor allem die Latinos benutzten dieses *Civil Rights Act* als eine Plattform, um die Verwendung ihrer Muttersprache Spanisch in den öffentlichen Schulen durchzusetzen und damit ihren Kindern die gleichen Bildungschancen zu ermöglichen.

Wenn in den USA heute auch weitgehend Einigung darüber besteht, dass die betroffenen Kinder sowohl in ihrer Muttersprache als auch in Englisch unterrichtet werden sollen, ist aber heiß umstritten, wie lang diese Erziehung in der Mutter- bzw. Familiensprache dauern soll und welche Ziele damit verfolgt werden. Für die einen, Bredella (1998, 196) nennt sie *Liberale*, soll die Erziehung in der Muttersprache nur vorübergehend sein und der raschen Eingliederung des Kindes in die amerikanische Gesellschaft dienen. Diese von den Liberalen vertretene Politik wird *„transitional bilingual education"* genannt. Für die anderen, Bredella (1998) bezeichnet sie als *Pluralisten*, ist die Beschränkung der Muttersprache auf eine begrenzte Zeit ein Akt kolonialer Willkür und Ausdruck der Diskriminierung der Sprache und Kultur der Minderheiten und Einwanderer. Die Pluralisten fordern daher nicht „transitional", sondern *„maintenance bilingual education"*, d. h. eine durchgehende zweisprachige Erziehung.

Für Bredella wird aus dieser Auseinandersetzung über die bilinguale Erziehung deutlich, daß es hier nicht nur um Sprache, sondern auch um das Selbstverständnis der Amerikaner geht. *„Für die Pluralisten soll es keine amerikanische Identität geben. Man will eine Identität, die sich an einzelnen ethnischen Gruppen orientiert"* (1998, 198). Für die Pluralisten ist die Identität eines Menschen wesentlich durch seine ethnisch-kulturelle Gruppe, die ihm Schutz und Sicherheit gewährt, bestimmt. *„Die Liberalen stellen hingegen nicht die Gruppe, sondern das einzelne Individuum in den Mittelpunkt. Dieses soll die Freiheit haben, seine Identität auch in der Begegnung mit mehreren Kulturen zu bilden"* (ebd., 198).

Die Problematik dieser Auseinandersetzung und ihre Auswirkungen in der Praxis beschreibt Zimmer (1998b) an folgendem Beispiel: In Kalifornien soll der zweisprachige Unterricht vor allem den aus Mexiko, Puerto Rico und Kuba zugewanderten Kindern zugute kommen, denn 20 Prozent der Kinder an kalifornischen Grundschulen sprechen fast ausschließlich Spanisch. Das erklärte Hauptziel dieses bilingualen Unterrichtes ist es, diese Kinder auf pädagogisch durchdachte und rücksichtsvolle Weise zur englischen Sprache hinzuführen. Doch gerade aus dieser Gruppe, die von dem Unterricht profitieren sollte, kam Widerstand dagegen. 1996 wurde eine Grundschule in den Los Angeles von den Latinos bestreikt, weil der zweisprachige Unterricht sie hindere, das zu lernen, was sie am nötigsten hätten: Englisch. Für sie ist dieser Unterricht ein Irrweg, denn der Hauptzweck, die Eingliederung der Kinder in eine Umgebung, in der man ohne Englischkenntnisse verloren ist, wird nicht erreicht. Durch den zweisprachigen Unterricht bei den Kindern die Verbindung zu ihren Wurzeln aufrechtzuerhalten, ist für sie nur ein Nebenzweck.

Richard Rodriguez beschreibt in seiner Autobiographie *Hunger of Memory* dieses Dilemma von Immigranten (vgl. Bredella 1998). Richard wächst in einer spanischsprechenden Umgebung in den USA auf, und das Spanische ist für ihn Ausdruck familiärer, intimer Beziehungen. Aus dieser vertrauten Welt wird er herausgerissen, als er in der Schule in englischer Sprache unterrichtet wird. Die Entfremdung, die er mit dem Eintritt in die Schule erfährt, wird verstärkt, als die Lehrerin die Eltern auffordert, mit ihren Kindern englisch zu sprechen, um den Schulerfolg nicht zu gefährden. Auf der einen Seite wäre er froh gewesen, in der Schule spanisch reden zu dürfen, auf der anderen Seite war ihm aber bewusst, dass er Englisch benötigte, um nicht von der öffentlichen Sprache und vom öffentlichen Leben ferngehalten zu werden. *„What I needed to learn in school was that I had the right – and the obligation – to speak the public language of ‚los gringos'"* (1982, 19).

In Europa wurden Fragen im Zusammenhang mit Zweisprachigkeit und zweisprachiger Erziehung mit der Gründung und schließlich mit der Erweiterung der EU zu einem zentralen Thema. Denn in keinem politisch vereinten Teil der Welt werden so viele Sprachen von internationalem Rang nebeneinander gesprochen, und zwar nicht nur in der Nachbarschaft der Nationen, sondern simultan in den Ballungszentren aufgrund langjährigen Migrationsprozesse und der Anwesenheit von Minderheiten (Graf 1997).

Aufgrund dieser Entwicklung gibt es in den verschiedenen Staaten der EU eine große Zahl von Schülern, die nicht nur in einer Sprache aufwachsen. Bilinguale Programme der einzelnen Staaten haben ähnlich wie in den USA die Aufgabe, die Kinder bei ihrer Erstsprache abzuholen und diese zu einer weiteren Schulsprache zu entfalten.

Bereits in den EG-Richtlinien ist die Aufforderung an die Mitgliedsstaaten festgehalten, die Muttersprache der Kinder aus ethnischen Minderheiten zu fördern (Gogolin 1988), und heute drängen Regierungen der EU-Mitgliedsländer entschieden darauf, den Schülern aus Familien ihrer Länder anstelle von segregierenden, muttersprachlichen Ergänzungs- und Rückkehrprogrammen eine in das öffentliche Schulwesen integrierte und europäisch anerkannte bilinguale Ausbildung anzubieten (Graf 1997). Ebenso wünschen die Minderheitenfamilien selbst eine formale Vermittlung der Sprache ihres Herkunftslandes. *„Damit erwarten sie von der schulischen Bildung, was alle Kinder benötigen: alle sind auf eine formale Unterweisung in ihrer Erstsprache angewiesen, um die mündlich erlernte Sprache auch lesen und schreiben zu lernen und in die Welt der Texte eingeführt zu werden"* (ebd., 260). Darin liegt für Graf (1997) eine originäre Aufgabe der Grundschule, denn mit Fähigkeit des selbstständigen Umganges mit Texten ist der Schüler und Erwachsene in der Lage, Quellen über die Sprache und Kultur des eigenen Herkunftslandes zu erschließen. Nach Gogolin haben sich die Schulen der westeuropäischen Einwanderungsländer dieser Aufgabe der Betreuung und Bildung der Kinder aus ethnischen Minderheiten angenommen, *„wenn auch nicht ohne Zögern und Widerstände"* (1988, 47).

5.3 Auswirkungen der Zweisprachigkeit auf das Kind

Bevor sich Toms und Noras Eltern nach der Geburt ihres ersten Kindes für eine zweisprachige Erziehung entschieden, wurde diese Frage innerhalb der Familie intensiv diskutiert. Denn die Eltern waren sich bewusst, dass eine solche Entscheidung nicht nur für die sprachliche, sondern auch psychische, soziale und emotionale Entwicklung des Kindes entscheidende Konsequenzen haben kann und wird, und dass eine bilinguale Erziehung nicht nur Vor-, sondern auch Nachteile für das Kind mit sich bringen kann. Anhand umfangreicher Literatur über zweisprachige Erziehung informierten sie sich eingehend über positive und mögliche negative Auswirkungen einer zweisprachigen Erziehung, über Gefahren und Möglichkeiten ihrer Vermeidung, über sinnvolle Rollenverteilungen u. ä. Vor allem ging es ihnen aber darum, dass das

Kind Spaß und Freude am Erwerb der beiden Sprachen haben sollte. Das Kind sollte Kind bleiben dürfen. Erst als die Eltern der Meinung waren, geeignete Lösungen und sinnvolle Antworten auf ihre Fragen gefunden zu haben, entschlossen sie sich, den Versuch zu wagen.

Der in jeder Hinsicht erfolgreiche und positive Verlauf der zweisprachigen Erziehung Toms (Pisek 2000) bewog die Eltern dazu, auch ihr zweites Kind, Nora, zweisprachig zu erziehen.

Über die Auswirkungen einer Zweisprachigkeit auf ein Kind gab es und gibt es unter Wissenschaftlern und Erziehern intensive Diskussionen. *„Some maintain that bilingualism has negative effects on language development, educational attainment, cognitive growth, and intelligence. Others argue that it has positive effects and that the child is not only ahead in school but has greater cognitive flexibility and creativity"* (Grosjean 1982, 220).

Ich will nun versuchen, diese Positionen zusammenzufassen und Gründe für diese widersprüchlichen Meinungen und Auffassungen zu finden. Dabei fällt auf, dass sowohl in Europa als auch in den USA ein direkter Zusammenhang zwischen der Einstellung der Gesellschaft zur Zweisprachigkeit und den wissenschaftlichen Untersuchungsergebnissen über zweisprachige Kinder festgestellt werden kann. In den Zeiten, in denen *„der Zweisprachige als ‚Randmensch' (‚marginal man') zwischen zwei gesellschaftlichen Systemen schwebte"* (Weinreich 1976, 154), brachten auch die Untersuchungen negative Ergebnisse. Sobald sich aber der Einstellung der Gesellschaft und der Politik zu Fragen der Zweisprachigkeit änderte, erbrachten auch die wissenschaftlichen Untersuchungen positive Ergebnisse.

5.3.1   Mögliche negative Auswirkungen

In Europa stammen negative Aussagen über zweisprachige Kinder, die sich jedoch teilweise bis heute als Vorurteile gehalten haben, größtenteils aus der Fachliteratur vor 1950. Aber nicht nur in Europa, wo bestimmte Auffassungen wohl im Zusammenhang mit den Nachwirkungen völkisch-nationalistischer Ideologien zu sehen sind, sondern auch in den USA wurde bis etwa 1960 *„Bilingualismus – ohne empirische Untersuchungen – oft mit mentalen ‚handicaps' in Zusammenhang gebracht"* (Garlin

2000, 14). Hier herrschte nahezu Einigkeit darüber, dass zweisprachige Kinder in ihren Schulleistungen regelmäßig hinter ihren einsprachigen Altersgenossen zurückblieben, und zwar bis zu drei Jahren. So beschreibt die chinesisch-amerikanische Autorin Maxine Hong Kingston in ihrer Autobiographie *The Woman Warrior* (1989) in einer eindrucksvollen Szene ihre Situation im amerikanischen Kindergarten. Maxine, die zu Hause nur Chinesisch gesprochen hatte, fühlte sich zunächst im Kindergarten sehr wohl. Doch bald merkte sie, dass die Kinder, die nicht oder nur wenig Englisch sprachen, als zurückgeblieben und dumm eingestuft wurden. *„In addition, in many states such as California and Texas, Mexican American children were put into classes for the mentally retarded"* (Grosjean 1982, 71).

Grosjean (1982, 220) führt auch an, dass ein Großteil der Studien, die vor 1960 durchgeführt wurden, negative Auswirkungen der Zweisprachigkeit auf die sprachliche, kognitive und soziale Entwicklung eines Kindes zeigen. So zitiert er den berühmten dänischen Linguisten Otto Jespersen, der im Jahre 1922 feststellte:

> *„It is, of course, an advantage for a child to be familiar with two languages, but without doubt the advantage may be purchased too dear. First of all the child in question hardly learns either of the two languages as perfectly as it would have done if he had limited himself to one. (...) Secondly, the brain effort required to master two languages instead of one certainly diminishes the child's power of learning other things which might and ought to be learnt"* (1922, 220).

Kielhöfer und Jonekeit (1998, 9 f.) fassen Weinreichs (1976, 151 ff.) umfassenden Überblick über mehr als 600 europäische und amerikanische Untersuchungsergebnisse der zwanziger bis fünfziger Jahre des 20. Jahrhunderts in Bezug auf die Auswirkungen der Zweisprachigkeit auf die geistige Entwicklung und auf die Gefühlsausgeglichenheit von Zweisprachigen folgendermaßen zusammen:

Zweisprachige Kinder
- sind durch das gleichzeitige Erlernen von zwei Sprachen überfordert;
- lernen weder die eine noch die andere Sprache richtig; sie sind halbsprachig – semilingual;
- sind sprachlich verspätet;
- haben keine Muttersprache;

- können sprachlich nicht kreativ sein;
- sind intelligenzmäßig zurück;
- sind phantasielos und gefühlsarm;
- sind doppelzüngig, berechnend und verlogen;
- sind entwurzelt und heimatlos, ohne Identität;
- stottern oft, sind linkshändig und ungeschickt;
- sind orientierungslos, labil und passiv im Verhalten;
- sind oberflächlich;
- haben Minderwertigkeitskomplexe;
- haben eine gespaltene Persönlichkeit, sie neigen zu Schizophrenie.

Grosjean (1982, 220) führt diese negativen Urteile vor allem auf die Art und Weise zurück, wie damals sprachliche Fertigkeiten, Fähigkeiten und Kenntnisse getestet wurden. Diese frühen IQ-Studien berücksichtigten weder Geschlecht noch Alter; sie ignorierten den sozioökonomischen und erzieherischen Hintergrund der Testpersonen. *„Wo die früheren Untersuchungen von ‚Bilingualismus' sprachen, hatten sie einfach gemeint: Unterschichtenkinder mit mangelhaften Englischkenntnissen"* (Zimmer 1998, 216).

Graf (1987, 17) sieht die Hauptursache für diese negativen Testergebnisse darin, dass diese Tests zum größten Teil mit amerikanischen Einwandererkindern durchgeführt wurden, die die zweite Sprache unter ungünstigsten schulischen Bedingungen erlernen mussten, das heißt ohne dass dafür spezielle sprachdidaktische Konzepte entwickelt worden wären. *„Aber der Befund war klar und hielt sich hartnäckig, und das ließ nur zwei Schlüsse zu, (...): Entweder waren diese Einwandererkinder von vornherein unintelligenter, oder ihr Bilingualismus hatte ihre Intelligenz beeinträchtigt. Die Öffentlichkeit entnahm aus alledem einfach, daß Bilinguale irgendwie dümmer seien"* (Zimmer 1998, 215).

Dazu kam, dass bis in die sechziger Jahre des 20. Jahrhunderts hinein Lernpsychologen die Meinung vertraten, der frühe Gebrauch zweier Sprachen behindere die kognitive Entwicklung des Kindes. *„Die Ablehnung des frühen Gebrauchs zweier Sprachen wurde jedenfalls so einhellig vertreten, daß es noch 1948 möglich war, frühe Zweisprachigkeit mit der Entstehung von Schizophrenie in Verbindung zu bringen"* (Christophersen 1948. In: Graf 1987, 17).

Für Lambert ist es nicht verwunderlich, dass bei diesen Tests negative Auswirkungen der Zweisprachigkeit gefunden wurden. Und zwar aus dem einen Grund: Die Forscher erwarteten, alle Arten von Problemen zu finden. Und daher fanden sie sie auch: *„Bilingual children, relative to monolinguals, were behind in school, retarded in measured intelligence, and socially adrift. One trouble with most of the early studies was that little care was taken to check out the essentials before comparing monolingual and bilingual subjects"* (1977, 27).

Hoffmann weist darauf hin, dass die Diskussion über Zweisprachigkeit in dieser Zeit teilweise sehr unsachlich geführt wurde. *„Sometimes prejudices and passion were allowed to enter into the discussion. (...) Also, some of the early views (pre-1920s or thereabouts) presenting a negative picture of bilingualism were based on flimsy evidence and can be discarded as unsubstantial claims"* (1997, 120). Wenn ein zweisprachiges Kind in der Schule oder bei Intelligenztests schwache Leistungen erbrachte, dann führte man dies auf die Zweisprachigkeit zurück. *„Zweisprachigkeit wurde für Tatbestände verantwortlich gemacht, die primär nichts mit ihr zu tun haben"* (Kielhöfer und Jonekeit 1997, 10).

Siebert-Ott (2001, 66) stellt fest, dass auch heute noch Ansichten über die frühe Entwicklung von Mehrsprachigkeit vertreten werden, die im Widerspruch zu den neuesten wissenschaftlichen Erkenntnissen stehen. So besteht nicht nur unter Laien, sondern zum Teil auch unter Fachleuten noch immer die Meinung, dass
- es der Normalfall ist, dass ein Kind einsprachig aufwächst;
- die Entwicklung von Mehrsprachigkeit bei Kindern eine besondere sprachliche Begabung erfordert;
- beim Fehlen dieser sprachlichen Begabung der kognitive Aufwand bei der Entwicklung von Mehrsprachigkeit für den Lernenden eine Überforderung darstellt;
- diese Überforderung bei Vorschulkindern zu Defiziten sowohl in der sprachlichen als auch in der allgemeinen kognitiven und psychosozialen Entwicklung führt;
- bei Schulkindern außerdem der allgemeine Schulerfolg gefährdet ist.

So gab noch im Jahre 1986 das Jugendamt der deutschen Stadt Köln einen Elternbrief mit entsprechenden Empfehlungen für Eltern von zweijährigen Kindern heraus. Ein Abschnitt beschäftigt sich mit der sprachlichen Situation in Familien mit einem deutschen und einem nicht-deutschen Elternteil. In diesem Brief heißt es: *„Der Vorteil, zweisprachig aufzuwachsen, wird oft auf Kosten einer Unsicherheit in beiden Sprachen erkauft, und diese Entwicklung soll unter allen Umständen vermieden werden. (...) Oft wünscht sich ein ausländischer Vater, daß sein Kind seine Sprache, die ‚Vatersprache' spricht, sogar wenn er seine Heimat für immer verlassen hat. In einem solchen Fall soll der Vater versuchen, seine verständlichen Gefühle zugunsten der Interessen seines Kindes beiseite zu legen"* (zit. in: Saunders 1988, 104).

5.3.2   Mögliche positive Auswirkungen

Im Gegensatz zu früheren Vermutungen beweist eine große Zahl von Untersuchungen seit den 60er Jahren, dass eine generell negative Auswirkung von Zweisprachigkeit nicht aufrechtzuerhalten ist, und dass die Entwicklung von Mehrsprachigkeit im Kindesalter grundsätzlich keine Überforderung darstellt. Dabei ist der Erfolg einer solchen mehrsprachigen Erziehung aber an bestimmte Voraussetzungen geknüpft. So ist es unumstritten, dass zu diesen Voraussetzungen ein hinreichendes und ausgewogenes Sprachangebot gehört. Ebenso besteht Einigkeit darüber, dass sich eine funktionale Sprachtrennung, d. h. die Befolgung des Prinzips *„one person – one language"* positiv auf die sprachliche Entwicklung von mehrsprachig aufwachsenden Kindern auswirkt (Koehn/Müller 1990, Langenmayr 1997, Siebert-Ott 2001). Für Iliescu (Anhang 242, 9 – 10) ist Sprachenlernen erst im späteren Alter eine Frage von Begabung und Talent, nicht aber im Kleinkindalter.

Die Rehabilitation des Bilingualismus setzte im Jahre 1962 ein. Damals veröffentlichten die kanadischen Linguisten Elizabeth Pearl und Wallace Lambert eine umfangreiche Studie an französisch-englisch aufwachsenden Kindern in Montreal. Diese Studie stellte die früheren Befunde völlig auf den Kopf. Von einem Rückstand zweisprachiger Kinder konnte keine Rede sein. Im Gegenteil. Zweisprachige Kinder, so schien es nun, waren ihren einsprachigen Altersgenossen in puncto IQ sogar überlegen. Pearl und Lambert schlossen aus den Ergebnissen ihrer Studie, dass Bilingualismus nicht nur nicht schadet, sondern sogar nützt, weil er die geistige Flexibilität erhöht.

Als einen Hauptgrund für die zahlreichen negativen Ergebnisse von Studien aus der Zeit vor 1960 sieht McLaughlin vor allem einen falschen, nicht alters- und kindesgemäßen Ansatz der Zweisprachenerziehung. *„It may be that the chief cause of the early difficulty for many children – especially from minority ethnic groups – is not so much bilingualism per se as the fact that they are forced to learn a second language at school"* (1978, 273). Die als zweisprachig eingestuften Einwandererkinder hatten einfach nicht genug Englisch gesprochen, um in den Tests so gut abzuschneiden wie die einsprachigen Kinder eingesessener Familien.

Hoffmann führt die Gründe für eine Änderung der Einstellung gegenüber Zweisprachigkeit in vielen Teilen der Welt auf politische Entwicklungen und einen sozialen Druck zurück.

„One of the landmarks in this process is what happened in the United States during the 1960s. At the same time as the position of minorities was being revised in the wake of the Civil Rights movement, the United States experienced large-scale immigration from Spanish-speaking people. (...) The debate that took place both in intellectual and political circles eventually led to legislation supporting bilingual education programmes. At about the same time Canada declared itself a bilingual state and officially enshrined the language rights of the French-speaking minority in law" (1997, 4).

Für Zimmer (1998, 218) hat sich seit den sechziger Jahren eine dreifache Einsicht durchgesetzt:
(1) Ein gewisser Bilingualismus ist allgegenwärtig, denn die meisten Menschen dieser Erde wachsen in Kontakt mit mehreren Sprachen auf;
(2) Bilingualismus ist grundsätzlich gut;
(3) Seine negative Bewertung in den frühen Jahren hat Unterschichtenkinder benachteiligt.

Kielhöfer und Jonekeit (1998, 9) sehen in einer kindlichen Zweisprachigkeit folgende Vorteile:
- Zweisprachige Kinder lernen spielend leicht eine zweite Sprache, die andere Kinder später in der Schule nur mit Mühe erlernen.
- Sie erlernen diese zweite Sprache besser und vollkommener, als dies später möglich ist.

- Zweisprachige Kinder sind sprachinteressierter und sprachgewandter als einsprachige.
- Zweisprachige Kinder sind flexibler und anpassungsfähiger als einsprachige.

Graf (1997) sieht den Vorteil einer zweisprachigen Erziehung im Sinne von Tom und Nora gegenüber eines späteren schulischen Fremdsprachenunterrichtes vor allem im Fehlen einer reflektierten erstsprachigen Grammatik. In die zweite Sprache hinein oder aus ihr heraus wird nicht über eine Grammatik der Erstsprache übersetzt, wie das später der Fall ist. Beide Sprachen werden in einem dialogischen Verhältnis zueinander erlebt. *„Anstelle des strukturellen Vorrangs der eigenen Erstsprache im Verhältnis zu fremden Sprachen erscheinen zwei Sprachen, die als gleichermaßen vielfältig, reich und klangvoll erfahren werden. Mit beiden kann man alles tun, beide kann man singen, schreiben, lesen. Beide Sprachen erschließen eigene Muster der Interaktion, die nicht übersetzt werden müssen"* (ebd., 252). Für Graf stellt die Fähigkeit, zwei Sprachen spontan gebrauchen zu können, ohne grundsätzlich die Schaltstation Erstsprache zu aktivieren, ein entscheidendes Mehr im Vergleich zur Kenntnis von mehreren Sprachen dar, in die man übersetzen vermag oder aus denen man in die eigene Sprache überträgt, um sie zu verstehen. *„An die Stelle der Kenntnis mehrerer Sprachen rings um die allein spontan gebrauchte Erstsprache tritt beim Zweisprachigen eine dialogisch-interkulturelle Lebensform, die auch den Umgang mit der Erstsprache verändert"* (ebd., 253).

Langenmayr (1997, 354 ff.) bietet einen umfassenden Überblick über neue und neueste Forschungsergebnisse. Danach wurden u. a. folgende positive Auswirkungen der Zweisprachigkeit festgestellt:

(1) *Kognitive Fähigkeiten*

- Allgemein schnitten bilinguale Gruppen in Tests über Auswirkungen der Zweisprachigkeit auf die kognitiven Fähigkeiten signifikant besser ab als monolinguale.
- Bei verbaler Flexibilität, verbaler Originalität, Vorstellungsoriginalität und Vorstellungsflüssigkeit gab es für bilinguale Personen höhere Werte.
- Bilingualismus hat einen förderlichen Effekt für die nonverbale Intelligenz.

- Wesentlich ist die Einstellung der zweisprachigen Personen zu den einzelnen Sprachen.

(2) *Metalinguistische Fähigkeiten*

- Bilingualismus fördert, unabhängig von Motivation, Intelligenz und Alter, den Erfolg beim Erlernen einer weiteren Sprache.
- Die Zweisprachigkeit hat einen positiven Effekt auf die Denkprozesse und verbessert die verbale Kreativität.
- Bilinguale Personen zeigen größere Bewusstheit für bestimmte Spracheigenschaften.
- Bei jungen Kindern wird die Entwicklung metalinguistischer Fähigkeiten durch die Erfahrung mit zwei Sprachen beschleunigt.
- Bilinguale Personen können besser über Sprachen reflektieren, unabhängig von ihrer kognitiven Entwicklung.
- Bilinguale Personen haben eine größere Gedächtnisspanne.
- Bilinguale Kinder besitzen eine gesteigerte Übersetzungsfähigkeit.
- Die Zweisprachigkeit führt zu verstärktem Nachdenken über sprachliche Strukturen auch über die beiden beteiligten Sprachen hinaus.

(3) *Weitere Fähigkeiten*

- Bezüglich der selektiven Aufmerksamkeit weisen bilinguale Kinder deutliche Vorteile gegenüber monolingualen auf.
- Bilinguale Kinder sind sprachlich deutlich kreativer als monolinguale.

(4) *Verbales und nonverbales Kontaktverhalten, Konversationsstil*

- Die Zweisprachigkeit steigert über die kognitiven und metalinguistischen Fähigkeiten hinaus die zwischenmenschliche Sensibilität und Empathie.
- Bilinguale Personen sind ruhiger und weniger ängstlich im Umgang mit anderssprachigen Menschen als monolinguale.
- Bilinguale Personen sind aktiver und visuell aufmerksamer gegenüber ihren anderssprachigen Gesprächspartnern.

(5) *Einstellung zu Sprachen und Sprachwahl*

- Bilingualismus in der Kindheit ist ein positiver Faktor für das Erlernen weiterer Sprachen als Erwachsener. Vor allem die Einstellung zum Lernen der Sprache profitiert davon. Bilinguale Personen schätzen die fremde Sprache als einen wichtigen Besitz.
- Ethnischer und familiärer Hintergrund, soziale Umgebung, Erziehung und Religion beeinflussen weitgehend die individuelle Sprachwahl.
- Der emotionale Zugang zu einer Sprache beeinflusst auch ihre Beherrschung.
- Auf die Bedeutung von Emotion und Beziehung bei der Sprachwahl deutet auch hin, dass Sprecher sich in ihrer verwendeten Sprache stark an den Interaktionspartner und dessen Bedürfnisse anpassen. Besonders deutlich ist dieser Mechanismus bei Kindern zu beobachten (vgl. Kap. 11).
- Von signifikanter Bedeutung für die bilinguale Kompetenz eines Kindes sind außer der allgemeinen sprachlichen Orientierung der Familie die elterlichen Einstellungen und Verhaltensweisen in Bezug auf die beiden involvierten Sprachen.

Zusammenfassend stellt Langenmayr (1997, 371) fest, dass verschiedenste Untersuchungen keinerlei Hinweise auf eine Störung der Persönlichkeit oder Identitätsprobleme durch die Bilingualität ergaben.

5.3.3 Keine Auswirkungen?

Neben diesen negativen und positiven Meinungen über die Auswirkung der Zweisprachigkeit gibt es aber auch Forscher, die die Auffassung vertreten, Zweisprachigkeit hätte überhaupt keine wesentlichen Auswirkungen auf die kognitive, intellektuelle, soziale und emotionale Entwicklung eines Kindes.

> *„At this point it is probably safer to propose that bilingualism as such has no major effect – either positive nor negative – on the cognitive and intellectual development of children in general. As a student asked me one day: if half the world's population is bilingual and if many of these become bilingual as children, is it really true that they are different – brighter or duller, more creative or less so, more flexible cognitively or less so – from the other half who are monolingual? An increasing number*

of observers are of the opinion that bilingualism has no major effect – either positive nor negative – on the development of children" (Grosjean 1982, 226).

Dieselbe Position vertritt McLaughlin:
"In short, it has not been demonstrated that bilingualism has positive or negative consequences for intelligence, linguistic skills, educational attainment, emotional adjustment, or cognitive functioning. In almost every case, the findings of research are either contradicted by other research or can be questioned on methodological grounds. The one statement that is supported by research findings is that command of a second language makes a difference if a child is tested in that language – a not very surprising finding" (1984, 225).

Schließlich drücken Kielhöfer und Jonekeit das aus, was auch Toms und Noras Eltern von der zweisprachigen Erziehung ihrer beiden Kinder erwarten: *"Zweisprachige Kinder sind ganz normale Kinder, haben dazu aber den unschätzbaren Vorteil, eine zweite Sprache mühelos gleich mitzulernen"* (1998, 102).

6 Sprachkontakte und Spracherziehungsmethoden

6.1 Fallstudien nach der *one parent – one language* Methode

Viele Studien über bilinguale Erziehung von Kindern befassen sich mit der Frage, die Lanza (1997, 14) als „*family bilingualism*" bezeichnet, das heißt mit der Beschreibung von Situationen, in denen das Kind in seinem Elternhaus den beiden Sprachen begegnet. In der Regel spricht die Mutter eine Sprache, während der Vater die andere Sprache verwendet. Dabei ist eine dieser beiden Sprachen die Sprache der Gemeinschaft, in der das Kind lebt. Diese Art der Interaktion steht im Zusammenhang mit dem Grundsatz, dass jeweils eine Person dem Kind gegenüber eine bestimmte Sprache verwendet. Dieses Prinzip „*une personne-une langue*" stammt von dem französischen Linguisten **Jules Ronjat**, der im Jahre 1913 die erste detaillierte Studie über kindlichen Bilingualismus veröffentlichte. Ronjat lebte mit seiner Familie in Südfrankreich. Die Mutter sprach mit dem Kind deutsch, der Vater französisch. Ronjat führte regelmäßige und detaillierte Tagebuchaufzeichnungen über die sprachliche Entwicklung seines Sohnes Louis. Diese Aufzeichnungen zeigen, dass das Kind bereits im Alter von fünf Jahren sowohl Deutsch als auch Französisch wie ein einsprachiges Kind sprach. Die Eltern hielten sich sehr genau und konsequent an ihre Rollen als Sprachenlehrer für ihr Kind. Wenn beispielsweise der Bub seinen Vater nach einem deutschen Äquivalent für ein französisches Wort fragte, verweigerte ihm der Vater die Antwort und schickte ihn zur Mutter. Der Vater korrigierte auch regelmäßig das Französisch des Kindes, ja er korrigierte sogar deutsche Äußerungen des Kindes, die an die Mutter gerichtet waren und fehlerhaft waren. Dies tat er aber nicht direkt, denn das wäre im Widerspruch zum Grundsatz „*une personne–une langue*" gestanden, sondern er forderte die Mutter auf, keine fehlerhaften deutschen Äußerungen des Buben zuzulassen. Das Kind schien diese Vorgangsweise des Vaters nicht als Zwang empfunden zu haben, denn es verstand sich sehr gut mit beiden Eltern. Außerdem hatte der Bub das Prinzip „*une personne–une langue*" schon sehr früh dermaßen verinnerlicht, dass er selbst konsequent darauf beharrte.

Es war der Linguist Grammont, der Ronjat empfohlen hatte, die beiden Sprachen von Anfang an so konsequent zu trennen, denn dies würde dem Kind helfen, beide Sprachen ohne zusätzliche Anstrengungen und ohne die Gefahr einer Vermischung zu erlernen. Diese Methode, die in der Folge auch als „klassische Grammont-Formel" bekannt wurde, hatte einen großen Einfluss auf die Diskussionen über bilinguale Erziehung (Porschè 1983, 75).

Die umfassendste und bekannteste Fallstudie stammt vom amerikanischen Linguistikprofessor **Werner F. Leopold** aus den Jahren 1939-49. In vier Bänden beschreibt er die zweisprachige Erziehung seiner Tochter Hildegard. Er, dessen Muttersprache Deutsch war, sprach mit der Tochter nur deutsch, während mit Mutter englisch mit ihr sprach. Bevor Hildegard geboren wurde, war die Kommunikationssprache zwischen den Eltern Englisch. Dann aber befolgten sie den Grundsatz *„une personne-une langue"*, der in der englischen Literatur als *„one parent-one language"* bezeichnet wird, nicht nur in den Interaktionen mit dem Kind, sondern sogar in den Interaktionen miteinander. Englisch war für Hildegard immer die dominante Sprache. In den Interaktionen mit dem Vater konnte sie sich aber durchaus erfolgreich auf Deutsch artikulieren. Dennoch waren Interferenzen aus dem Englischen bzw. Sprachmischungen nicht selten, wie das folgende Beispiel zeigt:
„When Hildegard was ill with chicken pox she didn't want her father to leave the room. In a final plea she said, 'Papa, wenn du das Licht ausmachst, then I'll be so lonesome'" (Leopold 1978, 24).

Leopold war, was die Beachtung des Grundsatzes *„one parent-one language"* betrifft, bei weitem nicht so streng und konsequent wie Ronjat. Er sprach englisch, wenn einsprachige Besucher oder Spielkameraden Hildegards anwesend waren und beantwortete dem Kind auch bereitwillig Fragen nach englischen Wörtern. Er war, abgesehen von einem kurzen Deutschlandaufenthalt, als Hildegard fünf Jahre alt war, die einzige Person, von dem sie die deutsche Sprache hörte. *„When she was a little over four years old, she asked, 'Mother, do all fathers speak German?' This question confirms that the operation of the person-language principle (...) had previously not revealed itself to her as exceptional"* (ebd., 28). Dass Hildegard ausreichend motiviert und bereit war, deutsch zu sprechen, führt Leopold auf das positive, enge Verhältnis zwischen ihm und seiner Tochter und auf seine vielen Aktivitäten mit ihr zurück. Denn er verbrachte viel Zeit mit ihr, spielte mit ihr, ging mit ihr spazieren und redete viel mit ihr.

Im Jahre 1983 veröffentlichte **Traute Taeschner** die Beschreibung und Analyse der bilingualen Entwicklung ihrer beiden Töchter im Alter zwischen 1;6 und 4;0 bzw. 5;0

Jahren. Die Familie lebte in Italien und erzog die Kinder ebenfalls nach dem Prinzip „one parent-one language". Der Vater, ein Italiener, sprach mit den Kindern italienisch, während die Mutter, eine Deutsche, mit den Kindern deutsch sprach. Beide Eltern waren in der Wahl ihrer Sprachen sehr konsequent. Der Vater, weil er nur sehr schlecht deutsch sprach, und die Mutter, weil sie als Linguistin von der Notwendigkeit einer strikten Sprachentrennung überzeugt war. Sobald die Kinder sie auf Italienisch anredeten, gab sie vor, sie nicht zu verstehen. So wurde den Kindern bald klar, dass die Kommunikation mit ihrer Mutter einfacher war, wenn sie deutsch redeten. Im Unterschied zur Situation bei Leopold, wo das Kind, Hildegard, Deutsch nur von seinem Vater hörte, sorgte Taeschner dafür, dass die Kinder häufigen und regelmäßigen Sprachkontakten mit Personen mit deutscher Muttersprache ausgesetzt waren. Deutschsprachige Hausmädchen, zweisprachige Kinder in der Nachbarschaft, Besuche von und bei deutschen Verwandten und Urlaube in deutschsprachigen Gegenden trugen dazu bei, dass sich bei beiden Kindern die zwei Sprachen annähernd gleichmäßig entwickelten.

> *„The undeniable need to communicate is sufficient motivation to make the child speak one or more languages. Given the motivation, it is practice which leads to a more or less thorough and perfect knowledge of the two languages. The bilingual needs practice in speaking his two languages, just as an athlete needs to train, and a pianist needs to play. The question of whether a child becomes bilingual or not depends upon the quantity, form, and quality of this practice"* (Taeschner 1983, 192).

Während sowohl Ronjat als auch Leopold ihre Beobachtungen in Form von schriftlichen Tagebuchaufzeichnungen festhielten, wurden von Taeschner die Daten während der Beobachtungszeit hauptsächlich durch Audio-Aufzeichnungen gewonnen. Diese Aufzeichnungen erfolgten zweimal pro Monat und dauerten jeweils 30 bis 45 Minuten. Bei den Transkriptionen wurde dem Kontext, in dem die Äußerungen gemacht wurden, sowie der Gestik und Mimik der Sprecher besondere Aufmerksamkeit geschenkt.

Im Zentrum von Taeschners Forschungsarbeit stand der Wortschatz der Kinder in den beiden Sprachen. Dabei ging es ihr in erster Linie darum, aufzuzeigen, dass beim jungen zweisprachigen Kind am Beginn des Spracherwerbs die zwei Sprachen ein einziges System bilden (vgl. Kap. 8). *„In the first stage of bilingual acquisition, the* *child's lexicon is made up of words from both languages, with no equivalent (...) Because the acquisition of lexicon is not based on learning by equivalents, it is not possible to speak of bilingual lexicon acquisition in terms of two distinct systems"* (ebd., 230). Erst später, während der zweiten Stufe, entwickeln sich daraus nach Taeschner zwei getrennte Sprachsysteme. *„Thus, the child begins to organize two distinct lexical systems during this stage"* (ebd., 230).

Aus dem Jahre 1988 stammt der Bericht von **George Saunders** über die zweisprachige Entwicklung seiner Kinder in Australien. Die Situation von Saunders unterscheidet sich von den bisher beschriebenen Studien vor allem dahingehend sehr stark, dass im Falle von Saunders für beide Eltern Englisch die Muttersprache war. Als akademisch ausgebildeter Deutschlehrer und Linguist mit engen Kontakten nach Deutschland und mehreren Studien- und Forschungsaufenthalten in Deutschland beherrschte er Deutsch jedoch so gut, dass er sich entschloss, seine Kinder zweisprachig zu erziehen. Auch diese Familie folgte dem *„one parent-one language"* Grundsatz: Die Mutter sprach mit dem Kindern englisch, der Vater deutsch. Miteinander sprachen die Eltern englisch. Die Sprachentwicklung der Kindern wurde durch Tagebucheintragungen und mit Hilfe auditiver Aufzeichnungen festgehalten.

„In my family, ‚observation' of the children has been kept pretty low-key; it is a by-product, not the purpose, of the parents' normal interactions. When the children were young, tape-recordings were made as discreetly as possible; usually they were aware that they were being taped and normally this did not concern them, as long as it did not interrupt their play. As the children got older, tapes were made with their full knowledge and agreement, and at times which they considered convenient" (Saunders 1988, 29).

Außerdem wurden die sprachlichen Leistungen der Kinder regelmäßig mit Tests überprüft. Diese Untersuchungen wurden durchgeführt, bis die beiden Söhne zwölf bzw. dreizehn und die Tochter sechs Jahre alt waren. Alle drei Kinder sprechen nun beide Sprachen fließend, wobei aber Englisch deutlich dominiert. Der Vater sprach die Kinder immer auf Deutsch an, auch wenn englischsprachige Erwachsene oder Kinder da waren. Damit nahm er in Kauf, manchmal etwas zweimal sagen zu müssen: einmal zu seinen Kindern auf Deutsch, und dann zu den Gästen auf Englisch. Außerdem ermutigte er in solchen Situationen seine Kinder immer wieder zum Übersetzen, um niemanden von der Interaktion auszuschließen.

Die Gefahr, jemanden von der Interaktion auszuschließen, bestand in unserem vorliegenden Fall u. a. in Kommunikationssituationen zwischen Tom, seinem um drei Monate älteren Cousin Clemens und mir. Bei gemeinsamen Wanderungen oder gemeinsamen Spielen redete Tom mit mir wie gewohnt englisch und mit Clemens deutsch. Wenn Tom zu mir etwas auf Englisch sagte und meinte, es sei notwendig, Clemens zu erklären, was wir soeben besprochen hatten, dann bemühte er sich sofort, Clemens den Inhalt unseres Gespräches zu übersetzen. So verhinderte er von sich aus, dass Clemens von unserer Interaktion ausgeschlossen wurde. Ebenso wiederholte Tom des öfteren aber auch mir gegenüber etwas auf Englisch, was er gerade zuvor Clemens auf Deutsch gesagt hatte:

    Tom (während einer Bergwanderung): Opa, have you got your knife?
    Opa: Yes.
    Tom: Can you make me a sword?
    Opa: Of course.
    Tom (zu Clemens): I hab den Opa gfragt, ob er mir a Schwert schnitzen kann. Soll der Opa dir a a Schwert schnitzen?
    Clemens: Na, i will an Pfeilbogen.
    Tom (zu Opa): Opa, Clemens wants a bow and arrow. I too want a bow and arrow.
    Tom (zu Clemens): I will a an Pfeilbogen. Und a Schwert.

Während des gesamten Berichtes von Saunders ist zu erkennen, dass zwischen dem Vater und seinen Kindern ein ganz besonders enges, intensives Verhältnis bestand. Die vielen Stunden, die Saunders mit den Kindern beim Spielen, Erzählen, Vorlesen, bei Spaziergängen oder Ausflügen verbrachte, boten die Gelegenheit für vermehrte Kontakte mit der deutschen Sprache, und die Freude des Vaters, mit den Kindern deutsch zu kommunizieren, schufen für die Kinder ein stimulierendes, angenehmes und positives Umfeld und damit die entsprechende Motivation, auch selbst deutsch zu sprechen.

    Mehrmals weist Saunders darauf hin, wie wichtig es für Eltern ist, ein solches „Experiment" nicht mit aller Gewalt, nicht gegen den Willen der Kinder und auf Kosten eines harmonischen Familienlebens durchsetzen zu wollen und die Kinder damit nicht zu überfordern. *„Whilst there is no denying that bilingualism is an important part in my family's life, it is not something* *pursued fanatically, at all costs. It is simply a part of everyday living"* (Saunders 1988, 33).

Einen sehr wichtigen Beitrag zum Thema zweisprachige Kindererziehung leisteten **Kielhöfer** und **Jonekeit** mit ihrem Buch „Zweisprachige Kindererziehung" (1998). Es ist nicht das Hauptziel der Autoren, im Rahmen ihrer Fallstudie grundlegende theoretische Fragen zum Thema Zweispracherwerb zu untersuchen, sondern, ähnlich wie Saunders, ein informelles Bild über die Kommunikation in einer zweisprachigen Familie aufzuzeigen und Vorschläge und Hilfen zu den verschiedensten Fragen anzubieten, mit denen Eltern in ihrem Bemühen, ihre Kinder zweisprachig zu erziehen, konfrontiert werden. Das Buch enthält eine Fülle wertvoller Erkenntnisse und Informationen über junge zweisprachige Kinder und deren Entwicklung.

Auch in diesem Fall hielten sich die Eltern streng an den *„one parent-one language"* Grundsatz. Die Mutter, eine gebürtige Französin, lebte mit ihrem einsprachigen deutschen Ehemann in Deutschland. Schon während ihrer Studienzeit, als ihr erstes Kind geboren wurde, begann sie, Daten in Form von Tagebuchaufzeichnungen zu sammeln. Bis zum Besuch des Kindergartens verbrachten ihre beiden Buben die Tage ausschließlich mit der Mutter, die mit den Kindern sehr viel spielte, sang, ihnen erzählte und vorlas. Häufige Reisen zu den Großeltern nach Frankreich unterstützten die aktive Entwicklung der Buben in ihrer schwächeren, d. h. der französischen Sprache. *„Diese Aufenthalte bei den französischen Großeltern in Frankreich sind für die Entwicklung der* **schwachen Sprache** *höchst wichtig, wird doch dann Französisch* **Familien-** *und* **Umgebungssprache**, *aus einer Minderheitssprache wird eine Mehrheitssprache"* (Kielhöfer/Jonekeit 1998, 36. Hervorhebung K. und J.).
      Die Autoren plädieren für eine strenge und konsequente Trennung der beiden Sprachsysteme durch die Eltern, für eine positive Einstellung gegenüber Zweisprachigkeit nicht nur seitens der Eltern, sondern auch seitens der Gemeinschaft, in der die Kinder aufwachsen. Als entscheidend für den Erfolg einer zweisprachigen Erziehung sehen sie aber vor allem ein gutes, positives emotionales Verhältnis zwischen den Kindern und dem Elternteil, der die zweite, die schwächere Sprache vermittelt.

Alle bisherigen Fallbeispiele wurden von Eltern beschrieben, die entweder als Linguisten oder als Fremdsprachenlehrer beruflich eng mit dieser Thematik verbunden sind. Daneben gibt es aber auch Studien über zweisprachige Kinder, deren Eltern beruflich keinen Bezug zu Sprachen haben. **Lenore Arnberg** (1987) berichtet über solche Fälle, u. a. über eine dreisprachige finnisch-kurdisch-schwedische Familie, die in Schweden lebte. Die Mutter sprach mit den Kindern finnisch, der Vater kurdisch. Da die Eltern die jeweilige Muttersprache ihres Ehepartners nicht beherrschten, sprachen sie miteinander schwedisch. Das *„one parent-one language"* Muster wurde den Kindern gegenüber auch während der Anwesenheit schwedisch sprechender Menschen konsequent eingehalten. Die Eltern waren für die Kinder die jeweils einzigen Gesprächspartner für Finnisch bzw. Kurdisch. Daher bemühten sie sich, durch Spiele, durch Vorlesen und durch intensives Sprechen für die Kinder ein möglichst reiches, ergiebiges sprachliches Umfeld zu schaffen. Die Kinder lernten Finnisch und Kurdisch aktiv zu Hause und Schwedisch im Umgang mit anderen Kindern und im Kindergarten. Als die Kinder fünf bzw. zwei Jahre alt waren, musste der Vater aus beruflichen Gründen in einen anderen Teil des Landes übersiedeln und sah die Kinder nur mehr selten. Als Folge sprachen die Kinder nur noch sehr selten kurdisch, und bald hatten die Kinder Scheu davor, diese Sprache zu sprechen. *„It was only a matter of weeks before one began to notice how their vocabulary began to fade away. Within a couple of months they developed a certain resistance toward responding in Kurdish to Kurdish-speaking visitors to the home"* (Arnberg 1987, 141). Finnisch war nun die einzige Sprache, die zu Hause gesprochen wurde.

Harding und Riley (1987) beschreiben einen anderen Fall einer nicht-linguistisch ausgebildeten Familie, die ihr Kind nach dem Grundsatz *„one parent-one language"* erfolgreich zweisprachig erziehen konnte. Die Familie lebte in Frankreich. Die Mutter war Französin und sprach mit dem Kind in ihrer Muttersprache. Der Vater, ein Engländer, sprach mit dem Kinder englisch. Miteinander sprachen die Eltern französisch. *„The father was very conscious of his role as ‚source of English' in the family and admitted to ‚bombarding' his child with conversation, records and songs and rhymes"* (Harding and Riley 1986, 84). Obwohl das Mädchen erst im Alter von 3;9 Jahren angefangen hatte, englisch zu sprechen, beherrschte es im Alter von acht Jahren beide Sprachen fließend.

Susanne Döpke (1992) vergleicht in ihrer Untersuchung die Methoden und Ergebnisse zweisprachiger Erziehung von sechs Kindern in sechs australischen Familien. In allen sechs Familie sprach ein Elternteil deutsch, und zwar entweder als Muttersprache oder in der zweiten Generation einer deutscher Emigrantenfamilie. Im

Mittelpunkt des Interesses standen bei Döpke jedoch nicht in erster Linie die Kinder, sondern deren Eltern. Das heißt, es ging Döpke, einer gebürtigen Berlinerin, die sich aus beruflichen und privaten Gründen in Melbourne, Australien niedergelassen hatte und selbst Mutter eines bilingualen Kindes ist, vor allem um die Frage, was Eltern tun, um ihre Kinder erfolgreich zweisprachig zu erziehen. *„Hence my focus shifted from how a child becomes bilingual, to how one can make a child bilingual. I was wondering what differentiated families who were successful in raising their children to speak their home language, from those who were not"* (Döpke 1992, XVII). Ihre zentrale Frage war, wie sich die sprachliche Umgebung und der linguistische Input für jene Kinder, die Deutsch ebenso gut wie Englisch lernten, von denen unterschied, die die zweite Sprache, d.h. Deutsch nicht aktiv erlernten. Aufgrund ihrer Untersuchung kam sie zu dem Schluss, dass folgende Faktoren in der familiären Situation die Entwicklung von Zweisprachigkeit fördern und unterstützen:

- Die grundsätzliche Einstellung der Eltern gegenüber Zweisprachigkeit.
- Die Konsequenz der Eltern im Gebrauch der beiden Sprachen.
- Die strikte Einhaltung des „one parent-one language" Grundsatzes nicht nur durch die Eltern, sondern auch durch die Kinder.
- Die allgemeine sprachliche Entwicklung der Kinder.

Interessant ist, dass Döpke zwischen dem Ausmaß und der Vielfalt des Kontaktes mit der „minority language" Deutsch und der Entwicklung der Kinder zu einer aktiven Zweisprachigkeit keine Korrelation finden konnte.

Elizabeth Lanza (1997) beschreibt in ihrer Studie den simultanen Erwerb von Norwegisch und Englisch in zwei norwegischen Familien. Die Väter sind jeweils Norweger, die Mütter US-Amerikanerinnen. In ihren Interaktionen mit den Kindern wendeten die zwei Familien unterschiedliche Methoden an. In der einen Familie bestanden die Eltern auf einer strengen Einhaltung der „one parent-one language" Strategie, während in der zweiten Familie die Eltern die beiden Sprachen entsprechend der jeweiligen Situation wechselten. Lanza, der es in ihrer Untersuchung in erster Linie um das Phänomen der Sprachmischung ging, fand heraus, dass Kinder bereits im Alter von zwei Jahren in ihrem Sprachgebrauch sehr feinfühlig auf die entsprechende Interaktionssituation reagieren. *„The bilingual children whose language development was investigated were able to link social meaning to linguistic form already from an early age* (Lanza 1997, 319). Die Sprachen wurden getrennt, wenn den Kindern dies aufgrund der gegebenen Situation für angebracht erschien, und die Sprachen wurden gemischt, wenn die Kinder dies für sinnvoll erachteten. Daher kann für Lanza die Sprachmischung per se nicht als Zeichen für ein fehlenden Bewusstsein der Zweisprachigkeit angesehen werden. Jedenfalls besteht für sie aber ein klarer Zusammenhang zwischen Sprachinput und Sprachmischung. Beim Kind, dessen Eltern den *„one parent-one language"* Grundsatz befolgten, wurden eindeutig weniger Sprachmischungen beobachtet als bei dem Kind, dessen Eltern sich nicht an diesen Grundsatz hielten.

An den gezeigten Fallbeispielen ist zu erkennen, dass die Art und Weise, wie dieses *„one parent-one language"* Prinzip heute in der Praxis in den verschiedenen Familien umgesetzt wird, sehr stark variiert und von der Sprache der Gemeinschaft ebenso abhängt wie von den Muttersprachen der Eltern und davon, in welcher Sprache die Eltern mit dem Kind sprechen. Grundsätzlich gibt es für zweisprachige Familie, die diesem *„one parent-one language"* Prinzip folgen, folgende Möglichkeiten (Harding and Riley 1986, Saunders 1988, Döpke 1992):

(1) Die Eltern haben verschiedene Muttersprachen. Die Sprache der Gemeinschaft ist gleichzeitig die Muttersprache eines Elternteiles. Jeder Elternteil spricht mit dem Kind in seiner Muttersprache.
   a: Die Eltern sprechen miteinander die Sprache der Gemeinschaft.
   b: Die Eltern sprechen miteinander die andere, die nicht-dominierende Sprache.
   c: Auch miteinander sprechen die Eltern jeweils die Sprache, die sie mit dem Kind sprechen.

(2) Die Eltern haben verschiedene Muttersprachen. Keine von beiden ist die dominierende Sprache der Gemeinschaft. Jeder Elternteil spricht mit dem Kind in seiner Muttersprache.
   a: Die Eltern sprechen miteinander die Sprache der Gemeinschaft.
   b: Die Eltern sprechen miteinander eine ihrer beiden Muttersprachen.
   c: Auch miteinander sprechen die Eltern jeweils die Sprache, die sie mit der Kind sprechen.

(3) Die Sprache der Gemeinschaft ist auch die Muttersprache beider Eltern. Ein Elternteil beschließt, mit dem Kind in einer anderen Sprache, die nicht seine Muttersprache ist, zu sprechen.
   a: Die Eltern sprechen miteinander die Sprache der Gemeinschaft, d.h. ihre Muttersprache.
   b: Die Eltern sprechen miteinander die andere Sprache.

c: Auch miteinander sprechen die Eltern jeweils die Sprache, die sie mit dem
      Kind sprechen.
(4) Beide Elternteile sprechen dieselbe Muttersprache. Diese Sprache ist aber nicht die Sprache der Gemeinschaft. Ein Elternteil beschließt, mit dem Kind die Sprache der Gemeinschaft, d.h. nicht seine Muttersprache zu sprechen.
   a: Die Eltern sprechen miteinander die Sprache der Gemeinschaft.
   b: Die Eltern sprechen miteinander ihre Muttersprache.
   c: Auch miteinander sprechen die Eltern jeweils die Sprache, die sie mit dem
      Kind sprechen.

In allen vier Fällen wird das Kind in der „b"-Alternative der zweiten, der schwächeren Sprache stärker ausgesetzt als in der „a"-Alternative. Trotzdem ist für die meisten Familien die „a"-Alternative eine soziale Notwendigkeit. Die „c"-Alternative wird selten gewählt.

Das Beispiel 3 scheint unnatürlich zu sein, und Kielhöfer und Jonekeit (1998) warnen deshalb auch davor. Für sie ist dies eine „künstliche Zweisprachigkeit", und sie stellen fest, dass alle ihnen bekannten derartigen Versuche fehlgeschlagen seien. Am oben beschriebenen Beispiel von Saunders (1988) können wir jedoch sehen, dass auch in einer solchen Situation produktive Zweisprachigkeit erreicht werden kann. Bei allen drei Kindern war diese Art der bilingualen Erziehung erfolgreich, und zwar ohne irgendwelche negative Auswirkungen auf das soziale Gefüge innerhalb der Familie.

Das Beispiel 4 betrifft wohl in erster Linie Immigrantenfamilien und kann gewählt werden, um bei den Kindern einen simultanen Zweispracherwerb zu unterstützen.

Trotz großer Unterschiede in der Konzeption einer bilingualen Erziehung und ihrer praktischen Umsetzung gibt es mehrere Punkte, in denen alle genannten Fallbeispiele übereinstimmen:

- Alle Eltern hielten sich konsequent an das *„une personne-une langue"* bzw. *„one parent-one language"* Prinzip.
- Alle Eltern widmeten ihren Kindern sehr viel Zeit und Aufmerksamkeit.
- Alle Eltern versorgten ihre Kinder durch Erzählen, Vorlesen, Singen, Spielen und anderen Aktivitäten mit ausreichend Sprachmaterial.
- Allen Eltern war bewusst, dass eine bilinguale Erziehung nur in einem positiven familiären Umfeld erfolgreich durchgeführt werden kann.

- In allen Fällen verlief das Projekt erfolgreich.

Der *„one parent-one language"* Grundsatz bedeutet nicht nur eine intellektuelle Herausforderung für das Kind, sondern erfüllt auch Bedürfnisse der Eltern: Das Bedürfnis, mit ihren Kindern in der Sprache zu interagieren, die sie selber als Kinder gehört und gesprochen haben; das Bedürfnis, die Sprache, mit der sie aufgewachsen sind, zu bewahren und weiterzugeben; oder aber das Bedürfnis und die Notwendigkeit, die Sprache des neuen Landes zusammen mit den Kindern zu erlernen oder zu üben. Dabei ist es für die Eltern auch wichtig, sich die Auswirkungen einer solchen Vorgangsweise klar vor Augen zu halten.

„Family cohesion may or may not be affected by the use of different languages by different people of the same family, depending on the degree of bilinguality of the adults, their personal temperament and their level of knowledge on the subject. In fact, barring others or themselves from speaking one's native language to the child might not be any more conductive to family cohesion than is the happy use of different languages" (Döpke 1992, 13).

6.2 Rahmenbedingungen und Prinzipien für Toms und Noras bilinguale Erziehung

Tom

Toms Eltern entschieden sich bei der Geburt ihre Kindes, ihren Sohn zweisprachig zu erziehen. Sie waren sich damals bereits bewusst, dass diese Entscheidung nicht nur für das Kind, sondern auch für sie als Erzieher und Sprachvorbilder eine große Herausforderung für die kommenden Jahre bedeuten würde. Denn nicht alle Kinder, die in zweisprachigen Familien aufwachsen, werden damit automatisch zweisprachig, und nicht alle Versuche von Eltern, ihre Kinder zweisprachig zu erziehen, verlaufen erfolgreich (Saunders 1988, Döpke 1992). Aus dem Studium einschlägiger Literatur war ihnen bewusst, dass eine zweisprachige Erziehung von Kindern im Elternhaus eine sehr schwierige Aufgabe bedeutet, wenn in dem Umfeld, in dem die Kinder aufwachsen, eine einzige Sprache dominiert, und wenn einer der Elternteile die entscheidende oder gar einzige Quelle für die zweite Sprache ist. Die Schwierigkeiten, in einem Kind in einer solchen Situation eine produktive Zweisprachigkeit zu entwickeln, liegen in erster Linie am fehlenden Kontakt mit der zweiten Sprache im Allgemeinen und an den fehlenden Möglichkeiten, das Kind mit einer Vielfalt von Sprachkontakten durch unterschiedliche Sprecher zu konfrontieren. Denn produktive Zweisprachigkeit kann nur erreicht werden, wenn das Kind ebenso wie in der Muttersprache auch in der zweiten Sprache die Möglichkeit bekommt, sich an Männer-, Frauen- und Kinderstimmen zu gewöhnen, an hohe und tiefe Stimmen, aber auch an Sprecher mit unterschiedlichen Dialekten und Akzenten.

Außerdem standen bei allen diesen Fragen die Kinder im Mittelpunkt der Überlegungen der Eltern. Es sollte auf die Kinder kein Druck und kein Zwang ausgeübt werden. Die Kinder sollten Spaß und Freude am Erwerb zweier Sprachen haben. *„First, and most obviously:* **The child's happiness comes first***"* (Harding and Riley 1998, 80. Hervorhebung R. P.). Ähnlich äußert sich auch Baker:

„The most important factor in the language development of a bilingual child is nothing to do with language. It is about **making language enjoyable***, fun and a thoroughly happy experience for children. (...) Children need to value their two languages, two cultures in a modest way, become aware of the advantage of being bilingual and bicultural"* (1996, 35 f. Hervorhebung C. B.).

In diesem Zusammenhang vergleicht Baker die Aufgaben der Eltern mit denen eines Gärtners:

„The gardener cannot make the language seeds grow. All the gardener can do is to provide certain conditions: He needs to plan, to prepare the soil, to water and fertilize and sometimes weed. (...) Language growth can be slow. There will be many anxious days when tender young shoots are wilting in the heat of the majority language and in danger of breaking among the strong winds of pressure. The parent as language gardener can help maximize those conditions that are open to influence, but parents cannot control the growth of language" (1996, 37).

Eine der ersten Fragen, die sich den Eltern in diesem Zusammenhang stellte, war die Frage, ob Tom beide Sprachen von Anfang an gleichzeitig erwerben sollte, oder ob es günstiger sei, mit der Vermittlung der zweiten Sprache, also Englisch, so lange zu warten, bis sich die erste Sprache gefestigt hatte. Für Grosjean (1982) und

McLaughlin (1984) bestehen zwischen dem **simultanen** und **sukzessiven** Erwerb zweier Sprachen folgende Unterschiede: Ein Kind, das zwei Sprachen vor dem Alter von drei Jahren erwirbt, erwirbt die Sprachen simultan. *„Thus children who hear one language from their mother and another from their father, (...) and who acquire both languages to the extent that they speak both are referred to simply as bilingual children. Acquisition of the two languages in such cases is **simultaneous**"* (McLaughlin 1984, 10). Dagegen spricht man bei einem Kind, das eine Sprache ab dem Säuglingsalter, die zweite Sprache aber erst nach dem Alter von drei Jahren erwirbt, von **sukzessivem** Spracherwerb. McLaughlin weist dabei jedoch auf die Schwierigkeit hin, sagen zu können, wann die erste Sprache „gefestigt" ist (McLaughlin verwendet dafür den Ausdruck „established"). *„For the present purpose, I arbitrarily set the cutoff point at three years. The child who is introduced to a second language before three years of age is said to be **simultaneously** acquiring two languages. The child who is introduced to a second language after three is said to be **successively** acquiring two languages"* (Mc Laughlin 1984, 10). Saunders (1988, 13) spricht in diesem Zusammenhang von *„infant, child, adolescent* und *adult* bilingualism"*, wobei *infant bilingualism* mit simultanem Spracherwerb gleichzusetzen ist. *Child bilingualism* hingegen muss bereits als sukzessiver Erwerb zweier Sprachen bezeichnet werden, denn in diesem Fall lernt das Kind die erste Sprache zu Hause von den Eltern und die zweite erst im Kindergarten oder in den ersten Schuljahren. Genesee vermeidet bei der Unterscheidung von simultanem und sukzessivem Erwerb zweier Sprachen die Angabe eines Alterslimits, da sich Kinder im Tempo, in dem sie Sprachen erlernen, sehr stark unterscheiden. *„**'Bilingual development/acquisition'** will be used to refer to simultaneous acquisition of more than one language during the period of primary language development; **'second language acquisition'** is thus used to refer to the acquisition of a second language after the period of primary language development"* (1989, 162).

Eine sehr klare und strenge Altersgrenze zwischen simultanem und sukzessivem Erwerb zweier Sprachen wird von De Houwer (1990, 1995) gesetzt. Sie verwendet dabei den von Meisel (1989) eingeführten Begriff *„Bilingual first language acquisition - doppelter Erstspracherwerb"* und bezieht ihn auf Situationen, in denen (a) ein Kind seine ersten Kontakte mit der Sprache B nicht später als eine Woche nach den ersten Kontakten mit der Sprache A hatte, und (b) die Kontakte mit den Sprachen A und B verhältnismäßig regelmäßig gegeben sind, d. h. dass das Kind möglichst jeden Tag in beiden Sprachen angesprochen wird. *"Bilingual Second Language Acquisition (BSLA) refers to those cases of bilingual language acquisition that are not cases of Bilingual First Language Acquisition (BFLA). In other words, first regular exposure to a second language starts no earlier than a month after birth, but before the age of two"* (De Houwer 1995, 223).

Aufgrund der familiären Situation, aber auch aufgrund der wertvollen Informationen aus den oben angeführten Fallbeispielen entschlossen sich die Eltern für die simultane Vermittlung beider Sprachen. Sie waren der Meinung, bei einer sukzessiven Vermittlung würden wertvolle Jahre verloren gehen. Jahre, die bereits intensiv für eine spielerische Begegnung mit der englischen Sprache in der natürlichen familiären Umgebung genutzt werden können. Außerdem glaubten sie, es würde schwierig wenn nicht gar unmöglich sein, dem Kind im Alter von etwa drei Jahren plötzlich verständlich machen zu wollen, dass sein Vater und sein Großvater von nun an nur mehr englisch mit ihm sprechen würden. Nach Graf (1997) und Meisel (1989) liegt in unserem Fall daher kein eigentlicher **Zweit**spracherwerb vor, sondern vielmehr ein **„Zweisprachenerwerb"**, ein „doppelter Erstspracherwerb", welcher im Wesentlichen als Sonderfall des Erstspracherwerbs betrachtet werden kann.

In der zweiten Frage ging es darum, wer mit Tom in welcher Sprache sprechen sollte. Bei seiner Geburt entschieden sich die Eltern für folgendes Modell: Sowohl die Mutter als auch der Vater sprachen zu Hause mit dem Kind englisch. Auch miteinander sprachen die Mutter und der Vater englisch. Um Toms Entwicklung in Englisch weiter zu unterstützen, entschloss auch ich mich dazu, mit dem Kind englisch zu reden. *"A positive relationship with someone who is not one of the child's parent will also give him the chance to learn more than one language"* (Taeschner 1983, 195).

Deutsch sollte Tom im Kontakt mit seinem übrigen sozialen Umfeld erlernen. Während der ersten Phase des Spracherwerbs, d.h. bis zu einem Alter von ca. 2;5 Jahren war aufgrund der beschriebenen Situation für Tom eindeutig Englisch die erste, die stärkere Sprache (Pisek 2000). Dies ließ bei Toms Mutter die Befürchtung aufkommen, Deutsch könnte zu sehr in den Hintergrund gedrängt werden, was zu Schwierigkeiten und Nachteilen des Kindes im Kontakt mit deutschsprachigen Kindern im Kindergarten und später in der Schule führen könnte. Daher entschlossen sich die Eltern, als Tom 2;6 Jahre alt war, zur *"one parent-one language"* Methode. Von nun an sprach die Mutter mit Tom deutsch, d. h. die **Muttersprache**, und der

Vater wie bisher weiterhin englisch. Bei Kielhöfer und Jonekeit finden wir ein weiteres Motiv, das die Mutter zu diesem Entschluss bewegt haben könnte: *„Neben dem Motiv, Identität und Sprache zu bewahren, gibt es bei vielen Eltern noch ein weiteres starkes Motiv, mit dem Kind die eigene Muttersprache zu sprechen: es ist der unbewußte Wunsch, die eigene Kindheit neu zu erleben. Die als Kind gehörten Koseworte, die Kinderlieder und Reime haben großen Anteil an der Renaissance, der Wiedergeburt der eigenen Kindheit"* (1998, 18).

Miteinander sprachen die Eltern weiterhin englisch. Befürchtungen, diese Umstellung der Mutter von Englisch auf Deutsch könnte Tom verwirren und Probleme erzeugen, erwiesen sich als unbegründet. Hatte er bisher bei der Mutter, wenn sie ihn auf Englisch ansprach, auch auf Englisch reagiert, so sprach er mit ihr nach dem Sprachenwechsel ganz selbstverständlich, so als ob er nie etwas anderes getan hätte, deutsch. Ebenso selbstverständlich aber akzeptierte Tom weiterhin seinen Vater und mich als seine englischsprachigen Gesprächspartner und hielt sich konsequent daran, mit uns nur auf Englisch zu kommunizieren. Aufgrund dieser geänderten Situation hielt ich es nun für besonders wichtig, mit dem Kind weiterhin englisch zu reden. Denn so wie Döpke feststellt, *„that children would learn a minority language from their mother as a matter of course, but that a father would have little chance of transmitting a minority language in a situation where he is the main or only interlocutor of that language for the child"* (1992, 192), befürchteten wir, das Englisch des Vaters, das Tom nur an den Abenden und an den Wochenenden zu hören bekam, würde für die Entwicklung einer aktive Zweisprachigkeit nicht ausreichen.

Ihre Großmutter sprach mit Tom und dann auch mit Nora von Anfang an nur deutsch. Für Tom und Nora ist ihre Oma eine deutschsprachige Gesprächspartnerin. Ebenso wie Tom mit mir nie deutsch spricht, hat er Oma noch nie in englischer Sprache angeredet. Es schien Tom bald klar zu sein, dass Oma mit ihm deshalb nicht englisch spricht, weil sie diese Sprache nicht beherrscht. Dieses Bewusstsein von Omas Einsprachigkeit kommt in folgendem Beispiel zum Ausdruck:

> Wenn ich Tom frage *„Why do you always ask so many questions?"* oder *„Why did you do that?"*, dann antwortet er häufig einfach mit **„Because"**. In einem Gespräch mit Oma fragte Tom sie die verschiedensten Dinge. Als Oma schließlich das ständige Fragen zu viel

wurde, antwortete sie ebenfalls nur mehr mit *„Because"*. Darauf Tom:
„Oma, lernst du jetzt a Englisch?"

Wie sehr mich Tom, obwohl er täglich sah, wie ich mit den übrigen Familienmitgliedern deutsch sprach, als englischsprachigen Partner akzeptierte, zeigen das folgende Beispiel:

>Tom (4;7) und Opa telefonieren miteinander. Sie unterhalten sich über die bevorstehende Reise nach Oxford.
>Plötzlich sagt Tom: „But Opa, in..., in..., Opa, mmm, Opa, in..."
>Opa: „What do you want to tell me, Tom?"
>Tom: „But in..., in...hmm...Mummy, was heißt **Frühling** auf Englisch?"
>Mummy (im Hintergrund): „**Spring**."
>Tom: „But Opa, in the whole spring I have to go to the kindergarten."

Das Sprachverhalten Toms in dieser Situation ist aus zwei Gründen bemerkenswert: Erstens benutzte Tom in seiner Sprachnot nicht die Möglichkeit des Code-Switchings, d. h. er baute nicht einfach den deutschen Begriff „Frühling" in seinen englischen Satz ein, was für ihn die bequemste und einfachste Lösung gewesen wäre. Und zweitens fragte er auch nicht mich nach dem englischen Wort, was er im direkten Kontakt in der Regel tut, sondern wandte sich mit seinem Problem an seine Mutter, um das Gespräch mit mir dann weiter auf Englisch fortsetzen zu können.

Während also bis zum Alter von 2;5 Jahren auf Grund der geschilderten Situation Englisch eindeutig Toms stärkere Sprache war, verschob sich das Verhältnis Deutsch-Englisch im Laufe der nachfolgenden Monate eindeutig in Richtung Deutsch. *„Es ist klar, daß die veränderten Inputverhältnisse unmittelbar den Erwerbsverlauf der Systeme beeinflussen, wobei sowohl die rezeptive und produktive Ebene als auch bestimmte Teilaspekte ungleichmäßig betroffen sein können"* (Zangl 1998, 228). In ähnlicher Weise äußert sich De Houwer: *„Changing input conditions reflect changes in the child's development"* (1995, 221).

Es war mir klar, dass mein Entschluss, mit Tom englisch zu sprechen, im Sinne von Kielhöfer und Jonekeit (1998) als „künstliche Zweisprachigkeit" angesehen werden kann. Denn normal, „natürlich" wäre es sicherlich gewesen, wenn ich mit Tom von Anfang an in derselben Sprache wie mit allen anderen Familienmitgliedern kommuniziert hätte, d. h. auf Deutsch. Gerade das Fallbeispiel von Saunders (1988) zeigt aber, dass auch eine solche „künstliche" Situation durchaus erfolgreich sein kann.

Es gibt aber auch Beispiele von Eltern, deren Muttersprache die Sprache der Gemeinschaft ist, die aber die Muttersprache des Ehepartners oder der Ehepartnerin gelernt haben und mit den Kindern in dieser Sprache sprechen. So beschreibt zum Beispiel Alvino Fantini (1976), der als Sohn italienischer Immigranten in den USA lebt und dessen Muttersprache Englisch ist, wie er mit seiner Frau und den zwei Kindern die Muttersprache seiner Frau, nämlich Spanisch spricht. Auf diese Weise sind die beiden Söhne nicht nur bereits im Alter von fünf Jahren in Spanisch und Englisch produktiv bilingual, sondern versteht durch den Kontakt mit den Großeltern des Vaters in diesem Alter auch schon sehr gut Italienisch.

Ebenso gibt es auf der ganzen Welt viele Eltern, die es als Immigranten für sinnvoll und notwendig erachten, mit ihren Kindern nicht in ihrer Muttersprache, sondern in der Sprache des neuen Landes zu kommunizieren. Auch für diese Fälle würde nach Kielhöfer und Jonekeit die Bezeichnung „künstliche Zweisprachigkeit" zutreffen, denn *„eine Art ‚künstliche Zweisprachigkeit' liegt vor, wenn in einem einsprachigen Elternhaus ‚natürliche Zweisprachigkeit' seitens der Eltern nachgeahmt wird"* (1998, 14).

Für Saunders (1988) ist die Tatsache, dass der Elternteil, der mit dem Kind oder mit den Kindern die *„non-native language"* spricht, diese Sprache so gut beherrscht, dass er sich mit den Kindern fließend über Alltagsthemen unterhalten kann, Voraussetzung für das Gelingen dieser Art von bilingualer Erziehung. In meinem Fall kann davon ausgegangen werden, dass meine Englischkenntnisse diesen Anforderungen genügen. Dennoch war mir von Anfang an klar, dass mein Entschluss, Tom gegenüber Englisch als Kommunikationssprache zu benutzen, für mich eine große sprachliche Herausforderung bedeutete. Ich hatte während der vergangenen Jahre wohl immer wieder ausreichend Gelegenheit gehabt, meine Englischkenntnisse anzuwenden. In erster Linie aber ergaben sich diese Möglichkeiten im Rahmen meines Didaktikunterrichtes mit den Studenten an der Pädagogischen Akademie sowie bei zahlreichen Seminaren und Fortbildungsveranstaltungen zum Thema „Didaktik des Englischunterrichtes" im In- und Ausland. In allen diesem Fällen stand das Thema

„Englischunterricht" im Mittelpunkt meiner Sprachanwendung, und in allen diesen Fällen waren meine Gesprächspartner erwachsene Menschen, die Englisch als Muttersprache oder als Fremdsprache beherrschen. Mit einem kleinen Kind von Beginn seiner Spracherwerbsphase an in den verschiedensten natürlichen, alltäglichen Kommunikationssituationen englisch zu reden, war für mich eine völlig neue Situation. Das Englisch, das ich mit Tom gebrauchte, unterschied sich sowohl im Wortschatz als auch in der Grammatik stark vom Englisch zum Thema „Englisch als Fremdsprache". So musste ich immer wieder feststellen, dass ich in den Gesprächen mit Tom Wörter und Strukturen verwenden musste, die ich in Kommunikationen mit Erwachsenen noch nie benötigt hatte. Daher erlebte Tom immer wieder einmal, dass ich sagen musste *„I don't know how to say it in English. Let's ask daddy"* oder *„Sorry, I don't know the English word. Let me look it up in the dictionary"*. Es wurde ihm daher bald bewusst, dass für mich Englisch nicht so wie für seinen Daddy die Muttersprache ist. Irgendwelche negative Auswirkungen auf Toms zweisprachige Erziehung wurden aufgrund dieser Tatsache bisher nicht festgestellt. Tom akzeptiert mich ebenso wie seinen Vater voll als englischsprachiger Partner. Außerdem ist trotz meiner engen Bindung und häufigen Kontakte zum Kind doch der Vater Toms erstes und entscheidendes englisches Sprachvorbild. Meine Funktion sehe ich in erster Linie darin, das Bemühen der Eltern, ihre Kinder zweisprachig zu erziehen, zu unterstützen.

Der Ausdruck „künstliche" Zweisprachigkeit ist für Saunders (1988) unglücklich gewählt, denn dieses Wort „künstlich" erzeugt seiner Meinung nach oft negative Vorstellungen und impliziert Begriffe wie „Unnatürlichkeit" oder „Mangel an Echtheit". Dabei besteht für ihn die „Künstlichkeit" dieser Situation einzig und allein darin, dass eine der beiden Sprachen von einem Sprecher vermittelt wird, der diese Sprache nicht als seine Muttersprache spricht. Doch wenn der Erwachsene diese Sprache fließend und sicher spricht, und wenn er dies vom Anfang an tut, dann wird diese Situation weder dem Erwachsenen, vor allem aber nicht dem Kind unnatürlich erscheinen. *„The important thing is that the parent speaks to them in this language, it is the **language of intimacy** between them and the parent. As far as they are concerned, it is **their** language! Such a situation appears ‚artificial' only to the outsider who is convinced that the parent must be a native speaker of a language to be able or entitled to transmit it to his or her children"* (Saunders 1988, 41).

In diesem Sinne wurde Englisch zwischen Tom und mir zu **unserer** Sprache.

Noch nie hat mich Tom gefragt, warum ich mit ihm – und später auch mit seiner Schwester Nora – englisch, mit allen übrigen Familienmitgliedern aber deutsch spreche. Es ist einfach so! Und wir beide halten uns konsequent daran, sei es im Familienkreis, beim Spielen und Vorlesen, am Telefon, beim Einkaufen, bei Spaziergängen, in öffentlichen Verkehrsmitteln oder im Schwimmbad. Nur einmal fragte Tom im Alter von 4;5 Jahren seine Mutter, warum ich eigentlich mit ihm englisch rede. Sie erklärte ihm, dass ich ihm damit helfen möchte, noch besser englisch zu reden. Tom akzeptierte dieser Begründung und erwähnte diese Frage anschließend auch seinen Eltern gegenüber nie mehr.

Sogar in einer Art „Sprachnotstand", wenn ihm ein benötigtes englisches Wort oder ein englischer Ausdruck fehlt, denkt Tom nicht daran, auf Deutsch zu wechseln, wie das folgende Beispiel zeigt:

> Ich las Tom eine deutschsprachige Geschichte über Tiere in einem Gewitter vor. Tom wollte etwas fragen, konnte sich aber auf Englisch nicht ausdrücken. Er versuchte es mehrmals mit *„Opa, what...?", „Opa, are the animals...?"*, kam aber nicht weiter. Ich bemerkte seine Schwierigkeiten und antwortete: *„Tom, I don't know what you want to tell me. If you don't know how to ask me in English, you can ask me in German."* Tom beachtete aber meinen Vorschlag nicht, sondern blätterte im Buch, bis er ein Bild fand, das ihm weiterhalf. Er zeigte auf einen Blitz und fragte: *„Are the animals afraid of this?"* Darauf ich: *„Ah, you mean the lightning."* Tom: *„The lightning, yes. Are the animals afraid of the lightning, Opa?"*
> Ich: *„Oh, yes, I'm sure the animals are afraid of the lightning."*

> Das deutsche Wort „Blitz" hätte Tom gewusst, denn vor dem Vorlesen hatte er mit Oma Bilder mit Bergen und Wiesen und Gewittern gezeichnet und dabei das Wort „Blitz" mehrmals verwendet.

Manchmal konnte Toms Konsequenz, mit mir nur englisch zu reden, auch zu etwas verwirrenden Situationen führen:

> Tom, sein um drei Monate älterer Cousin Clemens, der nur deutsch spricht und Opa gehen in den Wald. Opa hatte den Buben versprochen,

ihnen Pfeile und Bogen zu schnitzen. Auf dem Weg in den Wald unterhält sich Tom mit Clemens auf Deutsch, mit Opa auf Englisch.

Plötzlich sagt Tom in seinem Eifer zu Clemens: *„Look, Clemens, now we are going down the hill to this small river."*

Clemens schaut Opa fragend an und sagt: *„Was hat der Tom gsagt?"*

Inzwischen hat aber Tom auch bereits gemerkt, dass er die falsche Sprache verwendet hatte und korrigiert sich sofort: *„Schau, Clemens, jetzt gehn ma den steilen Berg obi bis zu zu dem kloanen Bachele, und dort schnitzt uns der Opa einen Pfeilbogen."*

Für Dietmar Larcher (1991) war mit meinem Entschluss, mit Tom und später auch mit Nora englisch zu reden, eine große Gefahr verbunden: Ich müsse mich zu den Kindern didaktisch statt pädagogisch verhalten, das heißt, ich müsse oft meine eigene Spontaneität unterdrücken. Dadurch würde in unsere Opa-Kinder-Beziehung ein hohes Maß an Künstlichkeit und Lehrhaftigkeit eingeführt werden. Meine primäre Aufgabe als Großvater, nämlich ein Ort der emotionalen Geborgenheit und des Lernens am Beispiel zu sei, sei in meiner Situation nur schwer zu erfüllen. Die Kontakte und Interaktionen mit mir würden für Tom und Nora zur permanenten Schule, was leicht zu einer emotionalen Verarmung der Kinder führen könnte.

Ich war mir solcher Gefahren vom Anfang an durchaus bewusst und habe mich daher immer bemüht, für die Kinder in keinem Fall ein „Englischlehrer" zu sein, sondern allein ihr Opa. Nicht das Bemühen um eine erfolgreiche zweisprachige Erziehung stand und steht für mich im Vordergrund, sondern es ging mir immer darum, für Tom und Nora *„ein Ort der Geborgenheit und des Lernens am Beispiel zu sein"* (ebd., 133). Die Herzlichkeit unserer Beziehung und die enge emotionale Bindung deuten darauf hin, dass es mir bisher gelungen ist, *„die Zwanghaftigkeit der familialen Sprachschulung zwanglos zu umspielen"* (ebd., 133).

Durch die Übersiedlung im Alter von 4;1 Jahren reduzierten sich Toms Kontakte mit der englischen Sprache. Denn während Tom während der Zeit in Aldrans in seinen Interaktionen mit mir täglich und für längere Zeit Englisch anwenden und trainieren konnte, beschränkten sich diese Möglichkeiten nun auf einige Halbtage pro Woche. Dafür versorgten ihn seine Eltern regelmäßig und ausreichend mit englischsprachigen Kinderbüchern, Videos und Tonkassetten. Dazu kamen die häufigen Besuche englischsprachiger Verwandter. Gerade in diesen Situationen bewies Tom immer wieder, dass er bereits im Alter von 4½ Jahren durchaus als aktiv zweisprachig angesehen werden konnte. Toms Zweisprachigkeit zeigt sich aber auch an folgendem Beispiel:

> Tom (5;1), Nora und ihr Cousin Clemens (5;4) sitzen bei mir. Ich lese ihnen deutsche Märchen vor.
> Da fragt Clemens: Tom, was is dir lieber: Wenn der Opa dir Geschichten auf Englisch oder auf Deutsch vorliest?
> Tom: Des is mir egal.

Das „*one parent-one language*" Prinzip wurde von den Eltern grundsätzlich beachtet. Vor allem seitens der Mutter gab es aber doch immer wieder Situationen, in denen sie davon abwich, d. h. in denen sie mit Tom englisch sprach. Wenn sie zum Beispiel Tom ein englischsprachiges Buch vorlas, kam es vor, dass sie beim Kommentieren des Buches nicht auf Deutsch wechselte, sondern bei Englisch blieb. Auch in englischsprachigen Interaktionen mit Verwandten oder Gästen verwendete sie sich manchmal auch Tom gegenüber Englisch, wie das folgende Beispiel zeigt:

> Tom und Nora bauen mit ihrem Uncle Greg aus London ein Duplo-Schloss.
> Tom: Uncle Greg, how do you say ‚good morning' in London?
> Mummy (kommt dazu): What are you doing, Tommy?
> Greg: You say ‚Good morning'.
> (...)
> Nora: Mama, i hab an Aua.
> Mummy: What have you got there, Nora?
> Nora: An Aua.
> Mummy: You've got an aua? What do we have to do? Put a plaster on?
> Nora: A Pflaster.
> Mummy: A Pflaster. And some creamy.

Tom störte ein solcher Sprachenwechsel seiner Mutter in keiner Weise. Wenn die Mutter ihn auf Deutsch anredete, antworte er auf Deutsch. Und wenn sie mit ihm englisch redete, reagierte er ebenso selbstverständlich auf Englisch.

Ab etwa 4;8 Jahren begann Tom konsequent nachzufragen, wenn er ein Wort oder einen Ausdruck nicht kannte oder wusste.

Wenn er etwas auf Englisch sagen wollte, und er wusste ein Wort nicht, dann fragte er wie im folgenden Beispiel nach:

> Opa holt Tom (4;10) vom Kindergarten ab.
> Tom: Opa, today we did make a fruit salad at the kindergarten. We did mix strawberries, and a kiwi, and a banana, and a..., a..., Opa, what's Kirschen in English?
> Opa: Cherries.
> Tom: We did mix strawberries, and a kiwi, and a banana, and cherries.

Wenn Tom beim Erzählen oder Vorlesen einer englischen Geschichte oder während eines Gespräches in englischer Sprache einen Ausdruck hörte, den er nicht kannte, fragte er sofort nach:

> In einer Straße in Oxford. Tom (4;9) zeigt auf ein Schild an einem Haus.
> Tom: Opa, what stands here (!)?
> Opa: Public library.
> Tom: **Opa, what's public library?**

Opa liest Tom (4;10) Geschichten aus dem Buch „Old Mac Donald's Farmyard Tales" vor. Eine Stelle lautet: „Baaa!" bleated Maria the sheep, who was standing near the barn door. „Did you hear that? Henrietta is bringing her chicks in. There'll be no peace now."

> Tom: **Opa, what's ‚peace'?**
> Tom (4;11) hört eine englische Tonkassette über Dinosaurier. Darin heißt es:
> „The dinosaur was a big as a barge."
> Tom: **„Opa, what's a ‚barge'?**

Bei der Erklärung solcher unbekannter Wörter ist man als Gesprächspartner Toms manchmal sehr gefordert. Erstens ist es in manchen Fällen sehr schwierig, auf Anhieb ein anderes, dem Kind bekanntes Wort mit derselben oder einer ähnlichen Bedeutung oder eine andere Möglichkeit einer Bedeutungserklärung (z. B. eine Umschreibung) zu finden. Und zweitens gibt sich Tom nicht so schnell mit einer Erklärung zufrieden und fragt meistens so lange hartnäckig nach, bis er ein Wort auch tatsächlich verstanden hat.

Im letzten Beispiel führte meine Erklärung *"A barge is a kind of a very big boat. Maybe you remember that we saw such barges in Oxford, and in Hungary at the River Danube"* dazu, dass Tom sofort einen Fluss mit einem langen Boot und darüber einen ebenso langen fliegenden Dinosaurier zeichnete.

Mit diesem Zeichnen entwickelte Tom von sich aus, ohne von uns Erwachsenen darauf hingewiesen zu werden, eine wichtige Lernstrategie zum Einprägen und Merken eines neuen Wortes.

Nora

Bei Nora unterschieden sich die Voraussetzungen für den Zweispracherwerb in den ersten beiden Lebensjahren im Vergleich zu Tom in zwei wesentlichen Punkten. Während erstens mit Tom während der ersten beiden Lebensjahre beide Elternteile englisch redeten, entschieden sich die Eltern bei Nora sofort für das *"one parent – one language"* Prinzip. Von Anfang an sprach die Mutter mit Nora deutsch, der Vater englisch. Es stellte sich jedoch bald heraus, dass eine völlige Trennung der Sprachen im Input und eine völlige Identifikation einer Person mit einer bestimmten Sprache nicht möglich ist. Wenn Tom und Nora ihre Mutter auch grundsätzlich als deutschsprachigen und den Vater als englischsprachigen Partner anerkannten, gab es doch immer wieder Situationen, in denen die Mutter mit Nora englisch sprach (z. B. beim Vorlesen eines englischen Kinderbuches oder in Interaktionssituationen mit englischsprachigen Verwandten). Ebenso wechselte der Vater immer wieder - und im Laufe der Zeit immer häufiger – von Englisch auf Deutsch, wenn er mit Nora oder Tom sprach. Nach De Houwer (1995) hat jedoch ein solches fallweises Abweichen vom *"one parent-one language"* Prinzip keinerlei negative Auswirkungen auf die Fähigkeit von Kindern, erfolgreich in zwei Sprachen zu kommunizieren.

Ich hatte mich wie bei Tom dazu entschieden, die Rolle des englischsprachigen Partners zu übernehmen. Während ich aber Tom, wie oben beschrieben, bis zum Alter von 4;1 Jahren täglich als Gesprächspartner zur Verfügung stand, fiel bei Nora ab 2;1 Jahren mit der Umsiedlung diese Möglichkeit weg, d. h. ich konnte mit ihr auch nur mehr während unserer Besuche englisch sprechen. Außerdem musste ich feststellen, dass auch ich, ähnlich wie der Vater, bei Nora das *"one person-one language"* Prinzip bei weitem nicht mehr so konsequent befolgte wie bei Tom. Da auch Noras Vater berufsbedingt nur an den Abenden und Wochenenden mit dem Kind beisammen war, war Nora tagsüber die meiste Zeit nur von deutschsprechenden Partnern umgeben: Von ihrer Mutter, zu der schon allein durch diese familiäre Situation eine sehr enge Bindung bestand, von den deutschsprachigen Kindern ihrer Spielgruppe, und schließlich von ihrem Bruder Tom, mit dem sie jeden Tag viele Stunden beisammen war und der mit ihr, wie bereits erwähnt, nur deutsch redete. Dies führte dazu, daß sich ihr Deutsch viel rascher entwickelte als ihr Englisch.

*„Ohne ausreichende emotionale und sprachliche Zuwendung wird der Spracherwerb des Kindes sehr erschwert und verzögert. Diese Beobachtung gilt auch für die Zweisprachigkeitserziehung: Hat einer der Eltern z. B. nicht genügend Zeit (oder Lust), seine Sprache mit dem Kind zu sprechen, gibt es gefühlsmäßig stärkere Bindungen des Kindes zu einem Elternteil, so spiegelt sich das sehr schnell in der sprachlichen Entwicklung des Kindes wider: Eine Sprache wird sich schneller entwickeln, sie wird die **starke Sprache**, die andere wird zurückbleiben, sie wird die **schwache Sprache*** (Kielhöfer und Jonekeit 1998, 15. Hervorhebung K. und J.).

Außerdem konnte beim Vater während dieses Beobachtungszeitraumes deutlich eine Veränderung im Sprachverhalten festgestellt werden. Anfangs sprach der Vater nicht nur mit Tom und Toms Mutter konsequent englisch, sondern aufgrund seiner geringen Deutschkenntnisse auch mit den übrigen englischsprechenden Mitgliedern unserer Familie. Tom hörte das Englisch seines Vaters also nicht nur in den direkten Interaktionen, sondern auch „indirekt", unbewusst in den Gesprächen der Erwachsenen. Mit zunehmender Verbesserung seiner Deutschkenntnisse neigte der Vater jedoch im Laufe der Zeit immer häufiger dazu, Tom und vor allem auch Nora gegenüber deutschsprachige Äußerungen zu machen, d. h. den Grundsatz „one parent-one language" nicht mehr so konsequent wie am Anfang einzuhalten. Außerdem wurde es für den Vater eine Selbstverständlichkeit, sich an den Gesprächen der Erwachsenen in deutscher Sprache zu beteiligen. Die Quantität des englischsprachigen Inputs war also für Nora von Anfang an im Vergleich zu Toms Situation sehr gering. Dabei spielt aber gerade die Quantität des Inputs und der Übung für das Erzielen einer produktiven Zweisprachigkeit eine entscheidende Rolle (Taeschner 1983). Auch De Houwer weist auf die Bedeutung des Inputs hin: *„Indeed, when one studies bilingual children it is almost inevitable to come eventually to the* *insight that the nature of the input plays a very important role in the bilingual acquisition process "* (1995, 221).

Die Bedeutung des Inputs soll an folgendem Beispiel veranschaulicht werden:

> Während seines Aufenthaltes in Oxford spielt Tom mit seinem gleichaltrigen Nachbarsbuben Christopher und seinem kanadischen Cousin Vincent (22). Dabei entwickelt sich folgendes Gespräch:
>
> Christopher: Aeroplanes go **higher than** underground trains.
>
> Opa: Of course, much **higher**.
>
> Tom: They go till through the clouds.
>
> (...)
>
> Tom: Dominic is much **older than** you are.
>
> Christopher: Dominic? I know. I'm only five years old. And my sister is two.
>
> Tom (zeigt auf das Bild eines Dinosauriers): Look, Christopher, that's **the strongest** one. That's **the strongest** dinosaur.
>
> Christopher: Which one? That one?
>
> Tom: Vincent is much **stronger than** you are. He can throw you over a bush.
>
> (...)
>
> Christopher (zu Vincent): How old are you?
>
> Vincent: Much **older than** you.
>
> Christopher: How old are you?
>
> Vincent: **Older than** you.
>
> (Christopher lacht)
>
> Vincent: And **older than** Dominic.
>
> Tom: And **older than** me.
>
> Vincent: How old is Dominic?
>
> Christopher: Sixteen.
>
> Vincent: Sixteen. So I'm one year **older than** you and Dominic put together.
>
> Tom: And me. You're **older than** me, too.
>
> Vincent: Yeah.
>
> Tom: But I'm a bit **stronger**.
>
> Vincent: Are you? Yeah, that's right. You threw me over in the park.

(...)
Tom (zu Christopher): Yes, I could throw Vincent over. I'm **stronger than** he is.
Christopher: Yeah.
Tom: Look, I'm **stronger than** you.
(Die Buben beginnen zu raufen)
Tom: The dinosaur is much **stronger than** you and the lion.

In dieser natürlichen Kommunikationssituation mit seinen beiden Gesprächspartnern lernte und übte Tom völlig unbewusst sehr viel „Grammatik". Insgesamt sechzehnmal wurden in dieser kurzen Sequenz unterschiedliche Eigenschaften verglichen: *higher than, older than, stronger than, the strongest*. Dabei hatte Tom nicht nur die Gelegenheit, diese Strukturen von zwei Native Speakers zu hören und an diesen Vorbildern zu lernen; er konnte auch selbst solche Vergleiche bilden, d. h. er konnte das Gehörte sofort selbst aktiv anwenden und umsetzen. All das erfolgte nicht im Rahmen einer „Grammatikübung", sondern während einer Interaktion, deren Inhalte die Buben selbst gewählt hatten, die sie interessierten, und an denen sie offensichtlich großen Spaß hatten. All das sind notwendige Voraussetzungen für den Erwerb von Sprache. Voraussetzungen, die in einem schulischen Fremdsprachenunterricht nur äußerst selten geschaffen werden können.

Diese unterschiedlichen Voraussetzungen bewirkten bei Nora ein im Vergleich zu ihrem Bruder Tom völlig verschiedenes Sprachverhalten.
Tom war bereits im Alter von 2;2 Jahren in der Lage, je nach Gesprächspartner problemlos von einer Sprache auf die andere umzuschalten:
Tom: Opa, where is Oma?
Opa: I don't know. Go and find her.
Tom sucht Oma und ruft: Oma, bis du?
Nachdem er sie nicht findet, sagt er zu mir: Opa, no find Oma.
(Pisek 2000, 76)

Nora hingegen war in diesem Alter und auch in den Monaten danach weder bei ihrem Vater noch bei mir bereit, auf eine englische Frage auf Englisch zu reagieren. Sie verstand unsere Frage zwar durchaus, antwortete darauf aber konsequent deutsch:
a) Nora (2;5):

Nora und Tom bauen mit Uncle Greg ein Duplo-Schloss.
Greg: We'll build a big castle. We need all the Duplo. All of them.
Nora: Schaug, uncle Greg. Schaug. Schaug. Look. Look.
Greg: Yeah, we gonna help Tom with all the Duplo.
Tom: Do you build a really big one?
Greg: Of course, a really big one.
Nora: Des kann i net. Kann i net.
Greg: What's that?
Nora: Des do. Des do brauch ma....Wo is mein Luftballon? Ha?
Greg: What's that?
Nora: Wo is mein Luftballon?
Tom: Der Daddy hatn geplatzt.

b) Nora (2;5):
    Nora und Tom sind bei Oma und Opa in Aldrans.
    Opa: Where is your mummy, Nora?
    Nora: In der Schule.
    Opa: And your daddy?
    Nora: Arbeiten.
    Opa: And when will he come home?
    Nora: Später.

(Noras rezeptive Zweisprachigkeit und ihre Sprachverweigerung werden im Kapitel 9.1. und 9.2 ausführlich behandelt).

Ganz besonders auffallend und stärker ausgeprägt als bei Tom war bei Nora in diesem Alter ihre Vorliebe für Sprachmischungen. Und zwar erfolgten solche Sprachmischungen meist dann, wenn sie sich an einer englischsprachigen Interaktion beteiligte. In deutschsprachigen Interaktionen konnten Sprachmischungen eher selten beobachtet werden (vgl. Kap. 9.5.3).

a) Nora (2;5):
    Opa fragt Tom: Tom, do you want an egg?
    Nora: I mag a an egg. **I mag an egg so gern.**

b) (Nora (2;6):
Nora: Oma, darf i bitte a Kiwi haben?
Oma: Natürlich.
Opa: Tom, do you also want a Kiwi?
Tom: No.
Opa: Why not?
Nora: **Ja, because halt.**

c) Nora (2;6):
Tom rollt Schneebälle.
Tom: Opa, look, I've got a big one.
Nora: **I hab koan big one. I will a an big one.**

Ab etwa 2;10 Jahren konnte bei Nora eine immer deutlichere und größere Bereitschaft festgestellt werden, auf englische Impulse ebenfalls auf Englisch zu reagieren:
Mittagessen in Aldrans.
Nora: I mag nimmer. I mag nimmer, Opa.
Opa: Say it in English, Nora.
Nora: I mag nimmer.
Opa: I'm sure you can say it in English.
Nora: I want not eat more.

Telefongespräch mit Nora.
Opa: What are you doing, Nora?
Nora: Nothing.
Opa: Are you helping mummy in the kitchen?
Nora: Yeah.
Opa: What are you cooking?
Nora: I don't know.

Einige Tage später sprach mich Nora (2;10) das erste Mal von sich aus auf Englisch an.
Nora kam mit ihren Eltern und Tom nach Aldrans. Sie wollte sich ausziehen und sagte: „Opa, help me," und etwas später: „Where is Oma?"

Manchmal aber misslang Noras Bemühen, englisch zu reden:

    Opa wollte Nora (3;0) helfen, die Schuhe anzuziehen.
    Nora (im tiefsten Tiroler Dialekt): Des kann i ganz **alloan**.
    Opa: Nora, say it in English.
    Nora: Des kann i schon ganz **alleine**.

    Nora: Opa, kann i a Zuckerle haben?
    Opa: Say it in English, Nora.
    Nora: Please.

7 Wie kommt das Kind zur Sprache?

7.1 Zusammenhang zwischen Erst- und Zweitspracherwerb

Die Erforschung des *„Wunders des Spracherwerbs"* (Bruner 1997, 15) wird seit Beginn des 20. Jahrhunderts intensiv vorangetrieben. Zu den frühesten Arbeiten gehören die des Ehepaares Stern (1907) und von Karl Bühler (1934). Sie untersuchten den menschlichen Spracherwerb und seine Bedingungen (vgl. Oksaar 1987, Zimmer 1999, Szagun 2000).

Zu den besonders aufschlussreichen und informativen Darstellungen aus der jüngeren Vergangenheit gehören u. a. die von Aitchison (1982), Oksaar (1987), Wode (1988) und Szagun (2000).

Die Auffassungen über den Spracherwerb des Kindes weichen infolge des unterschiedlichen Grundverständnisses von Sprache stark voneinander ab. Innerhalb der modernen Spracherwerbsforschung sind es vor allem zwei Auffassungen, die sich bis heute kontrovers gegenüberstehen: Versteht man, wie auch ich es tue, Sprache als eine – und zwar die wichtigste – Form des sozialen Handelns, die im Verlauf des Erstsprach(en)erwerbsprozesses interaktiv vermittelt und angeeignet werden muss, so liegt dieser Auffassung eines *interaktions- bzw. handlungstheoretische Konzeption* zugrunde. Geht man aber davon aus, dass es einen im menschlichen Gehirn verankerten angeborenen Spracherwerbsmechanismus gibt, der lediglich durch den sprachlichen Input beim Kind aktiviert wird, und dass das Kind auf diese Weise „automatisch" sprechen lernt, so liegt hierbei eine der interaktionstheoretischen entgegenlaufende *nativistisch-rationalistische Konzeption* zugrunde.

Ebenso wie in der Erstspracherwerbsforschung haben sich auch in der Zweitspracherwerbsforschung unterschiedliche Ansätze etabliert. Dabei versteht man unter „Zweitsprache" diejenige Sprache, die ein Mensch als zweite Sprache – nach der ersten oder parallel zu ihr – erwirbt (Merten 1997). Diese Definition impliziert die wichtige Aussage, dass mit „Zweitsprache" nicht eine qualitativ zweitrangige Sprache gemeint ist, die ein Sprecher schlechter als seine Erstsprache beherrscht, sondern eine Sprache, die parallel zur ersten oder zeitlich nach der ersten erworben wird (simultane oder sukzessive Zweisprachigkeit). „Zweitspracherwerb" dient nach Merten *„als Sammelbegriff für jeden Spracherwerb, der sich simultan mit oder konsekutiv zum Grundspracherwerb vollzieht"* (1997, 65).

Alle Theorien über den Zweitspracherwerb stehen in mittelbarer oder unmittelbarer Beziehung zu Theorien des Erstspracherwerbs, und in der Linguistik werden Untersuchungsergebnisse zur Erstspracherwerb weitgehend herangezogen, um Aussagen auch über den Zweit- und Fremdsprachenerwerb zu gewinnen. So gaben Swain und Meisel ihren Büchern die bezeichnenden Titel „Bilingualism as a First Language" (1972) bzw. „Bilingual First Language Acquisition – Doppelter Erstspracherwerb" (1989). Darin stellt Meisel fest: *„There is no reason to believe that the underlying principles and mechanisms of language development in bilinguals are qualitatively different from hose used by monolinguals"* (1989, 64). Ebenso wie einsprachige Kinder durchlaufen auch zweisprachige Kinder die verschiedenen Entwicklungsstufen. Auch zweisprachige Kinder beginnen mit der Lallperiode, gefolgt von der Einwortphase, der Zweiwortphase, der Mehrwortphase und schließlich der Mehrsatzphase. Auch für Taeschner (1987), Saunders (1988) und Arnberg (1991) ist der Spracherwerbsprozess beim zweisprachigen Kinder im Wesentlichen derselbe wie beim einsprachigen Kind. Nach Zangl (1998) sind die Basismechanismen in der Organisation von sprachlichen Systemen auch beim bilingualen Spracherwerb gültig, und auch Kessler verweist auf Ähnlichkeiten im Spracherwerbsprozess: *„The development of a bilingual system taps the same basic developmental processes utilized in monolingual development"* (1984. In: Zangl 1998, 227). De Houwer (1995) weist darauf hin, dass es aufgrund mangelnder vergleichbarer Daten nur wenige detaillierte und genaue Vergleichsstudien über die sprachliche Entwicklung einsprachiger und zweisprachiger Kinder gibt. Aber auch sie kommt zum Schluss: *„Summing up, then, whenever comparisons have been attempted between monolingual children and children growing up bilingually from birth, researchers have found similarities rather than differences"* (De Houwer 1995, 244).

7.2   Modelle des Spracherwerbs

Unter der Voraussetzung, dass Erst- und Zweitspracherwerb in einer Beziehung zueinander stehen, sind vor allem jene Forschungsarbeiten zu beachten, die sowohl den Erst- als auch den Zweitspracherwerb des Kindes in die gesamte Entwicklung seiner Persönlichkeit eingebunden sehen.

Mit Hilfe von sechs Modellen soll im Folgenden versucht werden, die grundsätzlichen Bedingungen des Spracherwerbs herauszuarbeiten. Dabei finden vor allem jene Ansätze Beachtung, aus denen Aussagen über den Zweitspracherwerb abgeleitet werden können.

Die gegenwärtige Spracherwerbsforschung wird nachhaltig geprägt durch die Beiträge von:

Piaget,	dem Vertreter eines entwicklungspsychologischen Konzeptes;
Wygotski,	dem Verfechter sozialpsychologischer Erklärungen zum Spracherwerb;
Lenneberg,	der Spracherwerb in Abhängigkeit vom Entwicklungsstand des menschlichen Gehirnes sieht;
Skinner,	für den Spracherwerb eine Verhaltenskonditionierung darstellt;
Chomsky,	der angeborene Spracherwerbsmechanismen annimmt;
Bruner,	für den sich der Spracherwerb in der Interaktion von Mutter und Kind vollzieht.

(Harris 1992, Merten 1997, Zimmer 1999, Szagun 2000)

Die frühe Phase der Kindersprachforschung war primär durch verschiedene psychologische Studien geprägt, deren Schwerpunkt insbesondere auf der Erforschung des Verhältnisses von Sprechen und Denken lag, wobei aber kommunikative Aspekte kindlichen Sprechens durchaus erkannt und auch thematisiert wurden. Als wichtigste Arbeiten, die auch heute noch großen Einfluss auf die Forschungsdiskussion haben, sind die von Jean Piaget und Lew S. Wygotski zu nennen.

7.2.1 Jean Piaget: Spracherwerb und geistige Entwicklung des Menschen (Kognitivismus)

Piagets wissenschaftliches Interesse galt in erster Linie entwicklungspsychologischen Fragen, weniger linguistischen. Er wollte herausfinden, welche Strukturen der menschliche Verstand hat, und zu welchen kognitiven Leistungen er imstande ist. Im Rahmen seiner Forschungen untersuchte Piaget u.a., wie der Mensch Sprache erwirbt, und welche Bedeutung Sprache für den Menschen hat. Primärer Spracherwerb wird in untrennbarer Einheit mit kognitiver Entwicklung gesehen (Merten 1997, Zimmer 1999, Szagun 2000). In seinem grundlegenden Werk „Sprechen und Denken des Kindes" (orig. 1923. In: Merten 1997, 37) analysiert Piaget den engen Zusammenhang zwischen der geistigen und sprachlichen Entwicklung des Menschen und kommt zu dem Ergebnis, dass der menschliche Entwicklungsprozess mehrere strukturell verschiedene Perioden durchläuft, die gesetzmäßig aufeinander folgen. Dieses Wachstum beginnt bei der Stufe der sensomotorischen Intelligenz (0-2 Jahre) und führt über die Stufe des vorbegrifflich-symbolischen Denkens (2-4 Jahre) und der Stufe des anschaulichen Denkens (4-7 Jahre) hin zur Stufe der konkreten Operationen (7-12 Jahre) und schließlich zur Stufe der formalen Operationen (Merten 1997, Szagun 2000).

Analog zum Denken entwickelt sich nach Piaget auch die Sprache des Menschen stufenweise. Vom *autistischen* Denken und Sprechen verläuft eine kontinuierliche Entwicklungslinie in Richtung *egozentrisches* Denken und Sprechen und schließlich zum *rationalen* Denken mit seiner *sozialisierten* Sprache. *„In diesem Prozeß vollzieht sich die Öffnung des Menschen zur Welt"* (Merten 1997, 43). Für Garlin (2000, 27) tritt dabei die Analogie zur Freud'schen psychoanalytischen Entwicklungskonzeption vom „Es" über das „Ich" zum „Über-Ich" deutlich zutage.

Das *autistische* Denken des Kleinkindes ist unbewusst, der äußeren Wirklichkeit nicht angepasst. Es bleibt auf der individuellen Ebene stehen und schafft sich selbst eine imaginäre Wirklichkeit. *„Es ist noch ganz unbekümmert um die Wirklichkeit und einzig auf Bedürfnisbefriedigung und Lustgewinn aus, eine quasi-halluzinatorische Träumerei"* (Zimmer 1999, 58).

Das *egozentrische* Denken mit seinem *egozentrischen* Sprechen stellt nach Piaget den notwendigen Übergangsschritt zwischen dem autistischen Denken und dem realistischen Denken mit seiner sozialisierten Sprache dar. Egozentrische Sprache ist an niemanden direkt gerichtet. Es ist dem Kind egal, mit wem es spricht oder ob es überhaupt Zuhörer hat. Es kommt ihm nicht darauf an, den Zuhörer zu aktivieren, also sich mitzuteilen und verstanden zu werden. Das Kind ist in dieser Phase noch nicht imstand, sich auf den Standpunkt seines Gesprächspartners zu stellen, ihn zu verstehen, ihm etwas zu begründen. Nach Oksaar (1987, 83) gehören zur egozentrischen Sprache 1) die Wiederholung (Echolalie), 2) der Monolog (lautes Denken), sowie 3) der Monolog zu zweit, bei dem der Gesprächspartner nur als „Stimulus" zum eigenen Reden angesehen wird.

Für alle drei Arten des egozentrischen Sprechens konnten bei Nora Beispiele beobachtet werden:

    1.) Wiederholung: Nora darf Daddy in der Küche helfen.

        Nora: „Darf i des da haben? Für die potatoes? Look, daddy, des schaut schön aus."
        Daddy: „That's a nice clean one, that's right."
        Nora: „Look, daddy, *that's a nice clean one*."

        Tom: „Opa, can we watch ‚Tom and Jerry'?"
        Nora: *Opa, watch ‚Tom and Jerry'?*"

        Tom: Nora, tun mir jetzt a bissl rasten?
        Nora: Ja.
        Tom: Opa, we are having a rest.
        Nora: Opa, we having a rest.
        Tom: We are having a rest.
        Nora: *Mir habm a rest*, Opa.

2.) Monolog: Nora (2;9) spielt in ihrem Bett mit ihren Puppen.

        „Des is die Mama und des is des Baby. Muss i a Windel einituan bein Baby. A Windel. Und a Hosele und a Kleidele anziehn. Weil is so kalt. Is so kalt. Und a Flaschele braucht des Baby. Is schon hungrig. Brauchst nit weinen. Gib i dir a Milch. Soo. Is nit heiß. Na, is nit heiß....."

3.) Monolog zu zweit: Nora (2;5) spielt mit dem Duplo-Haus und ihren Puppen.

        Mummy (aus der Küche): „Hallo, hallo, is niemand zu Hause?"
        Nora: „I will schauen, Babyle. Wie sie zuschaut. Da is die

> Mama, und da is des Baby. Hallo, hallo, Mama. I bin da.
> Tipp, tipp, tipp, tipp. Das Baby hat da einigeht. So halt. Papa
> tut stehn. Da, da. Des Babyle. Jetzt hat sie nimmer an Gaga.
> Mama hat sie wickelt... (Ruft): Mama!"
> Mama (aus der Küche): „Ja, i komm gleich."
> Nora: „Hat sie noch Hände wascht. Und des is die Mama von
> Baby. Und des is der, des is der Bernard. Du bist jetzt der
> Papa. Des is die Mama, und des is der Papa, und des is die
> Mama. Und des is des Baby. So, jetzt wickel is no amal. Net
> da oben. Darf i net oben stehn."

Die *sozialisierte* Sprache, in der das rein subjektive Verständnis des egozentrischen Denkens und Sprechens aufgegeben und die Welt objektiv gesehen wird, und in der sich das Kind auf den Partner einstellt, wird nach Oksaar (1987, 84) in fünf Gruppen eingeteilt: 1) die angepasste Information, 2) die Kritik und der Spott, 3) die Befehle, Bitten und Drohungen, 4) die Fragen, 5) die Antworten. Diese sozialisierte Sprache wird dem Kind erst durch die Gesellschaft, in der es aufwächst, vermittelt.

Bei seinen Untersuchungen stellt Piaget fest, dass bis zu einem gewissen Alter, nämlich bis etwa sieben Jahre, die Sprache der Kinder egozentrischer ist als die der Erwachsenen. Er nimmt aber an, *„die egozentrische Sprache sterbe nach dem siebenten oder achten Lebensjahr spurlos ab"* (Zimmer 1999, 59).

Die kognitive und sprachliche Entwicklung des Menschen ist also ein Prozess, der von ich-bezogenen Verhaltenweisen zu gesellschaftsbezogenen und vom ungelenkten zum zweckgerichteten Handeln verläuft. Nach Piaget lebt der Mensch zwischen zwei Polen: Er verfügt über angeborene Verhaltensweisen, die sein Leben steuern; gleichzeitig wird sein Leben aber von den Regeln der Umwelt beeinflusst. Jeder Mensch ist von Geburt an mit einer Anzahl von Fähigkeiten ausgestattet, die sein Hineinwachsen in die jeweilige Sprach- und Kulturgemeinschaft ermöglichen. Diese Grundfähigkeiten sind universal. Zu ihnen zählen neben der Spracherwerbsfähigkeit auch solche wie zum Beispiel das Laufen lernen oder motorische Fertigkeiten.

Neben den angeborenen Fähigkeiten des Kindes gibt es solche, die aus Lernprozessen resultieren. Intelligenz ist für Piaget eine spezielle Form des *adaptiven* Verhaltens, d.

h. eines Verhaltens, das die Anpassung an die Umwelt ermöglicht und fördert. Die Anpassung kann auf zwei verschiedenen Wegen erreicht werden: durch *Assimilation*, d. h. durch das Einfügen einer Umweltinformation in ein bereits bestehendes Muster, und durch *Akkommodation*, d. h. durch Anpassung dieses Musters an die gegenwärtige Situation. Assimilation und Akkommodation sind Bestandteile aller intellektuellen Handlungen, gleichgültig auf welcher Entwicklungsebene sie vorkommen. *„Die kognitive Entwicklung des Individuums vollzieht sich im Laufe der Ontogenese durch den wechselseitigen Einfluß von Akkomodation und Assimilation"* (Merten 1997, 41).

Der Spracherwerb des Kindes ist Teil dieser Gesamtentwicklung. Piaget sieht den Spracherwerb nur als eine besondere Anwendung des allgemeinen geistigen Zugewinns. Er glaubt also, ohne geistige Mechanismen auszukommen, die allein auf die Sprache gemünzt sind. Es gibt für Piaget kein besonderes „Sprachorgan", sondern nur ein allgemein kognitives Organ, das unter anderem auch Sprache erwirbt. *„Ihrerseits sind die allgemeinen Prinzipien menschlicher Kognition und ihre allmähliche Reifung genetisch vorgegeben"* (Zimmer 1999, 69). Während des Spracherwerbs versucht das Kind, sich sowohl nach den gelernten Normen zu richten als auch das Erworbene zu hinterfragen und zu erweitern. Das sprachliche Handeln wird stets in Beziehung zu den anderen Menschen gesetzt. Das Kind prüft, was sagbar und verstehbar ist, und was nicht. So musste zum Beispiel Tom lernen, dass er wohl sagen kann *„The cat is dead"*, aber nicht *„The cat dead the mouse"*, und dass er in diesem Satz das Verb *„to kill"* verwenden muss. Ebenso musste Nora erfahren, dass ihr Daddy sie wohl verstand, als sie sagte *„I bin die Kocherin. Gel, i bin die Kocherin"* (Anhang 127, 37), dass die Erwachsenen aber dennoch nicht *„Kocherin"*, sondern *„Köchin"* sagten.

Zweisprachige Kinder verfahren nach Merten (1997) in bestimmten Phasen ihres Erwerbsprozesses ähnlich. Sie übergeneralisieren Regeln und bilden neue Wörter, die sie für sprachlich möglich halten. Nora bezeichnete zum Beispiel den Eidotter im Alter von etwa 2;8 Jahren grundsätzlich als *„Otto"*, ein Mädchen mit dem Namen Petra war für sie *„Trompetra"*, das Gitterbett nannte sie *„Gitti"*, und die Märchenfiguren Hänsel und Gretel hießen bei ihr immer nur *„Schildkröte"*.

Bei Tom konnten vor allem im grammatikalischen Bereich Übergeneralisierungen von Regeln beobachtet werden:

Opa, today I didn't eat so much because *I didn't was* so hungry.
Nora, do it a little bit *carefuller*.
Opa, in Volders I have *mucher* Duplo.

Aber auch bei Nora traten solche Übergeneralisierungen auf:
Oma, i hab mir *ge*wehgetan.
I hab des Puppele aufi*ge*nehmt.
I bin mit dem Puppele spazieren*ge*gfahrt.
Opa, der Tommy hat des Duplo ins Wasser eini*ge*ghaut.

Wenn, wie Piaget annimmt, die kognitive und sprachliche Entwicklung des Menschen universalen Gesetzen folgt, dann hat dies auch für Erklärungen zum Zweitspracherwerb erhebliche Konsequenzen. Dann *„muß der von Piaget für den Primärspracherwerb postulierte Wechselbezug zwischen Assimilation und Akkommodation auch für den Zweitspracherwerb angenommen werden"* (Hüllen/Jung 1979. In: Merten 1997, 42). Nach Merten (1997) treten im natürlichen, nicht-schulischen Zweitspracherwerbsprozess Assimilations- und Akkommodationsprozesse besonders dann auf, wenn ein Lerner in seinem Sprachgebrauch von den Kommunikationspartnern korrigiert und belehrt wird und er daraufhin versucht, gemachte Fehler in Zukunft zu vermeiden.

7.2.2 Lew S. Wygotski: Spracherwerb und soziale Entwicklung des Menschen

Nach Piaget ist die Sprache des Kleinkindes egozentrisch, sie wächst aus dem vorlogischen egozentrischen Denken hervor. Diese Art des Sprechens ist nicht sozial, bezieht sich nicht auf den Hörer, sondern sie wird verwendet, um den Vorstellungen und Affekten des Kindes Ausdruck zu geben.

Einer der frühesten Kritiker Piagets war der russische Entwicklungspsychologe Lew Wygotski, der auf experimenteller Basis eine entgegengesetzte Entwicklung von Sprechen und Denken, nämlich vom Sozialen zum Individuellen, feststellte. Wygotski nimmt im Unterschied zu Piaget an, dass für die sprachliche und geistige Entwicklung des Kindes nicht primär entwicklungspsychologische Universalien anzunehmen sind, sondern dass das soziale Umfeld, in dem das Kind aufwächst, der entscheidende

Faktor ist. Er deutet das egozentrische Sprechen des Kindes anders als Piaget. Für ihn ist schon die Sprache des Kleinkindes keineswegs „autistisch", sondern durch und durch „sozial". Wenn das Kleinkind spricht, dann mit dem Ziel, von den anderen etwas zu erreichen.

> *„Die ursprüngliche Funktion der Sprache ist die der Mitteilung, der Einwirkung auf die Menschen der Umgebung, sowohl von seiten der Erwachsenen als auch des Kindes. Demzufolge ist die ursprüngliche Sprache des Kindes eine rein soziale (...). Erst später entwickelt sich eine mehrere Funktionen ausübende soziale Sprache des Kindes nach dem Prinzip der Differenzierung der einzelnen Funktionen und teilt sich auf einer bestimmten Altersstufe ziemlich scharf in eine egozentrische und eine kommunikative Sprache"* (Wygotski 1986. In: Garlin 2000, 28).

Wygotski betont, dass die Beziehungen zwischen Denken und Sprechen während der gesamten Entwicklungsdauer nicht konstant sind. Sprache und Denken haben für ihn verschiedene Wurzeln. Er unterscheidet zwischen einem vorintellektuellen Stadium des kindlichen Sprechens und einem vorsprachlichen Stadium der Denkentwicklung, die sich bis zu einem gewissen Zeitpunkt unabhängig voneinander entwickeln. Die beiden Linien schneiden sich in einem gewissen Punkt mit der Folge, dass das Denken sprachlich und die Sprache intellektuell wird (Oksaar 1987, Merten 1997, Zimmer 1999).

Für Wygotski ist die egozentrische Sprache von Anfang an Mittel realistischen Denkens, und sie vermittelt zwischen Wirklichkeit und Bedürfnis. Während Piaget annimmt, die egozentrische Sprache sterbe nach dem siebenten oder achten Jahr spurlos ab, ist Wygotski der Meinung, dass das keineswegs der Fall ist. Vielmehr geschieht etwas ganz anderes mit ihr: Sie zieht sich nach innen zurück, sie wird zur inneren Sprache. Aus der egozentrischen Sprache des Kindes wird der innere Monolog des Erwachsenen. Die innere Sprache unterstützt das Denken, die äußere die Kommunikation (Merten 1997, Zimmer 1999). *„Die äußere Sprache ist laut Wygotski die Verwandlung eines Gedanken in Worte. (...) Die innere Sprache verläuft von außen nach innen, ist eine 'Verdampfung' der Sprache in den Gedanken"* (Oksaar 1987, 91).

Piaget sieht den Menschen in seiner Gesamtentwicklung. Diese Entwicklung unterliegt bestimmten, allgemeingültigen Gesetzen. Wygotski hingegen betrachtet den

Menschen als rein soziales Wesen. Soziale Faktoren und äußere Einflüsse steuern seine Entwicklung stärker als individuelle Voraussetzungen. Wichtigster Faktor für die Sprachentwicklung des Kindes ist für Wygotski die soziale Interaktion mit der Umwelt.

Die nächste Epoche der Kindersprachforschung, die in den USA mit den 40er Jahren, in Europa etwa mit den 50er Jahren des 20. Jahrhunderts einsetzte, war vorerst gekennzeichnet vom *„theoretischen und methodologischen Reduktionsverfahren des Behaviorismus"* (Garlin 2000, 29) bzw. dem diesem entgegenstehenden Nativismus.

7.2.3 Eric Lenneberg: Spracherwerb und physische Entwicklung des Menschen

In den Arbeiten des amerikanischen Biologen und Hirnphysiologen Eric Lenneberg nehmen die Untersuchungen über die Abhängigkeit des Spracherwerbs von der biologischen Reifung des menschlichen Gehirns eine zentrale Stellung ein. Sprache, Spracherwerb und Hirnfunktionen stehen im Mittelpunkt seines Forschungsinteresses. Dabei geht es Lenneberg unter anderem um die Frage, ob es eine biologisch begründete „kritische Periode" für den Spracherwerb gibt, d. h. wie alt der Mensch werden kann, bevor es für ihn zu spät ist, Sprechen und Sprache zu lernen. (Oksaar 1987, Mertens 1995).

Nach Lenneberg entwickelt sich Sprache nur deshalb, weil sie im genetischen Programm des Menschen angelegt ist. Sie kommt dann zur Ausprägung, wenn das menschliche Gehirn einen bestimmten Reifungsgrad erreicht hat und der Mensch in einer sozialen Umwelt lebt, d. h. in einer Sprachgemeinschaft. Der Reifezustand des Gehirns bringt das Kind so weit, dass der Spracherwerb beginnen kann. Die gesprochene Sprache der Umwelt bietet das Material, aus dem es dann die Strukturen der Sprache aufbauen kann. *„The role that the speech community plays during language learning is to make it clear to the subject that there are conditions in the world to which the words ‚animal', ‚wanting', ‚hitting' or ‚big' refer"* (Lenneberg 1975. In: Merten 1995, 64).
Der Mensch verfügt nicht von Geburt an über Sprache. Seine kognitive Entwicklung muss erst so weit fortschreiten, bis er einen Zustand der *Sprachbereitschaft* erreicht hat. Dieser Zustand der Sprachbereitschaft, den Lenneberg auch *latente* Sprachstruktur

nennt, und der im Prozess der *Aktualisierung* in eine *realisierte* Struktur umgewandelt wird, wird erst mit dem zweiten Lebensjahr erreicht. *„Vorher geschieht nichts für die Sprachentwicklung Wichtiges"* (Zimmer 1999, 27).

Aufgrund empirischer Untersuchungen kommt Lenneberg zum Schluss, dass der primäre Spracherwerb von der physiologischen Entwicklung des Menschen abhängt. Ab der Pubertät, also ab einem Alter von etwa 13 Jahren, ändern sich die biologischen Voraussetzungen zum Spracherwerb grundsätzlich. Das menschliche Gehirn verliert die Fähigkeit, Sprache wie im Kindesalter zu erwerben. Den Grund dafür sieht Lenneberg im Prozess der *Lateralisation*, also in der Dominanz der linken Gehirnhälfte, die unmittelbarer mit der Sprache zusammenhängt als die rechte, und die sich nach Lenneberg in der Zeitspanne bis zur Pubertät vollzieht. *„Zumindest in der rechten Gehirnhälfte ist die Spracherlernung nur zwischen dem Alter von zwei und etwa dreizehn Jahren möglich"* (Lenneberg 1972. In: Oksaar 1987, 153). Für jeden weiteren Spracherwerb stellt der Verlust dieser genetisch bedingten Spracherwerbsfähigkeit, über die der Mensch nach Lenneberg nur bis zur Pubertät verfügt, eine Erschwernis dar. Dennoch ist im Menschen auch im Erwachsenenalter noch die Fähigkeit vorhanden, Fremdsprachen zu lernen, weil, wie Lenneberg hervorhebt, *„die zerebrale Organisation für die Spracherlernung als solche sich in der Kindheit ausgebildet hat"* (1972. In: Oksaar 1987, 153). Dabei treten jedoch nach der Pubertät zwei auffallende Unterschiede auf: Akzentfreies Sprechen ist beim bewussten Lernen nicht mehr der Normalfall, und auch die Leichtigkeit, mit der Kinder vor der Pubertät in natürlichen Spracherwerbssituationen - wie das bei Nora und Tom der Fall ist - eine zweite Sprache erlernen, scheint nach der Pubertät verloren zu gehen. *„Lenneberg also noted that ‚language-learning blocks‘ rapidly increase after puberty"* (McLaughlin 1984, 47). Iliescu stellt dazu fest, dass nach den neuesten wissenschaftlichen Erkenntnissen diese ganzheitliche, kindliche Art des Sprachenlernens nicht, wie Lenneberg annahm, bis zur Pubertät möglich sei, sondern maximal bis zum Alter von etwa 9 Jahren (Anhang 242, 4 – 6). Was jedoch andere sprachliche Ebenen betrifft, wie zum Beispiel die Grammatik oder die Lexik, so kann man nach Oksaar (1987) nicht ohne weiteres davon ausgehen, dass der Zweitspracherwerb generell so eingeschränkt ist, wie Lenneberg es darstellt. So haben Beobachtungen an Emigranten gezeigt, dass unter denjenigen, die als Kinder ausgewandert sind, keineswegs immer eine gute Beherrschung der Zweitsprache festzustellen war. Dagegen sprachen viele, die erst als Erwachsene den ersten Kontakt mit der zweiten Sprache hatten, die neue Sprache sehr gut. Aus diesen Beobachtungen lässt sich schließen, dass neurophysiologische Erklärungen allein nicht ausreichen, und dass gerade in derartigen Fällen auch psychologische Gründe wie Motivation, Einstellung gegenüber der Sprache und dem Land, Prestige u. dgl. eine wichtige Rolle spielen (Oksaar 1987, 154).

7.2.4   Byrrhus F. Skinner: Das behavioristische Konzept

B. F. Skinner gilt als einer der Begründer und engagiertesten Vertreter behavioristischer Lerntheorien. Seine Untersuchungen über tierisches und menschliches Verhalten bauen auf den Grundlagen des sowjetischen Verhaltensforschers Pawlow aus den 20er Jahren des zwanzigsten Jahrhunderts auf.

Skinners Grundthese lautet: Jedes Verhalten, sowohl tierisches als auch menschliches, läuft nach einem festen Stimulus-Response-Schema ab. Ergebnisse aus Tierversuchen liefern für Skinner den notwendigen Beweis dafür, dass durch die Verstärkung einzelner Reize (Stimuli) auch die Reaktionen (Responses) gesteuert werden können.

Sprachen werden wie alles andere gelernt. Sprachenlernen als solches braucht nicht erforscht und studiert zu werden. Es genügt, die allgemeinen Prinzipien menschlichen Verhaltens zu studieren. Den Spracherwerbsprozess definiert Skinner in seinem Hauptwerk über Sprache, *Verbal Behavior* (1957), als ein Wechselspiel zwischen Reaktion und Reproduktion. Sprache, sagt Skinner, wird durch Assoziation, Imitation und Verstärkung gelernt. Das Kind, das Sprache erwirbt, ist auf entsprechende Stimuli angewiesen, und es orientiert sich an vorgegebenen Verhaltensmustern. Die benötigten Stimuli werden dem Kind immer wieder angeboten, indem zum Beispiel Erwachsene auf Dinge zeigen und dazu jedes Mal das betreffende Wort sagen. Dieses Verhalten imitiert das Kind. Und wenn es richtig imitiert, wird es belohnt. Und zwar nicht durch Futter wie die Ratten und Tauben in den behavioristischen Labors, sondern durch ein freudiges Kopfnicken, ein zustimmendes Lächeln oder ein verbales Lob. Eine solche Belohnung verstärkt das gezeigte Verhalten, und es setzt sich gegenüber allen anderen Verhaltensmöglichkeiten durch (Harris 1992, Merten 1997, Zimmer 1999). Auf diese Weise werden nach Skinner nicht nur Aussprache und Bedeutung einzelner Wörter, sondern auch Grammatik gelernt.

Spracherwerb im behavioristischen Sinn ist die mechanische Aneignung von vorgefundenem und dargebotenem Sprechmaterial. *„It is an entirely passive process and does not involve any active learning by the organism in whom the conditioning occurs"* (Harris 1992, 3). Für Zimmer ist der Behaviorismus, der die angelsächsische Psychologie von den zwanziger bis in die sechziger Jahre des zwanzigsten Jahrhunderts beherrschte, *„eine Psychologie, die vom Innenleben der Seele keine Notiz nahm, sondern sich nur für das beobachtbare Verhalten interessierte: welche Eingabe in den Schwarzen Kasten der Psyche welche Reaktion herbeiführt"* (1999, 11).

Die Grenzen der auf Pawlow, Thorndike und Watson zurückgehenden behavioristischen Theorien, die den Spracherwerb als eine Konditionierung des Kindes durch die Außenwelt nach dem „Stimulus-Response-Reinforcement"-Schema zu deuten versuchen, bei dem dem Kind lediglich eine passive Rolle zugeteilt wird, wurden relativ rasch erkannt, und Skinners Ansatz wurden bereits frühzeitig kritisiert. Besonders intensiv und kritisch setzte sich Noam Chomsky mit den Theorien Skinners auseinander. Dabei richtet sich seine Kritik vor allem gegen das zugrundeliegende Sprachlernmodell.

Für Zimmer wird der Behaviorismus vor allem einem Faktum in keiner Weise gerecht: der Offenheit und Kreativität der Sprache. Wer den Behaviorismus ganz ernst nehmen wollte, müsste nach Zimmer der Meinung sein, dass niemand jemals etwas wirklich Neues sagen könnte. *„Aber eines der hervorstechendsten Merkmale der menschlichen Sprache ist es ja gerade, daß sie ständig Aussagen bildet, die noch nie jemand hervorgebracht hat und die also nicht durch Imitation erworben werden konnten"* (1999, 63).

Bruner geht in seiner Kritik an Skinner zurück bis zum Heiligen Augustinus. In seinen *Confessiones* hielt Augustinus fest:

„Wenn sie irgend etwas mit einem Namen bezeichneten und sich dabei dem betreffenden Objekt zuwandten, sah und merkte ich mir, daß man das Gemeinte mit dem soeben gehörten Namen bezeichnet (...) und indem ich so immer wieder Wörter hörte, wie sie in verschiedenen Sätzen auftraten, lernte ich langsam, wofür sie standen; und nachdem ich meinen Mund an diese Lautzeichen gewöhnt hatte, war ich auch in der

Lage, meine Absichten auf diese Weise auszudrücken" (in: Bruner 1997, 24).

Nach Bruner erhielt die Vorstellung des Heiligen Augustinus über seinen eigenen Spracherwerb in der Form der behavioristischen Lerntheorie eine moderne Fassung. Nach dieser Auffassung braucht es keine spezifisch linguistischen Anstrengungen, um das Phänomen der Sprache zu erfassen. Wie jedes andere Verhalten lässt sich die Sprache einfach als eine bestimmte Menge von Reaktionen erklären. Für Bruner ist Sprachlernen im behavioristischen Sinn kaum vom Lernen sinnloser Silben unterscheidbar. Außerdem stehen immer nur Einzelwörter im Vordergrund, nicht die Grammatik. Entsprechend übersieht dieser behavioristische Ansatz fast vollständig den kombinatorischen und generativen Aspekt der Sprache, welcher dadurch zustande kommt, dass der Sprachbenützer aufgrund seines syntaktischen Wissens routinemäßig Sätze bilden kann, die er nie zuvor gehört hat und von anderen Sprechern auch nicht hören konnte. *„Man muß wohl sagen, daß dieses Fortdauern der geistlosen behavioristischen Version der Augustinischen Auffassung schließlich zu einer Bereitschaft führte, sich ihrer zu entledigen. Denn dieser Ansatz war nicht nur unzureichend; er behinderte auch die Forschung, verhinderte fruchtbare Fragestellungen. So war die Bühne für die ‚Chomskysche Revolution' vorbereitet"* (Bruner 1997, 26).

Behavioristische Lerntheorien hatten in den 70er Jahren des 20. Jahrhunderts großen Einfluss auf den schulischen Fremdsprachenunterricht. Die audio-linguale Methode, die später mit Hilfe visueller Medien zur audio-visuellen Methode ausgebaut wurde, war das Resultat einer Lerntheorie, die den Spracherwerb als Prozess einer Verhaltensänderung definiert. Das ideale Werkzeug dieser Methodik war das Sprachlabor mit speziellen Lernprogrammen. Die Fremdsprache wurde *„in appetitliche kleine Häppchen zerlegt"* (Zimmer 1999, 55), und diese Sprachmuster wurden durch oftmaliges Wiederholen eingeschliffen. Spracherwerb wurde eine Sache des „Drills" („pattern drill"), *„mit Hilfe der Sprachlabormaschinerie unpersönlich dargeboten"* (Zimmer 1999, 55).

Diese Methoden fanden nicht nur Eingang im Englischunterricht an der österreichischen Hauptschulen und Gymnasien, sondern auch in der Lehrerausbildung an den Pädagogischen Akademien und Universitäten. An den Schulen wurden teure Sprachlabors installiert und neue Lehrbücher angeschafft. Es wurden zahlreiche

Fortbildungsveranstaltungen angeboten, an denen die Englischlehrer mit regem Interesse und großem Engagement teilnahmen, denn sie alle hofften, mit Hilfe dieser neuen Methoden auf der Basis behavioristischer Lerntheorien bessere unterrichtliche Erfolge als mit den „traditionellen" Methoden erzielen zu können. Doch diese anfängliche Begeisterung unter den Englischlehrern dauerte nicht lange an, denn die erhofften und erwarteten Erfolge traten nicht ein. *„Wer eine Fremdsprache lernt, tut dies, um jene unvorhersehbaren Sätze hervorbringen zu können, die er sagen will, nicht um flüssig die Formeln zu wiederholen, die ihm Pädagogen mundgerecht vorbereitet haben"* (Zimmer 1999, 55). Die Sprachlabors wurden immer weniger benutzt, verstaubten und wurden schließlich ganz abgebaut, und Englisch wurde wieder nach den traditionellen Methoden unterrichtet. Weisgerber fasst die entscheidenden Gründe für das Scheitern der behavioristischen Lerntheorien im schulischen Fremdsprachenunterricht folgendermaßen zusammen:

„Die Gefahren behavioristischer Lerntheorien für den Sprachunterricht lassen sich in zwei Punkten zusammenfassen:

- *die Unterschätzung oder Unterdrückung der Eigenaktivität des Kindes,*
- *die Reduzierung von Spracherziehung auf Sprachdressur."*

(Weisgerber 1983, 89)

Für Hörmann (1991. In: Garlin 2000, 30) ist es trotzdem sehr wahrscheinlich, dass solche behavioristische Vorgänge beim Spracherwerb tatsächlich ablaufen. Es ist aber extrem unwahrscheinlich, dass sie sozusagen das Rückgrat, die Leitlinie dieses Vorganges darstellen. Drei Gründe sprechen seiner Meinung nach dagegen:

a) *Das Kind wird nur selten und unsystematisch in dieser Weise für die Äußerung der „richtigen" Bezeichnung für einen Gegenstand oder ein Ereignis belohnt.*

b) *Gelernte sprachliche Bezeichnungen werden durch Nichtverstärkung (Nichtbelohnung) nicht wieder gelöscht, was nach dieser Lerntheorie der Fall sein müßte.*

c) *Das Kind versteht zunächst weit mehr von der Sprache der Erwachsenen, als es selbst produzieren kann; Reinforcement bezieht sich aber auf selbstproduzierte Reaktionen.*

Im Folgenden soll untersucht werden, wie weit und in welcher Form bei Toms und Noras erwachsenen Interaktionspartnern ein „Response-Reinforcement"-Verhalten im behavioristischen Sinn festgestellt werden konnte, d. h. ob und wie sprachlich richtige Äußerungen der beiden Kinder verstärkt bzw. falsche, fehlerhafte Äußerungen korrigiert wurden. Als Unterlage dafür dienen die Transkriptionen 1 bis 50, die die aufgezeichneten Interaktionssituationen im Zeitraum vom 5. August 2000 bis 12. April 2001 umfassen. Da nonverbale Reaktionen nicht aus den Transkriptionen abgeleitet werden können, muss ich mich bei dieser Untersuchung auf die verbalen Reaktionen der Erwachsenen beschränken.

Dabei soll zwischen folgenden Situationen unterschieden werden:
1) Einsprachige englische Interaktion, z. B.:
   Opa: What kind of doctor is it?
   Tom: A teeth doctor.
   Opa: A teeth doctor, that's right. And the English word for teeth doctor is dentist.

2) Einsprachig deutsche Interaktionen, z. B.:
   Mummy: Tom, willst ein paar Kürbiskörndln?
   Tom: Ja, die mag i viel besser als Rosinen. Kann i noch oans?
   Mummy: Ja. Hast du an Hunger heut?

3) Interaktionen mit Sprachmischungen, z. B.:
   Nora: Daddy, für was is denn des, ha? Für die potatoes? Ha?
   Daddy: It's for washing things.

Als Sprachmischung zählen dabei nicht nur Beispiele, in denen Tom oder Nora deutsche und englische Wörter in einem Satz mischten (z. B. Nora: *„Viele Tierelen sind in the water"*), sondern auch Fälle, in denen die Kinder auf eine englische Frage mit einer rein deutschen Antwort reagierten (z.B.: Opa: *„Look, Nora, what are the children doing here?"* – Nora: *„Jause essen tuan die Kinder."*).
Weiters soll festgestellt werden, ob sich das „Response-Reinforcement"-Verhalten der Erwachsenen im Bereich der Grammatik von dem im Bereich der Lexik unterscheidet.

Folgende unterschiedliche Reaktionen der Erwachsenen konnten beobachtet werden:
1) Bei sprachlich **richtige** Äußerungen der Kinder:

a) Exakte, wörtliche Wiederholung der Äußerung der Kinder, z. B.:
   Tom: And now the bricks.
   Opa: And now the bricks.

   Nora: Is schon dark, Opa.
   Opa: Yes, is schon dark.

   Tom: And there is the baby.
   Opa: There is the baby.

b) Reduzierte Wiederholung: Hier wurde nur ein Teil der kindlichen Äußerung wiederholt, z. B.:

   Opa: Oh, what happened to this man?
   Tom: He's got a plaster on his leg.
   Opa: A plaster, yes. Maybe he's broken his leg.

   Tom: Now I have to concentrate a little bit. Look here.
   Opa: Concentrate. Yes, of course.

c) Erweiterte Wiederholungen: Zu den kindlichen Äußerungen wurden zusätzliche Informationen hinzugefügt, z. B.:

   Opa (liest vor): It's night time. The two girls are in bed.
   Nora: Schaug, schaug. Eins aufgeweckt.
   Opa: Yes, she woke up. She doesn't sleep any more because she's heard something.

d) Lob, Anerkennung, Zustimmung, z. B.:
   Opa: Oh, that's a fun fair.
   Tom: Look, Opa, a merry-go-round.
   Opa: Yes, that's a merry go round. It's great how many English words you already know.

   Nora: Schaug.

Daddy: Yeah, that's a rubbish-man.
Nora: Na, a Mann.
Daddy: A man?
Nora: Ja. Taking rubbish weg.
Daddy: Yes, that's right, Nory. He's taking the rubbish away.

e) keinerlei Reaktion, z. B.:
Mummy: What's that, Nory?
Nora: A rabbit.
Mummy: And what's mother Hubbard doing?
Nora: Drinking a milk.
Mummy: And who is eating?
Nora: Der Bär, and the baby.

Tom: Opa, look, that man is all black. That man is all black.
Opa: I don't like that man. He doesn't look nice.

2) Bei **fehlerhaften** Äußerungen der Kinder:
   a) Korrektur, Umformulierung der Äußerung, z. B.:
   Nora: Daddy, daddy, i hab a Pflaster.
   Daddy: Oh, you have got a plaster. Let daddy have a look at it.

   Tom: Daddy, where is the number four? **How** does the four look like?
   Daddy: That one, there. **What** does the four look like, **not how** does the four look like?
   Nora: Ventkalender, Ventkalender. **Schokolod.**
   Mummy: Wie heißt das richtig?
   Tom (lacht): Schokolade.
   Mummy: Wenn man es nit richtig sagt, dann kriegt mans nimmer, Nora.
   Daddy: Well, she's saying it in English, ha, Nora?
   Tom (imitiert Nora): Schokolod.
   Daddy: Chocolate [`◊klɛt].
   Nora: Chocolate [`◊klɛt].
   Daddy: Chocolate, that's right.

b) Rückfrage, Zweifel, z. B.:
Tom: Uncle Greg, where **did** you live?
Greg: Where **do** I live? I live in London.

Tom: Opa, why **do you don't** let the bagger driver dig your garage away?
Opa: Hm?
Tom: Why do you,...why don't you let the bagger driver dig your garage away?
Opa: Because I need the garage.

c) keinerlei Reaktion.
Tom: Weißt, i kann die Kalbelen net zählen, weil es sind so viele.
Oma: I glaub, des kannst du schon zählen.
Tom: Ja, aber draußen, da sind **noch vielere**.
Bauer: I glaub, i muaß euch a Licht machen.

Daddy: What did you hear, Tommy?
Tom: I will hide **me**.
Daddy: Ah, what's that? Now you can look, Tommy.

Nora: Daddy, i bin **die Kocherin**. Gel, i bin die Kocherin.
Daddy: And who is the daddy?

Ergebnis

Gesamtzahl der untersuchten „Response-Reinforcement"-Situationen:	232
Davon englischsprachige Situationen:	111
deutschsprachige Situationen:	45
Situationen mit Sprachmischungen:	76

<u>Verhalten der Erwachsenen bei **richtigem** Sprachverhalten der Kinder</u>

Gesamtzahl der sprachlich richtigen Äußerungen der Kinder: 67
Dabei positive Verstärkung (reinforcement) durch Lob,

Wiederholung der richtigen Äußerung der Kinder: 31 = 46%[3]
Keine Reaktion der Erwachsenen: 36 = 54%

Verhalten der Erwachsenen bei **fehlerhaftem** Sprachverhalten der Kinder

Gesamtzahl der sprachlich fehlerhaften Äußerungen der Kinder: 89
Davon Wortschatz (Lexik): 31
Grammatik: 58

	Wortschatz	Grammatik
Gesamt:	31	58
Davon:		
Korrekturen:	10 = 32%	6 = 10%
Rückfragen:	2 = 5%	2 = 3%
Keine Reaktionen:	19 = 63%	50 = 87%

Verhalten der Erwachsenen bei **Sprachmischungen**

Gesamtzahl der untersuchten Sprachmischungen: 76
Dabei Korrektur durch die Erwachsenen: 36 = 48%
Rückfragen: 3 = 3%
Keine Reaktion durch die Erwachsenen: 37 = 49%

Vergleich Englisch – Deutsch

	Richtige Äußerungen			
	Englisch		Deutsch	
	Wortschatz	Grammatik	Wortschatz	Grammatik
Gesamt:	25	19	15	8
Davon positive Verstärkung, Lob:	17 = 68%	7 = 36%	6 = 40%	1 = 12%
Keine Reaktion:	8 = 32%	12 = 64%	9 = 60%	7 = 88%

---

[3] Anm.: Die Prozentzahlen wurden gerundet

Falsche Äußerungen

	Englisch		Deutsch	
	Wortschatz	Grammatik	Wortschatz	Grammatik
Gesamt:	23	44	8	14
Davon				
Korrektur:	10 = 43%	5 = 11%	0	1 = 7%
Rückfrage:	2 = 9%	1 = 2%	0	1 = 7%
Keine Reaktion:	11 = 48%	38 = 87%	8 = 100%	12 = 86%

Schlussfolgerungen

Bei **richtigem** Sprachverhalten erfuhren die Kinder in nicht einmal der Hälfte der Fälle eine entsprechende Anerkennung durch die Erwachsenen. Mehr als die Hälfte solcher Äußerungen wurden von den Erwachsenen kommentarlos zur Kenntnis genommen.

Bei **fehlerhaften** Äußerungen wurde im Bereich des **Wortschatzes** in 32% der Fälle korrigiert. Zwei Drittel der Wortschatzfehler wurden jedoch von den Erwachsenen nicht beachtet. In der **Grammatik** ist der Unterschied zwischen korrigierten und nicht korrigierten Äußerungen noch deutlicher. Nur 10% der Kinderäußerungen mit grammatikalischen Mängeln wurden korrigiert, während 86% solcher Fehler unbeachtet blieben. Dieses Ergebnis ist in Übereinstimmung mit der Feststellung von Szagun (2000), dass Eltern ihre Kinder nicht für grammatikalisch korrekte Aussagen belohnen und für grammatikalisch inkorrekte Aussagen tadeln. *„Zustimmung und Mißfallen von Eltern wird in keiner Weise durch die grammatikalische Korrektheit von kindlichen Äußerungen bestimmt. Eltern reagieren auf den Inhalt einer Äußerung und scheinen die grammatische Form zu ignorieren"* (Szagun 2000, 230).

Die Hälfte der **Sprachmischungen**, die in erster Linie Nora betreffen, nahmen die Erwachsenen zur Kenntnis, ohne darauf in irgendeiner Form zu reagieren. Nur in etwa 47% der Mischungen wurde korrigierend eingegriffen.

Im **Vergleich der beiden Sprachen** fällt auf, dass sprachlich richtige Äußerungen in Englisch häufiger positiv verstärkt wurden als in Deutsch.

Bei fehlerhaften Äußerungen erfolgten in Englisch mit 43% verhältnismäßig häufig Korrekturen im Bereich der Lexik. Dagegen wurden nur 11% englischer Grammatikfehler korrigiert, während 87% solcher Fehler unbeachtet blieben.

Deutsche Wortschatzfehler blieben zur Gänze unberücksichtigt, und auch deutsche Grammatikfehler wurden mit 7% nur selten korrigiert.

Nach Skinner sind positive Verstärkung (Reinforcement) sprachlich richtiger Äußerungen bzw. die Korrekturen fehlerhafter Äußerungen grundlegende Voraussetzungen dafür, dass Kinder Sprache(n) erwerben. Bei der so geringen Zahl an positiven Verstärkungen bzw. bei der noch geringeren Zahl an Korrekturen fehlerhafter Kinderäußerungen kann daran gezweifelt werden, dass Tom und Nora Deutsch und Englisch anhand des behavioristischen Modells erworben haben. Eher kann mit McLaughlin feststellt werden:

> *„Furthermore, the language acquisition process did not seem to correspond to the pattern the behaviorists expected. Chomsky seemed to be right about the secondary importance of reinforcement. Careful observation of young children showed that parents rarely corrected errors in pronunciation or grammar. In fact, the grounds on which an utterance is approved or disapproved usually are not linguistic at all. If a young boy says ‚I **ranned** faster than him', his father is more likely to pat him on the back than correct his syntax"* (1984, 15).

Die Ergebnisse meiner Untersuchung stimmen aber auch mit der Feststellung von Zangl (1998, 68) überein, dass bisherige Studien die Vermutung nahe legen, explizite korrektive Rückmeldungen würden grundsätzlich eher selten verwendet und somit den Erwerbsprozess wenig bis gar nicht beeinflussen. Wenn sie auftreten, beziehen sie sich eher auf Verstöße gegen den semantischen Wahrheitsgehalt oder pragmatische Unzulänglichkeiten einer Äußerung als auf konkrete Strukturabweichungen. *„Bieten besonders ‚eifrige' Bezugspersonen bei Strukturverletzungen dem Kind die korrekte Form dennoch an, müssen diese meist resignierend erkennen, daß Kinder gegenüber korrektem Input weitgehend resistent sind und darauf beharren, ihr eigenes Muster anzuwenden"* (Zangl 1998, 68). So wendet Tom, wenn er auf Englisch über etwas Vergangenes berichtet, grundsätzlich „sein eigenes Muster" an, d. h. er bildet die Past Tense Form mit *did*:

Opa, yesterday I *did play* with Daniel.
We *did drive* with a bus.
Daddy *did work* in a tunnel.
I *did get* a new bike.
Nora *did hurt* her knee.
A man *helped* me when I *did fall* through a fence.

Bei diesem letzten Beispiel ist interessant, dass Tom mit *helped* die richtige Past Tense Form bildete, dann aber wieder *did fall* sagte.

Anfänglich glaubten wir, d. h. Toms Vater und ich, Tom bei solchen „Vergehen" die richtige Past Tense Form anbieten zu müssen. Nachdem wir aber feststellen mussten, dass Tom gegenüber unserem korrekten Input nicht nur „weitgehend", sondern sogar völlig resistent war, gaben wir unsere Bemühungen bald auf und tolerieren seither Toms Art und Weise, über etwas Vergangenes zu erzählen.

7.2.5 Noam Chomsky: Das nativistische Konzept

Das Konzept des Nativismus geht von einem angeborenen Spracherwerbsmechanismus aus, der die Basis von Spracherwerb und Sprachgebrauch sein soll. Der Hauptvertreter nativistischer Sprachwissenschaft ist der amerikanische Linguist Noam Chomsky, dessen sprachtheoretische Überlegungen die Diskussion über den Spracherwerb entscheidend mitbestimmt haben und noch immer mitbestimmen.

Während der behavioristische Ansatz den Spracherwerb als Stimulus-kontrolliert ansieht und meint, jeder Mensch habe seine Sprache ganz und gar aus der Außenwelt und nehme sie mit seiner Erfahrung auf, geht der nativistische Ansatz davon aus, dass der Spracherwerb nicht ein Erwerb von Sprachgewohnheiten („habits") sei, sondern die Entfaltung angeborener linguistischer Fähigkeiten. Sprache wird beim Nativismus als *Wissen* definiert (Merten 1997, 55). Gewisse Sprachkenntnisse kommen von innen, sind angeboren. So schnell und mühelos und sicher, wie das Kind seine Muttersprache(n) lernt, könnte es sie niemals lernen, wäre es nicht angeleitet von einem erheblichen Vorwissen, das in ihm genetisch angelegt ist. Der Input, dem das Kind normalerweise ausgesetzt ist, ist nach Auffassung der Nativisten viel zu verwirrend, zu dürftig, und zu unzuverlässig – Chomsky spricht von *„degeneracy and poverty of the stimulus"* (1980. In: Harris 1992, 16) – , als dass ein kleines Kind ihm ein so hochkomplexes Regelwerk entnehmen könnte, wie es die Grammatik einer natürlichen Sprache darstellt. Auf der Basis dieses angeborenen Grammatikwissens argumentiert Chomsky: *„Acquisition of language is something that happens to you: it is not something you do (...) You are just designed to do it at a certain time"* (Chomsky 1988. In: Zangl 1998, 61).

Die Grundregeln der Grammatik müssen für Chomsky daher dem Kind angeboren sein. Denn wie wäre es ihm sonst möglich, Sätze zu verstehen und auch selbst zu produzieren, die es nie vorher gehört hat. *„Selbst weniger helle Kinder und solche, denen ihre Eltern nur dürftigen Sprachschutt vorsetzen"* (Zimmer 1999, 14), lernen wie von selbst eine komplette Grammatik. Ihr Output ist reicher als der Input. Für Chomsky ist die entscheidende Frage: Woher stammt dieses Mehr? *„Die Disparität zwischen Kenntnis und Erfahrung ist sicher das verblüffendste Faktum der menschlichen Sprache. Es zu erkennen, ist das zentrale Problem der Sprachtheorie"* (Chomsky 1972. In: Zimmer 1999, 14).

Dem Nativismus geht es nach Merten (1997) darum, eine Theorie zu finden, die für jeden Spracherwerb Gültigkeit besitzt. Dabei sind drei Grundfragen wesentlich:
(1) Wie ist das sprachliche Wissen beschaffen?
(2) Wie wird es erworben?
(3) Wie wird es gebraucht?

Nach Chomsky ist Sprache ein vom Sprechenden beherrschtes Regelsystem, bei dem von einer Anzahl **endlicher Mittel** durch entscheidende Verknüpfungen **unendlicher Gebrauch** gemacht werden kann (Oksaar 1987, Pinker 1995, Merten 1997, Zimmer 1999). Außerdem ist Sprache kein statisches System, aus dem die Sprecher Teile heraussuchen und miteinander verknüpfen, sondern sie ist ein dynamisches System, das von den Menschen entwickelt wurde und ständig weiterentwickelt wird. *„Die imaginäre Grammatikmaschine, der Syntaxautomat in unserem Kopf erzeugt zulässige Satzstrukturen"* (Zimmer 1997, 74).

Behavioristische Spracherwerbstheorien lehnt Chomsky entschieden ab. Er macht unter anderem geltend, dass aus dem von Skinner experimentell beobachteten

Verhalten von Ratten und Tauben in Labors keinerlei Rückschlüsse auf das menschliche Sprachverhalten zu ziehen sind. Menschliche Sprache und menschlicher Geist unterscheiden sich nach Chomsky qualitativ von tierischen Verhaltensweisen. Sein Haupteinwand richtet sich deshalb gegen die von Skinner vertretene Meinung, Sprache und Spracherwerb seien rein mechanische Prozesse, die als Reaktion auf externe Reize zustande kommen. Für Chomsky trifft das weder für den Erst- noch für den Zweitspracherwerb zu. Im Gegensatz zu Skinner nimmt Chomsky an, dass Spracherwerb, insbesondere der Erwerb grammatikalischer Kenntnisse und Fähigkeiten, nicht nur von Stimuli und Responses abhängt, sondern auf der Entfaltung angeborener linguistischer Fähigkeiten beruht. *„Ich nehme an, daß sich die Kenntnis der Grammatik, mithin der Sprache, im Kind aufgrund des Zusammenwirkens von genetisch festgelegten Prinzipien und der im Verlauf seiner Entwicklung gesammelten Erfahrung herausbildet"* (Chomsky 1981. In: Merten 1997, 58).

Chomsky geht davon aus, dass der Mensch über einen Spracherwerbsmechanismus verfügt, der

(a) *artspezifisch* ist, d. h. durch den sich der Mensch unter anderem auch von anderen Primaten unterscheidet;

(b) spezifisch für *sprachliches* Lernen ist, d. h. durch den sich der Spracherwerb vom Erwerb anderer Verhaltensformen oder Wissenssystemen unterscheidet, und

(c) die *Eigenschaften* der Grammatik bereits bis zu einem hohen Maße vorstrukturiert: Viele strukturelle Eigenschaften einer Grammatik werden nicht erlernt, sondern sie sind angeboren (Klein 1984, 19).

Diesen Mechanismus bezeichnet Chomsky als **Language Acquisition Device (LAD)**. *„The attainment of such knowledge is only possible because the child possesses an innate, language-specific mechanism – a language acquisition device"* (Harris 1992, 6). Dabei vergleicht Chomsky diesen LAD mit dem körperlichen Wachstum des Kindes. Für ihn ist Spracherwerb kein „Lernprozess", sondern Sprache entwickelt sich – *„is acquired"* – auf dieselbe Art, wie Arme und Beine des Kindes wachsen, oder wie in der Zeit der Pubertät körperliche Veränderungen auftreten.

„Language is only in the most marginal sense taught and teaching is in no sense essential to the acquisition of language. In a certain sense I think we might even go on and say that language is not even learned. (...)

It seems to me that, if we want a reasonable metaphor, we should talk about growth. Language seems to me to grow in the mind rather as familiar physical systems of the body grow" (Chomsky 1979. In: Harris 1992, 6).

Während des Spracherwerbsprozesses erlangt das Kind nicht nur die Fähigkeit, Sprache zu verstehen, sondern auch die, neue Laute, Wort- und Satzkombinationen hervorzubringen, die es vorher noch nie gehört hat. Dabei besteht die Hauptaufgabe des Kindes darin, *„unter den möglichen Grammatiken eine Entscheidung zu treffen und eine auszuwählen, die nicht definitiv durch die ihm verfügbaren Daten ausgeschlossen wird"* (Chomsky 1970. In: Merten 1997, 59).

Es ist bemerkenswert, dass Martin Buber bereits im Jahre 1925 in seiner Rede „Über das Erzieherische" Hinweise auf die Entstehung und Entwicklung der Sprache gibt, die deutliche Ähnlichkeiten mit Chomskys Theorien aufweisen. Für Buber hat Sprache hat mit Urhebertrieb zu tun. Es ist ein Zeichen des angelegten Schöpferischen, das es erzieherisch zu entfalten gilt. *„Eine hohe Äußerung dieses Triebes ist die Art, wie Kinder von geistiger Leidenschaft die Sprache hervorbringen, in Wahrheit nicht als etwas Übernommenes, sondern mit den stürzenden Gewalten des Erstmaligen"* (Buber 1986b. In: Stöger 1996b, 190).

Eine Reihe von Toms und Noras Äußerungen bestätigen Chomskys These, dass das Kind die Fähigkeit besitzt, Wort- und Satzkombinationen hervorzubringen, die es vorher noch nie gehört hat:

Nora:

Oma, wo is die andere Sock? Wo is die andere **Sock**?

I bin die Kocherin. Gel, Daddy, i bin die **Kocherin**.

Meine ship is bigger als du ship.

Die Tierelen sein in the river.

Tom:

We had big Anzuge.(...) And a **Taucherschütze**. We put them on the knee, the Taucherschütze.

Benny has such a big head like I'm got.

Look, there is the cannon. I did build a **cannon-shooter**.

It's nice to have a doctor in your house.

Oma, es war echt schön im Alpenzoo zu sein.

Nach Merten (1995, 73) sind zur Steuerung des kindlichen Spracherwerbs drei Bedingungen notwendig:
  (1) die Fähigkeit des Kindes, Hypothesen zu bilden;
  (2) die Fähigkeit des Kindes, die gebildeten Hypothesen zu überprüfen und zu bewerten;
  (3) das Vorhandensein sprachlicher Universalien.

Die Annahme, dass alle Sprachen Gemeinsamkeiten, d. h. *Universalien* (z. B. Substantiva, Verben, Adjektiva, verschiedene Zeiten u. ä.) besitzen, ist ein zentraler Gedanke in Chomskys Sprachtheorie. Zu den allgemeinsten sprachlichen Universalien zählen nach Merten (1997, 73) etwa folgende:
  (1) Sprache existiert überall dort, wo es Menschen gibt.
  (2) Es gibt keine „primitiven" Sprachen. Alle Sprachen sind komplex und verfügen über ein ausreichendes Potential, um Aussagen über die Welt zu machen.
  (3) Das Lexikon jeder Sprache kann um neue Wörter und neue Begriffe erweitert werden.
  (4) Alle Sprachen verändern sich im Laufe der geschichtlichen Entwicklung.
  (5) Das Verhältnis von Lautbild und Inhalt der Wörter ist willkürlich.
  (6) Alle Sprachen ermöglichen es ihren Sprechern, von der begrenzten Anzahl ihrer Mittel unendlichen Gebrauch zu machen, d. h. unendlich viele Äußerungen zu produzieren und zu verstehen.

Für Bruner ist es das Verdienst von Noam Chomsky, den behavioristischen Ansatz über den Spracherwerb *„mit lauter Stimme für bankrott erklärt zu haben"* (1997, 26). Nach Bruner erwirbt das Kind die Struktur der Sprache mit Hilfe der von Chomsky als LAD (*Language Acquisition Device*) bezeichneten Fähigkeit, deren Kern ein angeborenes Wissen bezüglich einer universellen Grammatik oder „linguistischen Tiefenstruktur" ausmacht. Das LAD erlaubt dem Kind, in der Oberflächenstruktur einer natürlich gesprochenen Sprache deren Tiefenstruktur zu erkennen. Damit wird also eine Verwandtschaft zwischen dieser dem Menschen angeborenen universellen Grammatik und der Grammatik jeder beliebigen natürlichen Sprache angenommen.

Dieses LAD kann aber, wie Bruner feststellt, nur funktionieren, wenn ein Erwachsener ein für das Kind geeigneten Interaktionsrahmen schafft. Dieser Rahmen, den Bruner mit *„Language Acquisition Support System, **LASS**"* bezeichnet, stellt eine Art Hilfssystem zum Spracherwerb dar. Es ist nach Bruner (1997, 15) die Interaktion von LAD und LASS, die dem Kind den Eintritt in die Sprachgemeinschaft ermöglicht – und damit auch in die entsprechende Kultur und Gesellschaft.

Ebenso wie Bruner lehnt auch Pinker (1994) die behavioristischen Spracherwerbstheorien vehement ab. *„Behavior was explained by a few laws of stimulus-response learning that could be studied with rats pressing bars and dogs salivating to tones"* (Pinker 1994, 22). Chomskys hervorragende Leistung liegt für Pinker darin, dass er die Aufmerksamkeit auf zwei fundamentale Fakten über Sprache lenkte. Erstens ist praktisch jeder Satz, den ein Mensch äußert oder versteht, eine völlig neue Kombination von Wörtern, die in dieser Form vorher noch nie zu hören war. Daher kann die Sprache nicht einfach ein Repertoire von Antworten („responses") sein. Das Gehirn muss ein „Programm" enthalten, das in der Lage ist, aus einer begrenzten Liste von Wörtern eine unbegrenzte Zahl von Sätzen zu formulieren. Dieses Programm bezeichnet Pinker (1994) als „mentale Grammatik", die aber nicht mit „pädagogischen" oder „stilistischen" Grammatiken verwechselt werden dürfen, die für ihn nur *„Richtlinien für die Etikette schriftlicher Prosa"* (Pinker 1994, 22) sind. Das zweite grundlegende Faktum ist für Pinker, dass Kinder diese komplexen Grammatiken sehr schnell und ohne formale Anleitungen entwickeln und neue Satzkonstruktionen verstehen, denen sie vorher nie begegnet sind. Daher, so argumentiert Pinker, müssen Kinder mit einem angeborenen Plan ausgestattet sein, der den Grammatiken aller Sprachen gemeinsam ist, also mit einer *Universalgrammatik*, die den Kindern sagt, wie aus der Sprache ihrer Eltern syntaktische Modelle herausgefiltert werden.

Pinkers und somit Chomskys Theorie einer „mentalen Grammatik", mit deren Hilfe das Kind in der Lage ist, aus einer begrenzten Liste von Wörtern eine unbegrenzte Zahl von Sätzen zu formulieren, denen es vorher noch nie begegnet war, und die in dieser Form vorher noch nie zu hören waren, wird von folgenden Äußerungen Toms (4;11) unterstützt:

    a) Tom will ein Jo-Jo-Spiel aufrollen und sagt: „Opa, **I try to wind it up by rolling it on the ground.**"

b) Tom schaut mit seine Mummy Fotos von unserem gemeinsamen Ungarnaufenthalt an (vgl. Kap. 13.2.1). Dabei kommt Tom wieder auf die Sprache der Ungarn zu sprechen („Warum reden die so komisch?").
Seine Mutter erklärt ihm noch einmal, dass in jedem Land eine andere Sprache gesprochen wird, und dass die Sprache der Ungarn eben Ungarisch ist, so wie unsere Sprache Deutsch ist.
Darauf Tom: **„Aber, gel, Mummy, die urlaubmachenden Leute können diese Sprache nicht."**

Ein zentrales Begriffspaar in Chomskys Terminologie stellen die Begriff *Kompetenz* und *Performanz* dar. Ein Kind, das Sprache(n) erwirbt, lernt Regeln. Es erwirbt ein nach Wortklassen geordnetes Vokabular (Nomen, Verb, Adjektiv etc.) und eine Menge Regeln, um diese Wörter zu sinnvollen Sätzen zu kombinieren. Diese Regeln stellen unser sprachliches „Wissen" dar. Dieses „Wissen" nennt Chomsky die *Kompetenz* des Sprechers. Diese Kompetenz unterscheidet Chomsky von der *Performanz*. Die Performanz bezieht sich auf tatsächlich gehörte bzw. gemachte Äußerungen in einer konkreten Situation, die aus Gründen wie Ablenkung, emotionale Erregung, mangelndes Erinnerungsvermögen, beschränkte Aufmerksamkeit usw. auch ungrammatische Sätze enthalten können. Nur im Idealfall kann, wie Chomsky betont, die Sprachverwendung als direkte Widerspiegelung der Sprachkompetenz aufgefasst werden. In der Wirklichkeit jedoch besteht ein solch direktes Verhältnis zwischen Kompetenz und Performanz nicht (Merten 1997, Zimmer 1999, Szagun 2000).

Chomskys theoretisches Sprachkonzept mit angeborenen linguistischen Fähigkeiten bzw. einem genetisch angelegten Wissen wird heute allgemein anerkannt. Dennoch werden die Erklärungen des Spracherwerbs unter Zugrundelegung idealtypischer Bedingungen, wie Chomsky sie vornimmt, mehrfach kritisiert. Für Klein steht außer Zweifel, dass der Mensch über einen angeborenen LAD verfügt, *„denn das heißt ja nur, daß er in der Lage ist, eine Sprache zu erwerben"* (1984, 19). Nun kann aber nur angeboren sein, was allen Menschen gemeinsam ist, denn nach allem, was man weiß, kann jedes Neugeborene jede beliebige Sprache lernen. *„Auch dem Schlitzäugigen sind nicht die Besonderheiten des Chinesischen angeboren"* (ebd., 19). Angeboren sind gewisse allgemeine Züge aller Grammatiken, eben die „universale Grammatik". Was für eine Einzelsprache spezifisch ist, was also beispielsweise das Deutsche vom

Chinesischen unterscheidet, muss trotz aller angeborener linguistische Fähigkeiten aus den Daten, die dem Kind im Verlauf seines Erstspracherwerbs zugänglich sind, abgeleitet werden. Und dazu gehören

- d) der gesamte Wortschatz
- e) die gesamte Morphologie
- f) der größte Teil der Phonologie
- g) die Syntax, soweit sie in den üblichen deskriptiven Grammatiken behandelt wird, *„kurzum, fast alles"* (Klein 1984, 20).

Klein wirft Chomsky vor, dass er die Fragen zum Spracherwerb zunächst auf den Syntaxerwerb eingrenzt, später auf Fragen zu allgemein kognitiven Prinzipien. Semantische und pragmatische Probleme bleiben weitgehend unberücksichtigt. Ebenso geht Chomsky nicht auf Fragen im Zusammenhang mit dem Zweitspracherwerb ein.

Da Chomsky explizit nicht am konkreten Spracherwerb in einer bestimmten Situation interessiert ist, sondern sowohl in Bezug auf den Sprecher als auch in Bezug auf die Sprache idealisiert, sind für Merten (1997, 62 f.) Chomskys Äußerungen für die Erklärung des Zweitspracherwerbs nur bedingt von Bedeutung. Zwei entscheidende Phänomene des Zweitspracherwerbs können nach Merten (1997) weder durch die Annahme einer Universalgrammatik noch eines LAD geklärt werden: in welcher Form der Zeitfaktor des Spracherwerbs eine Rolle spielt, und warum die soziale Situation des Lerners von großer Bedeutung für den Verlauf des Zweitspracherwerbs ist.

Chomsky beschränkt sich bei seinen Thesen über den Spracherwerb weitgehend auf den Erstspracherwerb. *„Inwieweit Erst- und Zweitspracherwerb überhaupt von biologischen und sozialen, kulturellen und historischen Determinanten bestimmt ist, sagt er nicht"* (Merten 1997, 62). Er geht aber auch nicht auf die Frage ein, welchen Stellenwert die Sprache in der Gesamtentwicklung des Kindes einnimmt.

Ebenso kritisiert Merten, dass Chomskys Version einer Spracherwerbstheorie auf dem einseitigen Verständnis von Sprache als Grammatik fußt. Sprache wird von Chomsky definiert als eine Menge von Sätzen, welche durch eine Grammatik erzeugt werden. Nach Merten muss Spracherwerbsforschung dahingehend erweitert werden, dass den

Zusammenhängen von Sprache und Kultur, Sprache und ihren sozialen Bedingungen, verstärkt Rechnung getragen wird.

> *"Sprachentwicklung und sprachliche Individualität können nur auf der Basis eines sprachlichen Sozialbezuges entstehen und sich entfalten. Sie sind sozial bedingt und sozial wirksam, und deshalb muß der Sozialbezug eines jeden Spracherwerbers mit Mittelpunkt des Forschungsinteresses stehen – und nicht seine abstrakten kognitiven Leistungen. Die Besonderheiten des kindlichen Spracherwerbs, die sich nicht nur als kognitive Prinzipien erklären lassen, und die Vernachlässigung sozialer, kultureller und historischer Aspekte des Spracherwerbs ist kaum zu rechtfertigen. Erforderlich ist eine Verbindung aller am Spracherwerb beteiligten Komponenten"* (Merten 1997, 64).

In ähnlicher Weise äußert sich Garlin, wenn sie feststellt, dass im Bereich der Kindersprachforschung Chomskys Ansatz relativ unfruchtbar zu sein scheint. *"Um die Diskrepanz zwischen idealistischer Theorie und sprachlicher Wirklichkeit zu überwinden, wird (...) dem Kind ein genetisches Grammatikwissen ‚eingepflanzt'. Das ‚Grammatik-Gen' ist allerdings innerhalb der letzten vierzig Jahre weiterer intensiver Forschungsarbeit noch nicht gefunden worden"* (2000, 32).

7.2.6 Exkurs: Die Whorf-Theorie: Sprache und Denken

Kaum ein Thema hat die Linguistik des 20. Jahrhunderts so beschäftigt wie die Beziehung zwischen Sprache und Denken, und kaum jemand hat diese Diskussion so angeregt wie Benjamin Lee Whorf.

Während für Chomsky der Mensch über einen angeborenen Spracherwerbsmechanismus verfügt, der die Eigenschaften der Grammatik, somit der Sprache, bereits in einem hohen Maße vorstrukturiert, ging der amerikanische Sprachforscher Benjamin Lee Whorf nach der Untersuchung der Sprache der Hopi-Indianer noch einen Schritt weiter. Seine Überlegungen lassen sich zur sogenannten *linguistischen Relativitätstheorie* zusammenfassen, die besagt, dass dann, wenn zwei Sprachen einen Sachverhalt in verschiedener Weise, insbesondere mit verschiedenen grammatikalischen Strukturen ausdrücken, dem ein unterschiedliches Denken, eine unterschiedliche Weltanschauung zugrunde liege:

> *„Menschen, die Sprachen mit sehr verschiedenen Grammatiken benützen, werden durch diese Grammatiken zu typisch verschiedenen Beobachtungen und verschiedenen Bewertungen äußerlich ähnlicher Beobachtungen geführt. Sie sind daher als Beobachter einander nicht äquivalent, sondern gelangen zu irgendwie verschiedenen Ansichten der Welt"* (Whorf 1997, 20).

In Schoen findet sich ein gutes Beispiel dafür, wie die Grammatik einer Sprache das Denken beeinflusst, wenn die dreisprachig (spanisch – englisch – deutsch) aufgewachsene Michelle erzählt: *„Nicht nur der Wortschatz, auch die Grammatik der Sprache, die ich gerade benütze, beeinflußt meine Denkweise. Daß im Deutschen ein paar Nebensätze vor dem Verb kommen können, zwingt mich, meine Gedanken einige Sekunden länger im Voraus festzulegen, als ich das vom Englischen her gewöhnt bin"* (1996, 100).

In der extremen Form wird von *linguistischem Determinismus* gesprochen, der besagt, dass das Denken vollständig von der Sprache eines Sprechers und insbesondere von den grammatikalischen Strukturen dieser Sprache, bestimmt ist.

> *„Man fand, daß das linguistische System (mit anderen Worten, die Grammatik) jeder Sprache nicht nur ein reproduktives Instrument zum Ausdruck von Gedanken ist, sondern vielmehr selbst die Gedanken formt (...). Die Formulierung von Gedanken ist kein unabhängiger Vorgang, der im alten Sinn dieses Wortes rational ist, sondern er ist beeinflußt von der jeweiligen Grammatik"* (Whorf 1997, 12).

Demnach ist es unmöglich, mit dem Denken über die Gegebenheiten hinauszugelangen, die die Muttersprache anbietet und ermöglicht. Und da die Sprachen sichtlich sehr verschieden sind, bringen sie auch ein verschiedenes Denken mit sich. *„Language and thought reinforce each other; language not only reflects, but also shapes reality; grammar is not universal, it is particular to each language"* (Kramsch 2000, 86). Jeder Einzelne, jede Sprachgemeinschaft sind die Gefangenen ihrer Sprache, aus der es kein Ausbrechen gibt. Wirkliche Verständigung zwischen den Sprechern verschiedener Sprachen kann es nicht geben. Whorf hebt auch die

Rolle der Grammatik bei der Entwicklung eines von anderen Sprachen abweichenden Weltbildes hervor, denn *„sprachlich nachgedacht und gesprochen werden kann in einer Kultur nur über das, wofür die betreffende Sprache Begriffe hat"* (Zimmer 1999, 134).

Um seine Hypothesen zu stützen, zog Whorf die Sprache der Hopi-Indianer heran, eines Pueblo-Stammes in Arizona, USA – und vor allem das ganz andere zeitliche Denken der Hopi. Die Zeit spielt bei den Hopi-Indianern keine Rolle, fand Whorf, und sie existiert auch in ihrer Sprache nicht. *„Die Hopi-Sprache enthält keine Wörter, grammatische Formen, Konstruktionen und Ausdrücke, die sich direkt auf das beziehen, was wir ‚Zeit' nennen. Sie beziehen sich weder auf Vergangenheit, Gegenwart oder Zukunft noch auf Dauern oder Bleiben"* (Whorf 1997, 84).

Der deutsche Sprachwissenschaftler Helmut Gipper (1972. In: Zimmer 1999, 135), der das Verhältnis der Hopi-Indianer zur Zeit und das Zeit-Verhältnis ihrer Sprache eingehend untersuchte, stellte hingegen fest, dass das Zeitgefühl dieser Menschen wohl anders sei – *„Ihre Zeitvorstellung ist zyklisch, nicht linear"* (ebd., 135) – ‚dass die Hopi-Sprache aber durchaus auch Zeitbegriffe besitze. So hat Hopi Begriffe für die verschiedenen Tageszeiten ebenso wie für das Gestern, Heute und Morgen. Vor allem aber markieren auch die Hopi-Verben Vergangenes, Gegenwärtiges und Zukünftiges. Somit kommt Gipper zum Schluss, dass die Hopi zweifellos über eine andere Zeitauffassung als wir verfügen, und dass diese am ehesten mit den bäuerischen Kulturen zu vergleichen ist, dass bei Naturvölkern der Zusammenhang zwischen Sprache und Denken wesentlich enger ist als in der modernen Zivilisation, dass aber die von Whorf dargestellten Zusammenhänge einer Überprüfung nur teilweise standhalten. Insgesamt ist es für Gipper jedoch wichtiger, das Wie des Zusammenspieles zwischen Sprache und Denken zu klären und sich von radikalen Positionen des Determinismus abzuwenden und der Relativität zuzuwenden (Langenmayr 1997).

So wie Gipper (1972) fand auch der Anthropologe Ekkehart Malotki (1983. In: Langenmayr 1997) seine Zweifel an der Whorfschen Darstellung bestätigt. Denn auch seine extensiven Studien zeigen, dass die Hopi-Sprache sehr wohl über verschiedene Zeitbegriffe und Zeiteinheiten wie Tage, Anzahl von Tagen, Teile eines Tages, Heute, Gestern und Morgen, Wochentage, Monate, Mondphasen und Jahreszeiten verfügt.

Malotki kommt zu dem Schluss, dass nicht die Frage entscheidend ist, ob das Denken die Sprache oder die Sprache das Denken beeinflusst, sondern wie hoch der jeweilige Grad einer solchen Beeinflussung ist.

Fishman (1980. In: Fthenakis 1985, 185) befasste sich eingehend mit der Whorf-Hypothese und unterzog sie einer allseitigen Kritik. Er deckte in diesem Zusammenhang u. a. folgende, seiner Ansicht nach unrichtige Vorannahmen der von Whorf (1956) behaupteten sprachlichen Determinierung und Relativität auf:

(1) Whorf ist zu sehr mit den oberflächlichen Unterschieden zwischen den Sprachen befasst.
(2) Whorf ist in dem Gesichtspunkt befangen, dass alle Sprachgemeinschaften ihrer Natur nach einsprachig sind. Nach Fishman (1980) übersieht er dabei die strukturelle Vielfalt innerhalb der „einen Sprache" einer Gemeinde, z. B. die verschiedenen Dialekte.
(3) Die Sprache selbst ist nicht so fixiert, wie Whorf es angenommen hatte. Die Grammatik verändert sich nicht nur mit der Zeit, sondern sie wird auch von den Sprechenden bewusst umgeformt.
(4) Die Menschen sind, wenn es um die Bewältigung von Kommunikationshindernissen geht, weit beweglicher, als Whorf dies den Menschen zugestand.

Pinker wirft Whorf nicht nur vor, die Hopi-Sprache oberflächlich und schlecht analysiert zu haben und daher zu falschen Ergebnissen gekommen zu sein, sondern er wendet sich grundsätzlich gegen seine Hypothese, dass alles Denken von der Sprache abhängig sei: *„But it is wrong, all wrong. The idea that thought is the same thing as language is an example of what can be called a conventional absurdity: a statement that goes against all common sense but that everyone believes because they dimly recall having heard it somewhere and because it is so pregnant with implications"* (1995, 57).

Ein *linguistischer Determinismus*, die „starke Version" von Whorfs Hypothese in seiner extremen Form, d. h. eine vollständige Abhängigkeit des Denkens von der Sprache, wird heute nicht mehr vertreten. *„The strong version of Whorf's hypothesis, therefore, that posits that language determines the way we think, cannot be taken seriously"* (Kramsch 2000, 13). Hingegen dürfte *linguistische Relativität*, die

„schwache Version", d. h. die Tatsache, dass zwischen Sprache und Denken eine Wechselbeziehung besteht und unterschiedlichen sprachlichen Gegebenheiten eher unterschiedliche als gleiche Denkprozesse entsprechen, kaum zu widerlegen sein. *„But a weak version, supported by the findings that there are cultural differences in the semantic associations evoked by seemingly common concepts, is generally accepted nowadays"* (ebd., 13).

Für Zimmer sind diese Meinungsverschiedenheiten vor allem ein Streit um Worte. *„Niemand weiß, was Denken ‚ist': welchen Vorgängen im Geist beziehungsweise im Zentralnervensystem man den Status von Denkoperationen zubilligen muß und worin diese nun eigentlich bestehen"* (1999, 120). Zimmer ist der Auffassung, dass die Sprache dem Denken wohl ungemein hilft, dass die Sprache aber nicht, wie Whorf behauptet, den Sprecher gefangen hält. *„Denken läßt sich auch, wofür die Sprache keine bequemen oder gar keine Mittel zur Verfügung stellt"* (ebd., 162). Wenn verschiedene Sprachen nicht zu einem völlig verschiedenen Denken führen, so liegt das nach Zimmer (1999) vor allem daran, dass sie alle auf einem ähnlichen Fundament ruhen. Die Grundbegriffe für die konkrete Welt und auch die Grundregeln ihrer grammatischen Verknüpfung sind für alle sehr ähnlich. So treiben die Sprachen nie allzu weit auseinander. Verständigung bleibt möglich.

> *„Understanding across languages does not depend on structural equivalences but on common conceptual systems, born from the larger context of our experience. (...) If speakers of different languages do not understand one another, it is not because their languages cannot be mutually translated into one another. It is because they don't share the same way of viewing and interpreting events; they don't agree on the meaning and the value of the concepts underlying the words"* (Kramsch 2000, 13).

Für die vorliegende Studie erscheint mir der Hinweis von John Lyons (1983, 270) wichtig, dass die starke Version der Hypothese Whorfs, so scharf sie auch formuliert sein mag, nicht von sich aus die Möglichkeit von Zweisprachigkeit ausschließt. Man könnte die Ansicht vertreten, der Zweisprachige habe auch zwei verschiedene Sehweisen der Welt und wechsle von einer zur anderen, so wie er auch zwischen einer Sprache und der anderen hin- und herwechselt. Wenn die Hypothese in ihrer extremen Version wahr ist, dann steht sie aber im Widerspruch zur offensichtlichen Tatsache, dass zweisprachige Menschen keine erkennbaren Symptome dafür zeigen, dass sie auf der Grundlage völlig unvereinbarer Wahrnehmungsweisen der Welt handeln, und dass sie in der Regel in der Lage sind, ein und denselben Sachverhalt in beiden Sprachen ausdrücken zu können. Ebenso stimmen Übersetzer darin überein, dass das in einer Sprache Gesagte oder Geschriebene auch in einer anderen Sprache gesagt oder geschrieben werden kann.

Roland Langacker stellt zu diesem Thema fest: *„Die Beziehung zwischen Sprache und Denken zu analysieren ist ein wenig, als versuchte man eine Wolke zu umarmen"* (1976. In: Zimmer 1999, 163).

7.2.7 Jerome Bruner: Sprache aus gemeinsamer Handlung von Mutter und Kind

Erst seit Mitte der 70er Jahre des zwanzigsten Jahrhunderts besteht in der Kindersprachforschung Interesse am sprachlichen Umfeld des Kindes. Dies ist auf den starken Einfluss Chomskys zurückzuführen, der behauptet hatte, dass dem Kind spezifische sprachliche Strukturen angeboren seien. Unter seinem Einfluss konzentrierte sich daher die Spracherwerbsforschung in den späten 60er und frühen 70er Jahre vor allem am kreativen Sprachgebrauch und insbesondere an der syntaktischen Produktivität des Kindes (Szagun 2000). Diese Sichtweise drängte die Tatsache in den Hintergrund, dass Sprache in einem sozialen Kontext erworben wird.

„Die sprachliche Entwicklung erfordert demnach zwei Menschen, die miteinander unterhandeln. Die Sprache tritt dem Kind nicht indifferent gegenüber; sie ist ein Mittel dafür, die Kommunikation effektiv zu machen." (Bruner 1997, 32).

In der kommunikationsorientierten Spracherwerbsforschung mit ihrem bedeutendsten Vertreter Jerome Bruner (1997) wird die Wurzel der Sprache in vorsprachlichen kommunikativen Mustern angesehen und nicht in angeborenen, rein sprachlichen Strukturen. Mit dieser Auffassung wendet man sich explizit gegen die These Chomskys, das Kind wäre allein aufgrund eines angeborenen, sprachzpezifischen Mechanismus, des bereits erwähnten *Language Acquisition Device* in der Lage, Sprache zu erwerben.

*„Worin auch immer die angeborene Sprach-Begabung besteht, und wie viel oder wie wenig das Kind mitbringt, braucht uns nicht zu kümmern. Denn ob ein Mensch nun arm oder reich mit angeborenen Fähigkeiten für lexiko-grammatische Sprache ausgerüstet sei – er muß auf jeden Fall noch lernen, wie die Sprache zu **gebrauchen** ist. Dies kann nicht ‚in vitro' gelernt werden. Der Gebrauch der Sprache läßt sich nur durch ihren kommunikativen Einsatz lernen"* (Bruner 1997, 101).

Bruners These lautet, dass Sprache die Fortführung des gemeinsamen Handelns von Mutter und Kind ist. Während der vorsprachlichen Kommunikation entwickeln sich gewohnheitsmäßige, gleichsam ritualisierte gemeinsame Handlungsmuster. Solchen sich regelmäßig wiederholenden Handlungsmustern wird durch die Mutter Bedeutung gegeben, und sie sind nach Bruner Vorformen des kommunikativen Aspekts der Sprache.

„Der Spracherwerb beginnt, bevor das Kind seine ersten lexiko-grammatikalische Äußerung von sich gibt. Er beginnt, wenn Mutter und Kind einen vorhersagbaren Interaktionsrahmen schaffen, welcher als Mikrokosmos für die Kommunikation und der Definition einer gemeinsamen Realität dienen kann" (Bruner 1997, 14).

Diese sich regelmäßig wiederholenden Handlungsmuster sind aber nicht nur Vorformen des kommunikativen Aspekts der Sprache, sondern sie sind auch Vorformen der Grammatik. *„Grammatik entsteht somit aus sozialen Verhaltenweisen"* (Szagun 2000, 177). Für Bruner besteht zwischen kommunikativen und grammatischen Strukturen keine scharfe Grenze. Es reichen vorsprachliche gemeinsame Handlungsmuster aus, um die Entstehung der Sprache auch im Sinne von Grammatik zu erklären. Spracherwerb besteht dann nicht nur im Erlernen der Grammatik einer gegebenen Sprache, sondern es muss auch gelernt werden, wie man seine Absichten auf passende Weise mit Hilfe dieser Grammatik umsetzt. Mit dem Erwerb der Sprache lernt das Kind aber nicht nur, wie es sich ausdrücken soll, sondern es lernt auch gleichzeitig, welche Normen und Werte unter denen gelten, an die es sich mit seinen Worten wendet. Der Sprachlernprozess ist somit eingebettet in ein System der Weitergabe unserer Kultur (Bruner 1997, 116).

Bruner (1997) sieht die Mutter in der Rolle einer Lehrmeisterin. Das Kind hat ursprünglich keine spezifische kommunikative Absicht. Es will etwas ausrücken, aber es lernt erst durch die Interpretation, die die Mutter seinem Verhalten gibt, was es ausdrücken will. Diese Interpretation vollzieht sich in Form der gemeinsamen gewohnheitsmäßigen Handlungsmuster und der sprachlichen Äußerungen durch die Mutter. *„Das Kind lernt durch die Mutter, was es meint"* (Szagun 2000, 178). Diese gewohnheitsmäßigen Handlungsmuster nennt Bruner **Formate**. *„Ein Format ist ein standardisiertes Interaktionsmuster zwischen einem Erwachsenen und einem Kleinkind, welches als ursprünglicher ‚Mikrokosmos' feste Rollen enthält, die mit der Zeit vertauschbar werden. (...) Diese Formate werden von der Mutter so spielerisch wie möglich gestaltet, um den Erfahrungsmangel des Kindes auszugleichen"* (Bruner 1997, 103).

7.2.7.1 Spiel und Sprache (Das „Format")

Eine entscheidende Bedeutung beim Spracherwerb misst Bruner dem **Spiel** bei, denn bereits in den ersten Versteck-Spielen (engl. *peekaboo*) oder in den „Geben-und-Nehmen"-Spielen sieht er die spielerische Natur einiger früher *Formate,* d. h. standardisierter Interaktionsmuster. *„Solche Spiele strukturieren in exemplarischer Weise die frühe Kommunikation"* (Bruner 1997, 103). Bruner stellt fest, dass man nirgendwo außer beim Menschen diese Art von Spielen findet, die den Hauptinhalt und die Freude der Kindheit ausmachen – die verschiedenen Varianten des Versteckspieles, des Auf-den-Knien-Reitens, u. ä. *„Alle diese Spiele beruhen in gewissem Ausmaß auf dem Gebrauch und Austausch von Sprache. Es sind Spiele, die von der Sprache her bestimmt sind und nur dort existieren können, wo auch die Sprache existiert"* (Bruner 1997, 36).

Ein besonderer Wert dieser Spiele liegt für Bruner (1997) auch darin, dass die Rollen vertauschbar sind. Beim Versteckenspielen ist manchmal die Mutter diejenige, die einen Gegenstand oder ihr Gesicht versteckt und aufdeckt, manchmal das Kind. Beim „Geben-und-Nehmen"-Spiel ist manchmal das Kind der oder die Gebende und die Mutter die Nehmende, manchmal die Mutter die Gebende und das Kind der oder die Nehmende. *„Children come to learn about the thematic roles of ‚agent' (the person who carries out an action) and ‚experiencer' (the person on the receiving end of an action) through the turn-taking-games that they play with their mothers"* (Harris 1992, 36). Diese Austauschbarkeit der Rollen führt nach Bruner (1997) zum Gebrauch von Wörtern wie *ich* und *du*, *hier* und *dort*, *dahinter* etc. Bruner (1997) meint aber auch, dass diese wechselseitig eingenommenen Rollen die Vorläufer der Kategorien einer Kasusgrammatik sind. Der amerikanische Sozialpsychologe George H. Mead unterscheidet bei solchen Spielen zwischen „play" (Schauspiel) und „game" (Regelspiel). Dabei nennt er den spielerischen Interaktionsmodus, in dem das Kind lernt, die Rolle des signifikanten Anderen zu übernehmen, „play". *„Jene Interaktionsweisen hingegen, in denen Kinder auf der Basis bestimmter Rollen deren Entsprechungen bzw. das Regelwerk aufeinanderbezogener Verhaltenserwartungen, in Meads Worten ‚den generalisierten Anderen', zu übernehmen lernen, werden als ‚game' (Regelspiele) bezeichnet"* (Brumlik 1997, 887).

Wie alle kleinen Kinder spielte auch Nora ab dem Alter von etwa 2;0 Jahren mit größter Begeisterung Verstecken. Der Ablauf des Spieles musste jedes Mal derselbe sein, und so entwickelten sich bald standardisierte Interaktions- und Sprachmuster. Nora übernahm bei diesem Versteckenspielen einmal die Rolle des *agent*, d. h. Oma oder Opa mussten sich verstecken, und sie suchte uns. Dann wieder schlüpfte sie in die Rolle des *experiencer*, d. h. sie versteckte sich, und wir mussten sie suchen. Das Spiel, bei dem wir ständig dieselben sprachlichen Strukturen verwendeten, lief dann folgendermaßen ab:

a) Wenn sich Nora versteckte:
Oma: „Nora, wo bist du?" oder Opa: „Nora, where are you?"
Nora: „Da bin i." oder „Here I am."
Oma: „Wo denn?" oder Opa: „Where? I can't find you?"
Nora: „In die Kasten" oder „Unter dem Tisch" oder „In die cupboard."

b) Wenn Nora uns suchte:
Nora: „Oma, bist du?" oder „Opa, are you?"
Oma: „Hinter der Tür" oder „Im Bad";
Opa: „Behind the curtain" oder „Under the table".

Jedes Mal, wenn wir Nora in ihrem „Versteck" fanden oder wenn sie uns fand, rief sie mit strahlendem Gesicht: „No amal" oder „Again". Dann begann das Spiel von neuem.

Bei diesen Spielen lernte Nora nicht nur, wie auch Bruner (1997) feststellt, den Gebrauch der Wörter *ich* und *du*, sondern sie lernte auch spielerisch die Bedeutung der Präpositionen *under* und *behind* bzw. *unter* und *hinter* sowie Begriffe wie *curtain, cupboard, table* etc. bzw. *Vorhang, Schrank, Tisch* usw. Ebenso lernte sie, Fragesätze zu bilden, und zwar sowohl auf Deutsch als auch auf Englisch. So leisteten diese Spiele einen wichtigen Beitrag zu Noras bilingualer Erziehung, wie auch das folgende Beispiel zeigt:

 Nora (während sich Tom versteckt hat): „Tom hin? Wo is der Tom hin? Where is Tom? Tooom, wo bist du?"

Sehr interessant ist bei diesem Versteckenspiel auch, dass es sehr lange dauert, bis kleine Kinder den eigentlichen Sinn dieses Spieles erfassen, d. h. sich tatsächlich zu verstecken und geduldig zu warten, bis sie gefunden werden. Die Erfahrung, die wir bei unseren eigenen Kindern ebenso wie bei den älteren Enkelkindern im Zusammenhang mit dem Versteckenspiel machten, stimmen mit dem Verhalten Noras überein: Die Kinder sagen entweder schon vorher, wo sie sich verstecken werden, oder sie melden sich sofort, wenn man sie ruft, geben an, wo sie sich versteckt haben und freuen sich, wenn man sie findet.

 Nora: „Opa, Nora hiding."
 Opa: „Where?"
 Nora (zeigt auf die Türe): „There."

Tom: Opa, I'm hiding in the cupboard.
Nora: Und i hide mi hinter die Türe.

Neben den verschiedenen Formen des Versteck-Spieles sind in diesem Alter auch Spiele und Reime beliebt und wichtig, die im Englischen mit *finger-walking games* (Crystal 1998, 163) bezeichnet werden. Das sind Spiele, die die Kinder nicht nur wegen der Reime lieben, sondern vor allem auch wegen der mit dem Spiel verbundenen Berührungen und Körperkontakten. So war Noras Lieblingsspiel lange Zeit

 Round and round the garden,
 like a teddy bear;
 one step, two steps,
 tickling her under there;

beziehungsweise die deutsche Version

> Steigt ein Mauserl,
> übers Hauserl.
> Wo wirds rasten?
> In Noras Speckkasten.

Bei diesem Spiel gibt es drei Formen körperlichen Kontaktes: Es beginnt mit einem sanften Streicheln der Handfläche; darauf folgen das Hinaufklettern der Finger am Arm oder an der Brust des Kindes und schließlich das Kitzeln unter dem Arm oder am Hals. Aus unseren Erfahrungen mit den eigenen Kindern und den älteren Enkelkindern wussten wir, dass die Spannung und das Vergnügen Noras dadurch weiter gesteigert werden konnte, dass wir zwischen der dritten und der vierten Linie eine Pause einfügten. Während dieser kurzen Pause kicherte und drehte sich Nora in gespannter Erwartung, um schließlich während der vierten Zeile von uns gekitzelt zu werden.

7.2.7.2 *„Bücher lesen"*

Neben dem Spiel hat für Bruner (1997) das „Bücher-Lesen" eine wesentliche Rolle für den Spracherwerb des Kindes. Dabei versteht Bruner unter diesem „Bücher-Lesen" das gemeinsame Anschauen und Kommentieren von Bilderbüchern in der vorsprachlichen Phase und in der ersten Spracherwerbsphase des Kindes, das heißt ab dem zweiten Lebensjahr. Wie bei den ersten Spielen entwickeln sich auch beim „Bücher-Lesen" zwischen der Mutter (oder einer anderen Bezugsperson) und dem Kind gewohnheitsmäßige Interaktionsmuster, d. h. **Formate.** Dabei baut dieses „Buchlesen" auf Fähigkeiten auf, die das Kind beim Versteckenspiel oder beim Geben-und-Nehmen-Spiel erworben hat, wie zum Beispiel das Erfassen von Rollen oder den Rollentausch.

Die Äußerungen der Mutter bei diesem Buchlesen beschränken sich nach Bruner (1997, 65) auf einige wenige Typen. Diese Typen sind

      (1) der Aufruf, z.B. *Schau*;
      (2) die Frage, z.B. *Was ist das?*;
      (3) die Bezeichnung, z.B. *Das ist ein X*;
      (4) die Rückmeldung, z.B. *Ja*.

Bei den von Bruner untersuchten Beispielen gemeinsamen „Buch-Lesens" ließen sich alle mütterlichen Äußerungen diesen vier Typen zuordnen. Außerdem fand er heraus, dass diese beschriebenen Äußerungsformen auch strikten Reihenfolgregeln unterlagen. Die Reihenfolge der Äußerungen blieb bemerkenswert konstant, und zwar:

      (1) Aufruf
      (2) Frage
      (3) Bezeichnung
      (4) Rückmeldung

Änderungen kamen höchstens zustande, indem eines dieser vier Elemente ausgelassen wurde. Wenn zum Beispiel ein Kind auf eine Frage der Mutter eine annehmbare Bezeichnung angab, dann übersprang die Mutter fast immer den Schritt „Bezeichnung" und reagierte direkt mit der Rückmeldung. *„Kurz, die Mutter reagierte auf Richard wie auf einen wirklichen Gesprächspartner"* (Bruner 1997, 68).

Ich möchte nun anhand einiger Beispiele gemeinsamen „Bücher-Lesens" mit Tom und Nora zeigen, inwieweit diese Zyklen, die Bruner in der vorsprachlichen Phase und zu Beginn der Spracherwerbsphase, d. h. bei Kindern im zweiten Lebensjahr beobachtet hatte, auch in späteren Phasen des Spracherwerbs noch anzutreffen sind.

Die folgenden Beispiele stammen aus den zwischen Anfang August 2000 bis Ende März 2001 aufgezeichneten und transkribierten Situationen gemeinsamen „Bücher-Lesens" mit Tom und Nora. Dass dabei sehr häufig ich als Partner der Kinder auftrete, bedeutet nicht, dass nur ich mit den Kindern gelesen habe, sondern ist darauf zurückzuführen, dass Lese-Situationen mit mir häufiger aufgezeichnet wurden. Insgesamt besitzt das „Bücher-Lesen" in der Erziehung von Tom und Nora einen ganz wesentlichen Stellenwert. Die Eltern, die Großeltern, aber auch die vielen englischsprachigen Verwandten sorgten und sorgen nicht nur dafür, dass Tom und Nora regelmäßig neue deutsche und englische Bilder- und Kinderbücher erhalten, sondern wenden auch sehr viel Zeit dafür auf, diese Bücher immer wieder mit den beiden Kindern zu lesen.

Abkürzungen: A = Aufruf; F = Frage; B = Bezeichnung; R = Rückmeldung

Nora (2;0 – 2;8)
    a) Opa: Look, what's this? (A, F)

Nora: A horsie. (B)
Opa: A horsie (R)

b) Mummy: Who is going to the playgroup? (F)
Nora: That. (B)
Mummy: That little girl. (R)

c) Nora: Mama, schaug. (A)
Mummy: Oh. Yummy, yummy, yummy. What are they eating? (F)
Nora: A Katze. (B)
Mummy: Biscuits. She eats biscuits in the playgroup. (R)

d) Nora: Schaug, daddy. (A)
Daddy: What's this girl doing? What's she building? She's building a...(F)
Nora: A tower.(B)
Daddy: She's building a tower.(R)

e) Nora: Schaug amal, die sind naughty.(A)
Mummy: What are they doing, Nora? (F)
Nora: Ja, umschütten.(B)
Mummy: They are spilling. (R)

f) Oma: Ja, wo fliegt denn des Flugzeug hin? (A, F)
Nora: Zum England...Des is der Schirm. (B)
Oma: Wenns regnet, gel, dann tuns den Schirm aufspannen. (R)

Tom (4;0 – 4;8)

a) Opa: And what is Robin Hood doing here? (F)
Tom: Sitting and reading a book. (B)
Opa: Yes. And the horsie? (R)

b) Uncle Greg: What's he doing? (F)
Tom: Painting. (B)
Uncle Greg: No, that's glue. (R)

c) Tom: And what is that? (F)
Opa: Well, I've told you. Maria and Hubert have such a bike. It's called a tandem. (B)
Tom: Tandem. (B)
Opa: Tandem, yes. So, that's one bicycle for two people. With two seats, and two handles. (R)

d) Opa: And what is this woman doing here? (F)
Tom: She is making a cake. A birthday cake. (B)
Opa: And how old do you think is this child? (R, F)
Tom: One. Because there's one candle on the cake. (B)

e) Tom: And here? Opa, here? (F)
Opa: Well, that seems to be a kind of engineer, or an architect. He's drawing the plan of a house. (B)
Tom: An architect, aha. (R)

f) Tom: And here? (F)
Opa: That's a Geisterbahn. I don't know the English word. Maybe it's called ghost train in English. (B)
Tom: What's a Geisterbahn? (F)
Opa: Well, it's a kind of train, and you go through a kind of tunnel where it is very dark. And there you see pictures and figures of ghosts. (B)
Tom: And here? (R)

Ergebnis:

Nora war bei der Aufzeichnung der ersten „Lese"-Interaktion 2;0 Jahre alt und befand sich im Übergang von der Zweiwortphase zur Mehrwortphase. Trotz des Altersunterschiedes zu den von Bruner beobachteten Kindern (sie waren im zweiten Lebensjahr und standen somit am Anfang ihres Spracherwerbs) kann festgestellt werden, dass die bei Bruner (1997) angegebenen Schritte in den Äußerungen der Bezugsperson auch im „Bücher-Lesen" mit Nora anzutreffen sind. Auch hier zeigt sich eine bemerkenswerte Konstanz in der Reihenfolge der Äußerungen. In fünf der acht angeführten Beispiele beginnt die Äußerung mit einem Aufruf (*Look*; *schau*; *schau amal*), gefolgt von einer Frage, der Bezeichnung und schließlich einer Rückmeldung. In drei Fällen fallen Aufruf und Frage zusammen (*Look, what's this? Look, and here: What's happening to the ghost?*).

Die Reihenfolge der Äußerungen bleibt auch dieselbe, gleichgültig, ob Nora oder die Bezugsperson die Situation beginnt.

Ebenso ist die Reihenfolge der Äußerungen (A – F – B – R) unabhängig von der Person, die mit Nora liest. Diese Reihenfolge ist bei Mummy und Daddy ebenso gegeben wie bei Oma und Opa.

Tom war zu Beginn der Beobachtungsphase 4;0 Jahre alt. Wenn wir gemeinsam Bilderbücher „lasen", dann war das nicht mehr das einfache Benennen der Bilder wie bei den von Bruner beobachteten Kindern oder auch noch bei Nora, sondern es war teilweise ein ausführliches Kommentieren der Bilder und ein intensives Diskutieren über bildlich dargestellte Szenen. Trotzdem ist Bruners Grundschema auch in den Situationen mit Tom noch deutlich zu erkennen. Was fehlt, ist der Aufruf zu Beginn einer Situation. Die einzelnen Situationen beginnen sofort mit einer konkreten Frage, entweder von Tom oder von der Bezugsperson. Auf die Frage folgt eine teilweise ausführliche Antwort und schließlich eine Bestätigung, dass die Antwort zufriedenstellend ausgefallen ist und verstanden wurde.

Szagun (2000, 184) stellt fest, dass eine *„theoretisch und empirisch stringentere"* Überprüfung der These Bruners, dass vorsprachliche gemeinsame Handlungsmuster eine Vorbedingung der Grammatik sind, diese These nicht sehr haltbar erscheinen lässt. Das verneint ihrer Meinung nach aber nicht eine förderliche Wirkung der vorsprachlichen gemeinsamen Handlungen auf die Sprachentwicklung des Kindes.

„So mögen die gewohnheitsmäßigen interaktiven Handlungsabläufe, in denen die Mutter viel spricht, den Spracherwerb unterstützen, weil das Kind in den bekannten Kontexten seine Aufmerksamkeit voll der Sprache geben kann. Mütter können den Spracherwerb ihrer Kinder fördern, wenn sie in beiderseitig bekannten Ereigniskontexten sprachlich das ausdrücken, was ihre kleinen Kinder noch nicht ausdrücken können. Weil der Ereigniskontext beiden bekannt ist, weiß die Mutter, worauf sich die unvollständige Äußerung des Kindes bezieht, und kann ein entsprechendes Sprachangebot machen. Das Kind kann dieses Angebot annehmen und zu Spracherwerbszwecken nutzen, weil es über den

bekannten Ereigniskontext die Sprache besser versteht" (Szagun 2000, 184).

Zusammenfassung:

In der wissenschaftlichen Diskussion über den frühkindlichen Spracherwerb kann heute in folgenden Punkten ein Grundkonsens angenommen werden (Gogolin 1988, Langenmayr 1997):

- Die erste Sprachaneignung vollzieht sich auf der Basis angeborener physiologischer Voraussetzung. Für die Ausbildung des vorhandenen Potentials benötigt der Mensch jedoch seine soziale Umwelt.
- Die Aneignung von Bedeutung geschieht zunächst in enger Abhängigkeit von Ereignissen und Personen in der unmittelbaren Umgebung des Kindes.
- Die Aneignung von Bedeutung geht dem Erlernen der Syntax voraus.
- Die Entfaltung und Differenzierung von Bedeutung ist aber auch vom Ausbau grammatischer Fähigkeiten abhängig.
- Es besteht eine Wechselwirkung zwischen der Sprachaneignung des Kindes und seiner kognitiven und sozialen Entwicklung.

Für Gogolin besitzt der Primärspracherwerb eine weitreichende Bedeutung in der gesamten psychischen und geistigen Entwicklung des Kindes. In dieser Phase der Sprachaneignung spielt zunächst die Familie – gebraucht als Synonym für den Kreis der engsten Bezugspersonen – eine ganz besondere Rolle: *„Ihr sprachliches Handeln legt den Grund für das eigene sprachliche Handeln des Kindes; ihre ‚Sicht der Welt' ist es, durch die das Kind seine ersten eigenen Einsichten gewinnt"* (1988, 21).

8 Ein Sprachsystem oder zwei Sprachsysteme?

Ein zentrales Thema auf dem Gebiet des bilingualen Spracherwerbs ist seit den achtziger Jahren die Frage, ob Kinder, die von Anfang an zwei Sprachen simultan erwerben, beim Beginn ihres Spracherwerbs nur ein einziges linguistisches System besitzen, das sich erst allmählich zu zwei getrennten Systemen entwickelt, oder ob Kinder bereits von der frühesten Stufe ihrer sprachlichen Entwicklung an in der Lage sind, diese zwei Sprachsysteme zu trennen. In den letzten beiden Jahrzehnten wurde dazu sehr viel Forschungsarbeit geleistet.

Die wahrscheinlich einflussreichsten Veröffentlichungen zu diesem Thema waren die Publikationen von Volterra und Taeschner (1978) und Taeschner (1983). Darin präsentieren die Autoren ein dreistufiges Modell früher zweisprachiger Entwicklung, das von einer „Mischstufe" im Bereich des Wortschatzes bis zu einer klaren Trennung der beiden Sprachen im lexikalischen und grammatikalischen Bereich reicht. In Taeschner (1983) wird dieses Dreistufenmodell weiter entwickelt, wobei betont wird, dass das bilinguale Kind zuerst lernt, zwischen dem Wortschatz der beiden Sprachen zu differenzieren, und erst später zwischen der Syntax der einen und der anderen Sprache zu unterscheiden.

In der **Stufe I** hat das Kind, so Volterra und Taeschner (1978, 312), ein lexikalisches System, das Wörter aus beiden Sprachen beinhaltet. Ein Wort in einer Sprache hat fast nie ein entsprechendes Wort mit derselben Bedeutung in der anderen Sprache. Diese Stufe der Sprachentwicklung eines zweisprachigen Kindes scheint in gleicher Weise zu verlaufen wie die eines einsprachigen Kindes. Daher kommen in Zwei- oder Dreiwortäußerungen häufig Wörter aus den beiden Sprachen vor. In dieser ersten Stufe ist es sehr schwer, grammatikalische Regeln zu beschreiben oder Schlüsse über die Syntax zu ziehen, da das Kind noch nicht genügend Zwei- und Dreiwortsätze verwendet. Diese Stufe I beginnt, wenn das Kind anfängt, sprechen zu lernen und dauert nach Taeschner (1983; 29) etwa 6 Monate lang. Sie liegt also im zweiten Lebensjahr. *„In Stage I, terms are used in one language that have no equivalent meaning corresponding to the terms in the other"* (Taeschner 1983, 24). Aus den Beobachtungsergebnissen ihrer beiden zweisprachig erzogenen Kinder Lisa und Giulia schließen Volterra und Taeschner: *„All the words of the child's speech appear* *to form one lexical system. The child at this stage speaks only one language which is a language system of his own"* (Volterra und Taeschner 1978, 317).

In diesem Sinn äußert sich auch Leopold, wenn er den Wortschatzerwerb seiner Tochter Hildegard beschreibt: *„Words from the two languages did not belong to two different speech systems but to one"* (1978, 27).

Redlinger und Park kommen in ihren Untersuchungen auf ähnliche Ergebnisse und unterstützen die von Volterra und Taeschner (1978) aufgestellte Hypothese.

> *„It appears then that language differentiation is a gradual process which can, at least in parts, be traced through decreasing mixing rates. These observations are in agreement with those previous investigators [Leopold 1970, Imedadze 1967, Swain 1977, Oksaar 1976a, b and Volterra and Taeschner 1978] who have suggested that children exposed to two languages from infancy begin by processing the languages through a single system only gradually to differentiate the two"* (1979, 351).

Genesee (1989, 165) prägte für diese Entwicklungsstufe den Begriff *unitary language system*, und auch der Titel von Swain's Dissertation aus dem Jahre 1972 – *Bilingualism as a first language* – sowie ihr Hinweis auf ein *common storage model* in der zweisprachigen Entwicklung (1977), nach dem die Regeln beider Sprachen zuerst einmal an einem gemeinsamen Ort gespeichert werden, können als Beispiel für diese *unitary system* Hypothese angesehen werden (in Genesee 1989, 165).

Toms Wortschatzerwerb entspricht dieser Hypothese. Ungefähr bis zum Alter von 2;0 Jahren beinhaltete sein Wortschatz Wörter aus beiden Sprachen, und zwar jeweils ohne entsprechendes Äquivalent in der anderen Sprache. *„So war für ihn in dieser Zeit ein bestimmtes Tier horsie und ein anderes Tier Hase, aber er bezeichnete das eine Tier nie horsie* **und** *Pferd und das andere Tier nicht Hase* **und** *rabbit"* (Pisek 2000, 92).

Aber auch in **Noras** sprachlicher Entwicklung konnte diese Phase beobachtet werden, wie die folgenden Beispiele zeigen:
  a) Opa legt mit Nora (2;2) ein Puzzle mit Tierfiguren.
     Opa: What's this, Nora?
     Nora: A Hasele.

Opa: Yes, a rabbit.
Nora: Na, nit rabbit. A Hasele.

b) Der Nikolaus hat den Kindern Geschenke gebracht.
Nora (2;5): Daddy, die Engelen war da. Die Engelen. Die Engelen war da, Daddy. Die Engelen.
Daddy: The angels?
Nora: Na, die Engelen.
Daddy: But this is what they are in English, Nory.
Nora: Na. Engelen. Die Engelen.
Daddy: The angels, like this? (zeigt auf ein Bild mit Engeln) Did they have wings?
Nora: Na. Die Engelen like this. Engelen.
Daddy: Angels. The angels they are called in English.
Nora: Na. Na. Engelen. Na, die Engelen.

Für Nora gab es zu diesem Zeitpunkt nur *Engelen*. Das ihr vom Vater angebotene englische Äquivalent *angel* wurde von ihr nicht akzeptiert. Diese Wesen, die all die Geschenke brachten, hießen nicht *Engelen*, und schon gar nicht *angels*. Sie **waren** *Engelen* (vgl. Kap. 5.2.1).

Kurze Zeit später gab es in derselben Kommunikationssituation folgende Diskussion darüber, was Nora an diesem Vormittag in der Spielgruppe getan hatte:
Daddy: And what did you do at the playgroup, Nory?
Nora: Knete spielen.
Daddy: You played with the play-dough?
Nora: Na, Knete spielt.
Daddy: That's called ‚play-dough' in English, Nory.
Nora (energisch): No. Knete spielt.
Daddy: You played with the play-dough, that's all right.
Mummy: Und was hast du sonst noch gmacht?
Nora: Knete spielt.

Als Beweis für das Vorhandensein eines einzigen Sprachsystems in der Stufe I sehen die Vertreter dieser Hypothese auch die häufigen **Sprachmischungen** insbesondere im Bereich des Wortschatzes. Gemischte Äußerungen, oder Äußerungen, die Elemente aus beiden Sprachen enthalten, waren daher auch die primären Daten für die meisten Studien, die diese *unitary system*-Hypothese vertreten. Ein Kind hat ein Wort in der Sprache Y, für das ihm ein Äquivalent in der Sprache X fehlt. „*Mixed utterances are thus the result of putting words drawn from this lexicon into a string*" (Lanza 1997, 4). Dabei ist dem Kind jedoch nicht bewusst, dass diese Wörter aus zwei verschiedenen Sprachen stammen.

Bei **Tom** konnten im zweiten und dritten Lebensjahr eine Reihe von gemischten Äußerungen beobachtet werden, die diese *unitary system*-Hypothese bestätigen, wie zum Beispiel:

>Look, Opa, I'm grabing a hole.
>Today I'm krieging potatoes for lunch.
>Opa, the ladder is a big wockelig.
>Who is coming with us noch?
>Schau, der aeroplane landet auf dem Bett.
>(Pisek 2000, 57).

Noch stärker und häufigen mischte **Nora** während dieser Phase die beiden Sprachen. :

>2;3: Opa, noch cake, bitte. A big one.
>   I will des Latzele. Mit da rabbit.
>
>2;4: Wo is der duck? In de book.
>   I hab an pillow.
>
>2;4: Oma (schaut mit Nora ein Bilderbuch an): Was tut denn der Bär?
>   Nora: Painting tut der Bär.
>
>2;5: Tom und Nora spielen. Sie sind Tiere.
>   Nora: Der Tom is der lion, und i bin der rabbit. Der lion schreit, Opa.
>
>2;5: Opa, dein Christbaum is small. Mein Christbaum is big.

In der **Stufe II** unterscheidet das Kind nach Volterra und Taeschner (1978, 312) bereits genau zwischen zwei lexikalischen Systemen. Es wendet aber für beide Sprachen dieselben syntaktischen Regeln an. Für beinahe jedes Wort in der einen Sprache kennt das Kind ein entsprechendes Wort in der anderen Sprache. *„In creating a bilingual lexical system, the child tends not to produce two words for one object or event at the same time. First he acquires one word in one of the two languages, and only when he has mastered it well and used it for a while does he begin to use its equivalent"* (Taeschner 1983, 33). Außerdem gibt es in dieser Stufe kaum mehr Sprachmischungen.

Bei **Tom** konnte ab dem Alter von etwa 2;2 Jahren der Aufbau zweier unterschiedlicher lexikalischer Systeme beobachtet werden. Er begann zu verstehen, dass man einen Gegenstand oder eine Tätigkeit mit zwei verschiedenen Wörtern benennen konnte, und dass bestimmte Erwachsene das eine und andere Erwachsene das andere Wort verwendeten. *„So nannte Tom, wenn er mit seiner Mutter oder seiner Oma ein Bilderbuch anschaute, die abgebildeten Tiere Hasele, Kuh oder Eichkatzele, während diese Tiere mit seinem Vater oder mit mir rabbit, cow und squirrel hießen"* (Pisek 2000, 93). Tom reagierte bereits in dieser Phase nicht nur auf Fragen wie *„What does mummy/Oma say?"* bzw. *„Wie sagt der daddy/der Opa?"* situativ richtig, sondern gab auch bereits auf die Fragen *„What is it called in English?"* und *„Wie heißt das auf Deutsch?"* die richtige Antwort. Er verstand also bereits in diesem Alter die abstrakten Begriffe „Deutsch" und „Englisch".

Bei **Nora** konnte erst ab etwa 2;5 Jahren beobachtet werden, dass sie in manchen Situationen die zwei lexikalischen Systeme zu trennen begann. Je nachdem, ob sie mit Oma oder Opa ein Bilderbuch anschaute, war ein abgebildetes Tier einmal *eine Kuh* und das andere Mal *a cow*, *eine Ente* oder *a duck*, *ein Hasele* oder *a rabbit*, *a Pferdele* oder *a horsie*. Mit der Frage *„What does Oma/mummy say?"* hatte sie aber in dieser Phase noch ihre großen Probleme, wie das folgende Beispiel zeigt.

> Nora (2;4) schaut mit Opa ein Bilderbuch an.
> Opa: What's this, Nora?
> Nora: A,..a,..
> Opa: What's this?
> Nora: A horsie.
> Opa: A horsie, yes. And what does Oma say? Does Oma say ‚horsie'?

And what does mummy say?

Nora: Cockadoyou.

Opa: Aha. And what's this?

Nora: A sheep.

Opa: A sheep. And what does mummy say?

Nora: Sheep. Määääh.

Opa: Does mummy say ‚Schafele'?

Nora: Yes.

Opa: And hui, what's there?

Nora: A Schweindi.

Opa: A Schweindi. And what does daddy say? Does daddy say ‚Schweindele'?

Nora: Wäh, wäh (Nora versucht das Grunzgeräusch nachzumachen).

Opa: No, Nora. What does daddy say?

Nora: Määh.

Opa: No, he doesn't say ‚määh'. Daddy says, and Opa says....

Nora: Määh.

Opa: A pig.

Nora: A pig.

Kurze Zeit später reagierte Nora jedoch in einer ähnlichen Situation bereits „richtig", das heißt unseren Erwartungen entsprechend:

    Nora (2;4) schaut mit ihrer Mummy das englisches Bilderbuch ‚Going to Playgroup' an.

Mummy: Jetzt setz dich da her zu deiner Puppe und lies ihr was vor. 'Going to playgroup'.

Nora: Ja. Going to playgroup...Going to playgroup...Na, des kann i nit.

(...)

Mummy: And what has the little girlie got in her hand?

Nora: A Schirm.

Mummy: An umbrella.

Nora: Undrella.

Mummy: Umbrella.

Nora: Umbrella.

Mummy: And who is that?

Nora: Buben.
Mummy: What do we say in English?
Nora: Kids.
Mummy: Kids. That's right.
Nora: Schaug.
Mummy: How many?
Nora: One, two, three, five, six.
Mummy: Oh, so many. And where are they going? To kindergarten?
Nora: No. To playgroup.

Hier reagierte Nora also bereits richtig auf die Frage „*What do we say in English?*". Interessant und wichtig ist an diesem Beispiel auch das Sprachverhalten der Mutter. Während ihre Interaktionssprache mit Nora grundsätzlich Deutsch war, verwendete sie beim Vorlesen oder Anschauen eines englische Buches Englisch als **Vorlese- und Erzählsprache**. Dies führte dazu, dass Nora auf die Fragen ihrer Mutter auch auf Englisch antwortete.

Dass Nora die Trennung der beiden Sprachsysteme in dieser Zeit aber noch keineswegs verinnerlicht hatte, zeigt eine Antwort in derselben Vorlesesituation kurze Zeit später.

Mummy: And what's here? What's in the book?
Nora: A Pferd.
Mummy: And what's a Pferd in English? What does daddy say?
Nora: Mähhh.

Ab und zu war auch bei Aufforderungen wie *Opa, look* bzw. *Oma, schau* zu erkennen, dass Nora langsam begann, die beiden lexikalischen Systeme zu trennen.

In der **Stufe III** besitzt das Kind nach Volterra und Taeschner (1978, 311) zwei getrennte linguistische Codes und unterscheidet sowohl im Wortschatz als auch in der Syntax. Jede Sprache ist aber auf das Engste mit der Person verbunden, die diese Sprache benützt. In dieser Stufe treten noch viele Fälle von Interferenzen auf. Erst am Ende dieser dritten Stufe, wenn die Tendenz nachlässt, die Menschen nach ihrer Sprache zu kategorisieren, kann man sagen, dass das Kind tatsächlich zweisprachig ist.

Im Gegensatz zu Volterras und Taeschners *one-system*-Hypothese weisen neuere Untersuchungen darauf hin, dass zweisprachige Kinder bereits in der Frühphase mit zwei getrennten sprachlichen Systemen operieren, d.h. die lexikalischen und syntaktischen Kennzeichen der zu erlernenden Sprachen werden vom Kind weitgehend differenziert. Vor allem **Meisel** (1989) versucht in seinem groß angelegten Hamburger „DUFDE"-Projekt („Deutsch und Französisch – Doppelter Erstspracherwerb") nachzuweisen, dass ein zweisprachiges Kind bereits von einem frühen Alter an in der Lage ist, zwischen zwei linguistischen Codes zu unterscheiden. Dabei richtet sich Meisels Kritik in erster Linie gegen Volterras und Taeschners Hypothese über den Erwerb syntaktischer Regeln in der Stufe II, wo es heißt, *„The child applies the same syntactic rules to both languages"* (Volterra und Taeschner 1978, 312). Meisel sagt dazu: *„I do not believe that the empirical evidence and/or the theoretical justification given is sufficient to support the hypothesized phase II of the three-stage model"* (in: De Houwer 1990, 45). **Koehn und Müller** (1990) verwenden Daten aus diesem Hamburger DUFDE-Projekt für ihre Untersuchungen zum Wortstellungs-, Numerus- und Genuserwerb und kommen ebenfalls zu dem Ergebnis, dass zweisprachige Kinder zumindest in diesen Bereichen schon sehr früh zwei Sprachsysteme trennen können. Dabei weisen die Autoren jedoch darauf hin, dass bei allen von ihnen untersuchten Kindern optimale Voraussetzungen für den bilingualen Spracherwerb gegeben waren. Sie schließen aber nicht aus, dass man bezüglich der Sprachtrennung bei „nicht-balancierten" bilingualen Kindern, d. h. bei Kindern mit einer starken und einer deutlich schwächeren Sprache, zu anderen Ergebnissen kommen kann. *„Ziel der Untersuchung war allerdings auch nicht, zu zeigen, daß eine Sprachtrennung beim bilingualen Kind grundsätzlich erfolgen muß, sondern zu verdeutlichen, daß eine frühe Systemtrennung prinzipiell möglich ist"* (Koehn und Müller 1990, 57).

Für **De Houwer** gibt es keinen empirischen Beweis, der die Existenz einer „gemischten" Stufe unterstützt: *„In sum, it is very difficult, if not impossible, to find positive evidence for the one syntactic system-hypothesis"* (1990, 45) Die für sie wichtigste Erkenntnis ihrer empirischen Studie ist die Bestätigung einer *„Separate Development Hypothesis"* (1990, 341). *„The child's mind acts as a creative agent on the two input systems, filters them, manipulates them and transforms them. However, in so doing, the bilingual child keeps the two systems virtually completely separate (...)"* (ebd., 342).

Auch **Lindholm und Padilla** (1978) und **Vihman** (1984) kommen aufgrund ihrer Untersuchungen zu dem Ergebnis, dass bilinguale Kinder mit einem ausgeglichenen Input in beiden Sprachen schon sehr früh zwei getrennte Sprachsysteme entwickeln. *„R's first task was to develop a dual lexicon. (...) It seems likely that two receptive stores did exist in a rudimentary form even at this earliest stage because by 2;0 he was ‚aware' of the language choices expected of him and was generally able to confine his utterances to one language or the other"* (Vihman 1984, 316). Die Sprachmischungen, für Volterra und Taeschner (1978) der schlüssigste Beweis für ihre *one-system* Hypothese, hat für die Vertreter der *two-system-* Hypothese ihre Ursache in erster Linie in der Tatsache, dass Sprachmischungen auch im sprachlichen Umfeld des Kindes erfolgen.

Langenmayr (1997) weist darauf hin, dass die Frage, ob bei bilingualen Personen die Wörter ihrer beiden Sprachen in zwei unterschiedlichen Speichern oder in einem einzigen gespeichert werden, eine der am meisten untersuchten Fragestellungen im Bereich der Bilingualforschung ist. Die neuesten Untersuchungen bestätigen laut Langenmayr, dass das bilinguale Gedächtnis zwei getrennte Speicher besitzt, zwischen denen es Beziehungen (Interdependenzen) und Überlappungen gibt. Ist ein Speicher aktiviert, so ist der andere nicht völlig deaktiviert. Diese Vorstellung bewährt sich allerdings besonders auf der lexikalischen Ebene. Auf der semantischen und syntaktischen Ebene scheinen eher größere Vereinheitlichungen vorzuliegen. Die beiden Sprachsysteme sind mit einem bildlichen Vorstellungssystem verbunden. Das ist für Langenmayr entsprechend den vorliegenden Untersuchungsergebnissen wahrscheinlicher als zwei getrennte Vorstellungssysteme.

Zusammenfassend kann festgestellt werden, dass in Studien, die die *one-system-*Hypothese vertreten, der Frage der semantischen und syntaktischen Sprachmischungen besondere Aufmerksamkeit geschenkt wurde. Einige Studien, die die *two-system-*Hypothese vertreten, haben wichtige Beweise dafür geliefert, dass das Kind vor allem auf der lexikalischen Ebene im Stande ist, zwei linguistische Systeme gleichzeitig zu entwickeln. Andere Studien haben eine Beziehung zwischen der Sprachmischung des Kindes und der Sprachmischung im Umfeld des Kindes festgestellt. Für De Houwer gibt es jedoch noch immer zu wenige empirische Untersuchungsergebnisse, um daraus klare und konkrete Schlüsse ziehen zu können: *„It appears, then, that there is as little positive evidence for the position that bilingual* *children develop two separate linguistic systems from the earliest stages of acquisition as there is for the claim that bilingual children start out with a single linguistic system which is later differentiated or separated into two linguistic systems"* (De Houwer 1990, 49).

9 Merkmale bilingualer Sprache

In der Literatur über Zweisprachigkeit werden verschiedene charakteristische Merkmale bilingualen Sprechens genannt. So ist neben dem **Sprachwechsel** die Rede von „Sprachstörungen" wie einer generellen **Sprachverspätung**; vom Verstummen des Kindes, also von einer **Sprachverweigerung**; und vom **Stottern**, das bei bilingualen Kindern angeblich häufiger auftritt als bei monolingualen. Aber auch **Sprachmischungen** und **Interferenzen** werden von einzelnen Forschern als Störungen angesehen.

Im Folgenden soll untersucht werden, wie weit und in welcher Form solche Merkmale bilingualen Sprechens bzw. Störungen auch bei Tom und Nora auftraten.

9.1 Sprachverweigerung

Es kann vorkommen, dass zweisprachige Kinder anfangen, eine ihrer Sprachen zu verweigern. So untersuchte Ronjat (in: Hatch 1978, 14) in einer Studie das Sprachverhalten der beiden Mädchen Adel und Gabrielle. Adel beantwortete Fragen, die ihr auf Deutsch gestellt wurden, grundsätzlich auf Italienisch. Während ihre Schwester Gabrielle beide Sprachen fließend sprach, weigerte sich Adel, deutsch zu sprechen. In Leopolds Studie (1987, 31) sehen wir dieselbe Art der Sprachverweigerung. Während eines Aufenthaltes in Deutschland verweigerte das Kind Hildegard die Aufforderung ihrer Mutter, englisch zu reden, und brach in Tränen aus, wenn die Mutter englisch redete. In Arnberg (1991, 135 ff.) berichten mehrere Eltern, die ihre Kinder zweisprachig erzogen, über ähnliche Erfahrungen.

Nach Kielhöfer und Jonekeit (1998, 70 ff.) können die Ursachen dafür verschiedener Natur sein.
- Emotionale Gründe: Wenn die Beziehung des Kindes zu einem Elternteil gestört ist, wenn das Kind den Partner ablehnt, dann kann es auch, um ihn zu strafen, dessen Sprache verweigern. Das Kind kann aber auch dann die Sprache verweigern, wenn es spürt, dass die Eltern oder seine Umgebung eine negative Einstellung zur Zweisprachigkeit haben.

- Soziale Gründe: Wenn eine der beiden Sprachen ein geringeres Sozialprestige hat als die andere, dann kann es vorkommen, dass das Kind diese Sprache verleugnet: es schämt sich, diese Sprache zu sprechen. Solche Fälle werden aus österreichischen und deutschen Kindergärten und Schulen berichtet, in denen türkische Kinder auch untereinander deutsch reden, ja sogar ihre türkischen Eltern vor österreichischen bzw. deutschen Kinder in deutscher Sprache anreden. Hier wird die Sprache als Symbol der kulturellen und ethnischen Identität verweigert. Sprachverlust kann die Folge sein. Die Ursache kann aber auch in einem sozialen Konformismus liegen: In einer rein einsprachigen Umgebung kann ein Kind seine Zweisprachigkeit als soziales Makel empfinden. Es will nicht anders sein als die anderen Kinder, die auch nur eine Sprache sprechen und verweigert deshalb die zweite Sprache.
- Sprachbeherrschung: Es kann sein, dass die zweite, d. h. die in den meisten Fällen schwächere Sprache deshalb verweigert wird, weil sie zu schwach ist. Wenn wegen eines zu geringen Inputs, wegen mangelnder Übung oder fehlender Motivation die Benutzung dieser Sprache zu anstrengend und die Sprachnot zu groß ist, kann ein Kind diese Sprache verweigern. Das tritt besonders dann auf, wenn das Kind weiß, dass sein Gesprächspartner auch seine andere, seine starke Sprache versteht.

9.1.1 Tom

Bei Tom konnte während der Beobachtungszeit keinerlei Sprachverweigerung festgestellt werden. Seine emotionale Beziehung sowohl zu seinen englischsprachigen als auch zu seinen deutschsprachigen Partnern verlief harmonisch und ungestört. Die positive Einstellung der Eltern und seiner Umgebung zur Zweisprachigkeit war Tom deutlich bewusst.

Die englische Sprache besitzt in Österreich ein hohes Sozialprestige. Es gibt daher für Tom keinen Grund, sich zu schämen, diese Sprache zu sprechen. Was den von Kielhöfer und Jonekeit (1998, 70) genannten sozialen Konformismus betrifft, der sich vor allem auf dem Land oder in Kleinstädten bemerkbar machen kann, war bei Tom gerade das Gegenteil zu beobachten. Wenn Tom mit Oma und mir einkaufen oder spazieren ging und sich dabei mit Oma auf Deutsch und mit mir auf Englisch unterhielt, wurden wir sehr häufig von Passanten auf Toms Zweisprachigkeit angesprochen. Und dabei konnten wir jedes Mal beobachten, wie stolz Tom über das Lob und das teilweise Erstaunen der Menschen darüber war, dass er sich bereits so fließend und selbstverständlich in zwei Sprachen unterhalten konnte.

> Tom (4;4) ist mit mir in einer Auto-Reparaturwerkstätte. Während wir auf mein Auto warten, unterhält sich Tom mit mir auf Englisch. Dann fragt Tom die beiden Mechaniker auf Deutsch, was sie tun, und sie erklären es ihm. Zwischendurch sagt er mir wieder etwas auf Englisch. Die Mechaniker sind erstaunt darüber, wie problemlos Tom von einer Sprache auf die andere wechselt, und ich erkläre ihnen Toms Situation. Darauf sagt Tom zu den beiden Mechanikern: *„Gel, i kann schon guat englisch reden."*

Diese positive Einstellung gegenüber der Zweisprachigkeit war bei Tom auch im Kontakt mit anderen Kindern zu beobachten, sei es in Interaktionen mit seinem um drei Monate älteren Cousin Clemens, oder bei Geburtstagsfeiern oder Faschingspartys mit Nachbarskindern oder Freunden aus dem Kindergarten. Im Unterschied zu der bei Kielhöfer und Jonekeit (1998, 70) genannten Befürchtung, ein Kind könnte seine Zweisprachigkeit als sozialen Makel empfinden und die zweite Sprache verweigern, weil es so sein will wie die anderen Kinder, schien Tom die Tatsache, zwei Sprachen zu sprechen, auch während seiner Interaktionen mit anderen Kindern als etwas ganz Normales und Selbstverständliches zu betrachten und keinen Grund zu sehen, im Beisein anderer Kinder davon abzugehen. Im Gegenteil, er schien sogar stolz zu sein, etwas zu können, was die anderen Kinder nicht konnten.

> Zur Housewarming-Party ihrer neuen Wohnung in Volders haben Toms Eltern Freunde und Verwandte eingeladen. Darunter sind viele Kinder. Alle Kinder sind einsprachig, d. h. Tom (4;3) spricht mit ihnen nur deutsch. Mit zwei Buben baut Tom schließlich im Kinderzimmer eine Duplo-Burg. Als ich ins Kinderzimmer komme, um ihnen zuzuschauen, sagt Tom zu mir: *„Opa, we are building a big castle"*. Als er merkt, dass die Buben ihn erstaunt und fragend anschauen, sagt er zu ihnen: *„Weißt, i red mit meinem Opa immer englisch."*

Sehr früh schon erkannte Tom die Bedeutung des Englisch als Lingua franca (vgl. Kap. 13), wie das folgende Beispiel zeigt:

Neben unserem Haus ist eine Baustelle. Tom (4;2) schaut den Arbeitern zu und will mit einem vermutlich türkischen Arbeiter zu reden anfangen. Dieser deutet aber Tom, dass er kein Deutsch versteht. So empfiehlt Oma Tom, es mit Englisch zu versuchen.

Tom: He, I must tell you something.

Arbeiter: Ja?

Tom: Who did bring the bagger here?

Arbeiter: A truck. A big truck.

Opa: A truck, aha. It came with a big truck.

Arbeiter: Came with a big truck.

Opa: So the man can speak English, you see. That's fine.

Tom: How deep will that hole be?

Arbeiter: How...?

Tom: How deep?

Arbeiter: Deep, aha. About fünf Meter. Very deep, ja, ja. Fünf Meter.

(...)

Tom: What do you have to do?

Arbeiter: Do?...Work.

Tom: And what will the bagger do here?

Arbeiter: Cable. Telephone cable. You see, this is telephone cable. Verstehst du? What's your name?

Tom: Tom.

Arbeiter: Your name is Tom? How old are you? Four year? Nice. Where is your mother?

Tom: I don't know.

Arbeiter: In the house?

Tom: No.

Arbeiter: How old is your mother?

Tom: I don't know...What are you doing?

Arbeiter: I am working here, Tom.

(...)

Arbeiter: What is the name of your dog? You have a dog?

Tom: No.

Arbeiter: Why? A small dog?

Tom: No. I don't have a dog.

Arbeiter: A bird?
Tom: No.
Arbeiter: Oh, mama mia. Du hast Katz?
Tom: No.
Arbeiter: Ah, mama mia. You have nothing?
Tom: Yes, but I have a sister.
Arbeiter: You have to buy one bird.
Tom: What?
Arbeiter: Bird. Sing for you.
Tom: Are you got a bird?
Arbeiter: Yes, I got a bird. Sing for me. Nice.

Nachdem Tom erkannt hatte, wie gut die Kommunikation mit diesem Arbeiter funktionierte, hielt er sich in der nächsten Zeit häufig in seiner Nähe auf und unterhielt sich mit ihm.

Aufgrund der angewendeten Spracherziehungsmethode (Pisek 2000) bestand bei Tom nie die Gefahr, dass die zweite Sprache, also Englisch, zu schwach werden könnte. Auch nachdem Toms Mutter sich entschloss, mit Tom deutsch zu reden, gab es für Tom durch seinen Vater und mich, aber auch durch die verschiedenen englischsprachigen Verwandten genügend englischen Input und ausreichend Übungsmöglichkeiten. Ich hatte bei meinen vielen Interaktionen mit Tom nie das Gefühl, die Benutzung der englischen Sprache könnte für ihn besonders anstrengend sein. Es kam wohl es ab und zu vor, dass Tom ein bestimmtes Wort auf Englisch nicht wusste oder Schwierigkeiten hatte, einen Gedanken auf Englisch zu formulieren. Er entwickelte jedoch Strategien, die ihm halfen, solche schwierige Situationen zu überwinden:

- Wenn Tom ein einzelnes Wort nicht wusste, dann fragte er danach:

    a) Tom (4;6) zeigt auf ein Bild mit Soldaten, die lange Schwerter tragen.
    Tom: Opa, look, these soldiers have got long...**What's ‚Schwert' in English**?
    Opa: Sword [sŋd].
    Tom: Opa, look, these soldiers have got long swords [sŋdz].

    b) Während einer Autofahrt zum Alpenzoo.

Tom (4;6) : Opa, we must,..we must...Opa, **what's ‚beeilen' in English?**
Opa: Hurry. We must hurry.
Tom: Opa, we must hurry.

c) Opa liest Tom (4;5) eine Geschichte vor.
Opa: Look, and what is the old woman holding in her hands?
Tom: A bucket.
Opa: A bucket. And where did she get the water from?
Tom: From the well. **Opa, how do you call a well in German?**
Opa: In German it's called ein Brunnen. Ein Ziehbrunnen.
Tom: Ein Brunnen.
Opa: Ein Ziehbrunnen. Because you have to pull up the water from deep down in the well.

d) Tom (4;7) nimmt Hustensaft und fragt: Opa, what's **Zitrone** in English?
Opa: Lemon.
Tom: Opa, my cough medicine tastes like **lemon**.

e) Opa liest Tom (4;7) aus der *Bibel unserer Kinder* vor.
An einer Stelle heißt es: „Die Räuber schlugen den Mann, daß er **halbtot** liegenblieb."
Darauf Tom, nach einer kurzen Denkpause: „Opa, is ‚**halbtot**' ‚**almost dead**'?"

f) Dieses Nachfragen funktionierte auch in Kommunikationssituationen mit Native Speakers:
Während seines Oxfordaufenthaltes spielt Tom mit dem gleichaltrigen Nachbarsbuben Christopher und seinem Cousin Vincent. Vincent (22) wirft Tom in die Luft.
Darauf Christopher: Sometimes my mummy and my daddy let go completely and they just drop me down and I love it.
Nach einiger Zeit fragt Tom: He, Vincent, do you know what's ‚completely'?
Vincent: Completely? What's completely?
Christopher: Some people are gone completely.

Tom: What?
Christopher: Completely. Some people are gone. Just like that: psch...
Tom: Aha.

Anschließend verwendet Tom dieses neue Wort sofort mehrmals:
Tom: Look, that goes really at the bottom. That goes completely at the bottom.
Christopher: We have to do it like this, at the bottom.
Tom: Yes, it goes completely at the bottom.

- Bei der Erklärung eines komplizierten Sachverhaltes behalf sich Tom folgendermaßen:

  Im Alter von 4;6 Jahren nimmt Tom an einem Schikurs teil. Am ersten Tag hole ich ihn zu Mittag ab und fahre mit ihm nach Aldrans. Schon unterwegs berichtet er mir von seinen Erlebnissen, und in Aldrans erzählt er weiter und will mir beschreiben, wie der Schilift funktionierte, mit dem er bereits am ersten Tag fahren durfte.
  Tom: I really did drive on the ski lift.
  Opa: And I thought you wouldn't take the lift on the first day.
  Tom: And I didn't fall when I was so high up.
  Nun will mir Tom den Schilift beschreiben:
  Tom: There was such a..., such a..., wait a moment.
  (Er läuft weg und kommt mit einem Blatt Papier und einen Bleistift zurück: Look, Opa (**Tom versucht den Lift zu zeichnen**). There was such a long, a long rope with black things on it, that you slipped not back.
  Opa: Oh, I see.
  Tom (**zeichnet** wieder): There was such a..., such a..., such a thing what turns the wheels around. It goes up and down.
  Opa: So that it goes back down then, aha.

9.1.2 Nora

Während also bei Tom keinerlei Sprachverweigerung zu beobachten war, lag die Situation bei seiner Schwester Nora anders. Emotionale Gründe für eine Sprachverweigerung schienen nicht gegeben zu sein, denn die Beziehung Noras zu den verschiedenen deutsch- und englischsprachigen Familienmitgliedern war ebenso positiv und eng wie die Toms. Auch im sozialen Bereich gab es keine Unterschiede. Große Unterschiede waren hingegen auf dem Gebiet der **Sprachbeherrschung** zu erkennen. Bei Nora war der englischsprachige Input aufgrund der Tatsache, dass die Mutter mit ihr von Anfang an deutsch sprach, im Vergleich zu Tom immer viel geringer. Die Übersiedlung nach Volders trug schließlich dazu bei, dass sich das Verhältnis zwischen dem deutschen und englischen Input weiter zu Ungunsten der englischen Sprache verschob. Tagsüber hörte und redete Nora in der Regel nur Deutsch, und ihre Kontakte mit der englischen Sprache beschränkten sich während der Woche auf die kurze Zeit vor dem Schlafengehen, wenn der Vater nach Hause kam, auf die Wochenenden, wenn sie mit ihrem Vater beisammen war, und auf die Stunden, die Nora mit mir verbrachte. *„Wir nehmen an, daß es in der Sprachbeherrschung eine kritische Schwelle gibt. Wird sie unterschritten (durch mangelnde Übung, fehlende Motivation etc.), so ist die Benutzung dieser Sprache so anstrengend, die Sprachnot so groß, daß Kinder diese Sprache verweigern"* (Kielhöfer und Jonekeit 1998, 71). Bei Nora wurde diese kritische Schwelle im dritten Lebensjahr sicherlich unterschritten. Dies führte dazu, dass Nora während dieser Zeit kaum bereit war, mit ihrem Vater oder mit mir englisch zu reden oder auf unsere englischen Fragen auf Englisch zu antworten. Es war für sie viel bequemer, deutsch zu reden. Denn sie wusste ja auch, dass wir, d. h. ihr Vater und ich alles verstanden, was sie sagte.

a) Tom und Nora (2;5) haben bei Oma und Opa geschlafen und sollen sich nun anziehen.
Oma: Jetzt geht bitte hinüber ins Esszimmer und zieht euch an.
Tom: Opa.
Opa: Ja? So, put on your clothes.
Nora: Die Hose. I kann die Hose schon selber anziehen.
Opa: No, first you have to take off your pyjama.
Tom (lacht): That's funny. Nora not..., can't take her pyjama off.
Opa: I'll come and help her.

Nora: Opa, look. Kann i alleine die Socken anziehen.
Opa: Super.
Nora: Wo is die andere Sock? Wo is die andere Sock?
Opa: I don't know, Nora.
Nora: There.
Opa: Ah, there. But first you put on the yellow ones.
Nora: Des sein die grünen.
Tom: Those are the green ones.
Opa: Those are the green ones, that's right. Should I help you, Nora?
Nora: Na. Kann i leine. Schaug, die Hose kann i schon.
Opa: Oh, yes, of course. That's fine. And now your pullover.
Nora: Na, i tua des alleine anziehen...Kann i nit die Hose aufziagn.
Oma (kommt dazu): Na, Nora, wie geht's dir denn beim Anziehen?
Nora: Guat. Ganz aloan. Ganz aloan.

b) Beim Abendessen mit Mummy und Daddy:
Mummy: Nora, tust du mit dem Daddy Abend essen? Was isst denn Gutes?
Nora: Des da.
Mummy: Was is des?
Nora: Kartoffelen.
Daddy: Chicken and...?
Nora: Kartoffelen.
Daddy: Potatoes.
Nora: Hmmm.
Daddy: Do you like chicken, Nory?
Nora: Ja.
Daddy: What have you been doing today?
Nora: Umdrehen.
Daddy: Ha?
Nora: Umdrehen.
Daddy: What's happened?
Nora: Umdrehen. Des da. Umdrehen.
Daddy: What umdrehen? No, we leave that to mummy.
Nora: Umdrehen. Des Latzele.

Daddy: No, we don't have to turn it round.
Nora: Na, i seh des Katzele nit. (Auf Noras Latz ist eine Katze gestickt)
Daddy: What's wrong with it? You can't see the cat?
Nora: No.
Daddy: You want me to turn your bib around?
Nora: Ja. Latzele umdrehen.

An beiden Beispielen können wir sehen, dass es von Noras Gesichtspunkt aus gesehen völlig überflüssig gewesen wäre, sich zu bemühen, englisch zu reden. Denn sie wusste, dass sie von allen verstanden wurde. Außerdem erkannte sie, dass sowohl ihr Vater als auch ich es akzeptierten, wenn sie uns auf unsere englischen Fragen auf Deutsch antwortete. Ebenso reagierten wir in keiner Weise, wenn sie uns etwas auf Deutsch fragte, sondern antworteten einfach auf Englisch. Es liegt also nicht nur an Noras mangelnder Sprachbeherrschung, dass es zu dieser Verweigerung der englischen Sprache kam, sondern in einem großen Maße sicherlich auch am geänderten Sprachverhalten von uns Erwachsenen. Denn während der Vater und ich bei Tom konsequent darauf achteten, dass er nur englisch mit uns redete, und während wir auf deutsche Äußerungen des Buben entweder überhaupt nicht oder mit Hinweisen wie *„Say it in English, please"* oder *„I didn't understand you. Can you say it again, but in English, please"* reagierten, tolerierten wir bei Nora, wie an den beiden Beispielen zu sehen ist, in der Regel ihre deutschen Äußerungen. Döpke (1992) stellt fest, dass sich Kinder nur dann zweisprachig entwickelt, wenn für sie dazu eine Notwendigkeit besteht: *„Children who become bilingual early do so in response to environmental demands. Thus they will learn to understand and speak the minority language if they have a need to understand and speak it, i. e. if one or more people who are important to the children will consistently use the minority language in interaction with them"* (Döpke 1992, 55). Diese Notwendigkeit war bei Nora nicht gegeben.

Der Zusammenhang zwischen unserem Verhalten und Noras Verweigerung, englisch zu sprechen, ist an folgendem Beispiel gut zu erkennen:
Bei einem Spaziergang spielen Tom und Nora (2;6) „Kühe".
Tom: Opa, I'm a bull.
Nora: Und **i bin a Kuh.**

Opa: I'm sure you can say it in English, Nora.
Nora: **I bin a cow**.
Opa: Say it again, Nora.
Nora: **I am a cow**.

Ab etwa 2;6 Jahren war es also bei entsprechender Konsequenz doch möglich, Nora in einzelnen Situationen zu englischsprachigen Äußerungen zu bewegen.

Nora bemühte sich aber auch nicht, mit englischsprachigen Verwandten, bei denen ihr bewusst war, dass sie kein Deutsch verstanden, englisch zu reden.

> Onkel Greg, ein Bruder von Noras Vater, ist zu Besuch aus London in Volders. Er baut mit Tom und Nora (2;5) eine Eisenbahn auf.
> Tom: Uncle Greg, why do you not live in London...in England?
> Greg: Well, London is in England. London is the capital city of England. Like Innsbruck is for Austria. Or is it? No, it's not, is it?
> Tom: What?
> Nora: Schaug, is schon dunkel draußen.
> Greg (zu Nora): What?
> Nora: Is schon dunkel draußen. Dunkel draußen. Is schon dunkel draußen.
> Mummy: Nora, du mußt mit dem Uncle Greg schon englisch reden. Er versteht dich sonst nit.
> Greg: Do you speak English, Nora?
> Tom: Just German.
> Nora: Uncle Greg.
> Greg: Hm?
> Nora: Schaug amal. Kanns fahren.
> Tom: It runs very alone.
> Greg: Aha. So, that's how it works.
> Nora: Uncle Greg.
> Greg: Yes.
> Nora: I hab heut die Rutschsocken an. Schaug amal.

Bei folgenden Beispiel versuchte Nora, durch einen Wechsel von der deutschen in die englische Sprache die Aufmerksamkeit ihres einsprachigen Gesprächspartners auf sich zu ziehen:

    Nora: Schaug amal, schaug amal, uncle Greg. **Schaug amal**. ... **Look**, uncle Greg.

Hier scheint es sich um ein typisches Sprachverhalten bilingualer Kinder zu handeln, denn Oksaar schreibt über das Verhalten ihres 2;10 Jahre alten, zweisprachig aufwachsenden Sohnes Sven: *„Bei Äußerungen in Appellfunktion, wenn das Kind etwas haben wollte und die Eltern nicht gleich darauf reagierten, wurde die Aufforderung nicht selten in der anderen Sprache wiederholt"* (1987, 105).

Am ehesten gelang es beim Anschauen oder Vorlesen englischer Kinderbücher, Nora dazu zu bewegen, sich auf Englisch zu äußern. Doch auch in diesen Situationen flüchtete sie sich, wie die Beispiele zeigen, immer wieder ins Deutsche.

  a) Mummy und Nora (2;4) schauen ein Bilderbuch an.
    Mummy: And that boy. What is he doing? That one, there.
    Nora: Verstecken tut der boy.
    Mummy: Yes. Hiding.
    Nora: Hiding.
    Mummy: You like hiding, Nora?
    Nora: Yes...Schaug.
    Mummy: Hm. What has he got? A hat?
    Nora: Yeah.
    Mummy: A beautiful hat.
    Nora: Schaug.
    Mummy: Hm. Mummy has to go away and Anna has to play with her teddy.
    Nora: Der Teddybär.
    Mummy: Hmm. Have you got a teddybear, too?
    Nora: Yeah.
    Mummy: A big one or a small one?
    Nora: A big one... A small one. A small one.
    Mummy: Is that right?
    Nora: Ja. Der Tommy hat an small one.

Mummy: I think you've got a big one and Tommy has got a big one, too.
Nora: I hab net a small one.
Mummy: You've got a big one, Nora.
Nora: There is a small one. Schaug, there is a small one.

b) Opa liest Nora (2;6) die Geschichte „The Unhappy Ghost" vor.
Opa: And this is the ghost. The unhappy ghost.
Nora: The unhappy ghost. Warum weint er?
Opa: He is so unhappy because he has no friends.
Nora: There.
Opa: Yes, and now Sally and Kate are the ghost's friends. (...) And you can come every day.
Nora: Lesen, Opa.
Opa: Yeah. Look, what are the two girls doing?
Nora: Sleeping.
Opa: They are sleeping. And Kate and Sally are sisters. Oh, look, what's lying on the floor?
Nora: Toys.
Opa: Toys. Which toys?
Nora: Des is a Hundi.
Opa: Yes, that's a dogie, and...?
Nora: A teddy.
Opa: And a teddy, yes. And look, what is this?
Nora: An Schuh verloren.

Keinerlei Sprachverweigerung gab es bei Nora, wenn sie englische Kinderlieder sang oder Nursery Rhymes aufsagte. Denn in diesen Situationen stand nicht die Sprache im Vordergrund, sondern das Interesse des Kindes an den Melodien und an den Reimen, und vermutlich war ihr während des Singens gar nicht bewusst, dass sie englisch sang. Dabei wurden aber gleichzeitig auch – für Nora unbewusst – schwierige englische Laute geübt. Immer wieder konnten wir feststellen, daß Nora plötzlich beim Spielen oder während einer Autofahrt Lieder wie *„Mary had a little lamb"* oder *„The wheels of the bus go round and round"* oder *„Twinkle, twinkle, little star"* zu singen begann oder einen Reim wie *„Humpty Dumpty sat on a wall"* aufsagte. *„Many children enjoy* *participating in such activities even when they do not use the language more actively during ordinary conversations"* (Arnberg 1991, 99).

Sehr stark wurde Noras Sprachverhalten während des Beobachtungszeitraumes von Tom beeinflusst. Tom war als ihr großer Bruder Vorbild auf den verschiedensten Gebieten. Was er tat, tat auch Nora. Was Tom sagte, plapperte Nora nach. Diese Imitationsfreude führte neben dem oben erwähnten Vorlesen zu den wenigen Situationen, in denen sich auch Nora bemühte, englisch zu sprechen:

a) Tom will ein Rad seines Dreirades aufpumpen und sagt:
Opa, look, I [ai] pump [pʊmp] more air in.
Darauf Nora (2;2), während sie Tom die Pumpe wegnimmt:
Na, i [i] pump [pʊmp] more air in.

b) Tom und Nora (2;3) sitzen unter Opas Schreibtisch und spielen.
Tom: Opa, please, can you turn the light on?
Opa schaltet die Schreibtischlampe ein.
Tom: Now we can see much better.
Nora: Now see much better, Opa.

c) Tom und Nora (2;4) bauen Duplo-Schiffe.
Nora: Tom, meine ship is bigger wie deine ship.

d) Tom (4;6) hat im Kindergarten die Wochentage gelernt und möchte sie nun auch auf Englisch wissen.
Tom: Friday, Saturday, Sunday.
Oma: Jetzt kommt die Nora dran.
Opa: Okay, Nora.
Tom: Samstag, Sonntag, Mittwoch.
Nora: Mittwoch.
Opa: And now you, Nora.
Nora: Samstag, Freitag, Saturday.
Tom (lacht): Sie weiß noch net alle.
Opa: No, she can't know it.
Oma: Aber a bissl lernt sie schon.
Opa: Nora learns a lot from you, Tom. You teach her so many words.

Nora: Mittwoch, Samstag, Sonntag, Saturday, Frühling, Herbst und Mai und Frühling und Mai.

e) Beim Spielen: Ein Hai hat Opa ins Bein gebissen.
Tom: Opa, now you can't walk any more.
Nora (2;7): Opa, now you can **nimmer** walk.

Saunders beschreibt eine ähnliche Situation in seiner Familie. Für seine jüngste Tochter Katrina waren ihre zwei älteren Brüder in jeder Hinsicht Vorbilder, insbesondere auch im sprachlichen Bereich. Sie wollte alles gleich wie ihre Brüder tun. „*She hears them always speaking English to their father and does likewise: that is simply the done thing*" (1988, 127). Bei Nora reichte Toms Vorbildwirkung leider nicht so weit. Denn obwohl sie immer hörte, wie Tom mit seinem Vater und mit mir englisch sprach, war sie während dieser Phase nicht bereit, es ihm gleichtun zu wollen.

Noras Sprachverweigerung hing vermutlich auch damit zusammen, dass Tom nicht dazu gebracht werden konnte, mit Nora englisch zu reden. So selbstverständlich er mit seinem Vater und mit mir englisch redete, so selbstverständlich redete er mit seiner Schwester deutsch. Aufforderungen, mit Nora englisch zu reden, blieben eher erfolglos.

Tom und Nora (2;2) spielen in der Sandkiste.
Tom zu Nora: Nora, backst du einen Kuchen?
Nora: Na, Erdbeere. (Sie füllt einen Plastikform in der Gestalt einer
Erdbeere mit Sand).
Opa zu Tom: Tom, Nora should also learn English. And you could help
her. When you talk English to Nora, she will also learn two languages,
German and English. So, please help her and talk English to her.
Tom: Nora, are you baking a cake?
Nora: Na, Erdbeere.
Tom: Opa, Nora not want to speak English.

Dass Tom und Nora nur deutsch miteinander sprechen, scheint aber nichts Außergewöhnliches, sondern eher der Normalfall zu sein, denn Döpke bestätigt:

„Children usually adopt the majority language as a means of communication among themselves" (1992, 197).

Einen wichtigen Einfluss auf Noras Sprachverhalten hatte wahrscheinlich auch die sprachliche Dominanz Toms in den Interaktionen mit mir. Wenn Tom und Nora mit mir zusammen waren, riss Tom immer sofort die sprachliche Initiative an sich. Häufig begann er mit einem *„Opa,..."*, um dann erst zu überlegen, was er mich eigentlich fragen oder mir mitteilen wollte. Nora hingegen brauchte längere Zeit, um sich eine Äußerung zu überlegen. Bis sie aber dann so weit war, beherrschte Tom bereits das Geschehen. Da er wusste, dass ich ihm immer zuhörte und mich bemühte, seine manchmal äußerst schwierigen Fragen zu beantworten, redete und fragte er mich ununterbrochen und gab Nora kaum einmal Gelegenheit, auch etwas einzubringen. Wenn ich merkte, dass Nora etwas sagen wollte, versuchte ich wohl, Tom mit Hinweisen wie *„Tom, Nora wants to say something"* oder *„Now stop talking for a moment, Tom, and listen what Nora wants to say"* zum Schweigen zu bringen. Das gelang meist aber nur für sehr kurze Zeit, denn während sich Nora noch mit der Formulierung einer Äußerung abmühte, hatte Tom meinen Hinweis schon wieder vergessen und musste mir etwas ganz Wichtiges erzählen. Nora reagierte in solchen Interaktionen sehr interessant: Während sie sich bei anderen Gelegenheiten gegenüber ihrem Bruder problemlos durchzusetzen vermochte, protestierte sie in diesen Situationen kaum einmal und versuchte auch nicht, sich Tom gegenüber zu behaupten. Wenn sie merkte, dass sie keine Chance hatte, zu Wort zu kommen, ging sie einfach weg und beschäftigte sich mit etwas anderem. Beim Vorlesen zog sie sich nach einigen vergeblichen Versuchen, ebenfalls noch Platz auf meinem Schoß zu finden, mit Oma zurück, um mit ihr Lieder zu singen oder von ihr Geschichten erzählt zu bekommen. Während einer Autofahrt begann sie häufig zu singen oder, wenn Oma dabei war, sich mit ihr über etwas anderes zu unterhalten. Dabei ist Nora aber durchaus kein ruhiges oder scheues Kind. Sie ist im Gegenteil ein ungemein lustiges, aufgewecktes und temperamentvolles Mädchen, das, wenn Tom nicht dabei ist, auch sehr gerne und viel redet.

Solche Situationen hatten natürlich deutliche Auswirkungen auf die Quantität des englischsprachigen Inputs. Denn während sich Tom mit mir auf Englisch unterhielt oder von mir englische Geschichten hörte, redeten Oma und Nora miteinander deutsch.

Ganz besonders deutlich war dieses Verhalten während eines gemeinsamen Ungarnaufenthaltes zu beobachten. Tom versuchte nicht nur immer wieder, unsere Aufmerksamkeit und ein Gespräch sofort an sich zu reißen und Nora kaum Zeit zu lassen, etwas zu sagen oder ihre Gedanken zum Ausdruck zu bringen, sondern er beantwortete häufig auch Fragen, die an Nora gerichtet waren, wie die folgenden Beispiele zeigen:

> Nora und Tom helfen in der Küche.
> Opa (zu Tom): What are you cutting?
> Tom: The potato.
> Opa: I see. **And what are you cutting, Nora?**
> **Tom: Salad.**
>
> Katalin: And mind your fingers. Tom, try to cut them into small pieces.
> Tom: Wow, that did jump.
> Katalin: Don't let them jump.
> Opa: **Oh, what are you doing, Nora?**
> **Tom: Cutting carrots.**

Durch dieses Verhalten nahm Tom Nora die Möglichkeit, selbst Englisch anzuwenden und zu trainieren. Dass ein solches Verhalten aber nichts Außergewöhnliches ist, bestätigt Döpke: *„Moreover, younger children are often talked for by their older siblings and have less need to develop active language facilities in interaction with their parents than in interactions with their older brothers and sisters* (1992, 197). Ebenso stellt auch Baker fest: *„Older siblings also tend to answer for their younger brothers and sisters"* (1996, 63).

Ähnlich verhielt es sich laut Angaben der Mutter im Kreise der Familie. Vormittags, während Tom im Kindergarten war, hatte Nora genügend Zeit und Möglichkeiten, mit der Mutter zu kommunizieren. Doch sobald Tom zu Mittag vom Kindergarten nach Hause kam, beherrschte wieder er das sprachliche Geschehen. Gelegenheiten, den Vater für sich alleine zu haben, ergaben sich für Nora nur sehr selten. Nur wenn Tom einmal vor dem Fernseher saß, konnte sich Nora in der Küche mit ihrem Vater ungestört unterhalten und dessen ungeteilte Aufmerksamkeit auf sich ziehen. Dabei redete der Vater englisch, und Nora antwortete meist auf Deutsch.

Ab 2;9 Jahren war in Noras Sprachverhalten eine deutliche Änderung zu erkennen. Sie verweigerte nicht mehr so konsequent die englische Sprache, sondern bemühte sich, in Kommunikationssituationen mit ihrem Vater und mit mir auf Englisch zu reagieren. Das auslösende Moment für diese Verhaltensänderung scheint eine Urlaubswoche des Vaters gewesen zu sein. Der Vater, der berufsbedingt während einer Arbeitswoche und teilweise auch an den Wochenenden wenig Zeit für die Kinder hat, konnte sich während dieses Urlaubes voll den Kindern widmen. Und während Tom vormittags im Kindergarten war, hatte Nora ihren Vater ganz für sich allein. Während dieser kurzen Zeit konnte die Mutter beobachten, wie Nora durch die Tatsache, dass sie ihren Vater den ganzen Tag englisch sprechen hörte, von Tag zu Tag mehr Mut und Sicherheit gewann, auf Fragen oder Bemerkungen ihres Vaters auf Englisch zu reagieren.

Diese Änderung in Noras Sprachverhalten betraf aber auch Interaktionen mit mir, wie das folgende Beispiel deutlich zeigt:

>Nora kommt mit einem Puzzle zu Opa.
>Opa: You want to do the puzzle?
>Nora: **With you**.
>Nora nimmt Opa an der Hand: **Please, come**.

>Nachdem wir das Puzzle fertig gelegt hatten, sagt Nora: **Opa, I want to farmer Gapp.**

>Am Nachmittag desselben Tages pflückt Nora ein Gänseblümchen und fragt:
>**Wie heißt des auf Englisch?**

Noras Verhalten bzw. ihre Verhaltensänderung ist ein klarer Beweis für den direkten Zusammenhang zwischen Sprachbeherrschung und Quantität des Inputs. Solange die *„kritische Schwelle der Sprachbeherrschung"* (Kielhöfer und Jonekeit 1998, 71) in Englisch wegen der mangelnden Übung unterschritten wurde, verweigerte Nora diese Sprache. Sobald jedoch diese „kritische Schwelle" durch die Anwesenheit des Vaters wieder erreicht bzw. überschritten wurde, war auch Nora sofort bereit, englisch zu sprechen.

Diese These wird auch durch das folgende Beispiel bestätigt:
> Nora (2;10): Opa, i hab meine Schuhe auszogen.
> Opa: Can you tell me in English, Nora?
> Nora: **No, I can't**.

Dieses „*I can't*" bringt deutlich zum Ausdruck, warum Nora mit mir in dieser Situation nicht englisch sprach: Sie war nicht in der Lage, das, was sie mir sagen wollte, auf Englisch auszudrücken.

9.2 Produktive und rezeptive Zweisprachigkeit

In der Literatur (z. B. McLaughlin 1984, Arnberg 1991, Döpke 1992, Hoffmann 1997) wird zwischen produktiver oder aktiver und rezeptiver oder passiver Zweisprachigkeit unterschieden. Bei rezeptiver Zweisprachigkeit versteht das Kind die gesprochene Sprache, spricht sie aber nicht. Im Falle einer produktiven Zweisprachigkeit versteht das Kind nicht nur die gesprochene Sprache, sondern es ist auch in der Lage, sie zu sprechen (die für Kinder und Jugendliche im Schulalter sowie für Erwachsene wichtigen Fertigkeitsbereiche Leseverstehen und Schreiben müssen in unserem Fall vernachlässigt werden).

Wenn **Nora** in ihrem dritten Lebensjahr auch kaum bereit war, selbst englisch zu sprechen, so erwarb sie während dieser Zeit dennoch die sehr wichtige rezeptive Kompetenz im Zusammenhang mit ihrer Zweisprachentwicklung: **Sie lernte, gesprochenes Englisch zu verstehen.** Und so enttäuschend für uns vielleicht Noras Leistungen im Sprechen vor allem auch im Vergleich mit ihrem Bruder Tom waren, so erstaunlich war ihre Fähigkeit, Englisch zu verstehen. Ihre situativ richtigen Antworten – auf Deutsch – beweisen, dass Nora unsere englischen Fragen und Hinweise immer verstand. Dies soll anhand mehrerer Beispiele aufgezeigt werden.

> a) Nora (2;1) und Tom kommen von der Spielgruppe.
> Opa: Nora, where have you been?
> Nora: Spielgruppe gwest.
> Opa: What did you do there?
> Nora: Sand spielt. Rutsche. Wasser spritzt. Weint.

Opa: Were there many other children?
Nora: Yes.
Opa: Who was there?
Nora: Tom, und Manuel, und Attila.

b) Nora (2;1) hilft Oma in der Küche.
Opa: Nora, what are you doing?
Nora: Oma helfen. Kochen.
Opa: And what are you cooking?
Nora: Leberknödel kochen.

c) Opa: Where are your slippers, Nora?
Nora: In die Wohnzimmer.
Opa: Go and get them.
Nora: Ja. (Sie läuft weg und kommt mit ihren Hausschuhen zurück)

d) Telefongespräch mit Nora (2;4).
Nora: Hallo, Opa. I bin daheim.
Opa: Hallo, Nora. You are not at the playgroup?
Nora: No.
Opa: Why not?
Nora: Cause (=because).
Opa: And where is Tom?
Nora: In Kindergarten.
Opa: What are you doing? Are you helping mummy in the kitchen? Are you cooking a nice meal?
Nora: Ja.
Opa: What are you cooking?
Nora: Nudelen und a Würstl.
Opa: Oh, that's nice. Can I come and have some Nudelen, too?
Nora: Ja. (Ruft ihrer Mutter zu): Mummy, der Opa will a Nudelen haben.

e) Weiteres Telefongespräch mit Nora (2;4)
Opa: Nora, it's snowing in Aldrans.
Nora: Kann i Sneemann bauen.

Diese beiden letzten Beispiele zeigen, dass Nora sogar beim Telefongespräch, ohne direkten Kontakt mit dem Gesprächspartner, ohne die Unterstützung von Mimik und Gestik in der Lage war, meine englischen Fragen zu verstehen und darauf sinngemäß zu reagieren.

f) Autofahrt mit Tom und Nora (2;6) von Aldrans nach Volders. Opa hat festgestellt, dass er den Schlüssel für die Wohnung in Volders vergessen hat.
Opa: I hope your daddy will be at home when we come to Volders. Because I've forgotten the key to your flat. So we wouldn't be able to get in.
Nora: Du musst noch amal heimfahren, Opa.
Tom: Why have you forgotten the keys, Opa?
Opa: Well, people sometimes forget things.
Nora: Musst noch amal holen, die Schlüssel.

g) Opa liest Nora (2;6) die Geschichte „The Unhappy Ghost" vor.
Opa: Kate woke up because she heard something. What did she hear?
Nora: Clonk, clonk. Tap, tap.
Opa: And now it's twelve o'clock. It's midnight. And Kate can't sleep.
Nora: Warum net?

h) Nora (2;7) isst eine Orange, Tom einen Teller Suppe.
Nora: I will auch a Suppe.
Opa: First you eat your orange.
Nora: Und dann krieg i a Suppe.

i) Nora (2;7) und Tom sind in Aldrans.
Opa: Where is your mummy, Nora?
Nora: In Volders.
Opa: And your daddy?
Nora: Arbeiten.
Opa: And when will he come home?
Nora: Später.

j) Nora (2;7) ruft Opa an.
    Nora: Opa, i bin daheim.
    Opa: And what are you doing?
    Nora: Wäsche zammlegen. Mit die Mummy.
    Opa: When will you come to Aldrans?
    Nora: Später. Wenn die Mummy fertig is mit die Wäsche.

Nora orientiert sich bei dieser Frage „*When will you come to Aldrans?*" nicht nur an den Signalwörtern „come" und „Aldrans", sondern sie kennt auch die Bedeutung des Fragewortes „when" und antwortet darauf situativ richtig mit „später".

k) Tom: Opa, let's go down to the wood.
    Nora (2;7): Gemma down to the wood, Opa?
    Opa: Yes.
    Nora (zu Oma): Oma, mir gehn down to the wood.
    Opa: Where is the wood, Nora?
    Nora: Ja, da unten. Wo die viele Bäume sind.

Dieses Beispiel zeigt zum einen, dass für Nora, wie oben erwähnt, Tom ein wichtiges sprachliches Vorbild ist. Sie imitiert Toms englische Frage. Außerdem beweist sie durch die Antwort „*Ja, da unten. Wo die viele Bäume sind*", dass sie Toms Frage nicht einfach nachplapperte, sondern dass sie die Bedeutung des Signalwortes „wood" genau kannte.

l) Tom, Nora (2;7) und Opa spielen. Tom ist ein „Löwe".
    Tom: I'm the lion. I'm eating you up, Opa.
    Opa: Oh, how terrible. What will all my grandchildren do without their Opa?
    Nora: Dann tun mir weinen.

Dieses Beispiel erscheint mir besonders deshalb interessant und wichtig, weil es hier weder in Toms Äußerung noch in meiner Antwort für Nora ein spezifisches Signalwort gibt, das ihr beim Verstehen hätte helfen können.

Dass Noras rezeptive Zweisprachigkeit nichts Außergewöhnliches ist, zeigt ein Beispiel von Swain und Wesche. Hier wird das sprachliche Verhalten eines zweisprachig (englisch – französisch) erzogenen dreijährigen Buben Michael beschreiben, dessen starke Sprache Französisch war, und dessen Reaktionen auf englische Impulse entweder non-verbal oder französisch waren:

Michael: (M picks up microphone and holds it to doll's ear)
Adult: No, he doesn't speak out of his ear. He speaks out of his mouth.
Michael: (M moves microphone to doll's mouth)
Adult: That's right. (long pause) Can you hear anything?
Michael: (M puts microphone to his own ear and listens). Non.
(1973. In: Celce-Murcia 1978, 39)

Ähnliche Erfahrungen machte auch Domenico Maceri (1999) mit seiner Tochter Lucia. Das Kind wuchs in den USA auf. Die Mutter sprach mit dem Mädchen englisch; der Vater, ein gebürtiger Italiener und Sprachenlehrer, italienisch. Da der Vater Lucias einziger italienisch sprechender Gesprächspartner war, wurde Englisch bald zur starken Sprache des Kindes. Wie Nora mischte auch Lucia im Alter von zwei Jahren häufig die beiden Sprachen. *„Lucia would use words and phrases in whatever language she knew"* (Maceri 1999, 2). Der Vater sprach weiterhin nur italienisch mit seiner Tochter. Und wie Nora verstand auch Lucia ihren Vater problemlos. *„But her responses are always in English"* (Maceri 1999, 2).

De Jong (1986), Arnberg (1987) und Döpke (1992) berichten, dass das später geborene zweisprachige Kind häufig rezeptiv zweisprachig bleibt, auch wenn sein älterer Bruder oder seine ältere Schwester beide Sprachen produktiv anwendet. Die Gründe dafür werden vor allem in der Tatsache gesehen, dass der Input der zweiten Sprache für das zweite Kind deutlich reduziert ist, weil sich die Eltern nun zwei Kindern zuwenden müssen. *„Later-born bilingual children were often reported to have become receptive bilinguals, even when their older siblings used the minority language actively. The reasons for that are to be found in the input of the minority language being considerably reduced for the second child (...) as well as because children usually adopt the majority language as a means of communication among themselves"* (Döpke 1992, 197).

In der oben angeführten Literatur werden einige Fallbeispiele von rezeptiv zweisprachigen Kindern beschrieben, die sich in einer ähnlichen Situation wie Nora befanden. Über einen besonders interessanten Fall berichtet Arnberg (1991): Die

Mutter war Polin, der Vater Schwede. Die Familie lebte in Schweden. Die Eltern sprachen mit dem Kind jeweils in ihrer Muttersprache, während sie miteinander schwedisch redeten. Die Familie hatte kaum Kontakt mit anderen polnischsprechenden Menschen. Im Alter von zweieinhalb Jahren antwortete das Kind auch auf polnische Fragen der Mutter nur auf Schwedisch, worüber die Mutter sehr enttäuscht war. Die Verweigerung der polnischen Sprache machte es für die Mutter schwer, weiterhin mit ihrem Kind polnisch zu kommunizieren. Trotzdem blieb die Mutter dabei, polnisch zu reden, und das Kind entwickelte sehr gute rezeptive Fähigkeiten. Einige Jahre später – das Kind ging aber noch nicht in die Schule – erhielt die Familie Besuch von einsprachigen polnischen Verwandten. Und plötzlich war das Kind nun nicht nur bereit, sondern auch in der Lage, mit diesen Verwandten, von denen es wusste, dass sie kein Schwedisch verstanden, auf Polnisch zu kommunizieren. *„A passive bilingual approach suggests that an understanding of the minority language is good ground on which to build more active skills at a later stage when the child becomes more motivated on its own"* (Arnberg 1991, 99).

Auch Döpke (1992, 196) weist auf die Bedeutung einer rezeptiven Zweisprachigkeit hin. Für sie hält die Fähigkeit, die zweite Sprache zumindest zu verstehen, verschiedene Optionen offen, und zwar
- im kommunikativen Bereich, denn das Kind versteht Menschen, die diese Sprache sprechen;
- im emotionalen Bereich, wenn das Kind mit Verwandten zusammenkommt, die nur diese eine Sprache sprechen;
- im Ausbildungsbereich, wenn das Kind diese Sprache später in der Schule lernt.

Außerdem bestätigen Untersuchungsergebnisse, dass Kinder mit einer rezeptiven Kenntnis einer zweiten Sprache diese Kenntnis überraschend schnell in eine produktive Fähigkeit umwandeln können, sobald sie sich in einem Umfeld befinden, in dem diese Sprache das einzige Kommunikationsmittel ist. *„This kind of passive competence in a language can easily be switched to an active command of the language given favourable circumstances and sufficient motivation, for example, going alone to visit cousins who are monolingual speakers of the child's second (passive) language"* (Cunningham-Andersson 1999, 47). So gingen zwei der von Döpke (1992) untersuchten zweisprachig (englisch-deutsch) erzogenen Kinder mit rezeptiven Kenntnissen in Deutsch mit ihren Eltern nach Deutschland. Als sie nach einigen Wochen wieder zurückkamen, hatten sie ihre Scheu, deutsch zu reden, abgelegt, und sie waren in der Lage, in deutscher Sprache zu kommunizieren.

Noras einwöchiger Oxford-Aufenthalt im Alter von 2;10 Jahren war sicherlich zu kurz, um bei dem Kind eine entscheidende Verhaltensänderung zu erreichen. Dennoch konnte anschließend deutlich beobachtet werden, dass sich Nora nicht mehr so strikt weigerte, auf Englisch zu reagieren und sich sogar an englischsprachigen Konversationen auf Englisch beteiligte:

> Opa hat Nora und Tom mit dem Auto vom Kindergarten abgeholt. Nora und Tom haben sich hinter ihren Hüten versteckt, und Opa muss sie suchen.
> (Nora schaut hinter dem Hut hervor)
> Opa: Ah. Who is that girl?
> Tom: Nora.
> Opa: Ah, there she is. Where have you been, Nora?
> Nora: **There. In the car.**
> Opa: Where have you been? I didn't see you.
> Nora: **But I can see you**.
> (...)
> Tom: Here I am.
> Opa: Oh, Tom is here.
> Nora: **And I too. I am here. And Tommy too.**

Nora (2;10) kommt mit ihren Eltern nach Aldrans, möchte sich ausziehen und sagt: „**Opa, help me**", und kurze Zeit später: „**Opa, where is Oma?**"

Der amerikanische Schriftsteller David Sedaris bringt die Bedeutung der Fähigkeit, eine Sprache zu verstehen, im Zusammenhang mit der Schilderung seines Bemühens, Französisch zu lernen, folgendermaßen zum Ausdruck: *"Understanding doesn't mean that you can suddenly speak the language. Far from it. It's a small step, nothing more, yet its rewards are intoxicating"* (2000, 172).

9.3 Stottern

a) Tom (3;2) kommt von einem Spaziergang ins Dorf zurück und berichtet aufgeregt und begeistert:
Opa, Opa, I was, I was sitting on a..., the farmer Gapp has got a plaster. He has broken his finger. I,...I sitting on the, on the biiig tractor.
(Pisek 2000, 62)

b) Tom (4;5) erklärt Opa das Spiel „Looping Loo", das er zu Weihnachten bekommen hat.
Opa: Okay. So, what is this game called?
Tom: Looping Loo. You see, Opa...I..., I'll build it together. Opa, look, you..., you..., with that button you press..., you have to press him up. Look, and here you can..., you can..., you turn him on. On this button. And there..., and those are the batteries.

c) Opa holt Tom (4;6) nach seinem ersten Vormittag im Kinderschikurs ab.
Tom: Opa, where, where,...where my co, co, course was, where my first course was there,... there, there was a small ski lift and a big one.
Opa: Not so fast, Tommy. Take your time. Where did you ski? At the big one or at the small one?
Tom: At the small one.
Opa: At the small one.
Tom: The big,...the big one, the big one didn't, hadn't, hadn't open.
Opa: Aha.
Tom: All the children did, did, had to,...had to drive with the small lift.

d) Auf dem Weg in den Kindergarten kommt Tom täglich an einem Kruzifix am Wegrand vorbei. Immer wieder fragt er, warum Jesus gekreuzigt wurde und wer ihn gekreuzigt hatte. Auf einer Autofahrt von Volders nach Aldrans beginnt er wieder zu fragen.

Tom: Opa, why the soldiers from the king did nail Jesus on to the cross?
Opa: Because the king had ordered them to do so, and the soldiers had to do what the king had told them.
Tom: Why first,...why did they not,...why did they not, hm, go on to the hill out of that before, Opa. Before they did,...they did nail him on to the cross? Why didn't they go to the hill before?

Solche und ähnliche Anzeichen von Stottern konnten bei Tom ab und zu beobachtet werden, und es stellt sich die Frage, ob dieses Stottern in einem Zusammenhang mit seiner Zweisprachigkeit steht. Nach Baker (1996) kann bei einzelnen Kindern durchaus ein solcher Zusammenhang bestehen. So sieht eine linguistische Theorie die Ursache für Stottern im Unterschied zwischen der verfügbaren Sprache (*„potential"*) einerseits und der Kontrolle über den Sprechapparat (*„production"*) andererseits. Eine andere linguistische Theorie sieht eine kognitive Überlastung (*„cognitive overload"*) als eine mögliche Ursache für Stottern. Das kann der Fall sein, wenn sich das Kind außer Stande sieht, seine komplexen Gedanken in sprachlich richtigen, sinnvollen Sätzen auszudrücken, oder wenn das Kind befürchtet, die Erwartungen der Erwachsenen an seine sprachlichen Fähigkeiten nicht erfüllen zu können. Im Alter von zwei bis vier Jahren zwei Sprachen bewältigen zu müssen, kann bei manchen Kindern eine solche kognitive Überlastung hervorrufen. Außerdem benötigen nach Baker (1996, 101) zweisprachige Kinder mehr Zeit, um ihre Gedanken sprachlich verarbeiten zu können, was ebenfalls zu Stottern führen kann. Und zwar vor allem dann, wenn die erwachsenen Gesprächspartner Ungeduld zeigen und von den Kindern in jeder Situation und in jeder Sprache rasche und sprachlich richtig formulierte Antworten erwarten.

Hoffmann (1997) berichtet, dass Untersuchungen aus der ersten Hälfte des 20. Jahrhunderts zu dem Ergebnis kamen, zweisprachige Kinder würden häufiger stottern als einsprachige. Nach Hoffmann stehen diese Untersuchungsergebnisse jedoch in einem deutlichen Zusammenhang mit der damals grundsätzlich negativen Einstellung gegenüber bilingualer Erziehung, denn spätere Untersuchungen (z.B. von Paradis und Lebrun 1984) konnten keinerlei Zusammenhang zwischen Zweisprachigkeit und Stottern feststellen.

"They show that any correlation between bilingualism and stuttering must be unreliable. They suggest that stuttering is a neurotic symptom for which there may be any number of psychosomatic or socially induced reasons; bilingualism, however, has not been shown to be one of them, although stammering may of course be brought about in a bilingual child whose social and educational experience is so devastating as to disturb his/her psychological well-being" (Hoffmann 1997, 142).

Auch Harding und Riley (1998) sehen keinen Zusammenhang zwischen Stottern und Zweisprachigkeit, denn sonst müssten Länder mit einem hohen Anteil an zweisprachigen Kindern statistisch viel mehr Stotterer aufweisen als einsprachige Länder. Das ist aber nicht der Fall. Außerdem werden zweisprachige Kinder viel genauer beobachtet als einsprachige. Das kann dazu führen, dass sprachliche Unsicherheiten, wie sie auch bei jedem einsprachigen Kind auftreten, dort aber nicht bemerkt oder nicht beachtet werden, bei einem zweisprachigen Kind aber sofort als „Problem" angesehen werden. Für Harding und Riley (1998) liegt das Problem eher bei den Menschen, die das Kind umgeben, als beim Kind selbst.

Sehr treffend wird Toms oben beschriebenes „Stottern" von Kielhöfer und Jonekeit charakterisiert. Für sie wird der Begriff „Stottern" bei Zweisprachigen fast immer benutzt, um gewissen sprachliche Unsicherheiten wie Verzögerungen, längere Pausen, Fehlstarts etc., wie sie in der schwachen Sprache besonders häufig auftreten, zu kennzeichnen. *„Wenn man eine Sprache nicht fließend sprechen kann, ‚stottert' man in ihr. Es handelt sich hier aber nicht um einen krankhaften Zustand, sondern um ganz normale Phänomene der Wort- und Sprachnot. (...) Natürlich können Zweisprachige genauso wie Einsprachige auch ‚richtig' stottern. Jedoch ist dafür nicht die Zweisprachigkeit verantwortlich"* (1998, 71).

Außerdem wird allgemein festgestellt, dass es sich bei dieser Art von Stottern um ein temporäres Problem zweisprachiger Kinder handelt, das mit der wachsenden sprachlichen Kompetenz wieder verschwindet. *„In any case this kind of stuttering is a short-lived phenomenon"* (Romaine 1995, 108).

Von der pädagogisch-anthropologischen Warte aus betrachtet Stöger das Phänomen Stottern:

„Sprachenlernen ist immer, und wenn ich schon zehn Sprachen spreche, ein Sprechenlernen. Auch die Anzahl gesprochener Sprachen sagt nichts darüber aus, ob ich den inneren Horizont einer Sprache erahnen kann. (...) Sprachenlernen ist immer ein Sprechenlernen, insofern auch dem psychoanalytischen Prozeß verwandt, bei dem es darum geht, daß jemand seinen Sprachhorizont neu entdecken lernt (entdecken lernt, daß dem fließenden Sprechen das Stottern vorausgeht, daß das Leben keine Abkürzungen zuläßt und das Stotternlernen eben nachgeholt werden muß, wenn die Sprache zu flüssig wurde und der Sprechende sich dabei ‚verflüssigte', dem Wortgeben Ver-Antwortung verweigerte)." (1996a, 75).

Übereinstimmung herrscht bei allen Autoren über die Frage, wie sich die Erzieher beim Auftreten eines solchen „Stotterns" verhalten sollten. Sie sollten

- keine Ungeduld zeigen;
- sich auf den Inhalt der Aussage, also auf das „Was" konzentrieren und nicht sosehr auf das „Wie", also auf die Form der Sprache;
- Korrekturen oder Hinweise auf sprachliche Mängel vermeiden;
- das Kind durch Ermutigung und entspannte Aufmerksamkeit unterstützen.

Bei **Tom** trat das Stottern, wie die angeführten Beispiele zeigen, in ganz bestimmten emotionalen Situationen auf. Er begann zu stottern, wenn er von etwas ganz besonders begeistert war und am liebsten alles auf einmal erzählt hätte (wie zum Beispiel von seiner ersten Fahrt mit dem Schilift), oder wenn er über etwas ganz besonders Aufregendes berichtete (dass zum Beispiel der „Farmer Gapp", den er regelmäßig besuchte und ihm bei seiner Stallarbeit „half", einen Finger gebrochen hatte und nun einen Gips tragen musste). Dazu kam bei so schwierigen Inhalten wie der Beschreibung der Funktionsweise eines Schleppliftes, der Erklärung der Regeln beim Spiel „Looping Loo" oder gar bei Fragen nach den Gründen für die Kreuzigung von Jesus noch die von Kielhöfer und Jonekeit (1998) beschriebene Wort- und Sprachnot.

Bei **Nora** war ein Stottern während des Beobachtungszeitraumes nicht festzustellen. Das ist wahrscheinlich zum einen darauf zurückzuführen, dass Nora im Unterschied zu Tom während dieser Zeit eher rezeptiv zweisprachig war, d. h. dass sie fast nur deutsch sprach und daher nie in diese Wort- und Sprachnot geriet wie ihr produktiv zweisprachiger Bruder. Außerdem unterscheidet sich Nora in ihrem Wesen und in ihrem Verhalten sehr von ihrem Bruder. Nora ist nicht so leicht wie Tom für etwas zu begeistern und geht an die Sachen viel ruhiger und gelassener heran. Dementsprechend langsamer, bedächtiger und überlegter ist daher auch ihre Sprache.

9.4 Sprachverspätung

„In general statistic terms, bilingual infants and children start speaking slightly later than monolinguals" (Harding and Riley 1998, 40). Auch bei McLaughlin (1984), Baker (1996) und Hoffmann (1997) finden sich Hinweise darauf, dass Untersuchungen eine Sprachverspätung bei zweisprachigen Kindern festgestellt hätten. Nach Kielhöfer und Jonekeit (1998) sind hingegen Behauptungen in der Zweisprachigkeitsliteratur, dass zweisprachige Kinder sprachlich generell verspätet seien, mit Vorsicht aufzunehmen. Ihres Erachtens nach ist ein Beweis für eine solche Verspätung bisher noch nirgends erbracht worden. Außerdem kann der Spracherwerbsprozess auch bei Einsprachigen zeitlich sehr variieren. Wobei natürlich beim gleichzeitigen Erwerb zweier Sprachen zeitliche Verschiebungen zwischen den beiden Sprachen festzustellen sind. *„Meist ist die Entwicklung in der **starken Sprache** so wie die von einsprachigen Kindern auch, also völlig normal"* (Kielhöfer und Jonekeit 1998, 63). In der **schwachen Sprache** kann man allerdings, wenn man die starke Sprache als Norm setzt, Verspätungen feststellen. Diese Verspätungen sind besonders im Wortschatz spürbar. Gewisse Unsicherheiten, mangelnde Automatisierung und auch Wortnot sind in der schwachen Sprache häufiger festzustellen als bei entsprechenden Einsprachigen. *„Darum nennen wir sie eben auch **schwache Sprache**"* (Kielhöfer und Jonekeit 1998, 63. Hervorhebung K. und J.). Diese möglichen Verspätungen in der schwachen Sprache haben aber nichts mit der eingangs zitierten Feststellung von Harding und Riley zu tun, zweisprachige Kinder würden grundsätzlich etwas später zu sprechen beginnen als einsprachige.

Zur Beantwortung der Frage, ob es bei **Tom** und **Nora** auf Grund der zweisprachigen Erziehung zu einem verspäteten Beginn des Sprechens kam, soll im Sinne von Kielhöfer und Jonekeit (1998) die zu Beginn des Spracherwerbs jeweils **stärkere** Sprache herangezogen werden. Bei Tom war das eher Englisch, bei Nora Deutsch.

Da ich sowohl bei Tom als auch bei Nora mit meinen Aufzeichnungen erst im Alter von 2;0 Jahren begann, verwende ich für die Zeit davor Tagebuchaufzeichnungen der Mutter. Diese Aufzeichnungen reichen bis zu den ersten sprachlichen Äußerungen der Kinder zurück.

Um eine größere Genauigkeit zu gewährleisten, wird in diesem Kapitel, in dem es um den Beginn der Sprache der beiden Kinder geht, das Alter der Kinder zusätzlich zu den Jahren und Monaten auch noch in Tagen angegeben. Eine Angabe wie zum Beispiel „Nora (1,9;12)" bedeutet daher, dass Nora zum Zeitpunkt dieser Äußerung 1 Jahr, 9 Monate und 12 Tage alt war.

„All normal children, regardless of culture, develop language at roughly the same time, along much the same schedule" (Yule 1996, 176). Diese Aussage bedeutet, dass wir den Beginn der sprachlichen Entwicklung der beiden Kinder gemeinsam, unter denselben Voraussetzungen betrachten können, auch wenn zu diesem Zeitpunkt für Tom Englisch und für Nora Deutsch die stärkere Sprache war.

9.4.1 Entwicklung sprachlicher Strukturen

9.4.1.1 Einwortsätze

Etwa im Alter von einem Jahr setzt mit den sogenannten Einwortsätzen ein Stadium ein, in dem das Kind in zunehmendem Maße sinntragende Äußerungen in der Form eines Wortes verwendet (Crystal 1986, Oksaar 1987, Fromkin und Rodman 1993, Yule 1996, Zimmer 1999, Szagun 2000). Alle Autoren weisen jedoch darauf hin, dass dabei zeitlich immer mit großen individuellen Verschiedenheiten und Unterschieden zu rechnen ist, und dass der Zeitpunkt des Sprachbeginns nichts mit der Intelligenz des Kindes zu tun hat. So sagt Gisela Szagun:

> *„Weiters habe ich (...) keine Altersangaben gemacht, um keine Altersnormen zu suggerieren. Man kann wohl grob sagen, daß die meisten Kinder irgendwann zwischen 1;0 und 1;8 Einwortäußerungen produzieren, zwischen 1;6 und 2;3 zu Zweiwortäußerungen übergehen, zwischen 2;0 und 4;0 Drei- und Mehrwortäußerungen produzieren und ab ca. 3;0 auch schon vereinzelt komplexe Strukturen (z.B. Nebensätze, Passiv) äußern"* (2000, 30).

Woran es liegt, dass Kinder solche unterschiedliche Sprachentwicklungsraten haben, ist nach Szagun (2000, 25) nicht klar. Oft wird eine schnellere Sprachentwicklungsrate bei Mädchen festgestellt und dies mit der allgemein schnelleren Entwicklungsrate von Mädchen und ihren besseren sprachlichen Fähigkeiten erklärt. Auch der Geschwisterrang wird als eine Variable gesehen, die einen Einfluss auf die Sprachentwicklung haben kann. Hier vermutet man eine schnellere Sprachentwicklung bei Erstgeborenen und eine langsamere bei Zweitgeborenen, die damit erklärt wird, dass Erstgeborene mehr mit Erwachsenen reden und dadurch ein besseres Sprachangebot bekommen. Zweitgeborene reden dagegen viel mehr mit dem älteren Geschwisterkind und sind daher in Bezug auf Umfang und Qualität des Inputs benachteiligt.

Bei allen Kindern aller Sprachen beginnt die eigentliche sprachliche Phase mit den Einwortsätzen, den sogenannten **Holophrasen** (Zimmer 1999, 33). In der englischsprachigen Literatur wird diese Phase der Einwortsätze mit **holophrastic stage** bezeichnet. Sie bestehen aus dem, was in der Erwachsenensprache ein einzelnes Wort ist. Schon die Hamburger Psychologen Clara und William Stern hatten in ihrer Pionieruntersuchung über die Kindersprache zu Beginn des 20. Jahrhunderts erkannt, dass das einzelne Wort des Kindes mehr bedeutet als das entsprechende Erwachsenenwort. Sie meinten, dieses einzelne Wort habe den Wert eines vollständigen Satzes. Das *Wauwau* eines Kleinkindes bedeutet nicht einfach „*Hund*". Es kann heißen „*da ist ein Hund*", aber auch „*ich möchte den Hund streicheln*", oder aber „*ich fürchte mich vor dem Hund*". Oder wenn ein Kind „*Up*" sagt, dann kann das sowohl die Bedeutung von „*Get me up*", also „*Heb mich bitte auf*" haben, aber auch die Aufforderung „*Get up*", d. h. „*Steh auf*" bedeuten (Fromkin und Rodman, 1993, 398).

Bei **Tom** verlief das Stadium der Einwortsätze folgendermaßen:
(Aufzeichnungen aus dem Tagebuch der Mutter)
    0,10;21: Mama; Daddy
    1,1;8 : Dadn (=David)
            Oo-Ma (=Oma)
    1,2;21 : des
            des do
            na, des

1,3;15 : ait (=light)
dai-dai (=bye-bye)
hot; heiß
1,4;28 : nee (=Schnee); no (=snow)
heia (=schlafen)
kra, kra (=jeder Vogel)
more
car
truck
1,7;8 : horsy
bird
eat
Apo (=Opa)
aufi (=hinauf)
apis (=upstairs)
eini
bagu (=playgroup)

An diesen Beispielen können wir erkennen, dass bei Tom der Beginn der Einwortsätze durchaus der Norm einsprachiger Kinder entsprach. Interessant ist, daß bereits mit 1,2;21 die ersten Zweiwortsätze (des do; na, des) auftraten.

Die ersten Begriffe, die Tom in beiden Sprachen nicht nur verstand, sondern auch produktiv anwendete, waren *heiß* bzw. *hot*.

Die Wörter *aufi* bzw. *apis* hatten im holophrastischen Sinn die Funktion eines ganzen Satzes, nämlich der Aufforderung „*Ich will zur Oma und zum Opa hinauf*" bzw. „*I want to go upstairs.*"

Da in dieser Zeit sowohl die Mutter als auch der Vater mit Tom englisch sprachen, sind die meisten dieser ersten Wörter englische Begriffe.

Bei **Nora** wurde während der Einwortphase folgende Entwicklung beobachtet: (Aufzeichnungen aus dem Tagebuch der Mutter)

0,11;15: Mamamama
1,0;10 : mpa (=Opa)
1,2;2 : hei (=heiß)
a – a (=all,all)

1,3;10 : bu (=Buch)
bain (=plane)

1,4;5 : da-da (=Daddy)
more (=beim Essen)
mein
na
i

1,5;10 : Babel (=Gabel)
Gau (=cow)
Meme (=Creme)
Hallo (=Telefon)
Gatze (=Katze)
Beis (= Nachspeise und alles Süße)
Rua (zu Tom = Lass mich in Ruhe)

Im Vergleich zu Tom dauerte es bei Nora etwas länger, bis sie ihre ersten Einwortsätze hervorbrachte. Dennoch liegt der Beginn ihres Sprechens noch klar in dem oben angeführten Zeitrahmen.

Da die Mutter in dieser Zeit mit Nora deutsch sprach, sind auch Noras erste Einwortsätze deutsche Wörter.

Ebenso wie bei Tom können auch bei Nora bereits in dieser ersten Phase Wörter mit holophrastischer Funktion festgestellt werden:

- *more:* Ich möchte mehr zu essen haben; ich habe noch Hunger; ich bin noch nicht satt.
- *mein:* Das ist mein Buch (meine Puppe, mein Lego, mein Brot); das gehört mir, nicht dir.
- *Rua:* Lass mich in Ruhe; lass mich allein; ich will jetzt nicht mit dir spielen.

9.4.1.2 Zweiwortsätze

Nach Fromkin und Rodman (1993) beginnen die Kinder etwa um ihren zweiten Geburtstag, Zweiwortäußerungen zu produzieren. Yule (1996) setzt den Beginn solcher Zweiwortäußerungen bei achtzehn bis zwanzig Monaten an. Auch Oksaar (1987) findet durchschnittlich bereits von 1;6 an Zweiwortsätze, manchmal auch schon Mehrwortsätze, und nach Szagun (2000) gehen, wie oben angeführt, zwischen 1;6 und 2;3 Einwortäußerungen in Zweiwortäußerungen über.

Das erste Stadium dieser Zweiwortäußerungen bilden die sog. Wort-Satz-Blöcke (Oksaar, 1987) Diese Wort-Satz-Blöcke sind gekennzeichnet durch die Aneinanderreihung der Einwortsätze mit gleichen Intonationsmerkmalen auf jedem Wort und durch das Fehlen syntaktische und morphologische Marker, d. h. es gibt keine Flexionen für Zahl, Person und Zeit.

Die Bedeutung mancher Zweiwortäußerungen kann nur unter Einbeziehung des situativen und sprachlichen Kontextes bestimmt werden. Wenn zum Beispiel Nora (1,6;20) sagt *„Tom pielen"*, so kann sie damit darauf hinweisen wollen, dass Tom gerade spielt, d. h. auf eine gerade stattfindende Handlung. Ebenso kann sie damit aber auch ihren Wunsch zum Ausdruck bringen wollen, dass sie gerne mit Tom spielen möchte.

Leopold sagt über den Beginn der Zweiwortphase bei seiner Tochter Hildegard: *„As soon as two words were put together in a non-enumerative fashion, the learning of syntactic patterns began. Combining a subject with a predicate (which was not necessarily based on a standard verb) was learned at the age of 1 year and 8 months"* (1978, 27).

Diese Altersangabe Leopolds von 1 Jahr und 8 Monaten entspricht dem Beginn von Toms und Noras Zweiwortäußerungen.

a) **Tom:**

    1,7;22 : Daddy eating
                big car
    1;8;10 : more cake
                water in there

b) **Nora:**

    1,6;20 : Tom pielen
    1,7;15 : Opa is? (=Wo ist der Opa)
                Aufi gema (= Wir gehen zu Oma und Opa hinauf)
    1,7;21 : Tom, ha? (=Wo ist Tom?)

Auch bei den Zweiwortäußerungen kann somit keine Sprachverzögerung gegenüber einsprachigen Kindern festgestellt werden.

9.4.1.3   Drei- und Mehrwortäußerungen

Im Unterschied zu den bei allen Kindern und in allen Kulturen zu beobachtenden Stufen der Einwort- und Zweiwortsätze gibt es keine eigene Phase der Dreiwortsätze (Oksaar 1987, Fromkin und Rodman 1993, Szagun 2000). Wenn ein Kind nach dem zweiten Lebensjahr beginnt, mehr als zwei Wörter aneinander zu reihen, dann können seine Äußerungen drei, vier oder auch fünf Wörter lang sein.

In diesem Stadium ist die Kindersprache reich an bedeutungstragenden Inhaltswörtern und arm an Funktionswörtern, die die Beziehung zwischen den Inhaltswörtern eines Satzes klarstellen. Diese Art der Kindersprache wurde darum von Roger Brown (1973) treffend „telegraphische Rede" bezeichnet, denn wie dem Telegramm fehlen auch ihr weitgehend Konjunktionen, Präpositionen, Artikel oder Kasusbezeichnungen: *Daddy made mess*; *Tom have it; Mummy Schule gangen; Fingerle weh tan, Pflaster drauf.*

Bald jedoch werden mit zunehmendem Alter die Sätze deutlich komplexer. Die Kinder produzieren Frage- und Negationssätze und Satzketten; man beobachtet Konjugationen, Deklinationen und Komparationen. *"As children produce sentences that more and more closely approximate the adult grammar, they begin to use syntactic or grammatical function words and also to acquire the inflectional and derivational morphemes of the language"* (Fromkin und Rodman 1993, 402).

Bei **Tom** wurden in diesem Alter u. a. folgende Äußerungen beobachtet:
    1,9;22   : Tom did it. Oma nit do (er hatte einen Turm gebaut).
    1,10;10 : Tom have it (wenn er etwas haben will).
    1,11;29 : Daddy made mess.
               Daddy coming soon.
    2,0;13   : Nora's eyes are broken (Nora hatte Bindehautentzündung).
               Eyes fixed. Doctor fix it.
    2,1,0   : I put on other sock.
    2,1;25   : I need a hammer.
               Opa needs a hammer.

	I found it a book.
	I need des do one.
	I want a grape.
2,2;3	: Opa, look, I am doing cooking.
2,2;9	: Tom not like Wurst and cheese. Tom like Müsli.
2,3;3	: Opa, look. A big bagger and a small bagger. Small bagger broken. Man come and fix it. Tomorrow.
2,3;8	: Nora getting bigger, Nora go walk (= **Wenn** Nora größer ist, **dann** kann sie auch gehen).

Bei **Nora** fiel auf, dass sie im Alter von etwa 2 Jahren sehr gerne und sehr häufig ihren Bruder Tom imitierte und mit Begeisterung seine Äußerungen nachplapperte (auch wenn sie dabei nicht immer verstand, was sie sagte):

Tom: I'm digging a big hole for a fox.
Nora: Digging big hole fox.

Tom: Look, Opa, I've found a Schatz.
Nora: Look, Opa, Schatz.

Im Tagebuch der Mutter, und ab dem Alter von 2,0 Jahren auch in meinem Tagebuch finden sich aber auch eine Reihe von Beispielen von Noras eigenen Drei- und Mehrwortäußerungen.

1,10;9	: Keller gwest. Angst ghabt.
	Mog i nit.
	Mummy Schule gangen.
	Saftl trinken tut die Puppe.
1,10;24	: Opa, des do lesen (sie bringt ein Buch)
	Apfele Tom geben.
	Hasele brauch i nit. Puppa brauch i.
1,11;5	: Opa, bitte Ball hobm. Kleine Ball hobm.
	Spinne nimmer da. Keller gangen.
1,11;26	: Opa, Fingerle weh tan. Pflaster drauf.
2,0;15	: Opa hat die Kekselen gessen.
2,1;2	: Knäckebrot darf i schon haben noch eins.

                 Opa, noch cake, bitte. A big one.
                 I Kuh zeichnen. So. Und Fenster machen, Kuh.
                 Kann i nit Kuh schreiben.
2,2;21 : (Nora sucht Tom): Tom hin? Wo is der Tom hin? Where is Tom? Tooom, wo bist du?
                 Opa, go down, Keller. Apfele holen für Nora.

In diesen Beispielen von Tom und Nora finden sich alle von Oksaar (1987, 192) angeführten typischen Merkmale komplexerer Satztypen und morphologischer Strukturen, die einsprachige Kinder im dritten Lebensjahr produzieren:

Fragesätze:	Wo is der Tom hin? (Nora)
Negationen:	Hasele brauch i nit. (Nora)
	Kann i nit Kuh schreiben. (Nora)
	Tom not like Wurst and cheese. (Tom)
Satzketten:	Opa, look. A big bagger and a small bagger. Small bagger broken. Man come and fix it. Tomorrow. (Tom)
	Opa, go down, Keller. Apfele holen für Nora. (Nora)
Konjugationen:	Opa needs a hammer. (Tom)
	I am doing cooking. (Tom)
	Opa hat die Kekselen gessen. (Nora)
Deklinationen:	Die Kekselen. (Nora)
Komparationen:	Nora getting bigger, Nora go walk. (Tom)

Zusammenfassend kann festgestellt werden, dass weder bei Tom noch bei Nora in einer der beschriebenen Phasen des ersten Spracherwerbs ein Unterschied zu einsprachigen Kindern bzw. eine Verzögerung gegenüber einsprachigen Kindern zu beobachten war. Beide Kinder produzierten ihre ersten Einwortsätze im Alter von etwa einem Jahr. Die ersten Zweiwortäußerungen wurden sowohl bei Tom als auch bei Nora im Alter von etwa 1;8 beobachtet, und kurze Zeit später, mit etwa 1;10 begannen beide Kinder, Drei- und Mehrwortäußerungen zu produzieren.

9.5 Sprachmischung
„Speck is back" (Werbeslogan von McDonald´s, Februar 2001)

Das Phänomen der Sprachmischung, d. h. die Tatsache, dass Zweisprachige häufig Wörter, Satzteile oder ganze Sätze ihrer beiden Sprachen direkt „zusammenflicken", ist nach Langenmayr (1997, 377) ein durchaus normaler Vorgang in der Entwicklung von Bilingualen.

Da solche Sprachmischungen, denen in der Zweisprachliteratur große Aufmerksamkeit geschenkt wird, sowohl bei Tom als auch bei Nora häufig zu beobachten waren (und bei Nora noch immer sind), werde auch ich dieses Thema nun ausführlicher behandeln.

9.5.1 Was versteht man unter Sprachmischung?

Die Begriffe *Sprachmischung, language mixing* und *code-switching* werden von den verschiedenen Autoren sehr unterschiedlich definiert.

Viehman (1985), Arnberg (1991) und Hoffmann (1997) unterscheiden zwischen *language mixing* und *code switching*.

Alle drei Autorinnen verstehen unter *language mixing* das Mischen der beiden Sprachen in einer einzigen Äußerung vor allem durch Kleinkinder, denen die Zweisprachigkeit ihrer Umgebung noch nicht bewusst ist. *„Mixing is defined here quite simply as the child's using words or sentences in the ‚wrong language', in a clearly monolingual situation"* (Schlyter 1988. In: Hoffmann, 1997, 105).

Im Unterschied zu diesem *language mixing*, also zu dieser „naiven" Form der Sprachmischung (Jonekeit 1998) verweist der Begriff *code switching* auf ein bewusstes und/oder absichtliches Wechseln der beiden Sprachen, wie es vor allem bei älteren zweisprachigen Kindern oder zweisprachigen Erwachsenen zu beobachten ist.

Redlinger und Park beschäftigen sich in ihrer Studie nur mit Sprachmischungen bei Kleinkindern, und sie stellen fest: *„In this study, language mixing refers to the combining of elements from two languages in a single utterance. Mixing may involve the insertion of a single element or of a partial or entire phrase from one language into an utterance of the other language"* (1980, 339 f.).

Dazu werden u. a. folgende Beispiele angeführt:

a) And the froggie's getting *nass*.
b) Das ist ein Knochen *pour chien*.
c) Der *monkey* will beißen.
d) *Guck*, that's red.

Köppe und Meisel verwenden in ihrer Arbeit über frühe Zweisprachigkeit nur den Begriff *language mixing* und definieren ihn folgendermaßen: *„The use of this term refers to any utterance or conversation containing features of both languages (...) irrespective of the reasons which cause this to happen"* (1995, 277).

Auch Lanza lehnt die von Vihman (1985), Arnberg (1991) und Hoffmann (1997) durchgeführte Unterscheidung zwischen den Begriffen *language mixing* und *code switching* ab und spricht nur von *language mixing*: *„This term is used in this book as a cover term for any type of linguistic interaction between two (and potentially more) languages. (...) In this book, then, code-switching is treated as a type of language mixing"* (1997, 3).

9.5.2 Studien über Sprachmischung

a) Kielhöfer und Jonekeit

Nach Kielhöfer und Jonekeit bedeutet Sprachmischung *„das Durchbrechen der funktionalen Sprachtrennung. Während beim Sprachwechsel das Umschalten funktional ist, ist bei der Mischung keine besondere ‚Botschaft' zu erkennen"* (1998, 67). Dabei ist bei solchen Sprachmischungen durchaus eine Sprache Grundsprache, und die „eingeflickten" Elemente treten nur punktuell auf und können beim Hören als Fremdkörper wirken.

Wie der Sprachwechsel, bei dem das Kind funktional die Sprache je nach Interaktionspartner wechselt, gehört die Sprachmischung zur normalen und natürlichen Entwicklung des zweisprachigen Kindes. Je nach Normbewusstsein und Sprachkompetenz ist diese Sprachmischung sehr variabel: Vor dem Bewusstsein der Zweisprachigkeit gibt es eine relativ naive Sprachmischung. Später hängt die Sprachmischung von der Strenge des eigenen Ordnungsprinzips, dem Vorbild der Eltern, der Einschätzung des Gesprächspartners, der Art des Gesprächsthemas u. ä. ab. Die Ursachen für ein solches punktuelles Umschalten der Sprachen innerhalb einer Äußerung können vielfältig sein. So können Wort- und Sprachnot in einer Sprache bzw. die größere Geläufigkeit des entsprechenden Wortes oder der entsprechenden Struktur in der anderen Sprache der Grund für eine Sprachmischung sein. Es kann aber auch aus Ökonomie oder Bequemlichkeit in die andere Sprache gewechselt werden. Zuerst gelernte und geläufige Wörter werden besonders gern in die andere Sprache eingefügt (Kielhöfer und Jonekeit 1998).

b) Leopold

Leopold berichtet, dass bei seiner Tochter Hildegard im Alter von zwei Jahren das freie Mischen deutscher und englischer Wörter in ihren Sätzen ein auffallendes Merkmal ihrer Sprache war. Die Tatsache, dass sie die Wörter mischte, ist für ihn ein Beweis dafür, dass bei Hildegard in dieser Phase noch nicht von echter Zweisprachigkeit gesprochen werden kann. *„Words from the two languages did not belong to two different speech systems but to one, which was bilingual only in the sense that its morphemes came objectively from two languages"* (1978, 27). Erst ab dem Alter von 2;8 Jahren schien es Hildegard bewusst zu werden, dass es sich um zwei verschiedene Sprachen handelt. Trotzdem finden sich bei Leopold auch in den folgenden Monaten noch eine Reihe von Eintragungen über Sprachmischungen seiner Tochter. So sagte sie zum Beispiel im Alter von 3;4 Jahren zu ihm: *„I can't give you any Kuss because I have a Schmutznase"* (Leopold 1949. In: Lanza 1997, 21). Erst nach einem sechsmonatigen Aufenthalt im Deutschland im Alter von 5 Jahren verschwanden bei Hildegard die Sprachmischungen.

c) Swain und Wesche

Die Untersuchung von Swain und Wesche aus dem Jahre 1975 ist für die vorliegende Untersuchung vor allem wegen der Ähnlichkeit zur Ausgangssituation Noras interessant. Die Studie beschreibt das Sprachverhalten des zweisprachigen kanadischen Kindes Michael im Alter zwischen 3;1 und 3;10 Jahren. Michaels Mutter sprach Englisch als Muttersprache und dazu fließend Französisch. Die Muttersprache des Vaters war Französisch, während er Englisch nur zögernd, fehlerhaft und mit einem starken französischen Akzent sprach. Die Eltern sprachen miteinander französisch. Mit Michael sprach die Mutter englisch, der Vater französisch. Der ältere Bruder redete, obwohl er Englisch nicht nur rezeptiv, sondern auch produktiv sehr gut beherrschte, in den Kommunikationssituationen mit Michael ausschließlich französisch. Ebenso sprachen die beiden Brüder im Kontakt mit den anderen

Spielgefährten französisch. Auch Michaels Großmutter, die die Familie regelmäßig besuchte, sprach nur französisch.

Zu Beginn der Studie war Michaels produktiver Gebrauch der englischen Sprache äußerst bescheiden und beschränkte sich auf etwa zehn Prozent seiner gesamten sprachlichen Äußerungen. Ebenso wie bei Nora war aber auch bei Michael die Fähigkeit, gesprochene Sprache zu verstehen, deutlich ausgeprägt. *„However, he did exhibit comprehension of what was said to him in English through his semantically contingent responses in French and his non-verbal behaviour"* (Swain und Wesche 1975. In: Lanza 1997, 24).

Sosehr sich Nora und Michael in ihrer Fähigkeit, gesprochene Sprache zu verstehen, ähneln, sosehr unterscheiden sie sich jedoch in Bezug auf Sprachmischungen. Denn während Nora, wie wir sehen werden, vor allem während der ersten Phase meiner Beobachtungen die beiden Sprachen sehr stark mischte, heißt es über Michael: *„As far as lexical mixing is concerned, Michael is said to show ‚remarkably little lexical mixing'"* (Lanza 1997, 24). Diese Unterschiede sind meiner Meinung nach vor allem auf zwei Gründe zurückzuführen:

Erstens war Nora während der Beobachtungszeit bedeutend jünger als Michael (Nora: 2;0 – 3;6; Michael 3;1 – 3;10), d. h. ihr Sprachbewusstsein konnte altersbedingt noch nicht so entwickelt sein wie das von Michael.

Der entscheidende Unterschied liegt jedoch meiner Meinung nach in der Art der Datenerhebung. Während die Daten über Nora von mir aus natürlichen Kommunikations- und Interaktionssituationen erhoben wurden, stammen die Daten über Michael aus einer Art „Testsituationen": Zwei Gesprächspartner (ein englischsprechender und ein französischsprechender), die nicht der Familie angehörten, interagierten gemeinsam mit Michael. Man gab Michael vor, seine beiden Gesprächspartner beherrschten jeweils nur ihre Sprache, d. h. Englisch oder Französisch, und er sollte als „kommunikatives Bindeglied" tätig sein. Solche Interaktionssituationen wurden zwischen 3;1 und 3;10 regelmäßig aufgezeichnet und dienten schließlich als Grundlage für die Untersuchung.

d) Volterra und Taeschner

Für Volterra und Taeschner (1978) bzw. für Taeschner (1983) geht es in ihren Untersuchungen vor allem um den Zusammenhang zwischen dem Phänomen der Sprachmischungen und der Frage, ob zweisprachige Kinder zu Beginn ihres Spracherwerbs nur ein einziges lexikalisches System besitzen, das Wörter aus beiden

Sprachen beinhaltet, oder ob das Kind von Anfang an zwischen zwei lexikalischen Systemen unterscheidet (vgl. Kap. 8). Die Sprachmischungen während der ersten (bis etwa 2;0), aber auch noch während der zweiten Stufe (2;0 bis etwa 3;6) weisen nach Volterra und Taeschner darauf hin, dass das Kind zuerst nur ein einziges Sprachsystem besitzt, und dass sich erst im Laufe der zweiten Stufe zwei getrennte Sprachsysteme entwickeln. Dies zeigt sich darin, dass das Kind in der Stufe 2 damit beginnt, ein Repertoire zweisprachiger Synonyme zu entwickeln. Volterra und Taeschner weisen jedoch darauf hin, dass bei diesem Aufbau zweier lexikalischer Systeme der Kontext, in dem ein Wort das erste Mal gelernt wurde, von großer Bedeutung ist. Die Bedeutung dieses Kontextes soll an einem Beispiel von Nora bestätigt werden:

> Wenn ich Tom oder Nora etwas vorlesen möchte, brauche ich meine Lesebrille. Nora hörte daher von mir häufig Äußerungen wie *„Where are my glasses?"* oder *„Tom/Nora, can you bring me my glasses, please?"* Dann lief Nora, um mir die Brille zu holen. Wenn sie die Brille nicht finden konnte, fragte sie Oma: *„Oma, wo sind Opas glasses?"* Auch wenn Oma in ihrer Antwort das deutsche Wort *Brille* verwendete, war Nora zuerst nicht bereit, diesen Begriff zu übernehmen. Für sie hieß dieser Gegenstand lange Zeit nur *glasses*, und es dauerte verhältnismäßig lange, bis sie beide Begriffe verwendete.

e) Redlinger und Park

Auch Redlinger und Park (1980) geht es in ihrer Studie um die Frage, ob ein Kind mit einem oder zwei Sprachsystemen beginnt, wobei die Autoren die Sprachmischungen als Beweis für die Ein-System-Hypothese ansehen. Für Redlinger und Park sind Sprachmischungen, die sie als *„the combining elements from two languages in a single utterance"* (1980, 339 f.) definieren, ein rein entwicklungsmäßiges Phänomen. Sie sind der Meinung, dass Sprachmischungen mit zunehmender sprachlicher Entwicklung des zweisprachigen Kindes immer mehr abnehmen.

Ihre Studie wurde an vier zweisprachigen Kindern (Alter: 2;0 bis 2;8) mit deutschen Vätern und nicht-deutschen Müttern in Freiburg, Deutschland durchgeführt. Zu Beginn der Studie wies die Sprache der Kinder einen „mixing level" von bis zu 30% auf. Die Zahl der Sprachmischungen nahm im Laufe der Studie kontinuierlich ab, und nach acht Monaten wurden nur mehr in etwa 6% der Äußerungen Sprachmischungen festgestellt.

"Mixing rates were thus seen to decrease with advanced linguistic development. High mixing rates during the earliest stages of bilingual development seemed to reflect a general inability of the child to differentiate between the two languages. As the children developed linguistically, the ability to control the languages separately also grew, resulting in a progressive decrease in language mixing" (ebd., 351).

f) Vihman

Vihman (1985) untersucht in ihrer Studie die frühe Zweisprachigkeit (Englisch und Estnisch) ihres Sohnes Raivo und unterscheidet zwischen zwei Arten von Sprachmischungen:

a) *Language mixing*: Darunter versteht Vihman die naiven (vgl. Kielhöfer und Jonekeit, 1998) Sprachmischungen des bilingualen Kleinkindes. Diese Mischungen erfolgen unbewußt.

b) *Code-switching*: Diesen Begriff verwendet Vihman für Sprachmischungen älterer, reiferer Zweisprachiger, die ihre linguistischen Systeme bereits klar getrennt haben. Diese Art von Mischungen werden in der Regel bewusst durchgeführt und erfüllen eine ganz bestimmte Funktion.

Bei ihrem Sohn Raivo konnte sie beide Formen von Sprachmischungen beobachten. Bis zum Alter von zwei Jahren mischte der Bub die beiden Sprachen naiv, d. h. unbewusst. Ähnlich wie bei den von Redlinger und Park (1980) beobachteten Kindern nahm auch bei Raivo die Zahl der Sprachmischungen während des Beobachtungszeitraumes von 34% zu Beginn der Untersuchung auf 4% zum Schluss ab. Aufzeichnungen von Gesprächen zwischen Raivo und seiner älteren Schwester, die im Anschluss an diese Untersuchung gemacht wurden, zeigen jedoch, dass der Bub auch später noch Sprachen mischte.

Den Unterschied zwischen diesen beiden Formen der Sprachmischung erklärt Vihman so: *"Just as R's drop in language mixing at age two may, in part, be ascribed to the dawning of metalinguistic awareness or to broader cognitive advances, his later return to language mixing, through the development of a code-switching strategy in the bilingual context only, may be similarly viewed as a step forward in metalinguistic and pragmatic sophistication"* (Vihman 1985, 317).

g) Genesee

Für Genesee (1989) spielt bei der Frage der Sprachmischung der Input eine wesentliche Rolle. Für ihn sind gemischte Äußerungen der Gesprächspartner häufig das Vorbild für Sprachmischungen des zweisprachigen Kindes. Dabei können Mischungen der Erwachsenen die Sprache des Kindes auf zwei Arten beeinflussen. Einmal kann das Kind konkrete gemischte Äußerungen direkt übernehmen und selbst weiter verwenden. Ebenso kann eine generell häufige Sprachmischung durch Erwachsene oder ältere Kinder dazu führen, dass auch das Kind grundsätzlich und häufig die beiden Sprachen mischt. Denn ein Kind, das regelmäßig erlebt, wie seine Sprachvorbilder die Sprachen mischen, kann nicht verstehen und nicht wissen, dass die Sprachen getrennt werden sollten. Eltern neigen auch gerne dazu, gemischte Äußerungen ihrer Kinder zu wiederholen. So fand Goodz (1989. In: Genesee, 1989) heraus, dass sogar Eltern, die sich grundsätzlich für eine strenge Sprachentrennung, d. h. für die *„one parent-one language"* Methode entschieden haben, häufig gemischte Äußerungen ihrer Kinder wiederholen, ohne dass ihnen das aber bewusst wird. *„Bilingual children with differentiated language systems may still mix because the input conditions permit it or because the verbal interaction calls for it"* (Genesee 1989, 171).

Bei Durchsicht meiner Transkriptionen musste ich feststellen, dass auch der Vater und ich, wie die folgenden Beispiele zeigen, recht häufig völlig unbewusst gemischte Äußerungen von Nora wiederholten und uns damit ebenso verhielten, wie es auch Lanza beschreibt: *„Rather, parents would actually respond to child mixing by mixing languages themselves. Hence the parents model linguistically mixed utterances for their children"* (1997, 252).

a) Wir schauen den Arbeitern auf einer Baustelle zu.

Nora: Is a bagger there.

Opa: Where? I can't see a bagger.

Nora (läuft zum Balkonfenster): There.

Opa: There is a bagger?

Nora: Can't see.

Opa: You can't see it?

Nora: No. Aber da drüben.

Opa: **Da drüben?**

b) Tom und Nora zeichnen.

Opa: Nora, what are you drawing? Are you drawing a farm?
Nora: No. A Kübel.
Opa: What's this?
Nora: A Kübel.
Opa: **Aha, a Kübel.** That's good. A Kübel, a bucket. Yeah, you can draw this bucket.
Nora: A bucket kann i nit.
Opa: **Kannst du nit?**
Nora: Kann i nit a Kübel mochen.
Opa: Well, then I'll draw it for you.

c) Am Abend in Volders. Die Kinder erzählen ihrem Daddy vom Nikolaus.
Mummy: Und wen hast du denn noch gsehen, Nora? Wer war denn noch da?
Nora: Die Engelen. Die Engelen.
Daddy: **You've seen die Engelen,** too?
Nora: Yeah.

d) Beim Abendessen mit Mummy und Daddy.
Nora: Umdrehen, daddy.
Daddy: What's happened?
Nora: Umdrehen. Des da. Umdrehen.
Daddy: **What umdrehen**? No, we leave that to mummy.

e) Opa soll Nora aus einem Buch vorlesen.
Opa: Yes, but I need my glasses. I go and get my glasses.
Nora: I, i hol dirs glasses.
(Nora läuft weg und sucht meine Brille)
Opa: Nora, can you find my glasses?
Nora: Na, habs net fundet. Nur sucht.
Opa: **Nur sucht**, ja. I'll help you.

f) Tom und Nora zeichnen.
Nora: Opa, schaug amal.

Opa: Yes, that's beautiful. And you can make another one, Nora.
(...)
Nora: Look, a fire. Da isch (Tiroler Akzent) a fire (englische Aussprache).
Opa:(imitiert Nora): Oh, yes, **da isch a fire**.

g) Oma und Opa bringen Tom und Nora am Abend mit dem Auto nach Volders.
Tom: But the restaurants are not open in the night.
Opa: But in the evening they are open. It's not that late now.
Nora: Na, is schon dark, Opa.
Opa: Yes, **is schon dark**, Nora: It's getting dark. You are right.

h) Opa schaut mit Nora ein Bilderbuch mit Bildern aus einem Schwimmbad an.
Opa: And here is Tom. He is not afraid. He says, ‚I'll jump into the pool'. And Nora, what will you do?
Nora: Runtersliding.
Opa: **Runtersliding**. That's right. You'll slide down the big slide.

i) Opa liest Nora „The Unhappy Ghost" vor.
Opa: And Sally says, ‚Oh, poor ghost. You haven't got a friend. So we will be your friend'.
Nora: Und die Sally. Und die Kate.
Opa: **Und die Sally, und die Kate**, yes.

j) Opa schaut mit Nora ein Bilderbuch an.
Opa: Oh, what's here?
Nora: Entelen.
Opa: Yeah. Do you know the English word?
Nora: Ja.
Opa: What is it? What's the English word?
Nora: Ducks.
Opa: That's right. The ducks.
Nora: Wo sind die anderen Ducks?

Opa: **Wo sind die anderen Ducks?** I don't know where the other ducks are.

h) Goodz

Goodz fand heraus, dass die Sprachmischungen von Kindern nicht auf einer Schwäche des Kindes beruhi, die beiden Sprachen auseinander zu halten, sondern darauf, dass selbst Eltern, die überzeugt davon sind, dass sie das Prinzip „eine Person – eine Sprache" konsequent durchhalten, ihren Kindern gegenüber linguistisch gemischte Äußerungen formulieren. *„Es handelt sich beim Vorgehen des Kindes also nicht um interliguistische Konfusion, sondern das Kind formuliert Hypothesen über die Sprache auf der Basis der vorhandenen Daten, d. h. daß das Benutzen der Sprache von Vater und Mutter in einer einzigen Äußerung akzeptabel ist"* (1989. In: Langenmayr 1997, 380).

i) Lanza

Lanza (1997) beschäftigt sich in ihrer umfangreichen Studie über Sprachmischung bei zweisprachigen Kleinkindern u. a. mit den Diskurs- bzw. Kommunikationsstrategien der Erwachsenen beim Auftreten von Sprachmischungen, d. h. mit der Frage, wie Erwachsene bewusst oder unbewusst reagieren, wenn ihre Kinder Sprachen mischen. Dabei fand Lanza folgende unterschiedliche Strategien:

<u>*Parental discourse strategies towards child language mixing*</u>

1. Adult requests clarification: *Minimal Grasp Strategy*
2. Adult requests clarification: *Expressed Guess Strategy*
3. Adult *Repetition* of the content of the child's utterance, using the other language
4. A *Move On Strategy*: the conversation merely continues
5. Adult *Code-Switches*

   (1997, 262)

Mit der *Minimal Grasp Strategy* versucht der Erwachsene, das Kind zur Korrektur einer fehlerhaften, d. h. in der „falschen" Sprache gemachten Äußerung zu bringen. Und zwar geschieht das durch Hinweise wie *„I don't understand"*, *„Sags noch einmal"* oder durch *„W-Fragen"*.

Bei Nora konnten folgende Beispiele für diese Strategie gefunden werden:

a) Nora und Mummy lesen das englische Bilderbuch „Each, Peach, Pear, Plum".
Mummy (liest): Robin Hood in his den, I spy the three bears again.
Nora: No. A Pferd.
Mummy: What is it?
Nora: A horsie.

b) Nora zeichnet mit ihrem Daddy.
Nora: Will sreiben, daddy. I will sreiben, daddy.
Mummy: What do you say, Nora?
Nora: Bitte.
Daddy: Please, daddy, I want...
Nora: Please, daddy, I want ... sreiben.
Daddy: I want to write.
Nora: I want to write.

c) Noras einsprachiger Uncle Greg liest ihr ein Buch vor.
Greg: And what's this boy doing, Nora?
Nora: Hallo sagen.
Greg: And this one is playing with ...
Nora: With the Zug.
Greg: With the train. What is it, Nora?
Nora: A train.

d) Opa liest Nora eine Geschichte vor.
Nora: Lesen, Opa.
Opa: Hm? What should I do?
Nora: Reading.

Bei der *Expressed Guess Strategy* formuliert der Erwachsene die Äußerung des Kindes in der anderen Sprache um. Lanza gibt dazu folgendes Beispiel an (Siri ist zwei Jahre alt und wird zweisprachig norwegisch – englisch erzogen):

Siri and her mother are loking at a book.
Siri: Tiss? (=pee)

Mother: Ah, he is peeing?
Siri: Yeah.
(Lanza 1997, 263)

Diese Strategie wurde von uns Nora gegenüber häufig angewendet.
- a) Nora zeigt ihrem Daddy, wie sie Wäsche zusammenlegt.
    Daddy: And what are you doing now?
    Nora: Des zammlegen.
    Daddy: You are folding it?
    Nora: Yeah.

- b) Nora erzählt ihrem Daddy, dass sie „Engelen" gesehen hat.
    Nora: Die Engelen waren da. Daddy, die Engelen.
    Daddy: The angels?
    Nora: Na, die Engelen.

- c) Nora erzählt ihrem Daddy, was sie in der Spielgruppe getan hat.
    Daddy: And what did you do at the playgroup, Nory?
    Nora: Knete spielt.
    Daddy: You played with the play-dough?
    Nora: Na, Knete spielt.

- d) Uncle Greg liest aus einem englischen Buch vor.
    Greg: What's she doing?
    Tom: Painting.
    Greg: That's glue. Cutting with...what are they?
    Nora: A Schere.
    Greg: Scissors. That's right.

- e) Tom und Nora erklären Opa ein neues Spiel.
    Nora: Kann ma ‚Looping' spiel ma.
    Opa: What do you want to play?
    Tom: Let's play.Looping Loo.
    Nora: Let's play Looping Loo.

In allen diesen Beispielen greift Noras Gesprächspartner die deutschsprachige Äußerung Noras auf und formuliert sie entweder in eine Frage oder in eine Aussage auf Englisch um. Damit gibt er dem Kind einerseits zu erkennen, dass er ihre Äußerung verstanden hat. Gleichzeit aber möchte er Nora dazu bringen, ebenfalls englisch zu reden.

Bei der *Repetition Strategy* wiederholt der Gesprächspartner die Äußerung des Kindes in der anderen Sprache, ohne dabei aber die Äußerung des Kindes umzuformen. Diese Strategie erfüllt zwei Funktionen: Zum einen wird das Kind ermutigt, sprachliche Äußerungen zu produzieren. Außerdem erfährt das Kind, wie ein vom ihm verwendetes Wort in der anderen Sprache heißt.
Für diese Strategie wurden u. a. folgende Beispiele gefunden:

a) Nora schaut mit Mummy ein Bilderbuch an.
Mummy: And that boy. What is he doing? That one, there.
Nora: Verstecken tut der boy.
Mummy: Yes, Hiding. The boy is hiding.
Nora: Hiding.

b) Der Nikolaus hat Geschenke gebracht.
Daddy: Wow. You've got a new toothbrush to brush your teeth.
Nora: Des da is a Knoten.
Daddy: Ah, there is a knot in it.
Nora: Yeah.

c) Nora schaut mit Oma ein Bilderbuch an.
Nora: Da, da is a owl [aul].
Oma: Ja, die Eule is das.

d) Opa fährt am Abend mit Nora und Tom nach Volders.
Nora: Is schon dark, Opa.
Opa: Yes, is schon dark, Nora. It's getting dark.
Nora: Schaug, die Lichter.
Opa: Yes, all the beautiful lights.

e) Nora schaut mit Opa ein Bilderbuch an.
   Opa: What's the girl doing?
   Nora: Rodeln.
   Opa: Sledging, yes. And look, what is this Opa doing?
   Nora: Rodeln. Mit die kleine Mädele.
   Opa: Sledging with the little girl.

Bei der *Move On Strategy* setzt der Gesprächspartner einfach die Konversation fort und zeigt damit dem Kind, dass er seine Äußerungen verstanden hat.
   Zu dieser Strategie konnten aus den Transkriptionen der Interaktionen mit Tom und Nora sehr viele Beispiele gefunden werden.

a) Tom unterhält sich mit Opa.
   Opa: Mummy went shopping?
   Tom: Yes, because she did buy a Waschmaschine.
   Opa: Ah, you need a new washing-machine.

b) Der Nikolaus war da.
   Nora: Nit einikommen, der Krampus.
   Mummy: Er hat nur a bissi ans Fenster klopft.
   Nora: Hat nur a bissi in Fenster klopft, Daddy. Ja,...i kan des guat. I bin so stark.
   Daddy: Are you? Are you strong? Show me your muscles. Oh, what big muscles.

c) Nora und Tom sollen sich anziehen.
   Opa: So, put on your clothes.
   Nora: Die Hose. I kann die Hose schon selber anziehen.
   Opa: No, first you have to take off your pyjama.
   Nora: Opa, look. Kann i alleine die Socken anziehen.
   Opa: Super.
   Nora: Wo is die andere Sock? Wo is die andere Sock?
   Opa: I don't know, Nora.

d) Tom und Opa legen ein Puzzle zusammen. Nora kommt dazu.
   Nora: Was tuast denn?

Opa: We are making a puzzle. And what are you doing?
Nora: Des Puzzle. Mitm Hase. Weißt, des is schwer.
Opa: Aha.

e) Tom und Opa waren auf einem Bauernhof und erzählen nun darüber.
Opa: Nora, will you come to farmer Gapp next time?
Nora: No. I hab Angst von die Kühe.
Opa: Really? But why? They are so nice.
Nora: Naaa. (...) I mag net die Bulls.
Opa: And why not, Nora?
Nora: I mag nur die Kühe. Die kleinen Kühe.

f) Nora schaut mit Opa ein Bilderbuch an.
Opa: Oh, that's beautiful. At the swimming pool.
Nora: Wann gehn ma amal da schwimmen?
Opa: In summer. when it's warm.

g) Opa liest Nora „The Unhappy Ghost" vor.
Opa: The ghost. The unhappy ghost.
Nora: The unhappy ghost. Warum weint er?
Opa: He is so unhappy because he has no friends.

Diese Beispiele zur *Move On Strategy* zeigen, wie sehr wir bei Nora die Sprachmischungen bzw. ihre deutschen Äußerungen und Antworten auf englische Fragen akzeptierten. Es ist daher nicht verwunderlich, dass sich Nora nicht allzu sehr bemühte, englisch zu reden.

Die letzte Strategie, das *Code-Switching*, umfasst nach Lanza sowohl das *intra-sentential* als auch das *inter-sentential* code-switching.

Beim *intra-sentential code-switching* übernimmt der Gesprächspartner ein Wort aus der Äußerung des Kindes, baut es in seine Äußerung ein, und setzt dann die Konversation in seiner Sprache fort.

a) Beim Abendessen.

Tom: Mummy, daddy, does Saint Niklas bring Adventkalenders?
Daddy: Does Saint Niklas bring Adventkalenders, mummy? No, I don't think so.

b) Tom und Nora dürfen Bilder im Adventkalender öffnen.
Nora: Des hab i schon amal aufmacht. Wie der Tommy.
Daddy: Yes, Tommy hat das schon einmal aufgemacht, that's right. And which one have you got?

c) Tom und Nora beim Frühstück mit Oma und Opa.
Nora: I will die drüben is, des da. Des mit die Blumelen.
Oma: Die Marmelade da will sie.
Opa: Aha, that one. With the Blumelen. Okay. Here you are.

d) Nora sagt ihrer Mummy, daß sie sich wehgetan hat.
Nora: Mama, da hab i an Aua.
Mummy: You've got an aua? What do we have to do?
Nora: A Pflaster.
Mummy: A Pflaster. And some creamy?

e) Tom und Nora wickeln Maschen um ihre Bilder, die sie Oma und Opa schenken wollen.
Nora: Kann i bitte a Maschele haben?
Opa: Here is your Maschele. You like that one?
Nora: Ja.

Beim *inter-sentential code-switching* stellt der Gesprächspartner zuerst die Äußerung des Kindes in Frage, wechselt aber dann selbst in die Sprache des Kindes und wiederholt seine zuerst gemachte Äußerung in der Sprache des Kindes. Dazu gibt Lanza folgendes Beispiel:

Tomas and his mother have just finished reading a book.
Mother: O.K. Are we finished? You wanna go downstairs and have dinner? Are you hungry?
Tomas: Ikke na (not now).

Mother: Ikka na? Du, skal vi ned og spise mat? (Hey, shall we not go downstairs and eat?)
(Lanza 1997, 267)

Auch von uns wurde diese Strategie angewendet, wie die folgenden Beispiele zeigen:
a) Beim Abendessen mit Oma und Opa.
    Nora: Schaug, Opa. Suppe habm.
    Opa: You want some more soup? You have eaten so much.
    Nora: Noch Suppe habm.
    Opa: Nora, du hast schon so viel ghabt. Du platzt ja.

b) Beim Essen mit Mummy und Daddy.
    Tom: Mummy, noch, bitte.
    Mummy: Muss dir der Daddy geben, i komm net dazu.
    Tom: Why are you also taking some, daddy?
    Daddy: Well, I've finished mine, too.
    Mummy: Daddy likes chips.

c) Tom und Nora vor dem Schlafengehen.
    Nora: Buch lesen. Mit die Hase. Des da eine.
    Mummy: Tom, willst du auch noch was lesen? Was willst du lesen? „The lion in the meadow"?
    Tom: „Königs der Löwen".
    Nora: I les des.
    Mummy: „Whatever next". You like that one, don't you? Can you read that to Nory? You read the book to her.

d) Während einer Autofahrt sagen Nora und Mummy *Nursery Rhymes* auf.
    Mummy: Nory, wie geht denn die Geschichte von Jack and Jill?
    Nora: Im Buch.
    Mummy: Ja, erzähl mir einmal, wie die geht. Erzähl sie einmal der Puppe, der kleinen....Jack and Jill...
    Nora:...up the hill, fetch a pail of water...(...).
    Mummy: Very good. And what do the children do in the book

„Going to Playgroup"?
Nora: Playing.

e) Nora schaut mit Mummy ein Bilderbuch an.
Mummy: Tust jetzt der Puppe was vorlesen?
Nora: Na, du.
Mummy: Na, i net. Des kannst du schon selber. Lies einmal des do vor: „Going to Playgroup".
Nora: Going to playgroup. Going to playgroup...Na, des kann i nit.
Mummy: Who is going to playgroup?
Nora: That.
Mummy: That little girl? What's her name?
Nora: (unverständlich)
Mummy: What's she doing there?

Bei den letzten drei Beispielen liegt der Grund für das *Code-Switching* der Mutter von Deutsch auf Englisch darin, dass sie in Situationen wie dem Vorlesen eines englischen Buches, dem Erzählen einer englischen Geschichte oder beim Aufsagen von Nursery Rhymes Englisch als Erzähl- bzw. Interaktionssprache verwendete (vgl. Kielhöfer und Jonekeit 1998).

Einige Tage nach Abschluss dieser theoretischen Auseinandersetzung mit den bei Lanza (1997) angeführten elterlichen Strategien bei Sprachmischungen bilingualer Kinder zeichnete ich eine Interaktion mit Nora auf, in der wir gemeinsam Bilderbücher anschauten und die Bilder kommentierten. Bei der Transkription dieser Situation (Anhang, 116-118) stellte ich zu meiner Überraschung fest, dass ich Nora gegenüber wieder mehrmals völlig unbewusst die *Move On Strategy* angewendet hatte:

a) Opa: What can you see here?
Nora: Eine Kuh.
Opa: And where is the cow?
Nora: In Stall.
Opa: In the cowshed. And where is the cat?

b) Das Bild zeigt Kindergartenkinder bei der Jause.

Opa: What are they drinking?
Nora: Milk.
Opa: And here?
Nora: Jause essen tuan die Kinder.
Opa: And what are they eating?
Nora: Egg.

c) Wir betrachten ein Bild, das einen Verkehrsunfall zeigt. Ein Tankwagen verliert Benzin.
Opa: Oh, what happened here?
Nora: Da is Auto runtergefallen. Jetzt tuat alles aussaspritzen.
Opa: Yes, that's true. And here?
Nora: A Bagger.

Ich wendete also gerade die Strategie an, von der ich der Meinung war, sie wäre mit ein entscheidender Grund dafür, dass Nora auf unsere englischen Äußerungen fast immer auf Deutsch reagierte, d. h. eine Strategie, die wohl den rezeptiven Spracherwerb fördert, zum produktiven Erwerb der zweiten Sprache jedoch nichts beiträgt.

Eine Erklärung für mein Sprachverhalten sehe ich in der Schwierigkeit, in einer solchen Interaktion nicht nur aktiver Teilnehmer, sondern gleichzeitig auch Beobachter zu sein. Während des Vorlesens stand für mich allein das Kind im Mittelpunkt des Geschehens, ich identifizierte mich völlig mit dem zu untersuchenden Feld (Lamnek 1995). Dass nebenbei der Mini-Disc Recorder eingeschaltet war, hatte ich ebenso rasch wie Nora vergessen. Die nach Lamnek (1995) bestehende Gefahr, dass bei einer solchen völligen Identifikation mit dem zu untersuchenden Feld neben der vollständigen Teilnahme am Alltagsleben keine Möglichkeit für eine wissenschaftliche Beobachtung selbst mehr besteht, sehe ich in meinem Fall jedoch nicht, da die eigentliche wissenschaftliche Beobachtung erst im Nachhinein im Rahmen der Auswertung der Transkriptionen erfolgt.

9.5.3 Sprachmischungen bei Tom und Nora

Bei der Beschreibung von Toms und Noras Sprachmischungen werde ich ebenso wie Redlinger und Park (1980), Köppe und Meisel (1995) und Lanza (1997) auf eine

Unterscheidung von *language mixing* und *code switching* verzichten. Und zwar erstens, weil sich beide Kinder während der Beobachtungszeit in der Phase des naiven, unbewussten Mischens der beiden Sprachen befanden. Und zweitens, weil es grundsätzlich sehr schwierig ist, zu erkennen, ob eine Sprachmischung unbewusst oder bewusst erfolgte (Grosjean 1982, Kielhöfer und Jonekeit 1998).

Tom

Die häufigsten Sprachmischungen konnten bei Tom im Alter von 2;2 bis etwa 4;0 Jahren beobachtet werden. Danach „flickte" er nur mehr dann deutsche Einzelwörter in englische Äußerungen, wenn er sich in Sprachnotstand (Kielhöfer und Jonekeit 1998) befand, d. h. wenn er den betreffenden englischen Begriff noch nicht kannte, oder wenn ihm das benötigte englische Wort gerade nicht einfiel.

Die meisten Beispiele für Toms Sprachmischungen stammen daher aus meinen Beobachtungen von Toms sprachlicher Entwicklung zwischen 2;2 und 3;6 Jahren.

Einteilung der Sprachmischungen nach Wortarten
   Substantiva:

2,5;17 :	Opa, what *Farbe* is the ball?
2,6;3 :	Mummy schaut mit Tom ein Bilderbuch an: Mummy: Da sind Enten, und Schafelen, und Hundelen... Tom: Und *duckln*. (= englisches Wort *duck* plus deutsche Pluralendung)
2,9;20 :	Opa, what are you doing with the long *Schlauch*?
2,10;7 :	Tom isst einen Apfel: Tom: Opa, I can't eat the *Schale*.
2,10;10:	Mummy, I want a *Jause*.

3,0;3 : Tom hat in der Küche etwas ausgeschüttet:
Oma, I made a little bit *Sauerei*.

3,2;29 : Opa, in *Herbst* the leaves are falling off the trees.

4,0;5 : Opa: Where is mummy?
Tom: She did go shopping.
Opa: She went shopping.
Tom: Yes, because she did buy a *Waschmaschine*.

4,0;8 : Tom und Opa lesen ein englisches Kinderbuch:
Opa: And what are the two bears doing?
Tom: Going hunting.
Opa: Aha.
Tom: Bäng. Like this it makes. With the *Schießgewehr*. Bäng.

4,0;21 : Tom erzählt, wie er im Bach beim Waldspielplatz „Haifische" gefangen hat:
Tom: We did get the sharks out with the bucket.
Opa: But they didn't bite you?
Tom: No, because we had big *Anzuge*, and gloves, and then we just caught them.
Opa: That was a dangerous thing, wasn't it?
Tom: Yeah. And we had a *Taucherschutze*. We put them on the knee, the *Taucherschutze*.

4,3;11 : Tom und Opa schauen ein Bilderbuch an:
Opa: And what is the man doing there?
Tom: Walking and walking and walking. Why is there a *Briefkasten*?
Opa: I'm sure you know the English word for Briefkasten.
Tom: Mailbox. Why is there a mailbox?

Verben:

2,2;18 :	Oma: Tom, was tust du denn?
	Tom: Tom *sreibing*.

2,2;21 :	Tom: Oma, i will (deutsche Aussprache) *write*.

2,3;20 :	Tom schaut mit Daddy ein Bilderbuch an:
	Daddy: What's the girl doing?
	Tom: *Rutsching*.

2,4;30 :	Tom nimmt eine Flöte und sagt: I need it for *spieling*.

2,5;27 :	Tom will einen Stecker einstecken: I muss des *einipluggen*.

2,11;27:	When the children are naughty, mummy must *schimpf*.

3,2;17 :	Opa, what is David's school *heißt?*

Adjektiva:

Im Vergleich zu Substantiva und Verben wurden Adjektiva verhältnismäßig selten gemischt.

2,6;10 :	Mummy, komm. Der Apfelstrudel is *ready*.

3,1;0 :	Opa, the ladder is a little bit *wockelig*.

3,6;2 :	Opa, I'm helping you. I'm so *lieb*.

4,4;28 :	Tom darf ein Fenster am Adventkalender öffnen:
	Today it's *egal* which window you open.

Funktionswörter (Pronomina, Präpositionen):

2,8;21 : Oma, is der Opa *at* heim?

2,9;20 : Oma, die Nudeln sind *still* heiß.

2,11;27: Oma, setz dich *bei me*.

3,3;1 : Who is coming with us *noch*?

Mischung von Phrasen:

4,3;3 : Tom baut eine Duplo-Burg:
Opa: Tom, do you want to draw something?
Tom: No, I'm making *die Ritterburg fertig*.

4,5;16 : Tom und Opa unterhalten sich über schnelle Autos:
Opa: I'm afraid your daddy's car is not a fast as a Ferrari.
Tom: But when he puts in *den vierten Gang* then daddy's car is also very fast.

Daneben gibt es aber auch eine Reihe von deutschen Wörtern, die Tom von Anfang an in seinen englischen Äußerungen verwendete. Dazu gehören *Oma* und *Opa*. Das ist darauf zurückzuführen, dass wir sowohl von den anderen Enkelkindern als auch von den eigenen Kindern mit *Opa* und *Opa* angeredet werden. Im Gegensatz dazu bezeichnet Tom seine neuseeländischen Großeltern, die er nie kennen gelernt hatte, immer mit *granny Millen* und *granddad Millen*.

Das Wort *Jause* wird nicht nur von Tom, sondern auch von seinem Vater und von mir in englischen Sätzen verwendet, weil es für diese „Jause" im Englischen keine echte Entsprechung gibt. So fragt Toms Vater zum Beispiel: „*What do you want for your Jause?*". Es ist daher nicht verwunderlich, dass Tom bei einem Spaziergang fragt: „*Opa, when will we eat our Jause?*"

Auch für das Wort *Apfelstrudel* gibt es kein englisches Äquivalent. Daher heißt es bei Tom: „*Opa, the Apfelstrudel ist still very hot.*"

Das Wort *Bagger* ist ein weiteres deutsches Wort, das Tom grundsätzlich auch im Englischen verwendet. Unsere Versuche, Tom dazu zu bewegen, die englischen Wörter *excavator* oder *digger* zu gebrauchen, blieben erfolglos. Für Tom ist und bleibt diese Maschine auch im Englischen *a bagger*. Dies führte zu echten Kommunikationsproblemen, als Tom seinen Uncle Greg, der kein Wort Deutsch versteht, bat, „*Uncle Greg, draw me a bagger, please*", und Uncle Greg auch nach mehrmaligem Rückfragen nicht verstand, was er zeichnen sollte.

Ein interessanter Fall ist das Wort *Bäuerin*, für das es im Englischen laut Wörterbuch nur den Begriff *farmer's wife* gibt. Nun braucht aber die „Frau des Bauern" („farmer's wife") ja nicht unbedingt eine Bäuerin zu sein. Umgekehrt könnte es auch sein, dass eine Bäuerin nicht verheiratet ist. Dann würde die Bezeichnung „farmer's wife" ebenso wenig passen. Also eine recht verwirrende Angelegenheit. Daher bleibt es dabei, dass Tom, wenn er in einem Buch ein entsprechendes Bild sieht, sagt: „*Look, the Bäuerin is milking the cow.*"

Nora

Bei Nora fällt auf, dass sie, je nachdem mit wem sie sprach, sowohl englische Wörter in deutsche Äußerungen, aber auch deutsche Wörter in englische Äußerungen einfügte. Die ersten Mischungen wurden ab etwa 2;1 Jahren beobachtet. Dass Nora sehr häufig mischte, ist vermutlich auf dieselbe Ursache zurückzuführen wie ihre teilweise Verweigerung, englisch zu reden: Sie wusste, dass wir ihre Mischungen tolerierten, und sie wusste, dass wir alle ihre gemischten Äußerungen verstanden. „*From the child's point of view, the language mixing results in the message being communicated and usually understood. From the perspective of the child, mixing is usually suitable and workable. The listener accepts the style of expression; the meaning is understood*" (Baker 1996, 78).

Einteilung der Sprachmischungen nach Wortarten

Substantiva:

2,1;4 :   Opa: Look, Nora, the cows are so nice.
          Nora: Na, *the cows* fressen Gras.
2,1;14 : Daddy: What's the rabbit doing?

Nora: Eating a *Rotte* (=Karotte)

2,1,25 : Nora baut einen Duplo-Turm.
Opa: Oh, what a big tower.
Nora: Noch an *tower* machen.

2,2;18 : Nora: Wo is der *duck*? In de *book*. I zeig dir, Opa.

2,3;3 : Nora, Tom und Opa spielen Verstecken:
Opa: Where is Tom?
Nora: Da kommt er aussi aus die *cave*.
(Das Wort *cave* wurde vorher mehrmals verwendet)

2,3;4 : Tom und Nora spielen. Sie sind „wilde Tiere":
Nora: Tom is der *lion*, und i bin der *rabbit*. Der *lion* schreit, Opa.

2,3;15 : Nora: Immer abifallt der *paper*.

2,3;20 : Nora kommt mit einem Zehngroschenstück zu Opa:
Nora: Opa, schaug, i hab a *money*.

2,4;15 : Nora, Tom und Opa bauen ein Duplo-Haus:
Opa: Nora, I think we can make another house.
Nora: Wo is die *doors*? Na, hamma koani *doors* mehr.

2,4;20 : Nora und Tom bauen Duplo-Häuser:
Nora: Tommy, i will auch so *steps* wie du.

2,4;25 : Opa: Tom, do you want an egg?
Nora: I mag a an *egg*. I mag *egg* so gern.

2,5;15 : Nora: Opa, i mag a *water*.

2,6;12 : Nora (im Alpenzoo): Die tuan aber nit beißen, die

goats. I will a zu die *bears*.

2,6;18 : Nora erzählt von Toms ersten Versuchen auf den Schiern:
Nora: Dann is der Tom in die *fence* einigfahrn.

2,7;0 : Oma und Opa bringen Nora mit dem Auto nach Volders:
Nora: Oma, du mußt noch dein *seatbelt* anhängen.

2,7;2 : Nora: Wo sind die anderen *ducks*? I mag gar net die *bulls*.

Verben:

2,1;18 : Nora schaut mit Oma ein Bilderbuch an:
Oma: Was tut denn der Bär, Nora?
Nora: *Painting* tut der Bär.

2,2;20 : Tom: I don't like this.
Nora: Aber i [i] *like* des.

2,3;5 : Nora kommt mit einer Handvoll Rosinen zu Opa:
Opa: Nora, who gave you the raisins?
Nora: Oma some *geben*.

2,4;3 : Nora und Mummy schauen ein englisches Buch an:
Mummy: What is the man doing?
Nora: *Putzing*.

2,4;8 : Nora: Daddy, willst du *eat*?

2,4;20 : Nora spielt mit Uncle Greg:
Nora: Schaug amal, schaug amal, uncle Greg. Schaug amal, *look*.

2,4;22 : Nora und Tom frühstücken bei Oma und Opa:
Tom: I want this jam.
Opa: Okay, I'll make it for you.
Nora: Na, i [i] *make it* fürn Tommy.

2,6;18 : Nora, Tom und Opa spielen Verstecken:
Tom: Opa, I'm hiding in the cupboard.
Nora: Und i *hide mi* hinter die Türe.

Adjektiva:

2,2;6 : Nora: Opa, schaug, i hab an *big* Turm.

2,2;6 : Nora will eine Duplo-Turm bauen:
Opa: Should I help you, Nora?
Nora: Na, kann i schon *better*.

2,4;20 : Nora: Opa, dein Christbaum is *small*. Mein Christbaum is *big*.

2,4;26 : Nora schaut mit Uncle Greg ein Bilderbuch an:
Nora: Schaug amal, uncle Greg, die Kinder sind *naughty*.

2,6;1 : Nora: Is schon *dark*, Opa.

Funktionswörter (Pronomina, Präpositionen):

2,2;8 : Nora: Opa, i geh *up* zu die Oma.
2,2;24 : Nora: Was isn *that*?

2,2;26 : Nora hört ein Flugzeug:
Nora: Was isn des *one*?

2,3;15 : Nora schaut ein Bilderbuch an:
Nora: There fox. There *noch a* fox.

2,4;18 :   Nora: Opa, wo is die Oma? Is sie in Keller?
Opa: Maybe. I don't know.
Nora: *Maybe* is sie in Keller.

2,5;18 :   Nora: Oma, darf i a Kiwi haben?
Oma: Natürlich.
Opa: Tommy, do you also want a Kiwi?
Tom: No.
Opa: Why not?
Nora: Ja, *because* halt.

Phrasen:

2,1;11 :   Nora: Opa, *down cellar*. Apfel holen für Nora.

2,1;26 :   Nora: Opa, noch a *have a look* (sie möchte noch einmal etwas anschauen).

2,3;1 :   Nora zeigt im Schlafzimmer auf die Betten:
Nora: Die Oma *sleep here*. Die Opa *sleep there*.

2,3;15 :   Nora schaut mit Opa ein Bilderbuch an:
Nora: Opa, schaug, *run away* des Fuchs.

2,4;12 :   Mummy: Jetzt is Zeit zum Baden und zum Haare waschen.
Nora: Na. I [i] *have a bath* nit.
Mummy: Was: I [i] have a bath nit. Warum willst net baden?
Nora: So halt.

2,5;22 :   Tom rollt Schneebälle:
Tom: Opa, look, I've got a big one.
Nora: I hab koan *big one*. I will a an *big one*.

2,5;25 :	Opa: Tommy, go and brush your teeth. Nora: Muss i auch meine *teeth brushen*?
2,6;2 :	Nora: Opa, wo is die Oma? Opa: I think she is in Volders. Nora: Na. *I think* die Oma is in Aldrans.
2,6;14 :	Tom: Can I have some more, Opa? Nora: I will auch *some more*.
2,10;12:	Nora möchte gerne in Aldrans bleiben: Opa, can we stay here *bleiben*?
2;11,5 :	Nora durfte sich eine Spritzpistole kaufen: Nora: Opa, I have bought my water gun *ganz* alone.

Zusammenfassend kann mit Hoffmann festgehalten werden, dass alle zweisprachigen Kinder eine solche Phase der Sprachmischung durchlaufen. *„The linguistic item that they mix may be known to them but temporarily not available, or they may genuinely be known to the child in only one if his languages. Input and situational factors (such as one-sided exposure or distractions) can influence mixing in terms of both quality and quantity"* (1997, 109).

9.6 Interferenz

9.6.1 Was ist Interferenz?

Für Wandruszka darf Interferenz nicht allein im Zusammenhang mit dem Thema Zweisprachigkeit betrachtet werden, sondern betrifft jeden Menschen. Denn für ihn ist grundsätzlich jeder Mensch, auch der sogenannte „einsprachige", mehrsprachig. *„Wir alle sprechen mehrere Sprachen, weil wir in mehreren, oft sehr verschiedenen menschlichen Gemeinschaften leben, deren Sprachen wir im Laufe unseres Lebens lernen"* (1979, 13). Wandruszka spricht von der *„Mehrsprachigkeit der*

Muttersprache" (ebd., 14) und meint damit unterschiedliche Färbungen, Akzente und Ausdrucksweisen in der Sprache des Vaters und der Mutter, der Großeltern, der Spielgefährten bis hin zur Sprache, die das Kind in der Schule lernt. Für ihn ist jede Sprache eine Mischsprache. *„Jedes Kind eignet sich von Anfang an spielend phonetische, lexikalische, syntaktische, idiomatische Elemente verschiedener Sprachen an"* (ebd., 14). Jedes Kind erwirbt also eine solche „Mischsprache", wodurch es immer wieder zu Interferenzen, zu Einwirkungen der einen auf die andere Sprache kommt. *„Rund die Hälfte aller unserer sprachlichen Fehlleistungen sind Interferenzfehler"* (ebd., 315). So kommen bei Tom und Nora etwa zum Deutsch mit einem deutlichen Tiroler Akzent der Mutter und dem starken Tiroler Dialekt der Kinder im Kindergarten und in der Spielgruppe das Deutsch mit einem deutlichen hessischen Akzent der Großmutter und das stark vom Englischen gefärbte Deutsch des Vaters.

Dem Thema Interferenz, das, wie bei Wandruszka (1979) zu sehen ist, eng mit dem Phänomen der Sprachmischung verbunden ist, wird in der Zweisprachforschung große Aufmerksamkeit gewidmet. Dabei wird der Begriff Interferenz von den Forschern teilweise sehr ähnlich, teilweise aber auch sehr unterschiedlich definiert.

Für Haugen ist Interferenz *„the overlapping of two languages"* (1956. In: Grosjean 1982, 299).

Ähnlich allgemein definiert Mackey Interferenz als *„the use of features belonging to one language while speaking or writing another"* (1970, 569).

Bei Weinreich, einem der Begründer der modernen Zweisprachforschung, heißt es: *„Diejenigen Fälle der Abweichung von den Normen der einen wie der anderen Sprache, die in der Rede von Zweisprachigen als Ergebnis ihrer Vertrautheit mit mehr als einer Sprache, d. h. als Ergebnis des Sprachkontaktes vorkommen, werden als Interferenzerscheinungen verzeichnet. (...) Der Terminus Interferenz schließt die Umordnung von Strukturschemata ein, die sich aus der Einführung fremder Elemente in die stärker strukturierten Bereiche der Sprache ergibt"* (1976, 15).

Grosjean sagt: *„In this section I refer to interference as the involuntary influence of one language on the other. (...) If one language is influenced by the other, one can then talk of interference"* (1982, 299). Für Grosjean sind also die Zufälligkeit und die Unfreiwilligkeit die entscheidenden Merkmale von Interferenz.

Für Arnberg bedeutet Interferenz *„the unvoluntary influence of one language on the other, which, like code-switching, occurs after the child is aware of having two languages in its environment"* (1991, 28). Neben der Unfreiwilligkeit ist für Arnberg also ein ausgebildetes und ausgeprägtes Sprachbewusstsein eine wesentliche Voraussetzung für Interferenz.

Zimmer stellt fest, dass sich Interferenzen vor allem im Bereich der Semantik ereignen: *„Die Wörter beider Sprachen infizieren sich mit ihren Bedeutungen. Wo eine Sprache in die andere hineinwirkt, spricht man von Interferenzen"* (1999, 51).

Für Hoffmann (1997, 96) macht es wenig Sinn, beim jungen Kind, das sich noch in der Spracherwerbsphase befindet, überhaupt von Interferenz zu sprechen, denn noch keiner der beiden Sprachcodes ist voll ausgebildet und gefestigt. Ebenso hält sie die Frage, ob es sich bei solchen Mischungen um *mixing*, *code-switching* oder *Interferenz* handelt, erst für ältere Kinder oder Erwachsene für wichtig und interessant. Das entscheidende Merkmal dieser frühen Spracherwerbsphase ist für Hoffmann einfach eine Fülle von Mischungen der verschiedensten Art.

Porschè bezeichnet *„übertriebenes, unangemessenes ‚code-switching'* als Interferenz. *„Interferenz entsteht, wenn man in einem code spricht (oder schreibt), dabei aber unwillkürlich phonetische, lexikalische oder strukturelle Elemente eines anderen mitunter auch verwendet"* (1983, 49). Dabei bezweifelt Porschè aber, ob ‚Interferenz' als Fachausdruck überhaupt angemessen sei, *„denn dieses Wort – jedenfalls in der englischen Form ‚interference' – ist von vornherein negativ besetzt. Es bedeutet nämlich ‚Störung' oder ‚Einmischung'"* (ebd., 49). Aus diesem Grund ersetzt Clyne auch den Begriff ‚Interferenz' durch den neutraleren und objektiveren Begriff ‚Transferenz'. Während ‚Interferenz' auf *„den allgemeinen Verwirrungsprozeß im Sprachkontakt"* beschränkt wird, bedeutet für Clyne der Terminus ‚Transferenz' *„die Übernahme von Elementen, Merkmalen und Regeln aus einer anderen Sprache"* (1975. In: Porschè 1983, 50).

Diesen Begriff *transference* verwendet auch Saunders (1988) bei der Beschreibung von Interferenzen, die bei seinen Kindern im Alter zwischen 4 und 11 Jahren auftraten.

Die klarste Unterscheidung zwischen *Sprachmischung* und *Interferenz* treffen Kielhöfer und Jonekeit (1998, 86 f.). Wie die Sprachmischung ist für sie auch die Interferenz ein typisches Merkmal der Sprache des Bilingualen. Beide resultieren aus dem psycholinguistischen Sprachkontakt und sind trotz funktionaler Sprachtrennung unvermeidbar. In Übereinstimmung mit Weinreich (1976) und Clyne (1975) kommt es auch für Kielhöfer und Jonekeit bei der **Sprachmischung** zur *direkten* Übernahme fremder Wörter oder Satzteile in die Grundsprache, während es bei der **Interferenz** zu Überlagerungen von Regeln und Strukturen der beiden Sprachen kommt, die nur *indirekt* wirken und nicht immer leicht zu erkennen sind. Bei *Opa, I'm digging a big Loch* haben wir es daher mit einer Sprachmischung zu tun, weil das deutsche Wort *Loch* direkt und unverändert in den englischen Satz übernommen wird. Beim Satz *Opa, I'm grabing a big hole* hingegen handelt es sich um eine Interferenz, weil das deutsche Verb *graben* durch das Anhängen der englischen –ing Form verändert wird. Der Übergang von der Sprachmischung zur Interferenz ist fließend. Sprachmischung ist im Allgemeinen jedoch direkter wahrnehmbar als Interferenz, weil Elemente beider Sprachen als Fremdkörper aufeinanderstoßen. Bei der Interferenz wirken die Sprachen indirekt aufeinander. Es kommt zu internen Veränderungen, die nach außen nicht immer so leicht zu erkennen sind.

Objektiv ist Interferenz für Kielhöfer und Jonekeit (1998) sicher als „Störung" des jeweiligen Sprachsystems anzusehen. Subjektiv jedoch hat die Interferenz für den Zweisprachigen eine helfende Funktion: Er greift in „Sprachnot" auf Wörter und Strukturmuster der anderen Sprache zurück, um Lücken zu füllen, um sich genauer auszudrücken, oder um komplexe Strukturen zu vereinfachen. Ebenso kann Haugen in Interferenzerscheinungen nichts Negatives erkennen: *„We need to get away from the notion of ‚interference' as somehow noxious and harmful to the languages. The bilingual finds that in communication he is aided by the overlap between languages and he gets his message across in whatever devices are available to him at the moment of speaking"* (1972. In: Grosjean 1982, 299). Außerdem, stellt Grosjean (1982) fest, beeinträchtigen Interferenzen nur sehr selten die Kommunikation. Denn schließlich wollen ja die einsprachigen Menschen ihren zweisprachigen Gesprächspartner verstehen und tolerieren daher auch fremde Akzente, einen für sie ungewohnten Satzbau oder Wörter mit einer etwas unterschiedlichen Bedeutung.

9.6.2 Interferenzen bei Tom und Nora

Tom

Es ist manchmal nicht einfach, Interferenzen von Sprachmischungen zu unterscheiden (Jonekeit 1998). Dennoch traten bei Tom bereits früh „Störungen" auf, die eindeutig auf eine Überlagerung der Regeln der beiden Sprachen zurückgeführt werden können, d. h. dem Bereich der Interferenzen zuzuordnen sind.

Bis zum Alter von etwa zweieinhalb Jahren war eher Englisch Toms stärkere Sprache, denn Tom hörte Englisch von seiner Mutter, seinem Vater und seinem Opa. Diese Situation änderte sich deutlich, als sich die Mutter entschloss, mit Tom, als er 2;6 Jahre alt war, deutsch zu reden (Pisek 2000). Von diesem Zeitpunkt an entwickelte sich Deutsch immer mehr und deutlicher zu Toms stärkerer Sprache. Parallel zu dieser Entwicklung nahm auch die Zahl der Interferenzen zu. Die häufigsten Interferenzen traten im lexikalischen und grammatikalischen Bereich auf. Aber auch im Bereich der Aussprache konnten Interferenzen beobachtet werden.

a) Lexikalische Interferenzen

Die Abgrenzung lexikalischer gegenüber grammatikalischer Interferenzen ist oft schwierig. So können lexikalische Äquivalenzen zwischen den beiden Sprachen der Ausgangspunkt für grammatikalische Interferenzen sein. Ebenso können aber grammmatische Ähnlichkeiten zu lexikalisch-semantischen Interferenzen führen. Lexikalische Interferenzen können, wie die folgenden Beispielen zeigen, einzelne Wörter, aber auch Satzteile und Redewendungen betreffen.

a) Tom (2;9) schaut während eines Föhnsturms aus dem Fenster und sagt:
   Opa, look, the wind is *going* (statt: the wind is *blowing*).
   (Pisek 2000, 46)

Hier übersetzte Tom die deutsche Struktur „Der Wind *geht*" wörtlich ins Englische.

b) Oma und Opa unterhalten sich darüber, dass Gerhard (Toms Onkel) am Abend *eingeladen* sei. Darauf fragt Tom (2;9): Opa, why is Gerhard going in a truck?
   Opa: What do you mean, Tom?
   Tom: Gerhard is *eingeladen*.
   (Pisek 2000)

Toms Mutter fand schließlich die inhaltlichen Zusammenhänge heraus: *Einladen* und *aufladen* kannte Tom bisher nur im Zusammenhang mit Traktoren und Lastautos (Heu aufladen, etwas in ein Lastauto einladen). Wenn also Gerhard *eingeladen* war, dann musste das etwas mit Traktoren oder Lastautos zu tun haben.

c) Tom (2;11): Opa, can I have a *butterbread?*
    (Pisek 2000, 46)

Der falsche Analogieschluss, dass das zusammengesetzte Substantiv *Butterbrot* im Englischen *butterbread* heißen müsse, führte zu diesem Fehler.

d) Tom (3;4): Opa, where is Oma?
    Opa: In the kitchen. She's cooking our lunch.
    Tom: *What is it giving by you today?*
    (Pisek 2000)

Die deutsche Frage „*Was gibt es heute bei euch?*" wird hier wörtlich ins Englische übersetzt. Dabei kommt es nicht nur durch die Verwendung des falschen Verbs zu einem Fehler, sondern auch durch die Verwendung einer falschen Präposition.

e) Tom (3;8): Opa, we must *make* the door *close.*

Das zusammengesetzte Verb *zumachen* übersetzte Tom hier wörtlich mit **make close**.

f) Tom (3;9) möchte ein Bild anmalen: Opa, help me, please, it's so *heavy*.
    Tom (3;10), während er einen Brief öffnet: Oh, it's so *heavy*.
    Tom (4;2): Opa, look, I'm doing this *heavy* puzzle.

Hier handelt es sich um eine ganz typische lexikalische Interferenz. Während im Deutschen der Begriff *schwer* sowohl für *schwierig* als auch im Zusammenhang mit Gewichtsangaben verwendet werden kann, gibt es im Englischen dafür zwei unterschiedliche Begriffe: *difficult* und *heavy*.

g) Tom (3;10): Opa, *I have a big hunger.*
    (Pisek 2000)

h) Opa fährt mit Tom (3;11) über den Inn.

Opa: Look, Tom, there's the river *Inn*.
Tom: And where is the river *out*?
(Pisek 2000)

Tom verwechselt hier den deutschen Eigennamen *Inn* mit der englischen Präposition *in*.

i) Tom (4;0) hilft Opa im Garten ein Loch graben.
Opa: Well, I think that's deep enough. Let's stop now. Thank you very much, Tommy.
Tom: *Please*.

Ebenso wie das unten angeführte Beispiel mit *how late is it?* kann auch diese Reaktion mit *please* auf ein *thank you* bei einsprachigen Native Speakers zu einiger Verwirrung führen.

j) Tom (4;2): Opa, look, there are some *firewehrmen*.
Ebenso sagte Tom längere Zeit *firewehrbrigade* statt *fire brigade*.

k) Tom (4;3) will, dass Nora, die geschlafen hat, aufsteht: Nora, *stand* up.

Hier gebraucht Tom das falsche Wort (*stand up* statt *get up*), weil man im Deutschen für alle Formen des Sich Erhebens dasselbe Wort verwendet. Interessant dabei ist, dass diese Art von Fehlern für Native Speakers viel störender wirkt als für Nicht-Natives. So korrigiert Toms Vater den Buben sofort, wenn er einen solchen Fehler macht, während er über einen Grammatikfehler meist großzügig hinwegsieht.

l) Opa war mit Tom (4;4) mit dem Auto im Dorf. Auf der Heimfahrt fragt Tom: Opa, why didn't we *go with our feets*?

Der lexikalische Fehler (*go with the feet* statt *walk*) zog hier auch einen Grammatikfehler nach sich: *feets* statt *feet*.

m) Tom (4;5) spielt mit Uncle Greg.
Tom: Uncle Greg, *how late is it*?
Greg: Hm?
Tom: *How late is it?*
Greg: What have you said, Tom?

Tom: *How late is it?*
Greg: I don't understand.
Tom (laut, langsam und deutlich): *How   late   is it?*
Greg: How is it?
Tom: *How late is it?*
Tom: Mummy, mummy.

Dieses Beispiel zeigt, wie die Verwendung einer wörtlich übersetzten Redewendung (*Wie spät ist es? = How late is it?*) zu einer schwerwiegenden Störung in der Kommunikation mit einem einsprachigen Native Speaker führen kann. Es war für Tom völlig unverständlich, dass Uncle Greg diese Frage nicht verstand, wo es doch zwischen den beiden bisher keinerlei Kommunikationsprobleme gegeben hatte. Außerdem war er sich keines Fehlers bewusst. Schließlich hatte er auch uns, d. h. seinem Vater und mir bereits mehrmals diese Frage *How late is it?* gestellt und darauf jedes Mal eine Antwort erhalten. Denn sowohl sein Vater als auch ich wussten ja, was er wissen wollte, auch wenn er eine falsche Fragestruktur verwendete.

Wie schwierig es ist, solche eingefahrene Satzmuster korrigieren zu wollen, zeigt folgendes Beispiel:

    Etwa drei Wochen nach der verunglückten Kommunikation mit Uncle Greg fragte Tom (4;6): *Opa, how late is it?*

    Opa: Tom, in English you don't say ‚How late is it?'. You say: ‚*What's the time?*'

    Tom: (lacht): *What's the time?...Opa, how late is it?*

Nach Peltzer-Karpf und Zangl (1997) gibt es bis dato keine einheitliche Meinung zur effizientesten Korrekturform. Jedenfalls scheinen aber Korrekturen nur dann sinnvoll und erfolgreich, wenn sie sich am kognitiven und sprachlichen Entwicklungsstand des Lernenden orientieren.

n)   Tom (4;8): Opa, look, I'm jumping very *wide*.
    Der Grund für diese lexikalische Interferenz liegt darin, dass man im Deutschen *weit* springt, während der englische Begriff dafür *long-jump* ist.

o) Große Probleme hat Tom noch immer mit den verschiedenen englischen Wörtern für das eutsche Verb *fahren*. Für ihn gibt es nur das Wort *drive*, und dieses Wort wird für jede Art von Fahren verwendet:

I want to *drive with the tram* to Innsbruck.
I learned how to *drive* through a goal (beim Schikurs).
Opa, you can come and watch me how I *drive with the ski lift.*
Opa, I really did *drive on the ski lift.*
We did *drive* home *with a big bus*.
Opa, in the afternoon I was *driving my bike.*

p) Tom und Opa schauen ein Bilderbuch an.
Opa: Oh, look. What's this?
Tom: A doctor. It's nice to have a doctor in your house.
Opa: That's right. And what kind of doctor is it?
Tom: *A teeth doctor.*

Tom ist der Ausdruck *dentist* nicht bekannt. Daher übersetzt er das Wort *Zahnarzt* wörtlich.

qu) Tom (4;9) findet beim Spazierengehen eine Fünfschillingmünze.
Tom: Opa, can I *behold* the money?

Toms Schlussfolgerung ist klar zu erkennen: Wenn *halten* auf Englisch *hold* heißt, dann muss *be-halten be-hold* heißen.

r) Tom (4;9) fragt: Opa, *what is this for a cake*?
Opa: I don't know. Ask Oma.
Tom: Oma, *was is des für a Kuchen*?

s) Tom (4;10), beim Pfeilbogenschießen: Opa, where are *the whole arrows*?

Hier erkennt man den Einfluss der Umgangssprache: Opa, wo sind *die ganzen (=alle) Pfeile*?

t) Opa liest Tom (4;11) aus dem Buch „König der Löwen" vor. Darin heißt es :
„Während die Hyänen heißhungrig über die Fleischstücke herfielen, heckte Scar einen neuen Plan aus. Das nächstemal würde es für Simba *keine Rettung* mehr geben."
Darauf Tom: Opa, why is there *no ambulance* for Simba?

Grund für diese lexikalische Interferenz: Tom kennt den Begriff *Rettung* nur im Zusammenhang mit *Rettungsauto = ambulance*.

u) Tom (5;0) hat Durchfall. Am Nachmittag stellt er aber fest: *It goes me better now*. Als kurze Zeit später Nora auf Klo läuft, sagt er: Maybe *I sticked Nora on*.

In beiden Fällen sind es hier wörtliche Übersetzungen der deutschen Strukturen *Es geht mir besser* bzw. *Ich steckte Nora an*.

b) Grammatikalische Interferenzen

a) Zwischen 2;6 und 2;9 Jahren war bei Tom häufig folgende Form einer grammatikalischen Interferenz zu beobachten:
I'm *grabing* a hole.
I'm *schießing* the ball up very high.
I'm *schlepping* the big bucket.

In diesen Fällen werden durch das Anhängen der englischen ing-Form an ein deutsches Verb „*grammatikalischen Merkmale des Verbs verletzt*" (Kielhöfer und Jonekeit 1998, 79).

b) Tom (3;2): Opa, when Oma *finished is*, we can eat.
(Pisek 2000, 44)

Die falsche Wortstellung (*finished is* statt *is* bzw. *has finished*) rührt von der wörtlichen Übersetzung der Struktur „*Wenn Oma fertig ist*" her.

c) Tom (3;7) baut Lego Türme für sich und Nora.
Tom: Opa, look, Nora's tower is not so big *how* my tower.
(Pisek 2000, 45)

Hier ist die deutsche Form des Vergleiches „nicht so groß wie" Ursache der Interferenz.

d) Tom (4;2) erzählt Opa über eine Universumsendung im Fernsehen.
   Tom: Opa, the lions *dead* the antelopes.

Toms sprachliches Problem lag bei diesem Beispiel darin, dass wir im Deutschen für Verb (*töten*) und Adjektiv (*tot*) einen Wortstamm besitzen, während es im Englischen dafür zwei verschiedene Wörter gibt, nämlich das Verb *to kill* und das Adjektiv *dead*.

e) Tom (4;6) spielt im Garten: Opa, *I'm digging with the shovel a deep hole*.
   Tom (4;6): Opa, why was Jesus' father *too unhappy* when Jesus died?

Diese beiden Satzstellungsfehler haben ihre Ursache in der wörtlichen Übersetzung des deutschen Satzes.

c) Phonologische Interferenzen

Im Vergleich zu den lexikalischen und grammatikalischen Interferenzen war die Zahl der phonologischen Interferenzen eher gering. Dennoch konnten auch dazu einige interessante Beispiele beobachtet werden.

a) Tom (3;10) hilft Oma beim Kuchenbacken und darf das Mehl durchsieben.
   Plötzlich fragt er: Oma, was tust du denn jetzt mit die *Blumen*?

Tom verwechselte hier die beiden gleich klingenden englischen Wörter *flower* (Blume) und *flour* (Mehl). Dies ist auch eines der verhältnismäßig wenigen Beispiele für Interferenz aus dem Englischen, also aus Toms schwächere Sprache.

b) Tom (4;0) fragt Opa: Opa, how many children have you got?
   Opa: Three. Your mummy, and Evi, and Gerhard.
   Tom: And how many *uncle-children* have you got?

Dieses Wort *uncle-children* hat vermutlich seine Ursache in der phonetische Ähnlichkeit mir dem deutschen Wort *Enkelkinder*, das Tom von uns oft gehört hatte.

c) Tom (4;1) hat eine Duplo-Burg gebaut. Opa hilft ihm, verschiedene Figuren auf die Burg zu stellen.
Opa: Look, we can put this *knight* here. And that *knight* can stand on top of that high tower so that he can see everything.
Kurze Zeit später kommt Nora dazu, und Tom sagt zu ihr: Schau, Nora, wir habm a große Burg baut. Und die zwei Ritter bewachen die Burg *in der Nacht*. Die können alle Feinde sehen.

Bei diesem Beispiel ist es die phonetischen Identität zwischen den beiden Wörtern *knight* (Ritter) und *night* (Nacht), die zu diesem Missverständnis führte.

d) Tom (4;5) entdeckt im Keller eine Mausefalle. Ich erkläre sie ihm und verwende dabei den Ausdruck *mousetrap*.
Tom nimmt die Mausefalle mit, zeigt sie Nora und sagt: Schau, Nora, des is a *Maustreppe*.

Tom hatte das deutsche Wort *Mausefalle* noch nie gehört und behalf sich daher mit dem ähnlich klingenden Wort *Maustreppe*.

e) Während bei den bisherigen Beispielen häufig ein Zusammenhang zwischen grammatischer und lexikalisch-semantischer Interferenz festzustellen war, ist beim folgenden Beispiel Toms Problem auf eine Verbindung zwischen phonologischer und semantischer Interferenz zurückzuführen. Und zwar geht es dabei um die deutschen Wörter *Adler* und *Igel* bzw. um die englischen Wörter *eagle* und *hedgehog*:
In einer Geschichte, die ich Tom auf Deutsch vorlese, kommt ein *Adler* vor. Als wir uns anschließend auf Englisch über die Geschichte unterhalten, bezeichne ich den Vogel als *eagle [i:gl]*. Darauf Tom: „Opa, that's no Igel. That's a Adler."
Mein Versuch, ihm zu erklären, dass im Englischen der Adler so ausgesprochen wird wie das stachelige Tier auf Deutsch heißt, nämlich *[i:gl]*, dieses stachelige Tier aber auf Englisch *hedgehog* heißt, überschreitet derzeit noch Toms Auffassungskraft. Für ihn heißt der Vogel auch im Englischen weiterhin *Adler* und nicht *eagle [i:gl]*.

(Pisek 2000, 47)

d) Englische Interferenzen im Deutschen

Grundsätzlich wirkt die starke Sprache auf die schwache Sprache ein, d. h. Merkmale der starken Sprache werden auf die schwache Sprache übertragen. Für Toms Situation bedeutet das, wie die zahlreichen Beispiele belegen, dass vor allem deutsche Interferenzen in seinem Englisch auftraten. Dennoch zeigen einige Beispiele auch den umgekehrten Fall, dass nämlich Merkmale oder Regeln der englischen Sprache sein Deutsch beeinflussten.

a) Tom (2;8) liegt mit einer Erkältung im Bett.
   Oma: Tom, wie geht es dir denn?
   Tom: *I hab an kalt.*
   (Pisek 2000, 47)

Toms Äußerung *I hab an kalt* ist eindeutig auf das englische Sprachmuster *I have a cold* zurückzuführen.

b) Tom (3;3) fragt Oma: Oma, krieg i *in Abend* wieder Erdnüsse?
   (Pisek 2000, 48)

Präpositionen sind häufig von Interferenzen betroffen. Bei diesem Beispiel beeinflusst die englische Struktur *in the evening* die deutsche Struktur, was zu *in Abend* führte.

c) Nora möchte, dass Opa ihr etwas vorliest. Opa hat keine Zeit und sagt:
   Not now, Nora. I don't have time now.
   Darauf Tom (3;9): I les es *zu dir*, Nora.

Da ich Tom sehr häufig vorlas, hatte er von mir auch oft Ausdrücke wie „*I'll read it to you*" oder „*What should I read to you?*" gehört, und auch Tom sagte häufig „*Opa, please read it to me*". Für diese Situation war also Englisch Toms stärkere Sprache, was zu dieser Interferenz im Deutschen führte.

d) Tom (3;10) fragt seine Mutter vor einer Urlaubsreise in die Türkei:
   Mummy, darf i das Schiff *zu Türkei* mitnehmen?

Bei dieser Frage ist die englische Struktur *to Turkey* zu erkennen.

e) Beim Abendessen.
   Mummy: Tom, willst ein paar Kürbiskörndln?
   Tom: Ja. Die *mag i* viel *besser als* Rosinen.

Diese Äußerung Toms entstand unter dem Einfluss des englischen *I like it better*.

Diese eher unkindliche und für Tom auch untypische Formulierung lässt sich möglicherweise damit erklären, dass Tom das englische *having been at the Alpenzoo* im Kopf hatte, als er Oma sagen wollte, wie schön es im Alpenzoo war.

Grosjean (1982, 299 f.) stellt fest, dass zweisprachige Kinder bereits sehr früh ein großes Geschick entwickeln, auch in ihrer schwächeren Sprache verständlich und ohne Scheu zu kommunizieren, und dass Interferenzen nur sehr selten die Kommunikation beeinträchtigen. Meistens versteht der Gesprächspartner aus dem Kontext, was das Kind ausdrücken möchte. Das gilt für alle Bereiche, in denen Interferenzen auftreten können. Wenn, wie in den Beispielen angeführt, Tom in einem englischen Satz die deutsche Satzstellung verwendet, dann gibt es wohl einen ungrammatikalischen bzw. grammatikalisch fehlerhaften, aber trotzdem völlig verständlichen Satz. Schließlich verstehen die Gesprächspartner das Kind auch deshalb, weil sie das Kind verstehen wollen. Das Kind wird weder geschimpft noch getadelt, wenn es eine fehlerhafte Äußerung macht. Im Gegenteil! Sein Bemühen, sich ausdrücken und mitteilen zu wollen, wird von den Erwachsenen anerkannt. Und behutsam und mit großer Geduld und Ausdauer wird versucht, Fehler zu korrigieren (was aber selten gelingt) und dem Kind korrekte sprachliche Vorbilder zur Verfügung zu stellen. Sprachliche Korrektheit geht nicht über alles. Was zählt, ist der Erfolg – das Kind soll mit seiner Sprache erreichen können, was es erreichen will, auch wenn es unrichtig spricht. Vor allem aber soll sich das Kind in den Situationen, die irgendwann auftreten werden, sprachlich durchschlagen können.

Diese Ausführungen sollen durch folgendes Beispiel illustriert werden:
   Vor mehreren Jahren war ich mit Schülern einer vierten Hauptschulklasse in England. In der Gruppe waren Schüler aus allen drei Leistungsgruppen. Bei einem

Lunch in einem Fast-Food-Restaurant in York stellte ich fest, dass ich keine Papiertaschentücher mehr hatte. Ich bat daher eine Schülerin der 1. Leistungsgruppe, die für ihre sehr guten Leistungen bekannt war, sie möge in den benachbarten Chemist's Shop gehen und mir ein Päckchen Taschentücher kaufen. *„Des kann i net. I weiß ja net, was i da sagen soll"* war ihre Antwort, und sie war nicht dazu zu bewegen, mir die Taschentücher zu kaufen. An unserem Tisch saß auch eine Schülerin der 3. Leistungsgruppe, bei der bei der Planung der Reise noch gezweifelt worden war, ob es wegen ihrer großen sprachlichen Mängel überhaupt sinnvoll sei, sie nach England mitzunehmen. *„I geh"*, sagte dieses Mädchen, ohne dass ich sie darum gebeten hatte. *„Die werden mi schon net fressen."* Sie nahm von mir das Geld, verließ das Restaurant und kam ein paar Minuten später strahlend mit den Papiertaschentüchern zurück. Ich fragte damals nicht nach, was sie in dem Geschäft gesagt hatte – vielleicht hatte sie auch gar nichts gesagt, sondern die Taschentücher einfach genommen und an der Kassa bezahlt. Entscheidend war, dass diese „schlechte" Englischschülerin die ihr gestellte bzw. sogar freiwillig übernommene Aufgabe erfolgreich bewältigt hatte.

Nora
Im Vergleich zu Tom konnten bei Nora verhältnismäßig wenige Interferenzen beobachtet werden.
a) Mummy und Nora schauen ein Bilderbuch an.
   Mummy: What is the man doing?
   Nora: *Putzing.*

Hier wird das deutsche Verb *putzen* mit der englischen Endung *–ing* verbunden.

b) Tom, Nora (2;6) und Opa spielen Verstecken.
   Tom: Opa, I'm hiding in the cupboard.
   Nora: Und *i hide mi* hinter der Tür.

Diese Äußerung Noras ist nicht nur ein Beispiel für eine Sprachmischung, sondern auch für eine grammatikalische Interferenz, die darauf zurückzuführen ist, dass das englische Verb *to hide* sowohl *verstecken* als auch *sich verstecken* bedeutet.

c) Nora (2;10): Clemens is at the Lansersee swimming.

d) Opa spült nach dem Zähneputzen seinen Mund mit Mundwasser aus.
Nora (2;11): Opa, what is that what you in your mouth have?

In beiden Beispielen übernimmt Nora die deutsche Satzstellung für ihre englische Äußerungen.

e) Nora (2;11) will, dass ich ihr einen Stein anmale: Opa, are you *maling* this stone *on*?

f) Auch beim folgenden Beispiel übersetzt Nora (3;0) die deutsche Satzstruktur:
Nora, Tom und ich spielen Verstecken. Tom versteckt sich. Nora und ich suchen ihn. Plötzlich ruft Nora: Opa, Opa, *I see what.* Look, Opa, Tom is hiding under the table.

Diese im Vergleich zu Tom geringere Zahl an Interferenzen ist nicht zuletzt darauf zurückzuführen, dass Nora im Allgemeinen nur dann bereit war, etwas auf Englisch zu sagen, wenn sie sich sicher war, eine bestimmte Äußerung auch tatsächlich auf Englisch formulieren zu können. Sonst blieb sie lieber bei der deutschen Sprache, wie die folgende Äußerung zeigt.

Nora (3;2) sucht ein Buch, das ich ihr vorlesen sollte. Nach einiger Zeit kommt sie mit dem Buch angerannt.
Nora: Opa, i hab des Buch gfunden. Unterm Bett is es gwesen. Liest du mirs bitte vor?
Opa: Of course. But I'm sure you can tell me in English where you've found the book.
Nora: Na, kann i net.
Opa: Or course you can. You can speak English very well.
Nora: Na, kann i net Englisch. *Kann i erst Englisch, wenn i größer bin.*

9.7 Sprachwechsel

Der Sprachwechsel, also das Umschalten von einer Sprache zur anderen, zählt zu den bemerkenswertesten Leistungen des Zweisprachigen. *„Es ist in der Tat erstaunlich, mit welcher Geschwindigkeit und Leichtigkeit von einer zur anderen Sprache gewechselt wird. Das totale Umschalten erfaßt dabei nicht nur die Sprache, sondern auch Sprachgestik und – mimik, Sprachrhythmus und – geschwindigkeit. Der Zweisprachige kann so beim Umschalten den Eindruck erwecken, sich in eine andere Person zu verwandeln"* (Kielhöfer und Jonekeit 1998, 43). Diese Fähigkeit, sich jeweils schnell auf die richtige Sprache für bestimmte Personen, Zwecke und Themen einstellen zu können, erfordert eine hochgradig geistige und psychomotorische Aktivität und ist das Resultat ständigen Trainings. Dieses Umschalten ist an die funktionale Sprachentrennung gebunden und wird u. a. durch folgende Faktoren ausgelöst:

- den Gesprächspartner als Person
- die Sprache des Partners
- bestimmte Gesprächsthemen
- Rücksicht auf eine Person, die neu dazukommt und die andere Sprache nicht versteht.

In der englischsprachigen Literatur (Grosjean 1982, McLaughlin 1984, Baker 1996, Hoffmann 1997, Harding and Riley 1998) wird dieser Sprachwechsel *„language choice"* bezeichnet, *„where the speaker changes from one language to another according to the person she is speaking to"* (Harding and Riley 1998, 57). Dabei wird von Baker zu den von Kielhöfer und Jonekeit (1998) genannten Faktoren noch ein weiterer Grund für einen Sprachwechsel angegeben: *„Languages can also be changed for more Machiavellian purposes. It can be used to exclude people from a conversation"* (1996, 67).

Hoffmann (1997) weist auf Studien über zweisprachige Kinder hin, die nach der *„one parent – one language"*-Methode erzogen wurden. Viele dieser Kinder weiteten das bei den Eltern erlebte Modell aus und redeten eine Zeitlang alle Männer in der Sprache des Vaters und alle Frauen in der Sprache der Mutter an. Bei Tom und Nora wurde eine solche geschlechterspezifische Zuordnung der Sprachen nie festgestellt. Sehr wohl aber wurde von Tom uniformtragendes Flugpersonal grundsätzlich mit der englischen Sprache assoziiert. Das konnte auf einem Flug in die Türkei (mit türkischer Besatzung) ebenso beobachtet werden wie auf einem Lufthansa-Flug nach England mit deutscher Besatzung. Beide Male redete Tom die Flugbegleiterinnen auf Englisch an, obwohl er während des Fluges nach England hörte, dass sich die Flugbegleiterinnen mit den anderen Passagieren auf Deutsch unterhielten.

Bei Tom und Nora wurde der normale Sprachwechsel in der Regel durch den jeweiligen Gesprächspartner ausgelöst. Die Kinder wussten, dass ihr Daddy und ich nicht reagierten, wenn die „falsche" Sprache benutzt wurde. Daher sprach vor allem Tom mit uns automatisch immer die „richtige" Sprache, d. h. Englisch.

Zwischen Tom, Nora und mir gab es nur eine einzige Situation, in der die deutsche Sprache verwendet wurde: Wenn ich den Kindern deutsche Reime und Geschichten vorlas. Sobald wir aber ein Bild in einem Märchenbuch beschrieben oder über eine Geschichte diskutierten, redeten wir sofort wieder englisch. Auch dieses Umschalten funktionierte völlig selbstverständlich und problemlos.

Es setzte uns immer wieder in Erstaunen, mit welcher Selbstverständlichkeit und Leichtigkeit vor allem Tom in Interaktionssituationen, an denen mehrere Personen beteiligt waren, zwischen den beiden Sprachen entsprechend seinem jeweiligen Gesprächspartner wechselte. Dieser Sprachwechsel soll an einigen Beispielen aufgezeigt werden.

Tom (4;1), Nora und seine Eltern sind beim Essen.
    Tom: Mummy, ess ma morgen wieder pommes frites? Weil die mag i so gern.
    Daddy: No. We'll have rice. And Mexican food.
    Mummy: Morgen kommen die Oma und der Opa.
    Tom: Kommen die dann zu Essen, Mummy?
    Mummy: Ja.
    Tom: Is dann der Daddy auch da?
    Daddy: Daddy has to cook, Tom.
    Tom: Daddy, why will you have to cook tomorrow?
    Nora (beginnt zu singen): Hänschen klein, ging allein...
    Tom: Nora, du darfst net singen.
    Mummy: Aber ja. Natürlich darf sie singen.
    (Tom und Nora singen gemeinsam)
    Daddy: Would you like to have another helping?

Tom: Yes.

Daddy: What's there on the wall, Tom? What's that?

Tom: Fish and chips. But today we are not eating fish and chips.

Mummy: Jetzt machts dann gleich ‚Ping', und der Tom platzt.

Tom: Na! So a Blödsinn. So a Blödsinn, Mama. Des stimmt ja net. (...) Daddy, why did you give me only such a little bit?

Opa macht mit seinen drei Enkelsöhnen David (19), Tom (5) und Clemens (5) eine Bergwanderung.

Opa: No. We don't climb each rock now.

Clemens: Da kimm i leicht aufi.

David: Ja, des glab i dir.

Tom: Schau, Clemens, auf den Felsen könn ma aufisteign. Look, Opa, those are not such big rocks.

Opa: No.

Tom: But that's a big rock. Schau, Clemens, was des für a großer Felsen is. Auf den könn ma aufiklettern. Opa, can we climb this big rock?

Opa: Yes, but be careful. Aufpassen, Clemens.

Während der Jause auf einer Almhütte.

Tom: Opa, please, open it...It's a little one. A little cake.

Opa: Yeah. That's a very small muffin.

Tom: Yeah, it's really small...(lacht) That's no dog pooh.

Opa (lacht): No, but it looks like a dog pooh.

Tom: Cle, schau, des Muffin schaut aus wie a Hundescheiße.

Telefongespräch zwischen Tom (5;1) und Opa.

Opa: How was it at the kindergarten?

Tom: Fine.

Opa: And what did Nora do in the morning?

Tom: She was at the playgroup.

Opa: Oh, yes. It was her first day at the playgroup. Did she like it?

Tom (zu Nora, die im Kinderzimmer spielt): Nora, hats dir gfallen in der Spielgruppe?

Nora (aus dem Hintergrund): Ja, super.

Tom (zu Opa): Nora did like it very much.

Bei diesem letzten Gespräch sind folgende Punkte interessant:
- Toms selbstverständlicher Wechsel von Englisch auf Deutsch und wieder zurück zu Englisch.
- Seine Festhalten an der deutschen Sprache in Gesprächen mit Nora.
- Seine sinngemäße Übertragung des von Nora verwendeten Ausdrucks *„super"* ins englische *„very much"*.
- Die Bildung der Past Tense mit *„did"*. Obwohl Tom in dieser Zeit schon häufig richtige Past Tense Formen bildete, ist seine Formulierung *„did like"* in dieser Situation verständlich, denn er hatte diese Formulierung von meiner Frage *„did she like it?"* übernommen.

Tom redete auch dann konsequent mit mir englisch, wenn er zu einem mit anderen Personen in deutscher Sprache geführten Gespräch eine Frage stellte:

> Tom: Opa, look, the cow did come up here.
> Clemens: Des san die Stiere.
> Opa: Na. Da sind koane Stiere. Die habns im Stall unten.
> Tom: Opa, why do they have the bulls in the cowshed?

> Opa: David, schau, dort auf der Viggarspitze sind wir amal oben gwesen.
> Da wirst ungefähr so alt wie der Tom gwesen sein...Dann sind zwei
> Deutsche kommen (...), und dann habn sie Fotos gmacht.
> David: Kann i mi überhaupt nimmer erinnern.
> Opa: Koa Wunder. Des is schon bald fünfzehn Jahre her.
> Tom: Opa, why did they take photos?
> Opa: Well, they were so surprised that such a little boy could climb such
> a high mountain.
> Tom: Aha.

Mit dieser Fähigkeit, je nach Partner von einer Sprache auf die andere umzuschalten, entspricht Tom der Definition Weinreichs über Zweisprachigkeit: *„Die Praxis, abwechselnd zwei Sprachen zu gebrauchen, soll Zweisprachigkeit heißen, die an solcher Praxis beteiligten Personen werden zweisprachig genannt"* (1976, 15).

10   Die Rolle der Inputsprache

Die ersten Studien über die Besonderheiten der Sprache, die die Kinder von ihrer Umwelt, insbesondere von ihrer Mutter hören, wurden Mitte der siebziger Jahre des 20. Jahrhunderts im Zusammenhang mit den interaktionistischen Theorien über den Spracherwerb durchgeführt, um die in dieser Zeit vorherrschende These Chomskys zu widerlegen, dass der Spracherwerb angeboren sei und beinahe unabhängig vom sprachlichen Umfeld des Kindes erfolge. Außerdem sollte mit diesen Beschreibungen der Sprache, die kleine Kinder zum Zeitpunkt des Beginns ihres Spracherwerbs hören, die Behauptung Chomskys überprüft werden, der gemeint hatte, dass Kinder von den Erwachsenen eine so unvollkommene Sprache hören (Chomsky spricht von *„degeneracy and poverty of the stimulus"* [1965. In: Harris 1992, 16]), dass sie davon unmöglich die korrekten Regeln der Grammatik ableiten können (vgl. Kap. 7.2.5).

Zu den ersten und wichtigsten Untersuchungen über die Sprache von Müttern gehören die von Catherine Snow aus den Jahren 1972 und 1977. Snow testete in einer experimentellen Situation u. a., a) ob die Sprache von Müttern, die an Kinder gerichtet ist, die gerade anfangen sprechen zu lernen, sich von der Sprache derselben Mütter unterscheidet, wenn sie mit älteren Kindern oder mit Erwachsenen sprechen; b) ob sich Mütter und Nicht-Mütter in der Art, wie sie mit zweijährigen Kindern sprechen, unterscheiden.

Die Ergebnisse dieser Untersuchungen zeigen, a) dass Mütter gegenüber zweijährigen Kindern eine vereinfachte Sprache sprechen im Vergleich zu der Sprache, die sie älteren Kindern gegenüber verwenden, bzw. die Erwachsene untereinander benutzen; b) dass nicht nur die Mütter, sondern alle Erwachsenen – auch solche, die wenig Erfahrung im Umgang mit kleinen Kindern haben – mit Kindern anders reden als untereinander, und dass sie das so gut wie immer und überall auf der Welt tun. Nach Snow hören Kinder, die gerade anfangen, sprechen zu lernen, eine vereinfachte Sprache und lernen auf der Basis dieser wenig komplexen Sprache auch selbst sprechen. Snow sieht in einer solchen vereinfachten Sprache mit ihren vielen Wiederholungen die Grundvoraussetzung für eine funktionierende Kommunikation zwischen Mutter und Kind, denn sobald das Kind der Sprache des Erwachsenen nicht mehr folgen kann, bricht es die Kommunikation ab. Will der Erwachsene aber die

Kommunikation aufrechterhalten, so muss er die Komplexität seiner Sprache auf das Niveau des Kindes senken. So reguliert also das Kind, worüber gesprochen wird, und wie gesprochen wird. Gleichzeitig sieht Snow (1977) eine solche vereinfachte und redundante Sprache als geeignet an, dem Kind sozusagen „Sprachunterricht" zu erteilen. Diese Sprache hat einen lehrenden Wert, indem sie dem Kind verständlich ist und ihm durch die häufigen Wiederholungen die Möglichkeit gibt, seine Aufmerksamkeit auf differenziertere sprachliche Ausdrucksformen zu richten, die ihm vielleicht beim ersten Hören entgangen sind (Harris 1992, Zimmer 1999, Szagun 2000).

Nach Snow ist die Sprache der Mutter keineswegs „degeneriert" (Chomsky 1965) oder falsch. Sie ist vielmehr einfacher, aber durchwegs grammatikalischer als die Erwachsenensprache. Einfach ist sie in semantischer und in syntaktischer Hinsicht. Die Erwachsenen begeben sich auf das Verständnisniveau des Kindes und sprechen mit ihm über das Jetzt und Hier: Wie die Dinge heißen, welche Geräusche sie machen, welche Farbe sie haben, was sie tun, wem sie gehören, wo sie sind. Weil nur über so einfache Sachverhalte gesprochen wird, genügen auch einfachste syntaktische Strukturen: zunächst nur kurze Aussage- und Fragesätze. Diese Sprache der Erwachsenen ist außerdem häufig redundant: Vieles wird doppelt und dreifach wiederholt, leicht variiert, umschrieben, erweitert, wie auch folgende Beispiele zeigen:

Nora: A Fliege, Tom. A Fliege. Tote Fliege. Tot macht, Tom. I mit die Hände.
Opa: Where is the fly, Nora? Have you caught a fly, Nora? Oh, yes. Have you caught it?
Nora: Yes.
Opa: Yes, a very small fly. You have caught it.
Nora: Yes. There. Caught a fly.
Opa: You've caught a fly. Yes.

Opa: Tommy, are you eating with your right hand or your left hand?
Tom: With my...?
Opa: With your right hand. This is you right hand, and that's your left hand. You're eating and writing with your right hand...No, don't eat with your left hand. You can't do it. You are spilling your soup.

Beim ersten Beispiel bewirkt die Redundanz, dass das syntaktische Grundmuster *caught a fly* von mir so oft wiederholt wird, dass Nora, obwohl sie zu Beginn deutsch spricht, dieses Sprachmuster *caught a fly* schließlich selbst verwendet.

Die Hauptmerkmale der Sprache der Mütter charakterisiert Snow (1977) so:
Sie ist einfach und redundant, enthält viele Fragen und Imperative, wenige Vergangenheitsformen, wenige Nebensätze oder Hauptsatzreihen, hat eine bis zu einer Oktav höhere Tonlage und übertriebene Intonationsmuster. Außerdem sagt die Mutter nur das, was das Kind schon versteht (Zimmer 1999, Szagun 2000).

Snow (1977) nennt diese Sprache **motherese**. Zimmer (1999) hat diesen Terminus mit *Mutterisch* eingedeutscht. In der neueren Literatur wird dafür häufig der Terminus *Child Directed Speech* (CDS) bzw. verdeutscht *an das Kind gerichtete Sprache* (KGS) verwendet (Szagun 2000, 209).

Bei Szagun (2000, 209) finden wir eine Zusammenfassung der Charakteristika der an kleine Kinder gerichteten Sprache von Erwachsenen (KGS):

Merkmale der Prosodie:
Langsamere Sprechgeschwindigkeit
Erkennbarkeit der Segmentierung
größere Flüssigkeit im Sprechen
Sprechen in höherer Tonlage
größerer Frequenzbereich der Tonhöhe

Komplexitätsmerkmale:
erhöhte Anzahl der Äußerungen
geringere durchschnittliche Äußerungslänge
weniger komplexe Sätze
weniger Modifikationen
weniger Vergangenheitsformen der Verben
weniger Wörter vor dem Hauptverb
Teile von Äußerungen
weniger Konjunktionen
viele Imperative
viele Fragen
Einwortäußerungen
weniger Funktionswörter

viele Inhaltswörter
mehr starke als schwache Verben

Charakteristika der Redundanz:
geringerer Abstraktheitsgrad der Nomen
Wiederholungen von Satzteilen und ganzen Sätzen
inhaltliche Wiederholungen

Die an Kinder gerichtete Sprache ist nach Szagun (2000) allgemein verbreitet – bei allen Menschen und in unterschiedlichsten Kulturen. Schon in Snows (1972 und 1977) Untersuchungen zeigte sich, dass Mütter diesen Code ebenso benutzen wie Frauen, die wenig Erfahrung mit Kindern haben. Väter sprechen mit den Kindern ebenso Motherese wie Mütter.

Szaguns (2000) Feststellung, dass selbst kleine Kinder eine vereinfachte Sprache verwenden, wenn sie mit noch kleineren Kindern sprechen, kann anhand einiger Interaktionssituationen zwischen Tom und Nora belegt werden.

a) Nora: Da hinten mal i was. Da hinten. Da hinten mal i.
Tom: Nora, schaug, i mal was Großes. Wui, wui...Ja, genau, so geht des. A Fisch. So geht der Fisch. Nora, schaug amal, des hab i gmacht.

b) Tom (zu Nora): Nora, tun mir nachher a bissl rasten? Da drinnen?
Nora: Ja. Da leg di a bei die Puppe drinnen.
Tom: Tun ma gleichzeitig da rasten a bissl?

c) Tom und Nora bauen ein Duplo-Haus.
Nora: Da is des Fenster.
Tom: Ja, da mach ma viele Fenster, gel. Nit nur oan Fenster. Da mach ma mehrere Fenster...Nora, na, net so machen. (Ruft): Mama, die Nora macht zu, meine Fenster. Nora, des musst du erst lernen. Weißt, wie man Fenster macht.
Mummy (aus der Küche): Vielleicht kapiert sie's, wenn du es ihr auf Englisch sagst, Tommy.
Tom: Ja...Nora (englische Intonation). Du musst...you have to learn how,...how...hmmm, how you, how...how you build a window.

You have to learn it....Nora, wo is denn der Eingang? Schaug, da muss ma a paar Klötzelen wegmachen. Wo der Eingang is, gel.

d) Tom und Nora in derselben Interaktion wie in c).
Tom: Nora, holst bitte noch die andere Kiste herüber?
Nora (holt die andere Kiste): Da, Tommy, Wa, schwer.
Tom: Stells einfach da hin.
Nora: Spritzpistole, Spritzpistole.
Tom: Nora, da, da müss ma große einituan. Weißt, große müss ma einituan. Mir brauchen nur mehr kleine. Nur mehr kleine.
(Tom und Nora suchen passende Klötze)
Tom: Ja, genau, Nory. Schaug amal, a kloans in der Mitte. A kleines. Ein kleines.

Bereits an diesen wenigen Beispielen ist zu erkennen, dass Tom seiner jüngeren Schwester Nora gegenüber eine Sprache verwendet, die sich teilweise deutlich von seiner Sprache Erwachsenen gegenüber unterscheidet und Merkmale der KGS aufweist:

- Tom spricht mit Nora, wie den Tonaufzeichnungen zu entnehmen ist, in einer deutlich höheren Tonlage als mit Erwachsenen;
- Seine Sprache ist sehr redundant. Er wiederholt häufig einzelne Wörter bzw. Satzteile (*Schaug amal, a kloans in der Mitte. A kleines. Ein kleines*);
- Im Vergleich zu seinen Äußerungen, die Tom den Erwachsenen gegenüber verwendet, spricht er mit Nora in kurzen, prägnanten Sätzen;
- Auffallend ist auch Toms „belehrende" Art, Nora etwas zu erklären (*Nora, schaug; gel; des mußt du erst lernen; weißt; ja, genau, Nory*).

10.1 Funktion und Wirkung der an Kinder gerichteten Sprache (KGS)

Im Zusammenhang mit dem Phänomen KGS stellen sich nun folgende Fragen: Warum wird diese vereinfachte Sprache produziert (und zwar von Erwachsenen der verschiedensten Kulturkreise und mit unterschiedlichsten Muttersprachen)? Welche Funktion hat diese Sprache für das Kind? Hat sie einen Einfluss auf den Spracherwerb? Ist sie notwendig für den Spracherwerb?

Snow (1972) sieht in der vereinfachten und redundanten Sprache geeignete „Sprachlektionen" für das Kind. Cross (1977. In: Szagun 2000, 216) betont zwar, dass Mütter Motherese benutzen, weil sie darum bemüht sind, Kommunikation zwischen sich und dem Kind herzustellen. Gleichzeitig aber stellt das ständige Bemühen um das gegenseitige Verstehen in Form der spezifischen Charakteristika vom Motherese eine Förderung der Sprachentwicklung des Kindes dar.

Für Ferguson (1977) erfüllt der Gebrauch von Motherese drei Funktionen: (1) Das Vereinfachen bezieht sich u. a. auf einen eingeschränkten Gebrauch des Wortschatzes, auf den Gebrauch von Allzweckverben wie *tun* oder *machen* und ein Reduzieren von Flexionen. (2) Das Klarifizieren bezieht sich auf ein langsames und deutliches Sprechen, das Übertreiben der Intonationsmuster und die häufigen Wiederholungen. (3) Der gesteigerte Ausdruck bezieht sich auf die höhere Tonlage sowie die häufige Verwendung von Diminutiven (*Schweindelen, Haselen, Pferdelen, horsie, doggie, birdie* etc.).

Für Brown (1977) kommen im Falle der vereinfachten Sprache, die er *baby talk* nennt, zwei Komponenten ins Spiel: Erstens wird das kleine Kind als kognitiv und sprachlich weniger fähig empfunden, und wir wollen mit Hilfe einer vereinfachten Sprache sicherstellen, dass die Kommunikation dennoch funktioniert. Und zweitens ruft das Kind Zuneigung hervor. Das Resultat ist, dass wir auf das Kind mit einer Sprache reagieren, die alle Merkmale einer vereinfachten Sprache voll ausgeprägt hat.

Aufgrund meiner Untersuchung bin ich der Meinung, dass der Faktor vereinfachte Sprache nicht von anderen Faktoren wie etwa einer gewissen Sprachbegabung des Kindes, vor allem aber von einer emotional positiven sozialen Umwelt getrennt werden kann. Es stellt sich außerdem die Frage, ob es überhaupt der vereinfachte Sprachstil ist, der auf das Kind wirkt, oder nicht doch eher die Art der sozialen Interaktion. *„Es sind nicht die angebotenen grammatischen Strukturen allein, die wirken, sondern der Interaktionsstil ist ausschlaggebend. Ein emotional warmer, akzeptierender Stil, der Interesse an der Kommunikation mit dem Kind ausdrückt, wirkt sich positiv auf die Sprachentwicklung des Kindes aus"* (Szagun 1997, 1442).

Die Frage, ob aber Motherese eine für den Spracherwerb unbedingt notwendige Voraussetzung ist, wird von Szagun (2000, 222) verneint. Sie weist auf interkulturelle

Daten, die belegen, dass es Kulturen gibt, in denen Motherese nicht gesprochen wird, und in denen Erwachsene ihre Sprache selten direkt an kleine Kinder richten. Dennoch erwerben auch in diesen Kulturen Kinder ihre Muttersprache mühelos. Diese Kinder sind viel mehr als in unseren europäischen Kulturen in das soziale Leben um sie herum integriert, und sie hören viel Sprache der Erwachsenen und älterer Kinder untereinander. Die Kinder ahmen ganze Satzteile nach, die in bekannten Situationen immer wieder gesprochen werden. So lernen sie Bedeutung und sprachliche Form zuzuordnen. *„Auch dieser Weg ist ein möglicher Weg in die Sprache"* (ebd., 223).

Steven Pinker, ein überzeugter Verfechter nativistischer Theorien, bezweifelt die Bedeutung vom Motherese für den kindlichen Spracherwerb. *„Motherese is not an indispensable curriculum of Language-Made-Simple lessons"* (1994, 279). Vor allem wendet er sich auch gegen die Meinung von Snow (1972), die an Kinder gerichtete Sprache sei grammatikalisch einfach. Dieser Eindruck ist für ihn eine Illusion: Grammatik wird von uns Erwachsenen so instinktiv verwendet, dass wir nicht erkennen, welch komplexe Konstruktionen hinter manch einfach scheinenden Äußerungen stecken. Anhand der „einfachen" Frage *What did he eat?* zeigt er auf, wie viele komplizierte gedankliche Schritte notwendig sind, um diese Frage grammatikalisch richtig zu formulieren und stellt schließlich fest: *„No mercifully designed language curriculum would use these sentences in Lesson 1, but that is just what mothers do when speaking to their babies"* (ebd., 279).

Wie Szagun (2000) weist auch Pinker darauf hin, dass es viele Kulturen gibt, in denen nicht nur Motherese unbekannt ist, sondern in denen die Eltern mit ihren Kindern, solange sie sich in der vorsprachlichen Phase befinden, abgesehen von fallweisen Ermahnungen und Tadel, nicht sprechen. *„This is not unreasonable. After all, young children plainly can't understand a word you say. So why waste your breath in soliloquies?"* (Pinker 1994, 40).

Positiver steht Pinker dem Motherese im Bereich der Prosodie gegenüber. Er stellt fest, dass die unterschiedlichen Intonationsmuster, *„a rise and fall contour for approving, a set of sharp, staccato bursts for prohibiting, a rise pattern for directing attention, and smooth, low legato murmurs for comforting"* (1994, 279), die in allen Kulturen und Sprachgemeinschaften dieselben sind, die Aufmerksamkeit der Kinder erregen und sie lehren, den Unterschied zwischen Fragen, Anweisungen, Befehlen, Statements u. dgl. zu erkennen.

Pinker (1994) sieht die Überschätzung der Bedeutung von Motherese für den kindlichen Spracherwerb in einem engen Zusammenhang mit der Sorge amerikanischer Eltern, ihre Kinder würden ohne entsprechende elterliche Unterstützung im Lebenskampf benachteiligt sein.

> *„In contemporary middle-class American culture, parenting is seen as an awesome responsibility, an unforgiving vigil to keep the helpless infant from falling behind in the great race of life. The belief that Motherese is essential to language development is part of the same mentality that sends yuppies to ‚learning centers' to buy little mittens with bull's-eyes to help their babies find their hands sooner"* (ebd., 40).

Anstatt geduldig zu warten, bis das Kind Sprache entwickelt hat und echte Kommunikation in beiden Richtungen, d. h. von der Mutter zum Kind ebenso wie vom Kind zur Mutter möglich ist, halten die Mütter Monologe und Selbstgespräche, von denen das Kind kaum ein Wort versteht. Für Pinker liegt der Grund dafür im Glauben der Eltern, Motherese sei ein Mittel, die Sprachentwicklung der Kinder so entscheidend zu beeinflussen und zu fördern, dass diese Kinder gegenüber Kindern, die von ihren Eltern sprachlich nicht so kräftig unterstützt werden, entscheidende Vorteile besitzen und in der Lage sind, in den Konkurrenzkämpfen des Lebens nicht zurückzubleiben, sondern diesen Lebenskampf – *„the great race of life"* – möglichst als Sieger zu bestehen.

Meiner Meinung nach betrachtet Pinker die Bedeutung von Motherese für die sprachliche Entwicklung des Kindes bzw. den Wert einer engen Mutter-Kind-Beziehung zu einseitig unter einem rein linguistischen Aspekt. Die soziale und emotionale Seite dieser Beziehung lässt er völlig außer Acht. Dabei geht es bei diesen Kontakten zwischen dem Kind und einer erwachsenen Bezugsperson um viel mehr als nur um die Frage, ob das Kleinkind versteht, was der Erwachsene sagt. Was das Kleinkind für seine emotionale und soziale Entwicklung benötigt und bei diesen Interaktionen neben dem Motherese auch erhält, sind körperliche Nähe, Wärme, Geborgenheit, Spaß und Vergnügen, das Gefühl der Sicherheit. Denn die Erwachsenen beschränken sich in solchen Situationen nicht nur darauf, mit dem Kind in der vereinfachten Sprache zu reden. Gleichzeitig wird das Kind gekitzelt, geküsst, geschaukelt, in die Luft geworfen, liebkost. *„The baby cannot yet comprehend what is being said to it, and certainly cannot answer back. (...) But both parties seem to be hugely enjoying the experience – notwithstanding its unorthodox grammaticality"* (Crystal 1998, 159 f.).

Diese Form der Interaktion beschränkt sich jedoch nicht nur auf die von Bruner (1997) beschriebene Phase der vorsprachlichen Kommunikation. Auch in den nächsten Entwicklungsstufen wollen die Kinder nicht nur deshalb mit einer Bezugsperson ein Buch lesen, eine Geschichte erzählt oder ein Lied vorgesungen bekommen, weil sie am Inhalt der Geschichte interessiert sind oder gerne Lieder hören. Diese Erzähl- oder Vorlesesituationen bieten dem Kind auch die Möglichkeit, den Erwachsenen eine Zeitlang ganz allein für sich zu besitzen, auf seinem Schoß zu sitzen, sich möglichst eng an ihn zu schmiegen, sich geborgen zu fühlen.

Neueste Untersuchungen über die Sprachlernfähigkeit von Babys, die am Kindersprachlernzentrum der Universität von New York durchgeführt wurden, brachten folgende, zum Teil überraschende Ergebnisse (Österreichischer Rundfunk 2001):

Bereits Kinder im Babyalter analysieren ständig die Welt und versuchen, die Sprache ihrer Umwelt zu verstehen. Ebenso wie ein Baby bereits in der Lage ist, Würfel oder Lego-Steine zu einem Turm zusammenzufügen, begreift es auch den Aufbau der Sprache. Obwohl es noch nicht weiß, was Hauptwörter, Zeitwörter oder Eigenschaftswörter sind, erkennt es, wie aus diesen Bausteinen Sätze geformt werden.

Diese neuen Forschungen lassen erkennen, dass bereits sieben Monate alte Babys komplizierte Sätze den einfachen vorzieht. Eltern sollten sich daher beim Sprechen nicht zurückhalten, denn die Kinder profitieren in ihrer sprachlichen Entwicklung davon, wenn ihre Eltern in komplizierteren Sätzen sprechen.
      Für die Forscher sind diese Testergebnisse ein Beweis für Chomskys Theorie, dass Menschen einen angeborenen Instinkt für abstrakte Grammatik haben; eine Begabung, die sie von Tieren unterscheidet. Bereits das Gehirn eines Babys kann eine enorme Informationsflut aufnehmen und die Regeln der Sprache herausfiltern. Dieser Instinkt ist so tief verwurzelt, dass Kinder auch ohne Förderung zu sprechen beginnen.

Für ihre weitere Entwicklung ist es aber wichtig, dass die Eltern so oft wie möglich mit ihren Kindern sprechen. Und zwar nicht in der vereinfachten Sprache, in Motherese, sondern in derselben Sprache, die sie auch Erwachsenen gegenüber verwenden. Entscheidend dabei ist die persönliche Zuwendung der Eltern (vgl. Kap. 7.2.7). Ein kleines Kind einfach vor den Fernsehschirm zu setzen, hat wenig positiven Einfluss auf seine Sprachentwicklung.

Nora schleppte lange Zeit neben verschiedenen anderen deutschen und englischen Kinderbüchern immer wieder ihr „Widele-wedele-Buch" an – ein Buch mit illustrierten Reimen, Sprüchen und Kinderliedern, das unter anderen ihr Lieblingslied „Widele, wedele, hinterm Städtele hält der Bettelmann Hochzeit" enthält – ‚um daraus vorgelesen und vorgesungen zu bekommen. Dabei entwickelte sich bald die von Bruner (1997) beschriebene „Routine": Jedes Lied musste auf eine ganz bestimmte Art gesungen werden; und mit jedem Reim war ein ganz bestimmtes Spiel verbunden. Diese Elemente mussten sich regelmäßig wiederholen und durften unter keinen Umständen geändert oder ausgelassen werden. Bei diesen Aktivitäten zeigte sich auch bei Nora die erstaunliche Fähigkeit von Kindern, spielend und spielerisch Sprache(n) zu erlernen, denn bereits im dritten Lebensjahr konnte sie eine Reihe deutscher und englischer Reime und Kinderlieder auswendig.. Diese Situationen gehörten auch zu den wenigen Fällen, in denen Nora die englische Sprache nicht verweigerte, sondern englische Lieder und Reime mit ebenso großer Begeisterung sang oder aufsagte wie deutsche. Wie sehr Nora diese Lieder und Reime verinnerlicht hatte, soll folgendes Beispiel zeigen:

> Es ist 19,30 Uhr. Tom schläft bereits. Nora (2;9) hat zu Mittag lang geschlafen, ist noch nicht so müde und darf ihrer Puppe noch Lieder vorsingen und Geschichten erzählen. Sie nimmt ihre Puppe auf den Schoß, blättert in einem Buch mit Kinderliedern und beginnt zu singen:

> Schwimmen auf den See, Köpfchen unters Wasser, Schwänzchen in die Höh...Boot, Schiff...Wo is die Schiff? Da. Da fahrt des Schiff...Alle meine Kinder...Grün, grün, grün sind alle was ich hab...Häschen in der Grube saß und schlief, saß und schlief. Armes Häschen, bist du krank, daß er (unverständlich)...Auto is kaputt...Es regnet, es regnet den ganzen, ganzen Tag, Tag...Gans gestohlen, gib sie wieder her, sonst werd dich der Jäger holen mit den Schießgewehr...Bienelein, die spielen, und der Loch

kann nit...und die Bienelein kann nit in die Loch...Kuckuck, wer ruft denn aus den Wald? Lasset uns springen, tanzen und singen,...is umfallt...Rutsch, rutsch, rutsch, ma fahren mit die Kutsch...Happy birthday to you, Marmelade im Schuh, happy birthday to you...Hoppa, hoppa, Reiter, wenn er fällt dann schreit er, fällt er in den Graben, fressen ihn die Raben, macht der Reiter plumps...Laternenlicht, verläß mich nicht...Rabimmel, rabammel, rabum...Bist schon müde, Puppele? Soll i noch a Lied singen? Ja?...(singt weiter) Schneeglöckchen, Weißröckchen, warum kommst du da? Bald is Nikolausabend da, bald is Nikolausabend da...Peter Pointer, Peter Pointer, where are you?...Schlafst noch gar nit, Puppe? Mußt jetzt schlafen. Is schon dunkel draußen...Die Mama, der Daddy...Der Hund bleibt da...Da arbeitet die Mama...Wird sich freuen, der Tom...Aufi, über die Brücke...Humpty Dumpty...Wo is der Humpty Dumpty? Da. Der Humpty Dumpty. Sitzt auf der wall. Der Humpty Dumpty...Hompty Dompty...Himpty Dimpty...(flüstert) Peter Pointer, Peter Pointer, where are you?...(Pause) Humpty Dumpty...Peter Pointer, Peter Pointer...Humpty Dumpty...Hallo, Daniel...Mummy, Daddy macht ein Kuchen...Peter Pointer, where is Peter Pointer? Da, umfallt nit. Der bleibt wieder da. Der bleibt da. Der folgt

Mummy kommt ins Zimmer, wünscht Nora eine gute Nacht und schaltet das Licht aus.

Anmerkung:
„Humpty Dumpty" ist ein traditioneller englischer Kinderreim:
> Humpty Dumpty sat on a wall,
> Humpty Dumpty had a great fall.
> All the king's horses,
> And all the king's men,
> Couldn't put Humpty together again.

„Peter Pointer" stammt aus einem Lied und Spiel mit den Fingern. Die einzelnen Finger verstecken sich, werden gerufen und kommen dann zum Vorschein, z. B.:
> Daumen:
> Tommy Thumb, Tommy Thumb, where are you?

Here I am, here I am, how do you do.

Zeigefinger:
Peter Pointer, Peter Pointer, where are you?
Here I am, here I am, how do you do.

Ebenso wie mit Nora wurden auch mit **Tom** bereits in der vorsprachlichen Phase im Sinne Bruners (1997) sehr viel „Bücher gelesen", und zwar sowohl deutsche als auch englische. Vom Anfang an entwickelte Tom bei diesem gemeinsamen Bücherlesen eine unglaubliche Ausdauer, und immer wieder hieß es *„Opa, again"*, oder *„Oma, no amal"*. Diese Einstellung zu Geschichten und Büchern hat sich bis heute nicht geändert. Noch immer bettelt Tom *„Opa, please read this book to me"* oder *„Opa, please tell me a story of Räuber Hotzenplotz"*. Bei diesen Geschichten vom Räuber Hotzenplotz handelt es sich um selbst erfundene Fortsetzungsgeschichten vom „guten" Räuber Hotzenplotz, benannt nach dem gleichnamigen Kinderbuch von Otfried Preussler. In diesen Situationen wird immer wieder bewusst, dass das Erzählen und Vorlesen weit über die linguistische Frage hinausgeht, wie sich dieses Erzählen auf den Spracherwerb des Kindes auswirkt. Wenn Tom während des Erzählens immer enger an mich heranrückt, wenn sich seine Wangen bei den aufregenden Abenteuern des Räubers Hotzenplotz röten und seine Hände vor Aufregung feucht werden, wenn schließlich beim sehnsüchtig erwarteten Happy End seine Augen strahlen, und wenn nach dem Ende der Geschichte das intensive Fragen und Diskutieren beginnt, dann beweisen diese Reaktionen des Kindes die Notwendigkeit und Bedeutung solcher Interaktionen für seine soziale und emotionale Entwicklung.

Auch für Arnberg (1991, 114) ist das Vorlesen nicht nur für die sprachliche Entwicklung eines Kindes von großer Bedeutung:
1. *Reading is an activity which offers close emotional contact between parent and child. This is not only important in itself, but also because learning which takes place in such circumstances is facilitated.*
2. *The child learns from an early age that books are important. This is greatly important for the child's later progress at school where the main way of gaining knowledge about the world is through extracting information from printed materials.*

3. *Reading increases the child's vocabulary and exposes the child to new language structures.*
4. *Reading introduces the child to new concepts.*
5. *Reading increases the child's fantasy.*
6. *Reading, by offering the child an opportunity to identify with others, helps the child to understand his/her feelings.*

Welch große Bedeutung dieses Erzählen und Vorlesen für die sprachliche Entwicklung des Kindes hat, zeigt folgendes Beispiel:

Nachdem ich Tom in den letzten Tagen mehrere selbst erfundene Geschichten vom Räuber Hotzenplotz erzählt hatte, beginnt Tom (3;3) während eines Spazierganges plötzlich zu erzählen:

Tom: One day Räuber Hotzenplotz wanted to go hunting, but then he heard a cow what was lying there, it did throw a tree over, and it broke its leg.

Opa: Really?

Tom: And the Räuber Hotzenplotz did take it home, take it to the hostipal(!).

Opa: Did Räuber Hotzenplotz carry the cow on his shoulders?

Tom: No. He had a big sack with him, and he put the cow into there. Into the sack. Then he did take it to the farmer. And then he said the farmer that it did broke its foot, and then the farmer put a big, big bandage around the foot, and he took it into his house.

Opa: I see.

Tom: And then, the der Räuber Hotzenplotz did go hunting. It was really,…it was in the morning. He did wake up when the sun…And one day he heard that a cow and a deer bumped into each other with the big, big horns.

Opa: And what happened to them?

Tom: And then, then one did broke its horn, it lied on the ground and and the Räuber Hotzenplotz put the horn into a sack, and he put those into the sack, and then he took it to the farmer, to the farmer, and then, mmm, it, the farmer, the Räuber Hotzenplotz did stay at him.

Opa: Aha. He stayed with the farmer. In the farmer's house?

Tom: Yes, and one day he heard another cow from that farmer, too, and then...
Opa: What was wrong with the cow?
Tom: It hurt...
Opa: It had hurt itself?
Tom: On a big, big car wheel (Tom zeigt auf einen Autoreifen, der in einem Garten liegt). Such a wheel.
Opa: Oh, I see. And what did Räuber Hotzenplotz do?
Tom: He took it home.
Opa: Aha, into his cave?
Tom: No. To the farmer. And then he did bring a bandage with him, and then he did go back home.
Opa: I see. Oh, that's a very interesting story.

10.2 Vorlese- und Kommunikationssprache

Die zahlreichen deutschen und englischen Kinderbücher, die Tom und Nora von den Eltern, Großeltern und vor allem auch von den englischsprachigen Verwandten geschenkt bekamen, brachten es mit sich, dass ich **Tom** regelmäßig Geschichten in beiden Sprachen vorlas. Obwohl Tom und ich nur auf Englisch miteinander kommunizierten, und obwohl er nie auf den Gedanken gekommen wäre, mich auf Deutsch anzureden oder von mir zu erwarten, mit ihm deutsch zu reden, war es für ihn ganz selbstverständlich, dass ich ihm nicht nur englische, sondern auch deutsche Bücher vorlas. Dabei entwickelte sich, solange Tom noch in Aldrans wohnte, folgende Routine:

Am Abend, vor dem Schlafengehen, durfte Tom noch für ein paar Minuten zu Oma und Opa heraufkommen.
Tom: Opa, evening time is reading time.
Opa: Okay. Which book should I read to you? An English one or a German one?
Tom: An English one.
Opa: Well, go and get one.
(Pisek 2000, 75).

Es kam aber auch vor, dass Tom eine Geschichte in beiden Sprachen vorgelesen haben wollte:

> Im Alter von 3;9 Jahren war das englische Buch *A Lion in the Meadow* eines seiner Lieblingsbücher.
>
> Tom: Opa, please, read it to me.
>
> Opa beginnt zu lesen: „*The little boy said, ‚Mother, there is a lion in the meadow.' The mother said, ‚Nonsense, little boy'*", (...), bis es zum Schluss heißt, „*The mother never ever made up a story again.*"
>
> Tom, nachdem Opa die Geschichte fertiggelesen hat: Now read it to me in German, please.
>
> Opa beginnt: „*Der kleine Bub sagte: ‚Mama, ein Löwe ist in der Wiese.'*" (Pisek 2000, 75)

Während also meine **Vorlesesprache** entsprechend der von Tom gewünschten Bücher wechselte, blieb unsere **Kommunikationssprache** immer Englisch. Wenn wir über die Bilder in den Büchern redeten, oder wenn mich Tom etwas zu den Geschichten oder Bildern fragte, dann sprachen wir auch bei deutschsprachigen Geschichten nur englisch.

Je älter Tom wurde, umso mehr Frage stellte er zu den Geschichten, die ich ihm vorlas. Wie folgende Beispiele zeigen, wurde die Trennung zwischen Vorlese- und Kommunikationssprache aber weiterhin strikt eingehalten:

Im Alter von etwa 4;5 Jahren begann sich Tom intensiv für die Themen Gott und Jesus zu interessieren, und immer wieder musste ich ihm Geschichten aus der *Bibel unserer Kinder* (1961) vorlesen. Im Anschluss daran diskutierten wir auf Englisch Fragen im Zusammenhang mit diesen Geschichten.

> a) Tom: Opa, when will Jesus die?
>   Opa: He'll never die.
>   Tom: Why not?
>   Opa: Because he is God. And God never dies. Only we people have to die some day.
>   Tom: Opa, when was Jesus born?
>   Opa: Jesus was born about two thousand years ago. You know who

his mummy and his daddy were?
Tom: Maria and Josef.
Opa: That's right. Maria and Josef.
Tom: Opa, where is Jesus now?
Opa: In heaven. You remember, after he died on the cross, and after he was buried in this big cave, he suddenly came to life again. And he went up into heaven. To his father.
Tom: Who is the father of Jesus?
Opa: There is a Godfather and a Godson. Jesus is the son, and he has got a father. Like you.
Tom: And when was his father born?
Opa: Oh, Tommy, couldn't you ask me simpler questions? Godfather was never born and he will never die.
Tom: Why not?
Opa: Because he is God.
Tom: Opa, who is the father of God?
Opa: Well, I've told you. Godfather is the father of Jesus. But I'm afraid Godfather hasn't got a father.
Tom: Why not?
Opa: I' afraid I can't answer this question, Tom.
Tom: Opa, can Jesus ski in the sky?
Opa (lacht): In heaven? Well, I'm sure if Jesus wants to ski there he can do it. Because Jesus can do everything.
Tom: Where can he ski?
Opa: Well, maybe on the clouds.
Tom: Opa, does..., can...Jesus make miracles now?
Opa: Well, sometimes.
Tom: Why sometimes?
Opa: Sometimes, when people are very sick, he helps them to get better, to get well again. That's a kind of miracle.
Tom: Opa, why let..., why does..., why let Jesus us die?
Opa: Because everybody was born one day and everybody has to die one day. All people and all animals.
Tom: Opa, and when people are died?
Opa: When people have died, they are put into a kind of wooden box

– such a wooden box is called coffin, you know – and then people dig a deep hole at the cemetery, - you know what a cemetery is?..Around our church, on the way to the playgroup...
Tom: Yep.
Opa: And then they put the wooden box, the coffin, into this hole and cover it with earth.
Tom: And, Opa, Granny Millen gone...went up in the sky when she was died.
Opa: Well, Tommy, a part of the dead person flies up to heaven. Up to God. That's called the soul. But you can't see the soul.
Tom: But how can the soul find God?
Opa: Maybe God sends an angel and he shows the soul the way up to God. But you know, nobody knows how this happens, because nobody has ever seen how this really works.

b) Tom: Opa, what happens, when all people will die?
Opa: That will never happen.
Tom: Why not?
Opa: Well, you know, people always get babies. And when the babies get older, they will have babies again, and so there will always be people on our earth.
Tom: But when there will be no people on the earth, will then God make another world?
Opa: I'm afraid this will never happen because there will always be people on our earth.
Tom: But, Opa, when God will make a new world, will he make something new, or will it be the same world?
Opa: Well, maybe he will make something new.
Tom: Opa, millions and millions of years ago God lived on the earth.
Opa: No, I'm afraid God never lived on the earth. He always lived in heaven.
Tom: But, Opa, Jesus lived on the earth. And God was Jesus's father.
Opa: I think Jesus had two fathers. One father was God, and the other father was...Well, you know who his mother was.

Tom: Maria.
Opa: That's right. And his father was...Maria and...?
Tom: Josef.
(Oma kommt dazu).
Tom: Oma, der Opa hat gsagt, dass Jesus zwei Väter ghabt hat. Einer war Gott, und der andere war Josef.

c) In der Geschichte von Jonas, der vom Wal verschluckt wird, hat Tom gehört, dass „Gott alles sieht".
Tom: Opa, can Jesus see when I am naughty to Nora?
Opa: Well, you've just heard that God can see everything.
Tom: But, Opa...but, is Jesus angry when I'm naughty with Nora?
Opa: No, Tommy. I'm sure that Jesus isn't angry with you. Because he can see how nicely you usually play with Nora, and that you love her very much. So I think he will not be angry with you. Maybe next time before you fall asleep, you can talk to Jesus and you can ask him.
Tom: Opa, Jesus is really a nice man.

Einige Tage später:

Tom: Opa, yesterday, when I went to sleep, I did tell Jesus that sometimes I'm naughty with Nora.
Opa: Oh, really! And what did Jesus say?
Tom: It's okay.

Noras Sprachverhalten in solchen Vorlesesituationen unterschied sich während der gesamten Beobachtungsphase sehr wesentlich von Verhalten Toms. Während Tom von Anfang an die Unterscheidung zwischen Vorlesesprache und Kommunikationssprache akzeptierte und sich auch selbst voll daran hielt, war Nora dazu kaum bereit. Sie hatte es zwar sehr gerne, wenn ich ihr Bücher mit traditionellen englischen *Nursery Rhymes* oder Geschichten wie „*Each, Peach, Pear, Plum*", „*Going to Playgroup*", „*The Unhappy Ghost*" oder „*The Selfish Crocodile*" vorlas. Viele dieser Reime und Geschichten lernte sie durch das oftmalige Vorlesen auch fast auswendig, was sich daran zeigte, dass sie während des Vorlesens die Reime oft mitsprach oder die Geschichten ihren Puppen als Puppenmutter „vorlas". Sobald wir aber die Illustrationen beschrieben und über die Bilder redeten, wechselte Nora sofort auf die deutsche Sprache bzw. beantwortete meine englischen Fragen auf Deutsch. Folgendes Beispiel soll dieses Verhalten belegen:

> Opa liest Nora (2;7) das Buch „The Unhappy Ghost" vor.
> Nora: The Unhappy Ghost. Warum weint er?
> Opa: He is so unhappy because he has no friends.
> (...)
> Nora: Lesen, Opa.
> Opa: Oh, look, what's lying on the floor?
> Nora: Toys.
> Opa: Toys. Which toys?
> Nora: Des is a Hundi.
> Opa: And look what's this?
> Nora: An Schuh verloren.
> Opa: Yes, Sally has lost her shoe. Oh, look, and what's sitting there?
> Nora: A doll. A Mädele.
> Opa: Yes, a doll. A girl.
> Opa (liest vor): It's night time. The two girls are in bed.
> Nora: Schau, schau, eins aufgeweckt.

Ebenso unterschied sich Noras Verhalten beim Vorlesen von Büchern in deutscher Sprache. Dazu heißt es in meinem Tagebuch:

> „(...). Anders ist es bei Nora. Heute vormittag las ich ihr zum Beispiel Reime und sang ihr Lieder aus ihrem Lieblingsbuch, dem ‚Widele-Wedele-Buch' vor. Ihre Fragen, Kommentare und Bemerkungen zu den Bildern waren nur auf Deutsch, wie z. B.: ‚Opa, schaug, des Mausele'; ‚a kleines Mausele'; ‚Opa, wo is des Hasele?' ‚Opa, schaug, so viele Tiere'..."
> Fragen oder Hinweise von mir, wie zum Beispiel ‚Look, Nora, what a big cow'; ‚What's this, Nora?' oder ‚What's the cat doing here?' beantwortete sie auf Deutsch mit ‚Na, is a kloane Kuah', ‚A Schafele'; ‚Des Katzele tut slafen' u. ä."

10.3 Von den ersten Versteckspielen zum Spielen mit der Sprache

Sprachspiele haben nicht nur während der vorsprachlichen Phase des Kindes eine große Bedeutung. Auch in den folgenden Stufen der Sprachentwicklung spielen solche Spiele eine zentrale Rolle. Bereits im zweiten Lebensjahr beginnen Kinder „mit der Sprache zu spielen" (Crystal 1998). Wenn sie allein sind, plappern, summen oder singen sie einzelne Laute oder Wörter vor sich hin. Häufig sind es Wörter aus Sprüchen oder Reimen, die die Erwachsenen mit ihnen gespielt haben. So sang und sprach Nora (2;9), als sie vor dem Einschlafen im Bett ihrer Puppe noch Geschichten „vorlesen" durfte, immer wieder in den verschiedensten Tonlagen und unterschiedlicher Lautstärke die Reimwörter *„Humpty Dumpty, Humpty Dumpty"* und *„Peter Pointer, Peter Pointer"* (Anhang, 140). Und aus *Humpty [ʊ] Dumpty [ʊ]* wurde schließlich *Hompty Dompty* und *Himpty Dimpty* – Nora spielte mit der Sprache. *„Not only does the two-and-a-half-year-old child recognize rhyme and produce rhyming sentences with ease: she also changes the very form of words which she knows to suit the rules of rhyme"* (Bryant and Bradley 1985. In: Crystal 1998, 165).

Ab dem Alter von zwei bis drei Jahren beginnen Kinder damit, selbst Reime zu „dichten". *„Rhyme-making during the second year of life is an inescapable stage of our linguistic development. Children who do not perform such linguistic exercises are abnormal or ill"* (Chukovsky 1963. In: Crystal 1998, 180). Dabei erfinden sie entweder ein Reimwort zu einem vorgegebenen Satz, oder sie erfinden selbst neue Reime auf der Basis traditioneller Kinderreime.

So hatte Tom von Oma den folgenden Reim gelernt:
> Es war einmal ein Mann,
> der hatte einen Schwamm.
> Der Schwamm war ihm zu nass,
> da ging er auf die Gass.
> Die Gass war ihm zu kalt,
> da ging er in den Wald.
> Der Wald war ihm zu grün,
> da ging er nach Berlin.
> Berlin war ihm zu klein,
> da ging er wieder heim.

Zu seiner Frau Elise,

die kocht ihm gut Gemüse....

Dieser Reim wurde von Tom bald „umgedichtet":

...Da ging er nach Berlin.

Berlin war ihm zu groß,

da schiss er in die Hos

von seiner Frau Elise...

Bei Toms Umformulierung dieses Reimes zeigt sich das, was auch Crystal aufzeigt: *„Being naughty with the language seems innately attractive"* (1998, 169). Kinder in diesem Alter lieben es, Wörter – *„rude words"* – zu verwenden, von denen sie wissen, dass sie sie eigentlich nicht sagen sollten oder dürften. Kaum hatte Tom mit dem Besuch des Kindergartens begonnen, wurden Wörter wie *scheißen*, *furzen* oder *Arsch* von ihm immer wieder verwendet – und von Nora eifrig imitiert –, verbunden mit einem verlegenen Kichern, aber gleichzeitig auch mit einem vorsichtigen, schuldbewussten Blick auf die Reaktion der Erwachsenen. *„Within hours of arriving at school they learn their own rude words, such as bum and knickers, which will keep them surreptitiously giggling"* (ebd., 169).

Wie empfänglich Kinder für solche *„rude words"* sind, zeigt auch folgendes Beispiel:

Daddy kocht mit Nora.

Nora (gibt Daddy eine rohe Kartoffel): Magst du amal kosten?

Daddy: No, I don't eat raw potatoes. That's not very nice. Does it taste nice? No, it doesn't. It tastes **bloody awful**.

Nora: Warum hast du ‚bloody awful' gsagt?

(Daddy lacht)

Nora: Bloody awful.

Als Tom vom Kindergarten heimkommt, sagt Nora zu ihm: Tom, der Daddy hat ‚bloody awful' gsagt. Tom greift den Ausdruck sofort auf: Bloody awful, bloody awful....Mehrere Wochen später, während des Aufenthaltes in Oxford, spielen Tom und Nora auf dem Spielplatz. Sie möchten auf einer Rutsche rutschen, aber ein anderes Mädchen sitzt oben und lässt niemand herunterrutschen.

Darauf Tom: Get off the slide, **you bloody girl.**

Gemeinsam mit mir „dichtete" Tom folgenden Reim:

> Opa: Yesterday I went into town. There I met...
> Tom: A funny clown..
> Opa: The clown gave me ...
> Tom: A crown. And the crown did fall down.
> Opa: I picked it up,
> Tom: And the clown did give me a cup.
> Opa: In the cup there was some wine,
> Tom: Suddenly I saw a Schwein.
> Opa: The pig was running across the street,
> Tom: Grunz, grunz, grunz, grunz, furz, furz, furz...

Eine gute Erklärung für die Verwendung solcher „rude words" gibt Opie am Beispiel des Reimes *„Oh my finger, oh my thumb, oh my belly,* **oh my bum**":

> *„This jiggle is repeated for no more reason than that they heard someone else say it, that they like the sound of the rhyme* **thumb** *and* **bum***, that it is a bit naughty, and that for the time being, in the playground or in the gang, it is considered the latest and smartest thing to say – for they are not to know that the couplet was already old when their parents were youngsters"* (1959. In: Crystal 1998, 179).

Für Crystal haben diese Sprachspiele, dieses Spielen mit der Sprache größte Bedeutung für den Spracherwerb: *„So this is the chief message: that language play actually helps you learn your language"* (1998, 179). Diese Feststellung kann für Tom und Nora umgeformt werden in *„(...) that language plays help you learn your languages"*, denn mit diesen und durch diese vielen englischen und deutschen Reime, Sprüche und Lieder erweitern die beiden Kinder nicht nur ihren deutschen und englischen Wortschatz. Sie lernen und üben auch die Aussprache schwieriger Laute und unterschiedliche Intonationsmuster und erwerben Grammatik. *„Playing with word endings and decoding the syntax of riddles will help the acquisition of grammar"* (ebd., 180). Auch für Siebert-Ott (1998, 186) bilden Sprachspiele gemeinsam mit kommunikativen und metasprachlichen Aktivitäten die Basis für die Entwicklung sprachlich-kommunikativer Kompetenz.

11 Emotionale Zuwendung

> *"Ohne ausreichende emotionale und sprachliche Zuwendung wird der Spracherwerb des Kindes sehr erschwert. Dies gilt auch für den Doppelspracherwerb. Beide Sprachen müssen emotional erlebt werden, wodurch das Kind auch besondere kulturspezifische Ausprägungen der Sprachen erfährt: es muß in beiden Sprachen getröstet, geliebt, ermahnt und bestraft werden. Dadurch werden beide Sprachen zu Muttersprachen. Gerade die (...) Aufteilung der Sprachen in Muttersprache und Vatersprache ist geeignet, dem Kind in beiden Sprachen intensive affektive Erlebnisse zu vermitteln"* (Kielhöfer 1989, 362).

Die große Bedeutung der emotionalen Zuwendung nicht nur im bilingualen, sondern auch im monolingualen Spracherwerb wird seit Jerome Bruner (vgl. Kap. 7.2.7) von vielen anderen Autoren bestätigt. So stellt Langenmayr fest, dass der emotionale Zugang zu einer Sprache auch deren Beherrschung beeinflusst. *"Auf die Bedeutung von Emotion und Beziehung bei der Sprachwahl deutet auch hin, daß Sprecher sich in ihrer verwendeten Sprache stark an den Interaktionspartner und dessen Bedürfnisse anpassen.(...) Besonders deutlich scheint dieser Mechanismus bei Kindern zu sein"* (1997, 368).

Auch Hoffmann weist darauf hin, dass die kognitive Entwicklung eines zweisprachigen Kindes sehr stark von sozialen und psychologischen Faktoren beeinflusst wird. *"Like all children, bilinguals need parental support and favourable social attitudes around them to maintain their motivation for learning. They have special needs in so far as attention has to be paid to both their languages"* (1997, 134).

Arnberg fordert die Eltern auf, dem Kind zuzuhören, Interesse daran zu zeigen, was es zu sagen und mitzuteilen hat, und einfach Zeit für das Kind zu haben. *"Thus, the presence of a loving and accepting environment in which conversation takes place, cannot be over-emphasized"* (1991, 110).

Susanne Döpke (1992) verfolgte in einer Untersuchung die Sprachentwicklung bei sechs Kindern in Australien, die nach dem Prinzip „one parent – one language" zweisprachig englisch – deutsch aufwuchsen. Sie wollte herausfinden, welche Umstände einer Zweisprachigkeit förderlich sind. Die Voraussetzungen schienen günstig, denn alle Eltern waren entschlossen, die nötigen Zeit und Zuwendung zu investieren, und beiden Sprachen hatten ein hohes Prestige. Am Ende der Untersuchung konnte Döpke erkennen, dass die Konsequenz, mit der die Eltern das Prinzip „one parent – one language" praktizierten, den Erfolg ihrer zweisprachigen Erziehung sehr wohl wesentlich unterstützte. Klar war aber auch, dass nicht allein die Menge des Inputs zählte, sondern vor allem seine **emotionale Qualität**: Jene Sprache hatte die größere Chance, deren Sprecher am besten auf das Kind einzugehen verstand. „*It was found that the children tended to interact more intensively with the parent who displayed the more child centered behaviour. (...) Those children who did acquire an active command of German had German-speaking parents who were more child centered than their English-speaking parents*" (1992, 189). In den Fällen, in denen keine so enge emotionale Bindung zwischen dem Kind und einem Elternteil bestand, konnte jedoch keine produktive Zweisprachigkeit erreicht werden: „*Where, however, the interaction with the majority language-speaking parent proved to be more enjoyable for them than that with the minority-speaking parent, the children were not interested in using the minority language actively*" (ebd., 190).

Auch für Zimmer (1998) sind Motivation und emotionale Zuwendung die entscheidenden Faktoren für eine erfolgreiche bilinguale Erziehung. Dabei bestätigt er aber auch unsere Erfahrung, dass der doppelte Spracherwerb „*kein Kinderspiel*" (ebd., 220) ist, sondern viel Liebe, Geduld, Geschick und Willenskraft seitens der Erzieher erfordert, die Kinder zweisprachig zu machen. „*Und alles war vergebens, wenn irgendwann die Motivation nicht mehr stimmt, wenn sich das Kind Kontaktpersonen zuwendet, die ihm seine zweite Sprache nicht abverlangen und sie nicht unterstützen, vielleicht sogar auf sie herabsehen. Dann läßt er diese erbarmungslos fallen*" (ebd., 220).

Für eine Reihe von Autoren ist für eine erfolgreiche zweisprachige Erziehung aber nicht nur das emotionale Verhältnis zwischen dem Kind und den Eltern und Miterziehern im Allgemeinen wichtig. Von besonderer Bedeutung ist auch die emotionale Bindung des Kindes zu einzelnen Sprechern einer bestimmten Sprache. So spricht Grosjean von einem *„person – language bond"* und stellt dazu fest. *„Anyone who interacts for some time with a young bilingual child will notice the strong bond that exists between a person and a language. In the eyes of a child a person is tagged with a particular language. (...) When the person-language bond is broken, the child is at a loss and becomes upset"* (1982, 198).

Auch für Hoffmann gehören *„the child's emotional bonds with the speakers of her two languages"* (1997, 150) zu den wichtigsten Voraussetzungen für den Erwerb einer kommunikativen Kompetenz in zwei Sprachen.

In seiner Autobiographie *„Hunger of Memory"* (1983) beschreibt der in den USA aufgewachsene Mexikaner Richard Rodriguez seine Probleme und Erfahrungen im Zusammenhang mit seiner spanisch–englischen Zweisprachigkeit. Spanisch, die Sprache seiner Eltern, vermittelt Rodriguez das Gefühl der Zugehörigkeit und Geborgenheit. Dabei ist es aber nicht die Sprache, sondern es sind die sozialen Beziehungen, die diese Geborgenheit hervorrufen: *„Intimacy is not created by a particular language; it is created by intimates"* (ebd., 32).

Kielhöfers (1989, 362) Feststellung, daß dieses von Grosjean (1989) und Hoffmann (1997) erwähnte *„emotional person – language bond"* nicht nur zwischen einem Kind und den Eltern bestehen muss, sondern dass hier auch die nähere Umgebung mit Geschwistern, Großeltern und Freunden eine wichtige Rolle spielen kann, wird in unserer konkreten Situation mit Tom und Nora bestätigt. Die intensive affektive und sprachliche Zuwendung der Großeltern gegenüber Tom und Nora führte dazu, dass für die beiden Kinder Deutsch das sprachliche Band ist, das sie mit ihrer Großmutter verbindet, während in meinem Fall die englische Sprache dieses *„emotional person – language bond"* zwischen mir und den Kindern herstellt.
Das zeigt sich u. a. an folgendem Beispiel:
Tom (4;8) kommt von unserem Nachbarn zurück, den er gerne besucht, weil er verschiedene Haustiere hat, und weil er sich liebevoll und geduldig mit ihm beschäftigt, ihm alles genau erklärt und ihm auf alle seine Fragen antwortet.

> Opa: Did you talk English to Herrn Scholz?
> Tom: No, German. Herr Scholz can't speak English.
> Opa: But you can. You can speak English and German. Why do you

speak two languages?
Tom: Because daddy comes from New Zealand, and mummy speaks German.
Opa: And Opa? Why do we speak English?
Tom (lacht): I don't know.
Opa: Well, **do you want me to talk German to you?**
Tom: **No.**
Opa: Why not?
Tom: **Because you are my Opa.**

Diese emotionale Zuwendung meint auch Martin Buber, wenn er sagt, dass das Grundwort Ich – Du, das nur mit dem ganzen Wesen gesprochen werden kann, die Welt der Beziehung stiftet. *„Ich werde am Du. Ich werdend spreche ich Du. Alles wirkliche Leben ist Begegnung"* (1997, 15). Diese Worte sagt Martin Buber, dessen Eltern sich trennten, als der Bub drei Jahre alt war, der dann bei seinen Großeltern aufwuchs, und für den eine *wirkliche Begegnung* mit seinen Eltern nie stattfand. Buber (In: Wehr 1998, 12 f.) schildert, wie er als vierjähriges Kind hoffte, seine Mutter bald wiederzusehen. Doch dann sagte ihm ein älteres Nachbarsmädchen, seine Mutter würde nie mehr zurückkehren. *„Ich weiß, daß ich stumm blieb, aber auch, daß ich an der Wahrheit des gesprochenen Wortes keinen Zweifel hegte. Es blieb an mir haften, es verhaftete sich von Jahr zu Jahr immer mehr in meinem Herzen, aber schon nach etwa zehn Jahren hatte ich begonnen, es als etwas zu spüren, was nicht bloß mich, sondern den Menschen anging. Später einmal habe ich mir das Wort ‚**Vergegnung**'* (Hervorhebung R. P.) *zurechtgemacht, womit etwa das Verfehlen einer wirklichen Begegnung zwischen Menschen bezeichnet war"* (ebd., 13). Wehr geht davon aus, dass Buber solche autobiographische Notizen als Motive seines Lebensganges und seiner Gedankenwege verstanden haben will. *„Was sich zwischen Menschen begibt, was zur ‚Begegnung' oder zur ‚Vergegnung' führt, ist die zentrale Grunderfahrung, die zum Denkinhalt und zur ‚Lehre' Bubers werden soll"* (1998, 14).

Tom und Nora sind solchen *Vergegnungen*, die sich nach Stöger auch mikrosozial zeigt, *„auch und vor allem in jenem kleinen sozialen Rahmen, der sich Familie (wie immer sie sich jurisdiktionell oder religiös begründet und wie immer sie sich zusammensetzt) nennt"* (1996b, 183), bisher noch nicht begegnet. Täglich erfahren die beiden Kinder im engeren und weiteren Familienkreis ebenso wie im Freundes- und

Bekanntenkreis *wirkliche Begegnungen* im Sinne Martin Bubers. Sie erleben das Gefühl, wirklich angesprochen zu werden, und es entfaltet sich das, was Martin Buber als die *An-Rede* bezeichnet (Stöger 1996a, 72). Sie erfahren aber auch das, was Buber als „Dazwischen", als das „*Zwischen*" – zwischen Ich und Du, bezeichnet hat. „*Zwischen Ich und Du ist Sprache geformt. Ureigentlich kommunikativ. Man möchte meinen, das sei doch selbstverständlich. Dem ist nicht so. Wie oft passiert das Vergegnen im Sprachlichen (...). Es wird gesprochen, aber das Zwischen, das eigentlich Dialogische zwischen dem Mir und dem Dir entsteht nicht. Die vielleicht perfekt artikulierte, phonetisch und grammatikalisch präzise gebrauchte Sprache lebt nicht. Warum? Weil sie nicht respektiert, (...) weil sie lieblos bleibt*" (Stöger 1996a, 72).

Wie sensibel Kinder in solchen Situationen reagieren, und wie genau sie zwischen einer Ich-Du - bzw. einer Ich–Es – Beziehung unterscheiden, konnte bei Nora beobachtet werden. Bei unserem Besuch in Oxford (vgl. Kap. 13.1.2) waren sehr viele Verwandte anwesend, die sich lange Zeit nicht mehr gesehen hatten. Obwohl alle Tanten, Onkel, Cousins und Cousinen sehr freundlich zu Nora waren, hatten sie verständlicherweise doch zu wenig Zeit, um zu ihr eine echte Ich-Du – Beziehung aufzubauen. Ich hatte den Eindruck, Nora spürte, dass diese Beziehungen von einer Ich-Es – Struktur, d. h. von einer Struktur, die nicht mit dem ganzen Wesen gesprochen wird, getragen wurden. Dementsprechend war Noras Reaktion: Sie zog sich zurück, suchte Schutz und Geborgenheit bei ihrem Daddy und ihrem Opa und war nicht bereit, sich ihren englischen Verwandten gegenüber zu öffnen und mit ihnen zu kommunizieren.

Die einzige Person aus diesem großen englischen Verwandtenkreis, zu der sehr rasch eine emotionale Bindung, eine Ich-Du – Beziehung entstanden zu sein schien, war Noras schwerst behinderte dreizehnjährige Cousine Lydia. Wenn Nora vor Lydias Rollstuhl saß und ihrer Cousine mit größter Ausdauer immer wieder einen mit Schellen behängten Ball in den Schoß warf oder Lydia zärtlich die Hand streichelte, wenn Nora dann in Lydias Gesichtsausdruck eine positive Reaktion in der Form eines Lächelns bemerkte und darüber glücklich strahlte, und wenn während der ganzen Zeit kein Wort gesprochen wurde, dann war die Situation gegeben, die Martin Buber „*das mitteilende Schweigen*" nennt: „*Wie auch das eifrigste Aufeinanderzu-Reden kein Gespräch ausmacht, so bedarf es hinwieder zu einem Gespräch keines Lauts, nicht einmal einer Gebärde. Sprache kann sich aller Sinnfälligkeiten begeben und bleibt Sprache. (...) Die menschliche Zwiesprache kann also, wiewohl sie im Zeichen, also in Laut und Gebärde, ihr eigentümliches Leben hat, ohne das Zeichen bestehen"* (1997, 141 f.).

Anders war es bei unserem Aufenthalt bei unseren ungarischen Freunden. Auch hier reagierte Nora in den ersten Tagen sehr zurückhaltend, vorsichtig und schüchtern. Doch nach einigen Tagen gelang es vor allem Katalin, Noras Zutrauen zu gewinnen. Es entstand zwischen diesen beiden eine Ich-Du – Beziehung mit dem Ergebnis, dass Nora das erste Mal bereit war, mit jemand anderem als mit ihrem Daddy oder mit mir englisch zu reden.

Mein Verhältnis zu Tom ist unter anderem durch viele ausführliche, intensive Gespräche gekennzeichnet. Tom nutzt jede sich bietende Gelegenheit, um Fragen an mich zu stellen oder mich in ein Gespräch einzubinden, und ich bemühe mich, auf seine Fragen einzugehen und sie so gut wie möglich zu beantworten. Dabei sind die Themen, die er für unserer Gespräche auswählt, durchaus nicht immer alters- und kindesgemäß.

Gerne spricht er zum Beispiel über den Tod. So hatte Tom mitgehört, wie ich erzählte, dass die Zwillingsschwester seiner Oma kurz nach der Geburt starb:

    Tom (4;11): Opa, why was Oma's sister so tiny that she died?
    Opa: Well, imagine, having two children in such a tummy at the same
    time, in mummy's tummy.
    Katalin: Oh, you were talking about, about your Oma's sister?
    Opa: Yes, because I told him that Oma had a twin sister who died.
    Tom: Opa, Opa, and why was she so tiny? So, so tiny?
    Opa: I've just told you. Because there is so little room in such a woman's
    tummy.
    Tom: Aha.

Im folgenden Beispiel diskutieren wir über Inhalte des Buches „König der Löwen":

    Tom (blättert einige Seiten zurück bis zum Bild vom Elefantenfriedhof):
    Opa, the elephants lie down and then they die. Why?
    Opa: Well, I told you. When the elephants are very old and they feel that

they will soon die, then they go away from the other elephants, and look for a place where they lie down. Then they close their eyes, fall asleep and die.

Tom: And where is the lion cemetery?

Opa: I think the lions don't do it like this. They don't have such a special place where they go in order to die.

Tom: They just lie down where they stand. But the elephants...

Opa: But the elephants, they...

Tom: Go away. Or where they just sleep. And when they not wake up again, they are dead.

Immer wieder redet Tom darüber, dass seine neuseeländischen Großeltern schon tot sind:

Tom: Opa, and when do people die?

Opa: Well, you know, people die when they are very old.

Vincent: Or when they are very sick.

Opa: Like granny Millen.

Tom: And granddad...Granddad was so sad. He didn't want to live any more, so he stopped breathing.

Opa: Yeah. That's true.

Tom: Opa, then he really stopped breathing. And then he fall over and he didn't wake up again. And then he did die.

Die kindliche Logik ist an folgendem Beispiel gut zu erkennen:

Tom (4;0) fragt: Opa, what can you do when you wake up in the morning and you see that you are not dead?

Und er beantwortet diese Frage gleich selbst: Then you have to try it next time again and keep your eyes closed.

Sehr großes Interesse zeigt Tom auch für religiöse Themen.
Das folgende Gespräch führten wir in Oxford, während Tom ein Puzzle mit einem Bild der Arche Noah legte:

Vincent: Let's start. Here are all the pieces.

Tom: Why did God make a Überschwemmung?

Opa: A flood?

Tom: Yes.

Opa: Because the people were very bad. And God wanted to punish them.

Tom: What is punish?

Opa: Punish. Well, when you do something wrong, and your daddy or your mummy say, ‚Go to your room and stay there', that's a kind of punishment.

Tom: And why did all the people what were not bad go into the ark?

Opa: Yeah, so that they did not die in the flood.

Tom: And the people that did not go into the ark?

Opa: Well, those people, they...

Tom: They died.

Lange Zeit stand der Kreuzestod Christi im Mittelpunkt von Toms Interesse:

Tom: Opa, why does Jesus not live on the earth any more?

Opa: Because now he lives in heaven. When he was killed, you know.

Tom: Yeah?

Opa: He came to life again, and he went up to heaven. And now he is with his father. In heaven.

Tom: But will he never come down again?

Opa: No. He just looks down to the people. He looks down to you, and to me.

Tom: And why can I not see his face?

Opa: Well, that's a strange thing. Everybody knows that God is here, but we can't see his face. God looks down to you. And he looks after you.

Tom: Why?

Opa: He helps you when you are sick. Or when you are unhappy, so that you will be happy again.

(...)

Solche Gespräche zwischen Tom und mir beinhalten meiner Meinung nach alle Merkmale eines *echten Dialogs* im Sinne von Martin Buber: „*Ich kenne dreierlei Dialoge: den echten – gleichviel, geredet oder geschwiegen -, wo jeder Teilnehmer den oder die anderen in ihrem Dasein und Sosein wirklich meint und sich ihnen mit der Intention zuwendet, daß lebendige Gegenseitigkeit sich zwischen ihm und ihnen stifte (...)*" (1997, 166).

Sehr treffend charakterisiert auch Paulo Freire die Art der Dialoge, wie sie zwischen Tom und mir stattfinden: *„Dialog kann freilich nicht existieren, wo es an der tiefen Liebe für Welt und Menschen fehlt. (...) Liebe ist zugleich die Begründung des Dialogs und der Dialog selbst"* (1998, 72 f.).

Für diese Gespräche trifft aber auch das zu, was Martin Buber über *das echte Gespräch* sagt: *„Im echten Gespräch geschieht die Hinwendung zum Partner in aller Wahrheit, als Hinwendung des Wesens also. (...) Wo aber das Gespräch sich in seinem Wesen erfüllt, zwischen Partnern, die sich einander in Wahrheit zugewandt haben, sich rückhaltslos äußern und vom Scheinenwollen frei sind, vollzieht sich eine denkwürdige, nirgendwo sonst sich einstellende gemeinschaftliche Fruchtbarkeit"* (1997, 293 f.).

Gerade diese *„sich sonst nirgendwo einstellende gemeinschaftliche Fruchtbarkeit"* ist für mich von großer Bedeutung. Denn es ist nicht nur Tom, der aus diesen Gesprächen mit mir etwas lernt. Gleichzeit lehrt mich Tom durch seine Fragen, manche Dinge von einem völlig neuen Blickwinkel aus zu betrachten und dadurch zu neuen Einsichten und Erkenntnissen zu kommen. *„Unsere Schüler bilden uns. (...) Wie werden wir von Kindern, wie von Tieren erzogen"* (Buber 1997, 19). Oder wie Paulo Freire es ausdrückt: *„Durch Dialog hört der Lehrer der Schüler und hören die Schüler des Lehrers auf zu existieren, und es taucht ein neuer Begriff auf: der Lehrer-Schüler und die Schüler-Lehrer. Der Lehrer ist nicht länger bloß der, der lehrt, sondern einer, der selbst im Dialog mit den Schülern belehrt wird, die ihrerseits, während sie belehrt werden, auch lehren. So werden sie miteinander für einen Prozeß verantwortlich, an dem sie alle wachsen"* (1998, 64).

In diesem Sinne ist auch Akkari von den pädagogischen Vorstellungen Paulo Freires beeinflusst, wenn er sagt: *„We view bilingualism not as an instrumental skill but rather a cultural tool that can be used for learning and living together, for writing our own histories, and for sharing solidarity"* (1998, 14).

12 Zweisprachigkeit, Kultur und Identität

In der Literatur über Zweisprachigkeit und zweisprachige Erziehung nimmt das Thema Zweisprachigkeit, bi- bzw. multikulturelle Erziehung und Identität einen breiten Raum ein. Fragen dieses Themenkomplexes sind etwa folgende: Bringt die Zweisprachigkeit eine doppelte Welt- und Wirklichkeitsanschauung? Gehören Zweisprachigkeit, Multikulturalität und Bi-Identität zwangsläufig zusammen? Bedeutet dies eine „Spaltung" des Wahrnehmens und Denkens? Kann Zweisprachigkeit zu Identitätsverlust und Heimatlosigkeit führen?

Aufgrund der familiären Situation, in der Tom und Nora aufwachsen, hat dieses Thema für die beiden Kinder große Bedeutung. Denn durch ihren Vater, der vor sieben Jahren aus Neuseeland nach Österreich kam, sind auch sie von solchen Fragen direkt und indirekt betroffen.

12.1 Definition des Begriffes Identität

Beim Begriff Identität handelt es sich nach Varro-Gebauer *„wie beim Ausdruck Kultur um einen aus vielen Bestandteilen bestehenden, schwankenden, niemals zur Zufriedenheit aller definierbaren Begriff"* (1997, 205). Häufig unterscheiden Wörterbücher und Lexika (z. B. Duden-Fremdwörterbuch 1997, Meyers großes Taschenlexikon 1987, Oxford Advanced Learner's Dictionary 1989) zwischen

a) einer allgemeinen vollkommenen Gleichheit oder Übereinstimmung, einer Wesensgleichheit; einer vor allem durch Schriftstücke nachzuweisenden Echtheit einer Person (Identitätspapiere), und
b) in der Psychologie die als „Selbst" erlebte innere Einheit einer Person (Ich-Identität).

Nach Varro-Gebauer (1997) kann sich diese psychologische Sichtweise auf eine Fülle von Literatur über „Identitätskrisen", „Persönlichkeitskrisen", „gespaltene Persönlichkeit" usw. stützen.

Kielhöfer und Jonekeit verstehen unter Identität das Gefühl, einer Gemeinschaft anzugehören. *„Das eigene Ich definiert sich dabei über die Zugehörigkeit zu einer*

Gruppe, die durch gemeinsame Merkmale wie Sprache, Kultur, Religion, Geschichte oder Ethnizität definiert wird" (1998, 100). Dieses Identitätsgefühl gibt nach innen das Gefühl der Sicherheit, des Geborgenseins, der Heimat. Nach außen grenzt sich das Ich gegen die Fremden ab, *„die es in Zeiten der Verunsicherung auch ausgrenzt"* (ebd., 100).

Schoen (1996, 33) unterscheidet zwischen einer *realistischen* und einer *idealistischen* Identität. Unter *realistischer* Identität versteht er die Zugehörigkeit zu einer Gruppe, insbesondere zu einer kulturellen. Für diese Menschen ist die Identität etwas Konkretes; etwas, das eine bestimmte Gruppe von Menschen kennzeichnet. Aus dieser Sicht ist Identität nicht angeboren, sondern wird mit dem Aufwachsen innerhalb der Gruppe erworben. Demnach kann ein Mensch seine Identität wechseln, er kann aber auch zwei Identitäten angehören.

Eine *idealistische* Denkart sieht auf die einzelne Person und bemerkt, dass sie nur ‚mit sich selbst identisch' ist. Denn kein Mensch gleicht dem anderen. *„Identität heißt in diesem Falle, daß ich mir bewußt bin, daß ich ich selbst bin"* (ebd., 33).

Eine *realistische* Denkweise lässt nach Schoen (1996) durchaus eine doppelte Identität zu. So wie eine zweite Sprache dazugelernt werden kann, kann eine zweite Identität erworben werden. Oder – und das ist eine für Tom und Nora wichtige Aussage – zwei Identitäten können gleichzeitig erworben werden – etwas von Kindern in einer zweisprachigen Familie. Einem *idealistischen* Denken hingegen fällt es schwer, die Möglichkeit einer doppelten Identität anzuerkennen. *„Weil es das konkrete Sein eines Menschen oder einer Menschengruppe mit einem vorgegebenen idealen Sein verbindet, erhält hier die Identität eine Art von Einzigkeitscharakter"* (ebd., 36).

12.2 Idealistische und rationalistische Sprachauffassung

In einem engen Zusammenhang mit einer *realistischen* und *idealistischen* Identität (Schoen 1996) stehen zwei konträre Sprachauffassungen (Kielhöfer und Jonekeit 1998):

a) Die *idealistisch-romantische Sprachauffassung*, die in Deutschland mit Namen wie Humboldt oder Weisgerber und in den USA, wenn auch aus einer völlig anderen Ausgangslage, mit Benjamin Lee Whorf verbunden ist.
b) Eine *rationalistische Sprachauffassung*, die u. a. von Descartes, Leibniz oder Chomsky, aber auch von Vertretern des symbolischen Interaktionismus vertreten wird (Fthenakis 1985, 173).

Nach dem Sprachverständnis der Vertreter einer *idealistischen* Sprachauffassung bildet die Sprache nicht die Welt ab, sondern sie deutet und vermittelt sie in *„geistigen Zwischenwelten"* (Weisgerber. In: Kielhöfer und Jonekeit 1998, 93). Dabei handelt es sich um muttersprachlich fixierte und genormte Wirklichkeitsbilder. Dieses „Weltbild der Muttersprache" prägt unsere Wahrnehmung und unser Denken, schafft erst unsere jeweils ganz spezifische nationale Kultur. Die Muttersprache lernen heißt deshalb nach idealistischer Sprachauffassung, immer auch deren Weltbild und deren Kulturnormen zu übernehmen. Die Muttersprache ist einmalig und daher nicht in andere Sprachen übersetzbar. Ein Zweisprachiger müsste nach dieser Sprachauffassung konsequenterweise zwei verschiedene Kulturen und zwei Identitäten besitzen. Dies würde schließlich zu einer gespaltenen Persönlichkeit und im Extrem zur Schizophrenie führen. Den radikalsten Standpunkt nimmt Whorf ein (vgl. Kap. 7.2.6). Durch die absolute sprachliche Determinierung der Realitätswahrnehmung werde das Individuum gleichsam zum „Gefangenen" der mit der Muttersprache assoziierten Gesellschaftsstruktur und sei in einem späteren Lebensalter nicht mehr dazu im Stande, eine Zweitsprache gleichermaßen perfekt zu erwerben. Nach Whorf (1936. In: Fthenakis 1985, 183) wird die soziokulturelle Persönlichkeit eines Kindes in der Zeit des Sprechenlernens festgelegt, sodass es später nur noch in geringem Ausmaß fähig ist, grundlegend neue Werte zu übernehmen. Die mit der Muttersprache vermittelte ethnische Identität blockiert somit entscheidend das Streben nach kultureller Integration in einer anderen Gesellschaft. Ausgeglichene Zweisprachigkeit dürfte nach Whorf (1956. In: Fthenakis 1985, 183) nur äußerst selten vorkommen und müsste, wie bereits oben erwähnt, von schweren Identitätsproblemen begleitet sein. Die für unsere Situation entscheidende Frage, ob diese behauptete Determinierung auch in jenen Fällen auftritt, wo der Zweitspracherwerb wie im Falle von Tom und Nora als „bilingualer Erstspracherwerb" (vgl. Kap. 6.2) erfolgt, wurde nach Fthenakis (ebd., 183) jedoch nicht weiterverfolgt.

Für die Vertreter einer *rationalistischen* Sprachauffassung ist die Sprache ein Instrument des Denkens und Wahrnehmens. „*Wir meistern die Sprache – die Sprache meistert nicht uns*" (Kielhöfer und Jonekeit 1998, 96). Zweisprachige verfügen damit über zwei Instrumente des Denkens und Wahrnehmens, aber deshalb nicht von vornherein über zwei Welt-Anschauungen, zwei Identitäten und zwei Denkweisen. Aus der Perspektive des symbolischen Interaktionismus ist die Sprache wohl von entscheidender Bedeutung für die Übernahme kultureller Werte. „*Das Individuum ist jedoch prinzipiell durch die Verfügbarkeit bestimmter Ich-Funktionen in der Lage, ein zweites sprachliches und kulturelles Ausdrucksschema in seine Identität zu integrieren*" (Fthenakis 1985, 173). Dabei gelten entsprechend der rationalistischen Sprachauffassung für die Sprache als Instrument zwei wichtige miteinander zusammenhängende Axiome:

    Das Axiom der Ausdrückbarkeit, und

    das Axiom der Übersetzbarkeit.

Diese Axiome besagen, dass alles, was man „meint", in jeder Sprache ausgedrückt und in jede Sprache übersetzt werden kann. „*In der natürlichen Sprache kann man, wenn notwendig, durch Umschreibung und genau ausgedachte Darstellungen formulieren, was auch immer man will*" (Hjelmslev 1968. In: Kielhöfer und Jonekeit 1998, 96). Diese Axiome der Ausdrückbarkeit und der Übersetzbarkeit besagen aber nicht, dass in jeder Sprache alles gleich gut und gleich leicht ausgedrückt werden kann. Jeder Zweisprachige macht die Erfahrung, dass bestimmte Dinge in einer der beiden Sprachen besser und einfacher sagbar sind. „*Viele Dinge lassen sich nicht in jeder Sprache gleich gut sagen. Die eine bietet hier, die andere da, die dritte dort eine besonders treffende, knappe, überzeugende Ausdrucksmöglichkeit. Alle unsere Sprachen sind unfertige, unvollständige, unvollkommene Gebilde, jede hat ihre eigenen instrumentalen Stärken und Schwächen, ihre merkwürdigen Lücken und ihre glücklichen Funde*" (Wandruszka 1987, 51). Toms und Noras Onkel Gregory drückte diese Tatsache folgendermaßen aus: „*I even found it myself when travelling but in a different way, it was more to do with picking* **up words that have a better or fuller or different meaning than those found in English**" (Hervorhebung R. P.). Aber auch Tom machte bereits solche Erfahrungen. So spielte zum Beispiel Tom (5;0) mit Nora und mir Zauberer. Er nahm seinen Zauberstab (*magic wand*) in die Hand und sagte zu Nora: „*Nora, jetzt bin i a Zauberer. Hokuspokus, Simsalabim. Nora, jetzt verzaubere i di in a Maus.*" Darauf wandte er sich zu mir und sagte: „*Opa, I'm a magician. Hokuspokus, Simsalabim, now I'm...Opa, what's ‚verzaubern' in English?*"

Opa: „*I don't know. Let me look it up in the dictionary.*" (Ich schaue im Wörterbuch nach)... "*Tommy, it says ,transform into'...So you have to say: ,I'm transforming you into a lion'.*"
Darauf Tom: „*Opa, I'm transforming...Opa, now you are a lion.*"

Dieses Beispiel zeigt, wie einfach ein solches Problem einer Nicht-Deckungsgleichheit der beiden Sprachen (es gibt im Englischen kein so wie im Deutschen vom Substantiv abgeleitetes Verb) von Tom überwunden wurde. Er verweigerte die ihm angebotene Struktur *transform into* vermutlich nicht deshalb, weil sie ihm zu schwierig war, sondern weil sie ihm nicht gefiel, ihm vielleicht zu wenig „geheimnisvoll" klang. Er hatte wahrscheinlich ein Verb im Zusammenhang mit dem Substantiv *magician* (so wie im Deutschen *Zauberer* und *verzaubern*) erwartet. So löste Tom dieses Problem auf seine Weise, indem er einfach eine andere Formulierung wählte. Dieses Beispiel bestätigt auch Langenmayers (1996, 401) Feststellung, dass die eindeutig nachgewiesenen höheren metalinguistischen Fähigkeiten zweisprachiger Kinder auf die vermehrte Auseinandersetzung mit sprachlichen Gegebenheiten und das Nachdenken darüber zurückzuführen sind.

Wandruszka wendet sich gegen die idealistische Vision Humboldts der Sprache als Weltansicht und gegen die Sprachauffassung Weisgerbers mit dem Weltbild der Muttersprache bzw. der weltgestaltenden Kraft der deutschen Sprache. „*In Wahrheit enthält jede Sprache nicht nur ein einziges ganzheitliches Weltbild, sondern eine Fülle von Weltbildern verschiedenster Herkunft, durch die Jahrtausende miteinander vermischt und gebraucht und verbraucht. Der spielerische, erfinderische, schöpferische Trieb der Menschen im Gespräch und der geschichtliche Zufall haben jede Sprache, jede Mundart wieder etwas anders ausgestaltet*" (1987, 50).

Auch für Barth (1969. In: Fthenakis 1985, 173) ist die Sprache lediglich ein Symbol ethnischer Identität, dem in verschiedenen Volksgruppen unterschiedliche, meist nur sekundäre Bedeutung beigemessen wird. Das Beherrschen einer Sprache ist für ihn nicht mit einer Identifikation in dieser Sprache gleichzusetzen. Im Vordergrund stehen die Interaktionen bzw. Konfrontationen zwischen ethnischen Gruppen, „*welche die Grundlage einer Betonung von und Abgrenzung durch bestimmte ethnische Merkmale darstellen*" (Fthenakis 1985, 195). Die Lebenssituation der Gruppen ist der entscheidende Faktor für die Identitätsbildung, nicht die Sprache.

Kielhöfer und Jonekeit (1998) ergreifen deutlich Partei für die rationalistische Sprachauffassung, und ich möchte begründen, warum ich mich dieser Position anschließe.

Tom und Nora wachsen in Tirol auf und haben die Tiroler Wirklichkeit auch der englischen Sprache unterlegt. So verbinden sie mit den Begriffen *Winter* und *Weihnachten* ganz bestimmte, konkrete Vorstellungen. *Winter* bedeutet für die beiden Kinder Schnee, Schi- und Schlittenfahren, Schnee schaufeln, sich warm anziehen müssen. Von ihrem Vater hörten sie jedoch, dass er als Kind die *winter* in Neuseeland ganz anders erlebte, und dass für ihn als Kind der Begriff *winter* eine ganz andere Bedeutung hatte als für Kindern in Tirol. In Wellington, wo er aufwuchs, bedeutete Winter vor allem Wind und Regen, während Schnee nur auf den Gipfeln der Berge zu sehen war. Dabei erfuhr Tom auch, dass sein Vater als Kind auch im Winter nicht nur zu Hause und in der Freizeit beim Spielen mit seinen Freunden, sondern auch in der Schule immer nur kurze Hosen trug.

Ebenso verbinden Tom und Nora mit *Weihnachten* ganz klare Vorstellungen: Christkind, Christbaum, Kindermette, Weihnachtslieder, Geschenke, Winter, Schnee...
    Doch eines Tages bekamen die Kinder ein Päckchen von einer ihrer in Neuseeland lebenden Tanten. In diesem Päckchen war neben mehreren Büchern auch eine Videokassette mit selbst aufgenommenen Szenen aus dem Familienleben der Tante und über Neuseeland. Eine dieser Szenen zeigte, wie diese katholische Familie in Neuseeland *Christmas* feierte. Tom und Nora sahen, wie die Familienmitglieder den ersten Weihnachtsfeiertag bei hochsommerlicher Hitze am Strand mit einer Party und einem Barbecue verbrachten, wie die Kinder im Meer schwammen, Sandburgen bauten und sich mit Sand bewarfen.
    Zu diesem Video erfuhren Tom und Nora von ihrem Vater weitere Unterschiede zwischen *Weihnachten in Tirol* und *Christmas in New Zealand*: Nachdem in Neuseeland im Dezember Hochsommer und daher Hauptferien- und -urlaubszeit ist, feiern viele Neuseeländer das Weihnachtsfest nicht zu Hause, sondern in einem Hotel in einem Ferienort oder auf einem Campingplatz. Katholiken gehen zwar wie bei uns am Heiligen Abend in eine Mitternachtsmesse. Die Geschenke bringt aber nicht das „Christkind", sondern „Santa Claus", und die Pakete dürfen erst am Morgen des Christtages geöffnet werden. Wenn die Familie Weihnachten zu Hause verbringt, wird der Christbaum bereits mehrere Wochen vorher gemeinsam mit den

Kindern geschmückt, und auch die Geschenke liegen bereits lange Zeit vorher unter dem Christbaum (ohne aber geöffnet werden zu dürfen).

Ebenso wie sich der Tiroler *Winter* vom neuseeländischen *winter* unterscheidet, bezeichnen auch die Wörter *Bauernhof* und *farmhouse* in der österreichischen/Tiroler und neuseeländischen Kultur etwas sehr Verschiedenes. Besonders Tom, der den „Farmer Gapp", einen Bauern in unserem Dorf regelmäßig besucht, hat eine klare Vorstellung von einem Tiroler Bauernhof. Es ist ein stattliches Gebäude mit einem Wohnhaus für die Bauernfamilie und einem an das Wohnhaus angebauten Stall für die Kühe, Schweine und Hühner und einer darüber liegenden Scheune für das Heu. Im Video seiner Tante sah Tom nun auch Landschaftsaufnahmen von Neuseeland mit *farmhouses*. Diese neuseeländischen *farmhouses* haben jedoch überhaupt keine Ähnlichkeit mit unseren Tiroler Bauernhäusern, sondern sehen eher aus wie normale Einfamilienhäuser. Vor allem vermisste Tom die Ställe für die vielen Rinder und Schafe, die auf dem Video zu sehen waren. *„Where is the cowshed?"* war seine erste Frage. Sein Vater erklärte ihm, dass man in Neuseeland keine Ställe für die Schafe und Rinder und auch keine Scheunen für das Heu benötigt, weil die Tier das ganze Jahr über auf den Weiden bleiben.

Byram bestätigt solche Erfahrungen, wenn er feststellt: *„Ein Vergleich zwischen den Assoziationen eines Wortes in der einen Sprache und denen des Wortes, das laut Wörterbuch dasselbe in der anderen Sprache bedeutet, weist ganz deutlich auf kulturelle Unterschiede und Gemeinsamkeiten hin"* (1995, 95).

Durch solche Erfahrungen und Entdeckungen werden meiner Meinung nach die Kinder nicht, wie die Vertreter der idealistischen Sprachauffassung befürchten, orientierungs- und heimatlos, ohne ethnische Identität oder gar schizophren. Im Gegenteil: *„Solche Erfahrungen emanzipieren von der Sprache, sie vermitteln die wichtige Einsicht, daß Wörter und Dinge in Wirklichkeit nicht identisch sind"* (Kielhöfer und Jonekeit 1998, 94). Die Erkenntnis der sprachlichen Subjektivität und Willkür wird zweisprachigen Kindern früher und eindringlicher vermittelt als Einsprachigen. *„Zweisprachige lernen früher als Einsprachige die Relativität der Wörter, sie lernen früher zu unterscheiden, ob die Dinge in der Wirklichkeit verschieden sind oder ob nur die Wörter verschieden sind"* (ebd., 94).

Im Sinne von Wandruszka erfahren Tom und Nora durch ihre Zweisprachigkeit, *„daß wir unsere Empfindungen, Gefühle, Vorstellungen, Gedanken, Träume und Hoffnungen, Schmerzen und Freuden in den Lauten, Wörtern und Sätzen verschiedener Sprachen benennen, besprechen, beschwören können. In der Mehrsprachigkeit überwinden wir die naive Identifikation der Welt mit den Worten der Muttersprache, wir gewinnen eine kritische Distanz zu allen Worten. Das Bewußtsein unserer Mehrsprachigkeit erweitert und vertieft den Raum unserer geistigen und seelischen Freiheit"* (1987, 52).

12.3 Von der Identität der Eltern zur Identität der Kinder

12.3.1 Der Vater

Toms und Noras Vater – in der Folge mit seinem Vornamen Bernard bezeichnet – wurde, als er vor sieben Jahren von Neuseeland nach Österreich immigrierte, mit denselben Problemen und Frage konfrontiert wie Millionen anderer Immigranten und Vertreter von Minderheiten in multikulturellen Gesellschaften: Da er die deutsche Sprache nicht oder kaum beherrschte, war ihm bewusst, dass sowohl im privaten, vor allem aber im beruflichen Leben Probleme auf ihn zukommen würden. Daneben stellte sich ihm aber auch die Frage der Identität: Soll ich in der Begegnung mit der aufnehmenden Gesellschaft und ihrer Kultur meine ethnische und kulturelle Identität bewahren, oder soll die Begegnung mit ihr meine Identität erweitern und zu bi- bzw. multikultureller Identität führen?

12.3.1.1 Zweisprachigkeit, Multikulturalität und Identität in Neuseeland

Bernards Einstellung zu Fragen der Zweisprachigkeit, Multikulturalität und Identität muss in einem engen Zusammenhang mit der historischen, politischen und kulturellen Entwicklung und Geschichte seiner Heimat Neuseeland betrachtet werden.

Ende des 18. Jahrhunderts ließen sich die ersten europäischen Siedler in Neuseeland nieder. Im Jahre 1840 übergaben die Maori, die Ureinwohner Neuseelands, im Vertrag von Waitangi die Oberherrschaft über das Land an Großbritannien. Seither ist

Neuseeland Teil des British Commonwealth of Nations. Obwohl das Verhältnis zwischen den Eingeborenen und den Europäern von Anfang an besser war als in den meisten anderen kolonisierten Ländern, wurde auch den Maori die Kultur und Sprache der britischen Kolonialmacht aufgezwungen und damit ihre eigene Sprache und Kultur entwertet. *„In the later 19c and early 20c, the use of Maori was officially discouraged in schools. Many Maori concurred with this policy, seeing English as the language which was likely to give their children the greater advantage in later life"* (xrefer 2001, 2). Aus dieser Erfahrung heraus entwickelte sich im postkolonialen Diskurs die Auffassung, dass jeder Mensch ein Recht auf die Anerkennung seiner Sprache und Kultur besitze. Diese Entwicklung führte zum *Maori Language Act 1987*. Aufgrund dieses Gesetzes wurde Maori neben Englisch die zweite offizielle Sprache Neuseelands. Das Ziel dieses Gesetzes, sowohl unter den Maori als auch den Nicht-Maori eine positive Einstellung gegenüber dieser Sprache zu entwickeln und den Gebrauch von Maori als lebende Sprache und als Kommunikationsmittel so zu fördern, dass eine Maori-englische Zweisprachigkeit Teil einer neuseeländischen Identität wird, sollte unter anderem dadurch erreicht werden, dass alle Kinder in der Schule Maori lernen (Maori Language Act 1987).

Wegen seiner exponierten geographischen Lage war Neuseeland immer ein bevorzugtes Einwanderungsland nicht nur für Europäer, sondern ebenso für Bewohner verschiedener pazifischer Inseln sowie für Menschen aus asiatischen Staaten. Aufgrund der Volkszählung von 1998 setzt sich die Gesamtbevölkerung von annähernd 3,7 Millionen Neuseeländern aus folgenden ethnischen Gruppen zusammen (die Prozentzahlen wurden gerundet):

Europäer	77%
Maori	14%
Pazifische Inseln (Samoa, Fiji,...)	5%
Chinesen	2%
Inder	1%
Japaner, Koreaner, Araber...	1%

(xrefer 2001, 1)

Etwa 10% der Neuseeländer gehören also ethnischen Minderheiten mit den verschiedensten Muttersprachen an. Aufgrund dieser Tatsache wurde von der „School of Linguistics and Applied Language Studies" der Victoria University of Wellington,

New Zealand, eine *Languages Policy for New Zealand* propagiert, deren vorrangige Ziele darin besteht, die Sprachen der ethnischen Minderheiten zu bewahren sowie Möglichkeiten für alle zu schaffen, eine wichtige Fremdsprache zu lernen (Victoria University of Wellington, New Zealand, o. J).

In der Begründung für diese *Languages Policy* heißt es unter anderem:
- *„Knowing more than one language gives insight into more than one culture. Developing relations with Asia means we need more New Zealanders who can speak Japanese, Indonesian, Chinese and Korean, and more who can relate well to people from these cultures.*
- *10% of New Zealanders belong to minority ethnic groups. Surveys show that these people want to maintain their languages. This helps them to settle, and it gives their children the intellectual benefit of bilingual brains."*

Durch die Umsetzung dieser *Languages Policy* erwartet man sich u. a. folgende Vorteile für die neuseeländische Gesellschaft:
„Language learning encourages social cohesion by enabling citizens to
- *appreciate different cultures*

(...)
First language maintenance allows individuals to
- *feel valued for their diversity*
- *maximise their contribution to New Zealand through diverse language and cultural skills*
- *improve educational achievement*
- ***maintain their cultural identity****"*

(Victoria University of Wellington, New Zealand, o. J.; Hervorhebung R. P.)

Dieses Bemühen ethnischer Minderheiten, ihre kulturelle Identität zu bewahren, wird von Toms und Noras Vater bestätigt:

> Bernard: But, getting back to New Zealand again. It's definitely not a negative thing to have two or three nationalities in New Zealand, and it's seen as very positive. Well, you know, Rudi, that even I have two

nationalities. I have a New Zealand passport and an Irish passport[4]. And everybody has...da gibts diese Irish Clubs, and a Hungarian Club, and a Polish Club, and a Samoan Club, and. and, and...Interesting enough, these people, some of these people really have two identities. Particularly the Samoans, and so on. The Fijis, and so on. Because they have their language, and they go to their churches, and they have their services. But at the same time all those people,...they are all New Zealanders. Or the Maori. I think they all have two identities. They are Maori, but at the same time they are New Zealanders. I mean, that's something that's pretty strong in New Zealand.

Auch in einem Artikel über die Samoaner kommt dieses Identitätsbewusstsein zum Ausdruck: *„Weil jede Samoanerin und jeder Samoaner eben auch heute in allererster Linie Samoanerin und Samoaner ist, und dann erst (...) Minister oder Plantagenarbeiter, reich oder arm, in Samoa oder in Neuseeland lebt. (...) Man freut sich, Samoaner zu sein, dazu zu gehören, dies auszudrücken als wichtigen Bestandteil der eigenen Identität, des eigenen Selbst-Bewußtseins, im wohl verstandenen Sinn"* (Samoa-Info 2001).

12.3.1.2 *Sprachprobleme des Vaters und ihre Auswirkungen*

Der Wechsel in ein anderes Land, in eine andere Sprache bedeutete für den Vater zunächst eine Trennung bzw. Entfernung von Bezugspersonen wie seinen zahlreichen Geschwistern, Freunden und Studienkollegen, einen – geographisch – großen Abstand von der Muttersprache und von gewohnten spezifischen Interaktionsformen. Nach Kramsch besteht eine natürliche Verbindung zwischen der Sprache, die von Mitgliedern einer sozialen Gruppe gesprochen werden, und der Identität dieser Gruppe. *„By their accent, their vocabulary, their discourse patterns, speakers identify themselves and are identified as members of this or that speech and discourse community. From this membership, they draw personal strength and pride, as well as a sense of social importance and historical continuity from using the same language as the group they belong to"* (2000, 65). Die Entscheidung, mit seiner zukünftigen Ehefrau nach Tirol zu gehen, bedeutete nicht nur ein Verlassen der sozialen Gruppe,

---

[4] Bernards Mutter stammte von Irland ab

die ihm *„personal strength and pride"* gegeben hatte, sondern auch das Verlassen der Sprachgemeinschaft, für Schoen (1996, 30) das Hauptmerkmal kultureller Zugehörigkeit.

In Tirol war mit dem notwendigen Erwerb der deutschen Sprache die Tatsache verbunden, zunächst nicht alles zu verstehen und sich nicht so ausdrücken zu können, wie das in der Muttersprache Englisch möglich war. Die Probleme, die dadurch vor allem in den ersten Monaten seines Aufenthaltes in Tirol entstanden, kommen im folgenden Gespräch zum Ausdruck:

>Opa: Nun möchte ich dich etwas anderes fragen. Und zwar über deine Sprache: über sprachliche Probleme, die du hast. Wirken die sich, glaubst du, auf dein eigenes, auf dein persönliches Verhalten aus?
>
>Bernard: Ja, sicher. Weil man kann sich nicht immer richtig ausdrücken. Und das führt manchmal doch zu Problemen.
>
>Opa: Und welcher Art sind diese Probleme? Kannst du das ein bisschen genauer beschreiben?
>
>Bernard: Ja, das hängt vom Thema ab. Ich kann jetzt ein gutes Beispiel nicht einfach so geben.
>
>Opa: Das verstehe ich. Aber was dein Verhalten betrifft. Fühlst du dich dann unsicher?
>
>Bernard: Nein, eher verärgert.
>
>Opa: Über dich selber?
>
>Bernard: Ja, auch. **Ich habe dann manchmal das Gefühl, dass ich nicht ganz zu einer Gruppe gehöre.** Oder wenn ein Witz erzählt wird, dann habe ich Schwierigkeiten, die...
>
>Opa: Pointe...
>
>Bernard: Ja, die Pointe zu verstehen. Ja, so etwas wirkt sich sicher auf mein Verhalten aus.

Diese sprachlichen Probleme führten auch dazu, dass sich Bernard am Anfang in Tirol fremd fühlte:

>Opa: Jetzt eine schwierige Frage: Hast du manchmal in Österreich das Gefühl, fremd zu sein?
>
>Bernard: Ja, ich glaube, jeder hat das Gefühl. Das hängt auch mit den sprachlichen Problemen zusammen.

Opa: Woran erkennst du das?

Bernard: Ja, dass man sich, sozusagen, nicht rechtzeitig ausdrücken kann.

Bald aber beherrschte Bernard die deutsche Sprache und verstand die verschiedenen österreichischen Dialekte so gut, dass das von ihm geschilderte Gefühl des Fremdseins und Ausgeschlossenseins nicht mehr länger gegeben war.

Bernard: Vor ein paar Tagen hatte ich ein lustiges Erlebnis in der Steiermark. In einem Gasthaus hat eine Frau immer versucht, mit mir „schön", also eine Art Hochdeutsch zu reden. Bis ein anderer gesagt hat: „Halts Maul. Red net so blöd. Red richtig steirisch." Aber sie hat mir ja helfen wollen, weil sie geglaubt hat, sonst verstehe ich sie nicht.

12.3.1.3   Zweisprachigkeit und Identität

Gleichzeitig aber trat für Bernard ein neues Problem auf, das nicht nur seine Sprache, sondern damit verbunden auch Fragen nach seiner Identität betraf: Er hatte das Gefühl, dass sich parallel mit der Verbesserung seiner Deutschkenntnisse sein Englisch deutlich verschlechterte.

Opa: Jetzt ist da die nächste Frage: Wie passen Zweisprachigkeit und Identität zusammen? (Liest) „Muss nicht ein Mensch, um Halt zu finden, wissen, wohin er gehört? Braucht er nicht einen Lebensmittelpunkt?" (Schoen 1996, 101)

Bernard: Das versteh i net.

Opa: Well, what he wants to say, is, ah...your language is English, you speak English, and does such a person not need an English speaking environment to feel at home? That's what he wants to say.

Bernard: Of course **you feel at home, like when we were in England**, Rudi. I mean, for me that's a completely different feeling.

Opa: But I...

Bernard: **Well, am I losing my identity because I am not using my language?**

Opa: Yeah, that's the question.

Bernard: **Well, of course I am. That's something that bothers me**, that I am not using my language enough.

Karin (lacht)

Bernard: Well, I don't. It's getting worse and worse. **And now I'm speaking two languages, and...well, I'm not even speaking one language properly.**

Kielhöfer und Jonekeit bringen Bernards Problem folgendermaßen zum Ausdruck: „*In der Fremde wird häufig die eigene Sprache zum wichtigsten Symbol der ethnischen und kulturellen Identität. Die Sprache zu bewahren heißt darum auch, sich selber bewahren*" (1998, 18).

Bei seinen Besuchen in England fühlt sich Bernard „zu Hause" („*I mean, for me that's a completely different feeling*"). Und zwar nicht nur deshalb, weil er dort einige seiner Geschwister und andere Verwandte trifft, sondern vor allem auch deshalb, weil er während dieser Zeit voll in **seine** Sprache „eintauchen" kann. Dabei geht es nicht nur um die grammatikalischen, lexikalischen und phonologischen Merkmale dieser gemeinsamen Sprache, sondern um die Themen, die besprochen werden, die Art, wie Informationen ausgetauscht und übermittelt werden und die ganz spezifische Art und Weise ihrer Interaktion.

Gleichzeitig aber muss er immer häufiger feststellen, dass ihm verschiedene englische Ausdrücke nicht mehr einfallen. Diese zwiespältige Situation wird von Kramsch folgendermaßen charakterisiert:

„*Although there is no one-to-one relationship between anyone's language and his or her cultural identity, language is* **the** *most sensitive indicator of the relationship between an individual and a given social group. Any harmony or disharmony between the two is registered on this most sensitive of the Richter scales. Language is an integral part of ourselves – it permeates our very thinking and way of viewing the world*" (2000, 77. Hervorhebung C. K.).

Aufgrund seiner intensiven Beschäftigung mit der deutschen Sprachen haben sich Bernards Deutschkenntnisse im Laufe der Jahre so stark verbessert, dass er nun durchaus als zweisprachig bezeichnet werden kann. Er besitzt aber deshalb, wie er selbst feststellt, noch nicht über zwei Identitäten.

Opa: Fühlst du dich noch als reiner Neuseeländer?
Bernard: Hmm...Wenn es um Rugby geht, bin ich Neuseeländer, Rudi.

Opa (lacht): Aber Identität ist nicht nur Rugby.

Bernard: Natürlich. Aber in Neuseeland ist Rugby doch ein wichtiger Teil der Kultur. Genau wie Fußball hier.

Opa: Natürlich. Ja, aber...Also grundsätzlich, grundsätzlich...

Bernard: Bin ich immer noch Neuseeländer.

Opa: Bist du noch immer Neuseeländer. Und jetzt die Frage: Warum? Du bist jetzt fast sieben Jahre da...

Bernard: Ja, aber, wie du weißt, habe ich auch eine große Einfluss von meine Mutter, von meine Vater, das Irische, aber weil auch viele Iren in Neuseeland leben, etcetera. Oder zum Beispiel bin ich katholisch erzogen.

(...)

Bernard: What was the first question?

Opa: Why you still feel...a New Zealand identity?

Bernard: Well, because it's...

Opa: Because of your parents?

Bernard: Not really. Not because of that. Because it's what you, what you grow up with.

Opa: Yeah. Aha.

Bernard: Just everything that's...I mean, I think you are...I think you get your culture not from your parents, or not all of it. You certainly get it more when you are at school, and with your friends.

Opa: Aha.

Bernard: And everything that goes with it.

Kramsch bestätigt die Bedeutung des sozialen Umfeldes für den Erwerb der Identität:
> *„People who identify themselves as members of a social group (family, neighborhood, professional or ethnic affiliation, nation) acquire common ways of viewing the world through their interactions with other members of the same group. These views are reinforced through institutions like the family, the school, the workplace, the church, the government, (...). Common attitudes, beliefs, and values are reflected in the way members of the group use language – for example, what they choose to say or not to say and how to say it"* (2000, 6).

Wenn Bernard zur Zeit auch noch nicht über zwei Identitäten verfügt („*I still don't feel like an Austrian*"), so kann er sich aber grundsätzlich eine doppelte Identität durchaus vorstellen.

> Opa: Könntest du dir eine doppelte Identität vorstellen? What's here (Schoen 1996) called „bi-identity". I mean, feeling both. Feeling being a New Zealander, and at the same time being an Austrian?...Here it says: „Eine zweite Identität kann erworben werden, so wie eine zweite Sprache dazugelernt werden kann" (Schoen 1996, 35). That's what Schoen thinks about bi-identity.
> Bernard: Of course. I mean now that I know the language a lot better,...I understand Austrians a lot better. Well, I mean, you only have to talk to my brothers or sisters or Gregory, for example, he always, you know, he always says that I'm like an Austrian now.

Bernards Bruder Gregory beantwortete meine diesbezügliche Anfrage folgendermaßen:

> It's little things that are hard to pin point and some of which maybe not related to cultural identity but personal circumstances and a need to fit and work within a different society („When in Rome do as the Romans do").

Bernard kann sich eine Bi-Identität auch deshalb gut vorstellen, weil er in Neuseeland erlebte, wie Bi-Identität nicht nur von vielen Vertretern ethnischer Minderheiten als etwas durchaus Normales, Selbstverständliches angesehen wird, sondern weil er auch die positive Einstellung der englischsprachigen Bevölkerungsmehrheit dazu erfahren konnte.

12.3.1.4   Der Einfluss des Ehepartners auf die eigene Identität

In Schoen schreibt Mineke, eine Holländerin, die einen Franzosen geheiratet hat und mit ihm nach Südfrankreich gezogen ist, u. a.:

> *„Ich bin Holländerin von Geburt, Französin aus Liebe. Wenn man fragt, ob ich eines Tages nach Holland zurückkehren will, weiß ich darauf keine Antwort zu geben. (...) Die Anpassung an ein anderes Land ist*

bedingt durch das Maß an Liebe, das man persönlich dabei empfindet. Denn alles wird leichter, wenn die Menschen, mit denen du lebst, dein Anderssein akzeptieren" (1996, 115).

In unserer Diskussion über die Aussagen dieser holländischen Frau äußerte sich Bernard folgendermaßen:

Opa: Das is also eine Frau, die nach Frankreich geheiratet hat. Sie sagt, sie hat die französische Identität aus Liebe zu ihrem Mann angenommen. That means she feels a kind of bi-identity: Dutch from birth, and French because of love.

Bernard: Well, I mean, if you put it this way,...I mean, I wouldn't, I mean **I'm only Austrian because of Karin.** I mean if Karin was to die or something, I would seriously think about returning to New Zealand.

Karin: But you are not an Austrian. You don't feel...

Opa: But even if he doesn't admit it, I think sometimes he feels like an Austrian.

Bernard: Of course, that's what I'm saying. Of course, you know, it's great to see the Austrian ski team winning, or you know, something you can enjoy or identify with. And I think it will probably get stronger when Tom is a bit older. (...) But, like I said, I think, I mean, if Karin was to pass away, I mean, I would, I think, it would be very difficult for me to stay here by myself.

Opa: Hm.

Bernard: I mean, unless the children were,...I don't know,...I would seriously think about it, about leaving. Because,...I mean it would be a difficult situation...**In that sense I am here because of love, but I'm not saying I'm Austrian because of love.**

12.3.2 Die Mutter

Toms und Noras Mutter, Karin, ging nach der Matura für ein Jahr in die USA und studierte anschließend an der Universität Innsbruck Englisch und Geographie. Nach Beendigung ihres Studiums verbrachte sie mehrere Monate in England und ging dann für fünf Jahre nach Neuseeland. Karin lebte mit ihrem zukünftigen Ehemann in seiner

Heimatstadt Wellington und hatte engsten Kontakt zu seiner Familie. Während Bernard sein Geologiestudium an der Universität Wellington abschloss, unterrichtete Karin an staatlichen Schulen Deutsch und Englisch sowohl für Immigranten als auch für Kinder mit englischer Muttersprache sowie Französisch (sie hatte an der Universität drei Semester Französisch studiert) und lernte selbst Japanisch. Für immer in Neuseeland zu bleiben, stand für beide aber nie zur Diskussion.

>Opa: Noch was: Habt ihr eigentlich nie daran gedacht, in Neuseeland zu bleiben?
>
>Karin: Na, eigentlich net.
>
>Opa: Warum net?
>
>Karin: Des hat sich so irgendwie ergeben. Dann sind da a die Eltern vom Bernard gstorben...
>
>Bernard: Ja, und da war ich auch gerade mit meinem Studium fertig und habe mir sowieso irgendwo einen Job suchen müssen.

Karin bezeichnet sich selbst als multikulturell. Meine Frage, ob sie sich während ihres Aufenthaltes in Neuseeland in irgendeiner Form als Neuseeländerin gefühlt hat, verneinte sie aber:

>Opa: Jetzt, Karin, wie war das bei dir, wie du in Neuseeland warst, mit der Identität? (...) Hat's Situationen gegeben, wo du dich in irgendeiner Form als Neuseeländerin gefühlt hast? So eine Art Bi-Identität?
>
>Karin: Na, weil i hab doch immer gwusst, dass i net lang bleib. Und dadurch,...i mein, jetzt, da, eher...Wie ma zurückkommen sind. Wenn irgend etwas über Neuseeland is, dann bin i mehr interessiert. I mach a in der Schul immer was über Neuseeland.

Für Bernard sind Karins Erfahrungen aus ihrem Neuseelandaufenthalt insbesondere für eine bikulturelle Erziehung von Tom und Nora sehr wichtig:

>Bernard: Well, what's been important is that Karin knows my nationality as well.
>
>Karin: Your cultural background.
>
>Bernard: Well, she can say to the children,...she can actually take over my role as a New Zealander in some situations.

12.3.3 Die Kinder

Nach Fthenakis (1985, 208) ist die Bedeutung der Familie für die sprachliche Sozialisation und Identitätsentwicklung der Kinder allgemein anerkannt. Die Interaktionserfahrungen des Vorschulkindes konzentrieren sich in erster Linie auf die Familie, und die Eltern sind daher wichtige Modelle der Identifikation. Ziegler spricht von „sozialem Erbe", dessen Gegenstand nicht materielle, sondern soziale Güter wie Werte, Einstellungen und Grundorientierungen sind, die in Familien (...) übertragen, *„und bei einem einzelnen Mitglied einer Familie bewußt oder unbewußt zu einem relevanten Teil des Fühlens, Denkens und Handelns werden"* (2000, 57).

Es stellt sich nun die Frage, welche konkrete Auswirkungen und Folgen diese familiäre Situation und die Einstellung der Eltern auf die Entwicklung der Identität der beiden Kinder Tom und Nora hat.

12.3.3.1   Ihre Vornamen

Nach Varro und Gebauer (1997) geben die Vornamen Aufschluss über die Wünsche und Absichten der Eltern in Bezug auf die Identität ihrer Kinder. Aus dem Vornamen erfahren wir mehr über die Eltern und über die Zeit vor der Geburt des Kindes als über seine zukünftige Identität. *„Man gibt dem Kind einen Namen, dann kommt es, und dann muß es damit zurechtkommen. (...) Es kann für ihn nichts, er ist ihm aufgedrückt worden. (...) In der Regel trägt man nicht ungestraft einen Vornamen aus einem anderen Land. Warum heißt du denn...weil mein Vater aus sowieso kommt...oder weil..."* (ebd., 144).

Wenn zwei Herkunftsländer in einer Familie miteinander „rivalisieren", können die Vornamen der Kinder im Hinblick darauf analysiert werden, ob bei den Eltern der Wunsch vorhanden war, eine Seite der Familienidentität bevorzugt weiterzugeben, *„oder ob sie im Gegenteil eine Art synkretischer Identität schaffen wollten"* (ebd., 128). Untersuchungen von Varro und Gebauer (1997) über franko-amerikanische Familien ergaben, dass von 212 Kindern über 50% Vornamen hatten, die „überall passten", das heißt, sich auf die Tradition des Vaters ebenso gut beziehen ließen wie auf die der Mutter.

Mit **Thomas** (Tom) und **Nora** haben die Eltern zwei Vornamen gewählt, die „überall passen".

Es sind keine „*kulturell markierte*" (ebd., 128) Vornamen, und sie weisen weder auf die Abstammung väterlicherseits noch auf die Abstammung mütterlicherseits hin. Außerdem bereitet die Aussprache der beiden Vornamen auch Menschen mit nichtdeutscher Muttersprache keine Schwierigkeiten. Die beiden Kinder wurden von ihren englischen Verwandten in Oxford und von unseren ungarischen Freunden genauso mit *Tom* und *Nora* angesprochen, wie sie das von uns gewohnt sind. Wenn nach Varro und Gebauer (1997) die Vornamen Aufschluss über die Wünsche und Absichten der Eltern in Bezug auf die Identität ihrer Kinder geben, dann kann aus den Namen Tom und Nora der Schluss gezogen werden, dass es von Anfang an nicht die Absicht und der Wille der Eltern war, eine Seite der Familienidentität bevorzugt weiterzugeben, sondern „*eine Art synkretischer Identität schaffen zu wollen*" (ebd., 128).

Welche Bedeutung die Wahl des Vornamen für ein Kind haben kann, schildert Eva Hoffman in beeindruckender Weise in ihrem autobiographischen Roman *Lost in Translation* (1990; vgl. Bredella 1998): Im Jahre 1959 kommt Eva als dreizehnjähriges Mädchen mit ihrer Familie aus Polen nach Kanada. Im Englischunterricht für Neuankömmlinge macht Eva ihre erste Bekanntschaft mit der neuen Sprache. Sie erhält einen englisch klingenden Namen, was in ihrem Fall verhältnismäßig einfach ist. Der polnische Name „*Ewa*" wird einfach in das englische „*Eva*" umgewandelt. „*My sister's name – ‚Alina', - poses more of a problem, but after a moment's thought, Mr. Rosenberg and the teacher decided that ‚Elaine' is close enough. My sister and I hang our heads wordlessly under this careless baptism*" (ebd., 105). Diese Namensgebung, eine Art Taufe (*baptism*), erweist sich für die beiden Mädchen als ein Prozess der Entfremdung. „*These new names, which we ourselves can't yet pronounce, are not us*" (ebd., 105). Die neuen Namen, so fühlt Eva, haben nichts mit ihrem Wesen zu tun. „*They are identification tags, disembodied signs pointing to objects that happen to be my sister and myself. We walk to our seats, (...) with names that make us strangers to ourselves*" (ebd., 105).

12.3.3.2   Von der Identität der Eltern zur Sozialisation der Kinder

Das Hauptinteresse eines verpflanzten Elternteiles gilt nach Varro und Gebauer (1997) dem Überleben der eigenen Identität, die von Kramsch (2000, 67) als „*long distance identity"* bezeichnet wird. Die Geburt eines Kindes beschleunigt oft die Entwicklung eines Identitätsbewusstseins, und dieses Identitätsgefühl gibt für die gesamte Sozialisation der Kinder den Ton an. So hat sich Bernard mit dem Entschluss, seine Kinder in einer deutschsprachigen Umgebung auch in seiner Muttersprache Englisch zu erziehen, gleichzeitig auch für die Bewahrung seiner eigenen Identität entschieden *„und folgt damit dem geheimen Wunsch, diese Identität seinen Kindern weiterzugeben"* (Kielhöfer und Jonekeit 1998, 18).

Menschen, die zusammenleben, hören nicht auf zu sein, was sie waren; nur sind sie durch das Zusammenleben gezwungen, über das, was sie gemacht hätten, wenn sie allein geblieben wären, neu zu verhandeln, Kompromisse zu finden und neue Prioritäten zu setzen. *„Wenn die Partner aus verschiedenen Ländern (oder Regionen oder sozialen Klassen) kommen, in denen sie mit unterschiedlichen Sprachen, Schulen, Küchen, Werten groß geworden sind, stellt sich die Frage der Weitergabe dieser ‚Herkunftskultur' oft mit aller Schärfe, weil es immer wieder darum geht, Entscheidungen zu treffen, die ausgrenzend und damit konfliktträchtig erscheinen können"* (Varro und Gebauer 1997, 187).

In unserem konkreten Fall, d. h. in Toms und Noras Familie, ergaben sich nach Angabe der Eltern bisher noch keine in irgendeiner Form ausgrenzende oder konfliktträchtige Situationen. Dies ist sicher zu einem großen Teil auf die Toleranz, Offenheit und Großzügigkeit beider Elternteile zurückzuführen. Außerdem handelt es sich bei beiden Kulturen um „westliche" Kulturen, die trotz ihrer großen geographischen Distanz mehr Gemeinsamkeiten als Unterschiede aufweisen. Und schließlich gibt es auch eine Übereinstimmung in der Religion, denn sowohl die Mutter als auch der Vater wurden katholisch erzogen.

Obwohl sich Karin ebenso wie Bernard grundsätzlich eine Bi-Identität vorstellen kann, ist ihnen klar, dass Tom und Nora derzeit noch eine rein österreichische Identität besitzen.

    Opa (zu Karin): Kannst du dir jetzt vorstellen,...bi-identity, also, sich zwei Gruppen zugehörig zu fühlen?
    Karin: Ja.
    Opa: Ja?...Und wie schaut des mit euren Kindern aus?
    Bernard: Na. Der Tom ist Österreicher.

Opa: Die sind Österreicher. Und des wird sich wahrscheinlich auch net ändern, wenn sie da bleiben. Die werden zweisprachig werden, aber vermutlich nie zwei Identitäten bekommen.

Karin: Wenn sie einmal hinfahren, vielleicht.

Opa: Ja, dann schon. Aber, i mein, solange sie da sind...

Karin: Ja, solange sie da sind...

Bernard: Na. I often try to tell them what it is like in New Zealand, and what is different for me, like, for example, when we were walking home this afternoon I told them that we just swim in the sea, or in the...you know.

Opa: Yeah. Well, but I'm afraid that's not enough to...

Bernard: Well, but that's all part of my New Zealand...

Karin: Awareness.

Bernard: That's all part of my New Zealand identity.

(...)

Karin: Und der Tom sagt schon immer...auf einmal sagt er wieder „In Neuseeland is des aber so..." – also von sich aus. Mit die Jahreszeiten, zum Beispiel, also des is schon...Er is sich schon ziemlich bewusst.

Bernard: I was telling him today that if we go to New Zealand then he can swim like daddy used to, you know, in these wild waves, and things like that...I mean that's part of the New Zealand culture.

12.3.3.3   Identität als Kind in einer internationalisierten Welt

Varro und Gebauer (1997) stellen fest, dass zweisprachige Kinder und Jugendliche in der Kommunikation häufig eine größere Flexibilität an den Tag legen als ihre Eltern. Außerdem schätzen sie die im Vergleich zu ihren monolingualen und mononationalen Freunden privilegierte Kenntnis einer zweiten Sprache, und zwar vor allem im Hinblick auf die Möglichkeit, damit das Netz ihrer Sozialbeziehungen zu erweitern. *„Ihre Zweisprachigkeit, von ihren Eltern als nichts Geringeres denn als Indiz für das Überleben der eigenen Identität interpretiert, scheint für die Kinder die Möglichkeit zu mehr menschlichen Kontakten und mehr Weltoffenheit darzustellen"* (ebd., 176). In diesem Sinne verwischt sich nach Varro und Gebauer (1997) der Unterschied zwischen den Ein- und Zweisprachigen, da der Wunsch und die Fähigkeit, zu kommunizieren, mehr von einer *„Identität als Jugendlicher in einer* *internationalisierten Welt"* (ebd., 176) herkommt als von einer spezifischen, „gemischten" oder „bikulturellen" Identität.

Tom und Nora sind noch zu jung, um solche Gedanken und Vorstellungen artikulieren zu können. Ihr Verhalten bestätigt jedoch die oben geschilderte Situation. Ganz besonders deutlich war das bei Tom zu beobachten. Wenn er in Oxford oder in Ungarn (vgl. Kap. 13) mit den Verwandten, Freunden und Bekannten in englischer Sprache kommunizierte, dann ging es ihm nicht um Fragen seiner Identität, sondern er nutzte mit seinen Englischkenntnissen *„die Möglichkeit zu mehr menschlichen Kontakten"* (ebd., 176). In solchen und ähnlichen Situationen ist ihm voll bewusst, dass diese für ihn so wichtigen und wertvollen Kontakte ohne seine Englischkenntnisse nicht möglich wären und nur dank seiner Zweisprachigkeit funktionieren.

12.4 Sprache und Kultur

Im Zusammenhang mit den Ausführungen über Fragen der Identität wurde bereits mehrmals auf die enge Verbindung zwischen Sprache, Kultur und Identität hingewiesen. Im Folgenden möchte ich diesen Themenbereich noch einmal aufgreifen und dabei insbesondere untersuchen, wie weit mit der bilingualen Erziehung Toms und Noras gleichzeitig auch eine bikulturelle Erziehung der Kinder verbunden ist.

Für Bruner können die beiden Phänomene Sprache und Kultur nicht getrennt werden. Seine Hauptidee besteht darin, dass Kinder mit dem Sprechen die Kultur erlernen, in der sie leben werden, und wie sie in dieser Kultur durch Sprache ihre Absichten verwirklichen und mit Worten Dinge geschehen machen können. Beim Versuch, die Sprache für ihre Zwecke nutzbar zu machen, leisten die Kinder viel mehr, als nur einen Code zu meistern. *„Sie verhandeln über Verfahren und Bedeutungen und erlernen dabei die ‚Kultur' ebenso wie die Sprache"* (1997, 11). Für Bruner besteht die Kultur aus symbolischen Verfahren, Begriffen und Unterscheidungen, die nur durch die Sprache möglich werden. *„Sie werden dem Kind durch den Spracherwerb übermittelt. Entsprechend läßt sich das Wesen der Sprache nicht ohne Einbezug ihrer kulturellen Einbettung verstehen"* (ebd., 116).

Ebenso ist für Kielhöfer und Jonekeit die Sprache „*inhärenter Teil und wichtigstes Symbol einer Kultur, denn Kultur artikuliert sich ganz wesentlich über Sprache*" (1998, 98).

Für Larcher sind die kulturellen Erfahrungen einer Gesellschaft tief in die Struktur der Sprache eingegraben. „*Die Struktur der Sprache ist also ein kulturelles Gedächtnis. Ihre Erscheinungsform ist ein Emblem, ein sinnlich wahrnehmbares Zeichen einer Kultur*" (1991, 73).

Der Zusammenhang zwischen Sprache und Kultur wird von Fishman auf anschauliche Weise zum Ausdruck gebracht, wenn er feststellt, dass jemand, der zum Beispiel aufgrund einer Immigration „seine Muttersprache verliert", damit gleichzeitig auch die Kultur verliert, die in der Sprache enthalten ist und durch die Sprache ausgedrückt wird.

> „*Take it away from the culture, and you take away its greetings, its curses, its praises, its laws, its literature, its songs, its riddles, (...) its wisdom, its prayers. The culture could not be expressed and handed on in any other way. What would be left? When you are talking about the language, most of what you are talking about is the culture. That is, you are losing all those things that essentially are the way of life, the way of thoughts, the way of valuing, and the human reality that you are talking about*" (1996. In: Akkari 1998, 12).

12.4.1 Definition des Begriffes Kultur

Bevor ich näher auf den Zusammenhang zwischen Sprache und Kultur bzw. Zweisprachigkeit und Bikulturalität eingehe, erscheint es sinnvoll, den Begriff Kultur zu definieren.

Varro und Gebauer (1997, 206) stellen fest, dass sich der Begriff „Kultur", für den die Anthropologen in den fünfziger Jahren mehr als 150 Definitionen nachgewiesen haben, kaum ein für allemal definieren lässt. Schließlich identifizieren sie selbst Kultur im Sinne einer bikulturellen Erziehung als „*die Kontinuität und die Weitergabe von Identitätselementen oder –merkmalen von einer Generation zu anderen*" (1997, 206). Dabei ist es ihrer Ansicht nach wichtig festzuhalten, dass eine Kultur keine hermetisch abgeschlossene Größe ist. Alle Kulturen, die in der Geschichte der Menschheit beschrieben wurden, unterlagen äußeren Einflüssen und haben ihrerseits die Entstehung von neuen Kulturen beeinflusst.

In „Meyers Grosses Taschenlexikon", Band 12, wird der Begriff „Kultur" folgendermaßen definiert:

„Das von Menschen zu bestimmten Zeiten in abgrenzbaren Regionen in Auseinandersetzung mit der Umwelt in ihrem Handeln Hervorgebrachte (Sprache, Religion, Ethik, Institutionen [Familie, Staat u. a.], Recht, Technik, Kunst, Musik, Philosophie, Wissenschaft), auch der Prozeß des Hervorbringens der verschiedenen Kulturinhalte und –modelle (Normensysteme und Zielvorstellungen) und entsprechender individueller und gesellschaftlicher Lebens- und Handlungsformen" (1987, 257).

Oksaar stellt fest, dass sich jedes normale Kind jedem Kulturkreis anpassen kann und bezieht sich dabei auf den Kulturbegriff von Thomas (1965). Thomas (in: Oksaar 1987, 78) setzt Kultur mit Lebensart gleich; eine Kultur besteht für ihn aus Definitionen der „Situation", die sich durch den Konsens der Erwachsenen im Laufe der Zeit gefestigt haben. *„Diese Definitionen sind, als Produkt des menschlichen Zusammenlebens, ‚in Regeln, Vorschriften, Richtlinien, Traditionen und standardisierten Sozialbeziehungen verkörpert'"* (ebd., 79). Der Erwerb sprachlicher Verhaltensweisen impliziert daher für Oksaar (1987) gewöhnlich mehr als nur die Aneignung der Aussprache, der Grammatik und der Lexik. Er ist gleichzeitig der Erwerb von neuen Verhaltenweisen, die situationsbedingt sind und zur kommunikativen Kompetenz gehören; also der Erwerb dessen, was Thomas (1965) unter Kultur versteht.

Nach M. Erdheim ist *„Kultur (...) alles, was entsteht, wenn wir mit dem Fremden konfrontiert sind"* (in: Stöger 2000, 161).
Margaret Mead bezeichnet Kultur als *„the body of learned bahavior"* (in: Petzold 1992. Zit. in: Stöger 2000, 161).
Für Matthias Petzold (1992) ist Kultur ein so weiter Begriff, dass er nicht über ein einziges Moment wie zum Beispiel über eine Sprachgemeinschaft erfasst werden kann. Kultur, Kommunikation und die Systeme der menschlichen Handlung sind eng

verbunden. Kultur ist *„the man-made part of human environment"* (in: Stöger 2000, 161).

Für Stöger verlangt vor allem Interkulturelles Lernen eine Präzisierung bei der Verwendung des Begriffes „Kultur". Für ihn ist Kultur *„als ein prozessual funktionierendes, sich stets im konkreten historischen, politischen, wirtschaftlichen Feld entwickelndes Gesamt von Verhaltensweisen zu sehen, die von den sich ihr zugehörigen Menschen, solange keine zu großen ‚Reibungen' auftreten, ‚selbstverständlich' hingenommen werden"* (2000, 161 f.). Ebenso wie bei der Definition von Varro und Gebauer (1997) haben wir auch hier den Hinweis darauf, dass „Kultur" keine abgeschlossene Größe ist, sondern dass sie sich entwickelt und verändert.

Eine für die vorliegende Arbeit wichtige Unterscheidung trifft Larcher (1991, 73). Für ihn bezieht sich der Kulturbegriff des Interkulturellen Lernens nicht auf die Hochkultur, sondern auf Alltagskultur. Damit ist für ihn alles gemeint, was unser Alltagsleben regelt, angefangen vom kodifizierten Gesetz und vom religiösen Gebot bis hin zu Sprichwörtern und Höflichkeitsregeln.

12.4.2 Sind zweisprachige Kinder gleichzeitig bikulturell?

Wenn Bruner feststellt, dass Kinder mit dem Sprechen die Kultur erlernen, in der sie leben werden, so stellt sich die Frage, ob bilinguale Kinder mit dem gleichzeitigen Erwerb von zwei Sprachen damit auch automatisch zwei Kulturen erwerben. Von Hoffmann wird diese Frage verneint: *„However, it does not follow automatically that those who know two languages are bicultural"* (1997, 29). Als Beispiel nennt sie ein Kind einer italienischen Einwandererfamilie, das im Stadtteil Bronx in New York lebt und zweisprachig aufwächst, deshalb aber nicht unbedingt einen Bezug zur italienischen Kultur haben muss, also nicht bikulturell bezeichnet werden kann. Ebenso steht für Jeßner Bilingualismus wohl in einem engen Zusammenhang mit Bikulturalismus, *„bilingual bedeutet allerdings nicht logischerweise auch bikulturell"* (1995, 71).

Bikulturell heißt für Varro und Gebauer, *„daß sich in den Praktiken der Partner als Individuen, in der Partnerbeziehung, der Familie oder der Gruppe die sogenannten ‚kulturellen Attribute' (Sprachen, Religionen, Sitten und Gebräuche, Traditionen* usw.), die meist mit einer jeweils anderen Herkunft assoziiert werden, zu einer neuen Einheit (Individuum, Paar, Familie oder Gemeinschaft) verbindet" (1997, 203). Für sie ist das Bikulturelle eine persönliche Entscheidung, denn man wird nicht bikulturell geboren, sondern man wird es. Manche Personen, die durch nichts zum Bikulturellen bestimmt waren, sind es geworden. Andere hatten alles, um bikulturell zu werden, und sind doch zutiefst „monokulturell" geblieben. *„Gemischt ist man durch die anderen (die Eltern) bedingt, aber bikulturell wird man, weil man es selber will"* (ebd., 147).

Oksaar definiert Bikulturalismus (sie verwendet den Begriff „Multikulturalismus") so: *„Multiculturalism of a person is realized in his ability to act here and now according to the requirements and rules of the cultures"* (1983. In: Hoffmann 1997, 29).

Kielhöfer und Jonekeit verstehen unter Bikulturalismus das Gefühl, zwei Kulturen anzugehören. Der Begriff „Kultur" ist dabei sehr weit und vielschichtig. Kultur meint nach Kielhöfer und Jonekeit (1998) ein Werte- und Normensystem, das unser Verhalten in der Gesellschaft, unsere Einstellungen zu uns selbst und unsere Urteile über andere bestimmen. Solche soziokulturelle Regeln sind allgegenwärtig: beim Essen und Trinken, bei der Kleidung und der Art, Feste zu feiern. *„Die Regeln sagen, was wir sagen dürfen und sollen, was wir nicht sagen dürfen, und wie wir etwas zu verstehen haben. Sie bestimmen unsere Sitten und Bräuche und die Ordnung in unserer Gesellschaft"* (1998, 98). Ebenso wie für Hoffmann (1997) und Jeßner (1995) ist aber auch für Kielhöfer und Jonekeit der Zweisprachige nicht notwendig auch bikulturell. *„Nur in dem Maße, in dem er beide Kulturen auch gelebt und erlebt hat, hat er Teil an ihnen. Allerdings hat er durch den doppelten Sprachbesitz Zugang zu beiden Kulturen, genauso wie er durch seine beiden Sprachen auch zwei Kulturen zum Ausdruck bringen kann"* (1998, 98). Auch für Stöger (2000, 169) kann der Erwerb einer „fremden" Sprache einiges dazu beitragen, Fremdem besser begegnen zu können.

Beispiele für *bikulturelle* Situationen im Sinne der Definition von Varro und Gebauer (1997) erleben Tom und Nora im Kreise der Familie regelmäßig:
- Grundsätzlich bereitet der Vater eine Lammkeule, verschiedene andere Fleischspeisen auf neuseeländische Art oder *„fish and chips"* zu, während die Mutter für Kaiserschmarrn, Spinatknödel u. ä. zuständig ist.

- Zu Weihnachten helfen Tom und Nora ihrem Vater schon einige Wochen vor dem Fest beim Aufstellen und Schmücken des Christbaumes und sehen während dieser ganzen Zeit auch schon die Geschenke unter dem Christbaum liegen, während ihrem Cousin Clemens das Christkind erst am Heiligen Abend den Christbaum und die Geschenke bringt.
- Tom erlebt die Begeisterung seines Vaters vor dem Bildschirm, wenn die „All Blacks", die neuseeländische Rugby-Nationalmannschaft, ein Spiel absolvieren („*You know, Rudi, Rugby is an important part of our New Zealand culture*") ebenso wie die Begeisterung seines Cousins Clemens und seines Großvaters für Fußball.

So erleben Tom und Nora neben der muttersprachlichen Kultur gleichzeitig auch Aspekte der neuseeländischen Kultur. Und da alle diese Aspekte mit der Kindheit und Jugend ihres Vaters verbunden sind, zu dem eine sehr tiefe emotionale Beziehung besteht, erleben die beiden Kinder diese Kultur positiv. Dies wiederum hat wichtige Auswirkungen auf die Entwicklung einer bikulturellen Identität. „*Je nachdem wie der Zweisprachige die Kulturen beider Sprachen lebt und erlebt, kann er sich auch mit ihnen identifizieren. Wird der Bikulturalismus positiv erlebt, so ist eine bikulturelle Identität eine Bereicherung der eigenen Persönlichkeit, wird der Kulturkontakt negativ erlebt, ist eine bikulturelle Identität eine Belastung*" (Kielhöfer und Jonekeit 1998, 100).

Für Oksaar ist das entscheidende Kriterium für Bikulturalismus die Fähigkeit, jeweils entsprechend den Regeln und Bedingungen der Kulturen zu handeln. Welche Erfahrungen Tom dabei machte, sollen folgende Beispiele zeigen:

a) Bereits am ersten Morgen unseres Oxfordaufenthaltes (vgl. Kap. 13.1) musste Tom erkennen, dass sich der Rhythmus im Tagesablauf englischer Familien deutlich von seinem gewohnten Rhythmus unterscheidet. Tom war – und mit ihm sein Opa – wie gewohnt um 7 Uhr auf und bereit zum Frühstück. Doch es dauerte eine volle Stunde, bis die ersten Verwandten in ihren Pyjamas und Nachthemden erschienen, und auch dann mussten wir noch längere Zeit warten, bis wir endlich zu unserem Frühstück kamen. Wir mussten lernen, dass das Leben in England am Morgen im Vergleich zu Österreich spät anläuft, dafür aber am Abend entsprechend länger dauert. Ebenso war Tom enttäuscht, als er zu Mittag – *for lunch* – statt des gewohnten warmen Mittagessens nur einen Sandwich bekam.

b) Tom und Nora sind es von zu Hause gewohnt, vor Beginn des Mittag- oder Abendessens „Mahlzeit" oder „Guten Appetit" zu sagen. In Oxford erkannte Tom, wie sich die *„soziokulturellen Regeln beim Essen und Trinken"* (Kielhöfer und Jonekeit 1998) in dieser Situation zwischen den beiden Ländern unterscheiden:

> Zum Abendessen aus Anlass des Geburtstages von *„auntie"* Catherine haben alle Gäste am Eßtisch Platz genommen. Doch alle zögern, mit dem Essen anzufangen. Schließlich sagt Catherine: Bon appetit.
> Opa: In Austria we say „Mahlzeit".
> John: **In England we don't say anything**.
> Tom: Opa, why did auntie Catherine say „Bon appetit"?
> Opa: That's French. And it's the same as our „Mahlzeit".
> Tom: Bon appetit.
> (Pause)
> Tom: Opa, why in England we don't say anything?
> Opa: I don't know, Tommy. In England they just start eating.

c) Wenn Tom in Oxford nicht verstand, was seine englischen Verwandten zu ihm sagten, reagierte er mit einem *„What?"* statt des von ihm erwarteten höflichen *„Pardon?"*. Er reagierte also in einer Form, die nicht den englischen Umgangsformen, der englischen Kultur entspricht und als unhöflich angesehen wird. Dementsprechend verwundert und befremdet waren vor allem die Blicke seiner älteren Verwandten (vgl. Kap. 13.1.1).

Diese sprachliche „Verfehlung" Toms entspricht auch der oben angeführten Definition von Kielhöfer und Jonekeit, in der es heißt; *„Die Regeln sagen, was wir sagen dürfen und sollen, was wir nicht sagen dürfen, (...)"* (1998, 98).

Zwei Kulturen begegnen einander aber auch, wenn Tom und ich bei einer Wanderung an einem Bach Rindenboote schnitzen, sie ins Wasser setzen, beobachten, wie sie davonschwimmen und dabei den englischen Kanon *„Row, row, row your boat, gently down the stream, merrily, merrily, merrily, merrily, life is but a dream"* singen.

Für Langenmayer kann die Auswirkung der Bilingualität nicht von den mit den jeweiligen Sprachen zusammenhängenden kulturspezifischen Hintergründen getrennt werden. Dabei finden sich in empirischen Untersuchungen relativ oft positive Auswirkungen, und zwar neben kognitiven Fähigkeiten insbesondere auch die Einstellung zu demokratischen Werten, zum Leben im Allgemeinen und zu Sprachen. *„Während Bilingualität früher öfter als Auslöser für Unsicherheiten und Identitätsproblemen gesehen wurde, hat sich dies generell kaum bestätigt"* (1997, 400).

13 Das Sprach- und Sozialverhalten der beiden Kinder in einem fremdsprachigen Umfeld
(The proof of the pudding is in the eating)

Der größte Teil meiner Forschungsarbeit beschreibt das sprachliche Verhalten der beiden Kinder in ihrem natürlichen elterlichen Umfeld. Die Beobachtungen wurden im Heim der beiden Kinder bzw. im Kontakt mit den Großeltern durchgeführt. Das Sprachverhalten der Kinder, ihre Bereitschaft und Fähigkeit, neben ihrer Muttersprache auch in englischer Sprache zu kommunizieren, wurde anhand ihrer Sprachkontakte mit ihrem Vater und mir gemessen.

Es kann aber nicht das Ziel sein, die beiden Kinder nur deshalb zweisprachig erziehen zu wollen, damit sie mit ihrem Vater und Großvater - mit denen sie ja auch deutsch reden könnten – auf Englisch kommunizieren können. Der entscheidende Punkt, der über Erfolg oder Mißerfolg einer zweisprachigen Erziehung entscheidet, ist die Frage, ob die Kinder bereit und in der Lage sind, die zweite Sprache auch in einer fremdsprachigen Umgebung, im Kontakt mit Sprechern dieser zweiten Sprache erfolgreich anzuwenden.

Im Laufe meiner Forschungsarbeit ergab sich zweimal die Gelegenheit, Tom und Nora in einem solchen fremdsprachigen Umfeld zu beobachten: Das erste Mal im Rahmen eines Verwandtenbesuches in England, das zweite Mal während eines Urlaubes bei ungarischen Freunden, die englisch, nicht aber deutsch sprechen. Hier hatte ich die Möglichkeit, das Funktionieren von Englisch als Lingua franca zu beobachten.

13.1 England

Im Mai 2001 flog Toms und Noras Vater mit den beiden Kindern für sechs Tage zu einem Familientreffen nach Oxford, England. Aus Anlass eines Geburtstages der in Oxford lebenden Schwester trafen sich Geschwister des Vaters aus Kanada und London mit ihren Kindern sowie mehrere in Neuseeland, England und Schottland lebende Tanten und Cousinen im Haus der Schwester. Tom und Nora begegneten daher während dieser Tage nicht nur unterschiedlichen Akzenten und Dialekten der englischen Sprache, sondern sie wurden auch mit dem Englisch verschiedenster Sprecher konfrontiert, d. h. sie hörten Kinderstimmen, Frauen- und Männerstimmen, hohe und tiefe Stimmen.

Der Vater stimmte meiner Teilnahme an der Reise zu, und die englischen Verwandten waren über mein Vorhaben informiert und bereit, mich voll in meiner Arbeit zu unterstützen.

Tom hatte im Alter von 1;10 Jahren das erste Mal mit seinem Vater seine Verwandten in England besucht. Seither hatte er sie nie mehr getroffen. Seinen Uncle Greg, der ebenfalls in Oxford anwesend war, kannte er von dessen Besuch in Volders im Winter dieses Jahres. Die übrigen Verwandten kannte Tom nur vom Erzählen.

Nora hatte mit Ausnahme ihres Uncle Greg noch keinen der anwesenden Verwandten vorher kennen gelernt. Es war ihre erste Flugreise nach England.

Diese Reise bot mir die Gelegenheit, das Sprach- und Sozialverhalten der beiden Kinder in einer für sie völlig neuen, ungewohnten Umgebung zu beobachten und zu beschreiben. Dabei war für mich nicht sosehr die Frage wichtig, wie sich Tom und Nora ihrem Vater und mir gegenüber verhielten, oder wie sie in unserem Beisein agierten. Wesentlich für mich war es, zu erfahren, wie sie sich verhielten, wenn sie sich unbeobachtet fühlten, oder wenn weder der Vater noch ich anwesend waren.

Meine Beobachtungen beschrieb ich regelmäßig in einem Tagebuch. Außerdem bemühte ich mich, möglichst viele Kommunikations- und Interaktionssituationen vor allem zwischen Tom und verschiedenen englischsprachigen Partnern mit Hilfe des Minidisc Recorders aufzuzeichnen (vgl. Anhang). Auf dem Spielplatz, aber auch im Haus und während des Spielens mit dem gleichaltrigen Nachbarsbuben in dessen „back garden" steckte ich Tom zu diesem Zweck das Mikrofon an sein T-Shirt und den Recorder in die Hosentasche. Damit gelang es mir, mehrere völlig natürliche, von keinem Erwachsenen gesteuerte oder beeinflusste Interaktionssituationen aufzunehmen. Gerade auf dem Spielplatz war das aber teilweise recht schwierig. Denn Tom vergaß, was ja auch erwünscht war, sofort auf das Mikrofon an seinem T-Shirt und den Recorder in seiner Hosentasche und rannte und rutschte und kletterte an

Leitern hoch und kroch durch Hindernisse und spielte Fußball, sodass er immer wieder das Mikrofon von seinem T-Shirt abstreifte und die Gefahr bestand, der Recorder würde beschädigt werden. Dennoch gelang es, einige interessante und für meine Untersuchung wertvolle Interaktionen zwischen Tom und anderen englischen Kindern sowie mit seinem Cousin Dominic aufzuzeichnen.

Von den Tischgesprächen während eines gemeinsamen Mittagessens, die ich zur Gänze aufzeichnete, transkribierte ich nur die Teile, an denen Tom und Nora beteiligt waren bzw. die die beiden Kinder betrafen.

Im Folgenden soll nun das Verhalten der beiden Kinder im Einzelnen beschrieben werden.

13.1.1 Tom (4;10)

Bei Tom erschienen mir folgende Fragen wichtig:
- a) Bleiben seine Offenheit und Aufgeschlossenheit gegenüber der englische Sprache
  und seine Bereitschaft, auf Englisch zu kommunizieren, auch in dieser fremden, für ihn völlig neuen Situation aufrecht?
- b) Wie verhalten sich die verschiedenen Native Speakers gegenüber Tom?
- c) Gibt es allfällige Kommunikationsprobleme, die auf die unterschiedlichen Akzente seiner Gesprächspartner zurückzuführen sind?
- d) Gibt es allfällige Kommunikationsprobleme, die auf allgemeine mangelnde Sprachkenntnisse Toms zurückzuführen sind?
- e) Erwarb Tom durch diese Reise neue (multi)kulturelle Erkenntnisse und Erfahrungen?

a) Toms Sprachverhalten im fremdsprachigen Umfeld

Bereits auf den Hinflug von München nach London unterhielt sich Tom mit den deutschen Lufthansa-Stewardessen nur auf Englisch, obwohl er mitbekommen hatte, dass sie mit den anderen Passagieren deutsch redeten. Er bestellte seine Getränke und stellte ihnen die verschiedensten Fragen, und die Stewardessen hielten Tom für einen Engländer. Das zeigte sich, als eine Stewardess Tom etwas erklären wollte, wozu ihr

Englisch aber anscheinend nicht ausreichte, denn sie fragte Tom: „Verstehst du auch Deutsch?"

Nach unserer Ankunft in Oxford ging Tom sofort mit seinem 17-jährigen Cousin Dominic in dessen Zimmer. Sie spielten Snooker und unterhielten sich problemlos auf Englisch.

Am nächsten Morgen wartete schon der fünfjährige Nachbarsbub Christopher auf Tom, um ihm sein Haus zu zeigen und mit ihm zu spielen. Tom lief mit Christopher mit, und sie spielten und verständigten sich ohne größere Probleme, wie dieses Beispiel zeigt:

Tom: Where are the pirates?
Christopher: What?
Tom: The pirates.
Christopher: Well, hm, there are three pirates.
Tom: What?
Christopher: There are three pirates.
Tom: Here?
Christopher: No. Am...I haven't seen them. They might be here.
Tom: Hey, there is a castle. Will we build the castle?

Am nächsten Tag war Tom wieder bei Christopher, und dabei entwickelte sich zwischen den beiden Buben u. a. folgendes Gespräch:

Tom: How was it at school?
Christopher: Pardon?
Tom: How was it at school?
Christopher: Good. Fine.
Tom: Can you already balance on the bike?
Christopher: I can balance on the bike.
Tom: Is that your bike?
Christopher: Yes. I'm learning now.
Tom: Please, ride on that bike...Please, ride that bike.
(...)
Christopher: No, I can't ride that bike because it hasn't got any tabilizers.
Tom: What?
Christopher: It's got no stabilizers. I'll not be able to ride this one.

Tom: Please, try.
Christopher: If I hold you, you...
Tom: No, I think you.
Christopher: If I hold you, you could do it.
Tom: Please, ride it. You...Please, you should ride it.

Ähnlich problemlos und erfolgreich verliefen die Interaktionen mit seinem Cousin Dominic. Beim folgenden Beispiel spielten die beiden Buben am Fluss:

Tom will Holzstücke von einer Brücke ins Wasser werfen.
Tom: Look, I'll shoot it from the bridge. Into the water.
Dominic: Where do you want to go?
Tom: Here. I'll run. Look.
Dominic: Tom, if you take that stick, and I'll take that stick.
Tom: Yeah.
Dominic: Then, okay, let's go over to the bridge.
Tom: Hm. Yeah.
Dominic: Take your stick up to the bridge, and then drop it from the bridge. Then you can se how fast it will float.
(Die Buben werfen Holzstücke ins Wasser)
Tom: Why is yours overtaking mine?
Dominic: Because mine is smaller and lighter, and so it's taken by the current more...(unverständlich).

Nachdem Dominic und Tom genügend Holzstücke ins Wasser geworfen hatten, liefen sie auf den Spielplatz.

Ein achtjähriger Bub sieht das Mikrofon an Toms T-Shirt und spricht Tom an.
Bub: What a lucky boy you are.
(Er will am Recorder drücken)
Tom: No, you are not allowed to press the button.
Bub: What's your name?
Dominic: His name is Tom.
Bub: Hey, Thomas. And I'm George. I've got a friend who's called Thomas. And this is my brother Noah. That's the man who built the ark...May I see your microphone?
Tom: No, but...

Bub: Can I see it? Please, Thomas. Can I speak something into it?
Tom: In here. Here.
Bub: I see. Oh, cool. Funny mike, isn't it? Can I speak in it?

Ganz besonders gern spielte Tom mit seinem 22-jährigen kanadischen Cousin Vincent, der sich mit viel Geduld und Ausdauer seinem kleinen Cousin aus Österreich widmete. Einen ganzen Nachmittag legten sie Puzzles, unterhielten sich auf Englisch und hatten den größten Spaß dabei:

Tom: Where is the other puzzle?
Vincent: The other puzzle is on the couch, and this one is over here.
Look, there is a train on that puzzle.
Tom: Why?
Vincent: Why? Because it's a sea channel. How did you get here? Did you fly or did you take the train?
Tom: Fly.
Vincent: When you flew, did you fly over water?
Tom: Yes. Over a part of the ocean.
(...)
Tom: Vincent, I am a plane.
Vincent: When you are an aeroplane, then I'm a helicopter.
Tom: And we're bumping together. Bumm.
Vincent: Bumm. And you go crash all the way down.
Tom: And you too. Bschsch.
Vincent: I crash on you and squash you like a pancake.
Tom: But I can still fly. Because my plane is a special plane.
Vincent: Is it?
Tom: Yeah. I can fly, too, when it is broken.

Auch an Gesprächen der Erwachsenen und mit Erwachsenen beteiligte sich Tom ohne Scheu. Dies ist sicherlich auch darauf zurückzuführen, dass ihm alle Erwachsenen, gleichgültig ob Verwandte oder Fremde, mit großer Freundlichkeit und Offenheit begegneten und ihn als Gesprächspartner akzeptieren.

Bei einem Mittagessen sitzt Tom einer Tante seines Vaters gegenüber, die eben erst angekommen ist.
Tom: Where do you live?

Aunt Angela: I live in England.

Tom: I did think that you live in New Zealand.

Aunt Angela (lacht): No, I've always lived in England.

Die Erwachsenen unterhalten sich über Geburtstage.

Tom: My mummy has her birthday in August.

Aunt Hilary: In August as well?

Opa: No, that's not right, Tom.

Tom: No. In October.

Opa: And your daddy?

Tom: In November.

Opa: Hm. That's right.

Aunt Hilary: And when is your Opa's birthday?

Tom: In...In...

Opa: In March.

Tom: In March.

Tom: And my Oma's birthday is in March, too.

Daddy: That's true.

Tom: A friend from me has his birthday in March, too.

Aunt Hilary: What did you give him? Do you remember what you gave him?

Tom: Hmm...

Opa: Did you paint something for him?

Tom: Yeah.

Tom hatte auch keine Hemmungen, fremde Menschen im Bus oder auf der Straße anzusprechen:

> Nach dem Besuch der „Adventure Gardens" in den Park- und Gartenanlagen des Blenheim Palace warten wir an einer Bushaltestelle auf den Bus nach Oxford. Mit uns wartet eine junge Frau, und Tom spricht sie an.

Tom: We did go to a restaurant.

Frau (freundlich und lächelnd): Oh, did you.

Tom: Yes. I did eat a muffin, and a chicken soup. But I didn't like the

soup, so Opa did eat it.
Frau: I don't like chicken soup, either.
Tom: Then we did go to the playground, and then we did go to the..., to the..., Opa, where did we go?
Opa: You mean the maze?
Tom: Then we did go to the maze.
Frau: How exciting. Did you find the way out?
Tom: I was the boss, and I did show daddy and Opa and Nora where they must go. And then we did drive with a small train.
Frau: And did you see the butterflies?
Tom: Yep.
Opa: The bus is coming.

Wie sehr Toms Denken und Sprechen bereits nach wenigen Tagen vom Englischen beherrscht wurde, ist an folgender Situation zu erkennen:

Opa ist mit Tom und Nora auf dem Spielplatz. Eine junge Mutter kommt mit ihrer etwas fünfjährigen Tochter dazu. Es stellt sich heraus, dass sie Deutsche sind, und dass das Mädchen nicht englisch spricht. Als die Mutter erfährt, dass Tom und Nora zweisprachig erzogen werden, sagt sie zu ihrer Tochter: „Renate, hier ist endlich jemand, mit dem du deutsch reden kannst."

Darauf Opa: „Tom, you should talk German to this girl. She doesn't speak English."

Tom spielt mit dem Mädchen und unterhält sich mit ihr. Dabei hat er aber manchmal deutliche Schwierigkeiten, einen Satz auf Deutsch zu formulieren. Immer wieder wechselt er auf Englisch um bzw. baut englische Wörter in seine deutschen Sätze ein.

Dieses völlige Eintauchen in die englische Sprachwelt zeigte sich auch daran, dass Tom etwas tat, wozu er bisher nie bereit gewesen war: er redete Nora auf Englisch an, um dann aber enttäuscht festzustellen: „Opa, Nora doesn't want to speak English. She always speaks German."

b) Das Verhalten der Native Speakers gegenüber Tom

Für die englischen Kinder, mit denen Tom zusammentraf, war Tom ein englischsprachiges Kind wie jedes andere ihrer Spielkameraden. Es interessierte sie nicht, dass er aus Österreich kam, und dass seine Muttersprache Deutsch ist. Denn es ist für englische Kinder nichts Außergewöhnliches, dass sie mit Kindern zusammentreffen, deren Muttersprache nicht Englisch ist. Die Kinder verstanden einander, konnten miteinander kommunizieren und interagieren. Das war für sie das Entscheidende. Und Tom verhielt sich auch wie ein Kind, das einfach dazugehörte.

Da die Erwachsenen bald merkten, dass Tom keinerlei Schwierigkeiten hatte, sie zu verstehen und auch in der Lage war, seine Wünsche und Fragen zu artikulieren, nahmen sie in ihrer Wortwahl und in der Wahl ihrer Formulierungen keine Rücksicht darauf, dass Tom möglicherweise etwas nicht verstehen könnte. Sie verwendeten Tom gegenüber keine spezielle Sprache und keine „motherese" (vgl. Kap. 10). Wenn Tom einmal etwas nicht verstand und er mit einem „What?" nachfragte, dann formulierten seine Gesprächspartner ihre Äußerung meist nicht um oder vereinfachten sie, sondern wiederholten diese Äußerung einfach noch einmal:

 Tom und Vincent legen ein Puzzle.
 Vincent: And a couple of years ago...
 Tom: What?
 Vincent: A couple of years ago. I think it was five or six years ago...
 (...)
 Vincent: Could you put your car on the plane?
 Tom: What?
 Vincent: Could you put your car on the plane?
 Tom: No.

 Tom spielt beim Nachbarsbuben Christopher. Christophers Vater kommt dazu.
 Vater: Tom, Chris is to be leaving in about five minutes.
 Tom: What?
 Vater: Christopher is leaving in about five minutes.

Tom genoss es sichtlich und war stolz darauf, immer wieder von Erwachsenen wegen seiner ausgezeichneten Englischkenntnisse gelobt zu werden.

c) Kommunikationsprobleme durch unterschiedliche Akzente?

Es war für Tom eine sehr wertvolle Erfahrung, zu erkennen, dass es nicht nur das Englisch seines Vaters und das seines Großvaters gibt, sondern dass Englisch von verschiedenen Menschen ganz verschieden ausgesprochen werden kann. Während das Englisch seiner kanadischen und neuseeländischen Verwandten eher geringe Akzente aufwies, sprach eine Cousine von Toms Vater ein Englisch mit einem sehr starken schottischen Akzent. Dennoch gab es auch mit ihr keine besonderen Kommunikationsprobleme.

Bei den Tonaufzeichnungen konnte nur eine Situation gefunden werden, in der Kommunikationsprobleme auftraten, die möglicherweise auf einen für Tom ungewohnten Akzent zurückgeführt werden können:

> Tom und sein kanadischer Cousin Vincent legen ein Puzzle. Vincent erklärt Tom, warum unter dem Ärmelkanal ein Tunnel gebaut wurde.
> Vincent: So if people don't want to take a plane, they have to take a boat, which takes **a little while**, wouldn't it?
> Tom: **What is ‚a while'?**
> Vincent: A long time.
> Tom: **A whale**?
> Vincent: A long time. Would it take a long time?
> Tom: The whales. The whales are the biggest fishes.
> Vincent: Aha.
> Tom: Look, there is a whale.

In dieser Situation kam keine Kommunikation zustande. Tom und Vincent redeten aneinander vorbei. Der Grund dafür liegt in der Ähnlichkeit der Aussprache der beiden Wörter while [wail] und whale [weil] bzw. in der Art, wie Vincent dieses Wort while [wail] aussprach. Während Tom glaubte, Vincent spreche von einem Wal, der auf dem Puzzle zu sehen war, erkannte Vincent Toms Problem gar nicht. Denn er hatte ja Tom den Ausdruck „a while" zweimal mit „a long time" erklärt. Es war

Vincent in dieser Situation nicht bewusst, dass es seine Aussprache war, die zu diesem Missverständnis führte.

d)   Kommunikationsprobleme aufgrund mangelnder Sprachkenntnisse Toms?

Sprechen:
Grundsätzlich hatte Tom keine Probleme, all das auszudrücken, was er ausdrücken wollte. Er sagte das, was er sagen konnte und kam damit gut zurecht.

Allfällige grammatische Fehler oder Mängel im Bereich des Wortschatzes wurden von allen seinen Gesprächspartnern, wie in der Regel gegenüber Kindern allgemein üblich, großzügig toleriert. Außerdem waren diese Mängel nie so schwerwiegend, dass sie eine Kommunikation be- oder gar verhinderten.

Ein einziges Mal musste Tom nach einem Wort fragen, das er benötigte, um eine Information weiterzugeben:
   An einer Bushaltestelle redet Tom eine junge Frau an.
   Tom: (...) Then we did go to the playground, and then we did go to the...,
   to the.... Opa, where did we go?
   Opa: You mean the maze?
   Tom: Then we did go to the maze.

Aussprache:
Toms Aussprache wurde von seiner schottischen Verwandten einmal als „proper English" bezeichnet.

Hörverstehen:
Wie bereits im Punkt a) beschrieben wurde, hatte Tom grundsätzlich keine Schwierigkeiten, das Englisch seiner verschiedenen Gesprächspartner zu verstehen. Echte Kommunikationsprobleme traten mit Ausnahme der im Punkt c) geschilderten Situation mit den Wörtern while [wail] und whale [weil] nicht auf.

e)   Erwerb neuer (multi)kultureller Erkenntnisse und Erfahrungen

Meine Erwartungen, dass Tom während dieses Aufenthaltes in Oxford viele und besonders wertvolle multikulturelle Erkenntnisse gewinnen und Erfahrungen sammeln könnte, waren von Anfang an nicht hoch gesteckt. Es war mir klar, dass dazu die kurze Zeit nicht reichte. Außerdem muss bei diesem Thema Toms Alter von noch nicht einmal fünf Jahren berücksichtigt werden.

Weder Toms Vater noch ich haben Tom während unseres Aufenthaltes in Oxford auf Dinge hingewiesen, die uns wichtig und wertvoll erschienen, sondern wir haben nur die Beobachtungen und Fragen aufgegriffen, die von Tom selbst kamen. Dabei zeigte sich, wie genau und aufmerksam Kinder in diesem Alter beobachten und alltägliche Dinge sehen, an denen man als Erwachsener teilweise achtlos vorübergeht. Bei den von Tom gemachten Erfahrungen handelt es sich also um das, was Müller „interkulturelle Kontakte als Alltagserfahrungen" (1995, 37) nennt.

Das erste, was Tom auffiel, waren die knocker an den meisten Haustüren, diese schweren, unterschiedlich geformten Türklopfer aus Metall. Nachdem ich ihm erklärt hatte, wozu diese knocker da seien, bemerkte er an den meisten Haustüren neben dem knocker auch noch einen Klingelknopf. Auf seine Frage „Why do they have a bell and a knocker?" musste ich ihm mit „I don't know" antworten. Daraufhin fand er seine eigene Erklärung: „When the bell doesn't work, you can use the knocker."

Toms Tante Catherine wohnt mit ihrer Familie in einem für England typischen terraced house, d. h. einem Reihenhaus in einer langen Häuserreihe, deren einzelne Häuser sich von außen häufig nur durch verschiedenfarbig angestrichene Haustüren unterscheiden. Diese Ähnlichkeit der Häuser wurde Tom bereits am ersten Morgen bewusst, als er mich in meinem Zimmer besuchen wollte. Er hatte mich am Abend davor in das Haus begleitet, in dem ich wohnte und war überzeugt, mich ohne Hilfe zu finden. Das gelang ihm aber doch nicht, und er musste seinen Vater um Hilfe rufen. Bei seinen weiteren Besuchen orientierte sich Tom erfolgreich am grellen Blau meiner Haustüre.

Bereits beim ersten Händewaschen in Tante Catherines Bad machte Tom seine negative Erfahrung mit den in England noch immer sehr häufig anzutreffenden getrennten Wasserhähnen für Warm- und Kaltwasser. Er drehte einen der beiden Hähne auf, verbrühte sich unter dem heißen Wasser beinahe die Hände, wusste sich nicht zu helfen und rief mich um Hilfe. Als ich ihm den Unterschied zu unseren Mischbatterien erklärte, war sein Kommentar: „That's really strange."

Es gehört zu unseren wichtigen Aufgaben, Tom bewusst zu machen, dass gewisse Dinge in England nicht „komisch" („strange") sind, sondern einfach anders.

Auf unseren Busfahren nach Blenheim Palace und vor allem auf der Rückfahrt von Oxford nach Stansted kamen wir durch mehrere Dörfer mit alten, strohgedeckten Häusern. Diese thatched houses beeindruckten Tom sehr, und er fragte mehrmals, warum das Haus von Tante Catherine nicht mit Stroh gedeckt ist.

Bei unserem ersten Bummel durch die Innenstadt von Oxford bemerkte Tom die vielen double-decker buses, die das Straßenbild der Stadt beherrschen. Wir mussten ihm erklären, warum diese hohen Busse nur in der Stadt eingesetzt werden, und er war sehr enttäuscht, dass er bei unseren Busfahren außerhalb der Stadt nie die Gelegenheit hatte, auf dem offenen Oberdeck eines solchen Busses mitfahren zu können.

Bereits auf der Autofahrt vom Flughafen Stansted nach Oxford fiel Tom auf, dass Onkel Greg als Lenker auf der „falschen Seite" saß. „Opa, why is uncle Greg sitting there?"

Was Tom in den Straßen von Oxford und besonders in der Umgebung der verschiedenen Universitätscolleges sofort auffiel, waren die vielen Menschen verschiedenster Rassen und Hautfarben, teilweise bekleidet mit ihren traditionellen, bunten, farbenfrohen Landestrachten. Mit unserem Hinweis auf Oxford als wichtige Universitätsstadt mit Studenten aus der ganzen Welt gab sich Tom zufrieden.

In Oxford begegneten wir mehrmals Schülergruppen in school uniforms, und Tom wollte wissen, warum diese Kinder alle gleich gekleidet seien. Nachdem ich versuchte, es ihm zu erklären, fragte er: „Why do we not have such a uniform?"

Ein wichtiger Ansatzpunkt für eine multikulturelle Erziehung bzw. für multikulturelle Erfahrungen war Toms mehrmalige metasprachliche Frage „Opa, why can we speak English, but why can they (= seine englischen Gesprächspartner) not speak German?" Diese Frage versuchte ich ihm mit dem Hinweis darauf zu beantworten, dass Tante Catherine und Onkel John zwar nicht deutsch, dafür aber sehr gut französisch sprechen, und dass es auch in Österreich viele Menschen gibt, die nicht englisch sprechen.

Beeindruckt zeigte sich Tom von der Tatsache, dass seine Cousine Lydia trotz ihrer schwersten Behinderung wie jedes andere Kind eine normale Schule besucht und dazu jeden Morgen von einem speziellen Taxi abgeholt und am späteren Nachmittag wieder gebracht wird. Was Tom dabei besonders auffiel, war die freundliche, herzliche und lockere Art, wie der Taxilenker mit Lydia umging, wie er mit ihr Spaß machte und sie vorsichtig und liebevoll ins Taxi hob.

Die wichtigste Erkenntnis Toms scheint für mich jedoch in der folgenden Situation zu liegen: Auf den Rückflug nach München unterhielte ich mich mit Tom (der Vater saß mit Nora in der Reihe hinter uns) über die Tage in Oxford. Auf meine Frage, was er am liebsten getan hätte, antwortete er „Play with Dominic and Vincent and with the children at the playground", um dann festzustellen: **„The English children are very nice. They are like the children in my kindergarten"** (vgl. dazu auch Kap. 12.4).

13.1.2 Nora (2;10)

Bei Nora standen für mich folgende Fragen im Vordergrund:
   a) Wie verhält sich Nora in dieser fremden Umgebung und unter den vielen fremden Menschen?
   b) Trägt dieser Englandaufenthalt zur Entwicklung einer aktiven Zweisprachigkeit bei?
   c) Ist Nora in der Lage, ihre Verwandten mit den vielen unterschiedlichen Akzenten und Dialekten zu verstehen?
   d) Wie verhalten sich die verschiedenen Native Speakers gegenüber Nora?

a) Noras Verhalten in der fremden Umgebung und unter den vielen fremden Menschen

Bereits am Abend unserer Ankunft in Oxford zeigte sich der große Unterschied im Verhalten der beiden Kinder. Während Tom sofort auf seine Verwandten zuging und sich mit ihnen unterhielt, klammerte sich Nora die meiste Zeit fest an ihren Daddy oder an mich und schwieg, wenn sie angesprochen wurde. Anschließend saß sie noch längere Zeit bei ihrer geistig und körperlich schwerstbehinderten dreizehnjährigen

Cousine Lydia - das Mädchen leidet an Microencephalitis -, streichelte ihre Hände, warf ihre einen Ball in den Schoß und freute sich über ein Lächeln ihrer Cousine. „Opa, schau, die Lydia hat jetzt glacht."

Als Tom am nächsten Vormittag zum Nachbarsbuben Christopher lief und mit ihm spielte, stand Nora schüchtern am Zaun im back garden und traute sich nicht hinüberzugehen. Als Christophers Mutter kam und Nora ansprach und sie einlud, hinüberzukommen und mit Christophers kleiner Schwester zu spielen, drehte sich Nora um und lief zu ihrem Daddy zurück.

Dieses schüchterne und ängstliche Verhalten änderte sich auch während der nächsten Tage kaum. Im Haus suchte sie immer nur ihren Daddy oder mich, und auch auf dem Spielplatz vermied sie Kontakte mit den anderen Kindern. Am liebsten war es ihr, wenn sie auf einer Schaukel sitzen konnte und von mir angeschubst wurde. Dabei sang sie alle Lieder, die sie kannte und sagte alle ihr bekannten Sprüche und Reime auf.

Es fiel uns allen auf, wie Nora immer wieder die Nähe Lydias suchte, über die ich in der Diplomarbeit der Mutter (sie studierte Pädagogik und Anthropologie) las: „Lydia suffers from severe disability. She is unable to communicate or articulate her feelings, either by language or signing. She is however capable of displaying happiness, frustration, discomfort, and she responds positively to the attention of the family and friends. (...) Lydia is totally dependent on us for feeding, dressing and toileting" (Anhang 237, 1 – 4).

Mit großer Ausdauer und Vorsicht, um ihrer Cousine ja nicht wehzutun, warf Nora Lydia immer wieder einen mit kleinen Schellen behängten Ball in den Schoß und war glücklich, wenn sie sah, wie Lydia positiv auf dieses Klingeln der Schellen reagierte.

Gerne nahm sich Nora auch eine alte, verstimmte Gitarre, zog sich damit in eine ruhige Ecke zurück und begann an den Saiten zu zupfen und dazu Lieder zu singen.

Nach Müller, für den die Bewältigung von Belastungssituationen als ein wichtiger Teilbereich der sozialen und interkulturellen Kompetenz gilt, kann Noras Verhalten ihren englischen Verwandten gegenüber so erklärt werden: „Ein Wechsel in eine fremde Kultur oder die Interaktion mit jemandem aus einer fremden Kultur wird darob als belastend erlebt, da die gewohnten Verstärker ausbleiben und das erlernte

Verhaltensprogramm nicht mehr funktioniert. Es beginnt also ein Suchprozeß nach neuen Strategien" (1995, 47). Die Strategie, die Nora entwickelte, war, Kontakte mit ihren englischen Verwandten zu vermeiden.

b)   Entwicklung einer aktiven Zweisprachigkeit

Diese Schüchternheit und Zaghaftigkeit hatte zur Folge, dass Nora, außer wenn ihr Vater oder ich mit ihr sprachen, verhältnismäßig wenigen direkten Kontakten mit der englischen Sprache ausgesetzt war. Wenn sie von ihren Verwandten auf Englisch angesprochen wurde, reagierte sie meist nur mit einem kurzen „Yes" oder „No", wie zum Beispiel beim Mittagessen:

    Nora isst Weintrauben.
    Aunt Catherine: You like the green ones? You don't like the red ones?
    Nora: Hm.
    (...)
    Aunt Catherine: Do you like melons, Nora?
    Nora: Yeah.
    Aunt Catherine: Nora, try if you like one.
    Nora: No.
    Aunt Hilary: You want some of this cheese, Nora?
    Nora: No.

Ihrem Vater und mir gegenüber blieb Nora in der Regel bei ihrem gewohnten Verhalten: Wir redeten mit ihr englisch, und sie antwortete auf Deutsch:

    In den Gartenanlagen von Blenheim Palace.
    Opa: At the cafeteria or at the restaurant you'll get something to eat.
    What will you eat, Nora?
    Tom: I'll eat some chips. And tomato sauce.
    Nora: Und i iß alles.
    Opa: You'll eat everything? Okay. Sausage, and chips, and bread.
    Nora: Und a Eis.

    Auf dem Spielplatz.
    Opa: Nora, put on your socks.
    Nora: I brauch koane Socken. Echt. Der Daddy hats gsagt.

Es gab aber durchaus auch Situationen, in denen Nora auf Englisch reagierte:

Wenn Nora ihren Schnuller will, sagt sie immer: Daddy, I need my dummy.

Tom ist bei den Nachbarskindern.
Opa: Nora, do you also want to go over to Tommy?
Nora: No. I want not.

Auf dem Spielplatz.
Nora sitzt auf der Schaukel: Opa, please, push me. Ganz high.
Kurze Zeit später: Opa, come. Again so high. Wie der Tom.

Opa spielt mit Tom.
Nora kommt dazu: Opa, I want to you.

c) Verstehen unterschiedlicher Akzente

Die Frage, ob und wie weit sich die unterschiedlichen Akzente der Erwachsenen und Kinder auf das Verstehen gesprochener Sprache auswirkte, lässt sich für Nora nicht eindeutig beantworten. Aufgrund des in den Punkten a) und b) geschilderten Verhaltens des Kindes gab es zu wenige Situationen, in denen es aus Noras verbalen oder nonverbalen Reaktionen zu erkennen gewesen wäre, ob sie die Äußerungen ihrer Gesprächspartner verstanden hatte. Da sich Nora, wie bereits erwähnt, die meiste Zeit bei ihrem Daddy oder bei mir aufhielt, wurde sie meist auch nicht direkt angesprochen, sondern der Vater oder ich wurden nach Dingen gefragt, die Nora betrafen.

d) Das Verhalten der Native Speakers gegenüber Nora

Im Unterschied zu Tom, der auf jeden Menschen sofort zugeht, ist Nora fremden Menschen gegenüber zuerst einmal äußerst vorsichtig und misstrauisch. Es dauert oft recht lang, bis es jemand gelingt, ihr Zutrauen zu gewinnen. Diese Zeit war in Oxford nicht vorhanden. Außerdem hatten sich die Geschwister, Cousinen und Tanten zum Teil schon jahrelang nicht mehr gesehen und nutzten daher jede Minute, um sich miteinander zu unterhalten, über die letzten Familienneuigkeiten zu berichten und gemeinsame Erinnerungen auszutauschen. Obwohl alle Verwandten zu Nora sehr freundlich und lieb waren, blieb für eine längere Beschäftigung mit ihr daher verständlicherweise wenig Zeit. Die Sprache, die sie Nora gegenüber verwendeten, wies aber deutliche Merkmale von „motherese" auf: Die Sätze waren einfacher und kürzer, die Intonation höher als bei den Gesprächen mit Tom. Die beiden Cousins (Dominic, 17 und Vincent, 22) verstanden sich wohl ausgezeichnet mit Tom, hatten ihren Spaß mit ihm und beschäftigten sich stundenlang mit ihm. Mit der schüchternen dreijährigen Nora wussten sie aber wenig anzufangen.

13.2   Ungarn

Im Juli 2001 verbrachten Tom, Nora, die Mutter der Kinder, ihre Oma und ich eine Woche mit einer befreundeten Budapester Familie in ihrem Haus in dem kleinen Dorf Peröcseny im nordwestlichen Teil Ungarns nahe der slowakischen Grenze.

Von der Familie unserer ungarischen Freunde waren während dieser Woche anwesend:
Katalin (Mutter): Sie unterrichtet Englisch an einer Pädagogischen Hochschule;
Julius (Vater): Er spricht gut Französisch und kann sich auch auf Englisch einigermaßen problemlos verständigen;
Tochter Bea (26) mit ihrem 18 Monate alten Sohn Benedek: Sie spricht gebrochen Englisch;
Tochter Tina (24): Sie lebt und studiert in Italien, lernte Englisch in der Schule und spricht die Sprache mit einem leichten italienischen Akzent;
Sohn Gergö (16): Er lernt seit zwei Jahren Englisch im Gymnasium.
Außerdem war während unseres Aufenthaltes Gergös Freund Janos (15) anwesend. Er lernt seit einem Jahr Englisch in der Schule.

Niemand von ihnen versteht oder spricht – abgesehen von einigen einzelnen Wörtern – Deutsch. Da wir nicht Ungarisch sprechen, war unsere Kommunikationssprache ausschließlich Englisch. Wir verwendeten Englisch als **Lingua franca**.

Ursprünglich war die Lingua franca (die „Sprache der Franken") eine Verkehrssprache für den Handel und die Seefahrt im Mittelmeerraum mit romanischem, vor allem italienischem Wortgut, das mit arabischen Bestandteilen vermischt war (Edwards 1995, Duden 1997).

Heute versteht man unter Lingua franca die „Verkehrssprache eines großen, verschiedene mehrsprachige Länder umfassenden Raumes (z. B. Englisch als internationale Verkehrssprache)" (Duden, Fremdwörterbuch 1997, 476). Ähnlich wird der Begriff Lingua franca im Oxford Advanced Learner's Dictionary definiert: „Language used for communicating between the people of an area in which several languages are spoken" (1989, 726).

Sehr gut bringt Edwards die Funktion des Englischen als Lingua franca gerade für unsere spezielle Situation zum Ausdruck, wenn er sagt: „By the end of the nineteenth century the term had expanded to include instances **where a single language provided the necessary bridging**" (1995, 217. Hervorhebung R. P.). Die englische Sprache ist die Brücke, die unsere beiden Familien miteinander verbindet; und die englische Sprache ist es, die diese Freundschaft möglich macht.

Ebenso wie die Reise nach Oxford bot mir auch dieser Aufenthalt in Ungarn die Gelegenheit, das Sprach- und Sozialverhalten der beiden Kinder in einer neuen, für sie ungewohnten Umgebung zu beobachten und zu beschreiben. Dabei waren für mich u. a. folgende Fragen von Interesse:
- Wie wirkt sich die Tatsache, dass Englisch für alle Anwesenden nicht die Muttersprache ist, auf die Interaktionen und Kommunikationen mit Tom und Nora aus?
- Ist Toms soziales und sprachliches Verhalten gegenüber den Mitgliedern der ungarischen Familie, die er von ihren Besuchen in Aldrans kennt, ebenso offen und aufgeschlossen wie in Oxford gegenüber seinen englischen Verwandten?
- Von besonderem Interesse war für mich die Frage, wie sich Nora verhalten wird. Wird sie, die sich an die ungarische Familie vermutlich nicht mehr erinnern kann (sie war bei deren letzten Besuch in Aldrans zwei Jahre alt), wieder so schüchtern sein wie in Oxford und nur mit Mummy, Oma und mir deutsch reden, oder wird es gelingen, in ihr eine Verhaltensänderung zu erreichen?

Wichtige und interessante Beobachtungen wurden von mir regelmäßig in meinem Forschungstagebuch festgehalten. Außerdem wurden im Laufe der Woche eine Reihe von Kommunikations- und Interaktionssituationen zwischen Tom, Nora und den verschiedenen ungarischen Familienmitgliedern aufgezeichnet. Um diese Gespräche nicht durch unsere Anwesenheit zu beeinflussen, wurden für die Aufzeichnungen nach Möglichkeit Situationen gewählt, in denen Oma, Mummy und ich nicht dabei waren. Unsere ungarischen Freunde waren mit dieser Vorgangsweise einverstanden. Meist übernahmen sie die Handhabung des Mindisc Recorders, sodass es Tom und Nora in den meisten Fällen nicht bewusst war, dass ihre Gespräche aufgezeichnet wurden. Dabei ist interessant, dass gerade Katalin, die ausgezeichnet Englisch spricht, nach den ersten Aufzeichnungen feststellte, dass das Bewusstsein, dass eine Kommunikation mit Tom oder/und Nora aufgezeichnet werde, den Verlauf eines solchen Gespräches mit den Kindern deutlich beeinflusste. Und zwar einmal, weil Katalin anfänglich nicht die Geduld hatte, Gesprächspausen in Kauf zu nehmen und auf Fragen oder Bemerkungen der Kinder zu warten und darauf zu reagieren, sondern glaubte, ein stockendes Gespräch jedes Mal durch eigene Fragen wieder in Gang bringen zu müssen. Außerdem ist ihr Fehlerbewusstsein so stark ausgeprägt, dass sie sich gerade während einer Situation, die aufgezeichnet wurde, ständig bemühte, keine Fehler zu machen. Dieses Verhalten, das sicher mit ihrem Beruf als Englischlehrerin zusammenhängt, beeinflusste ihrer Meinung nach in manchen Fällen die Natürlichkeit der Kommunikation.

Im Unterschied zu Katalin bereitete Julius und Tina das Bewusstsein, ein fehlerhaftes Englisch zu sprechen, keinerlei Probleme. Beide sind sehr offene, kommunikative Menschen, für die das entscheidende Kriterium einer Fremdsprache darin besteht, dass Kommunikation funktioniert. Gleichgültig, ob dabei grammatikalische oder lexikalische Fehler gemacht werden.

Anders verhielten sich Gergö und sein Freund Janos. Beide lernen erst seit kurzer Zeit Englisch in der Schule, d. h. ihre englischsprachige Kompetenz ist noch sehr begrenzt. Vor allem Janos war daher am Anfang uns gegenüber, die er vorher noch nie kennen gelernt hatte, schüchtern und gehemmt. Während Gergö durch den Beruf seiner Mutter und durch die Kontakte mit uns und ihren englischen Bekannten aber bereits öfters mit Englisch im Verbindung gekommen war, war es für Janos das erste Mal, dass er Englisch außerhalb seiner Englischstunden und von jemand anderem als von seiner Englischlehrerin hörte und auch gezwungen war, selbst auf Englisch zu reagieren. Erst an den letzten beiden Tagen gelang es ihm beim Spielen und

Herumtollen mit Tom, diese Hemmschwelle zu überwinden und selbst englisch zu sprechen.

13.2.1 Tom (4;11)

Ebenso wie in Oxford ging Tom auch im Peröcseny sofort auf alle Menschen zu und begann sich mit ihnen zu unterhalten und bereitwillig auf ihre Fragen zu antworten. Von Anfang an gab es, wie die Transkriptionen der Gespräche zeigen, keinerlei Kommunikationsprobleme zwischen Tom und seinen ungarischen Gesprächspartnern.

Bereits am ersten Morgen hilft Tom Julius beim Blumengießen.
>Julius: Ah, you are wet...Well, now, what are you doing?
>Tom: Watering the flowers.
>Julius: Watering the flowers? You like it?
>Tom: Yes.
>Julius: What do you think? Is it good for flowers?
>Tom: Yeah.
>Julius: Why?
>Tom: Because they love the water.
>Julius: They love the water?
>Tom: And they love drinking it. That's good for the roots.
>Julius: Are you sure they love it? But they can't swim.
>Tom: No, they can't swim...Look, it's floating.
>Julius: Aha, yes. Well, I think it's enough for them. Just move over here, right?

Bei diesem Beispiel fällt auf, dass Tom bereits in der Lage ist, zwischen den beiden Verben swim (schwimmen) und float (im Wasser treiben) zu unterscheiden.

Am nächsten Tag erzählt Tom Julius „The Lion King". Dabei erklärt er Julius das ihm unbekannte Wort claw.
>Tom: Look, here Simba has got a mane, that means he is big now. And that's Rafiki. Here. Look, here is Nala. Here you can see her claws.
>Julius: Close [klΩs], what's this?
>Tom: Claws [klŋz].

Julius: Oh, yeah. I didn't know it.

Tom: Look, we have the fingers, and the lions have claws.

Julius: And what I have on my finger? Is that my claw?

Tom: No. Look, claws are so sharp that you can scratch your skin open. But I don't do it.

Im folgenden Beispiel unterhält sich Tom mit Katalin über ihre Tochter Bea.

Katalin: They live in Budapest. You know, they are still studying, so they can't live there in the country. But Bea (...) wants to move there later, when she finished university.

Tom: Aha. When will she want to...finish...?

Katalin: Finish university?

Tom: Yeah.

Katalin: Well, in a year's time.

Tom: Aha. Does she still go to school?

Katalin: Yes.

Tom: Why? But why has she already got a baby?

Katalin: (...) She goes to university, you know. She is twenty six, so she's old enough to have a baby.

Tom: Aha. And how old is Benedek?

In der nächsten Szene geht Tom mit Katalin zu einem Bauern Milch holen.

Tom: How can we get there?

Katalin: How can we get there? We walk. It's not far. It's just a few minutes walk. Look, there are some raspberries.

Tom: Aha.

Katalin: We must get some fresh ones...How did you come here, Tom?

Tom: What?

Katalin: **How did you come to our place?**

Tom: **We did come through this gate over there**.

Katalin: Aha. But you came by car. Did you have to cross a river?

Tom: Yes, the River Danube.

Bei diesem Beispiel zeigt sich das von Katalin angesprochene Gefühl, ein Gespräch unter allen Umständen und jederzeit aufrechterhalten zu müssen. Das führte zu ihrer unklar formulierten Frage „How did you come to our place?" mit Toms logischer

Antwort „We did come through this gate over there". Erst die klarer definierte Zusatzfrage „Did you have to cross a river?" führte zu erwünschten Antwort „The River Danube."

Auch Tina (24) beschäftigte sich gerne und häufig mit Tom und Nora. In der folgenden Situation erklärt sie einen „Hindernislauf".

    Tina: We put some like this, ha.
    (Tina legt Gegenstände für einen „Hindernislauf" auf)
    Tom: Hm.
    Tina: One, two, three. And one, two, three.
    Tom: What is this for game?
    Opa: So, now Tina will explain you what you have to do.
    Tom: Do we run like this?

    Tina: And then you go back jumping. Ready, steady, go.
    Tom: Again. Tina, I want to show you something.
    Tina: Now we play Tom's version. Then, what do you have to do?
    Tom: Then you have to do like this. Look.

Toms Frage „What is this for game?" ist ein typisches Beispiel für eine Interferenz des Deutschen. Die Frage „Was ist das für ein Spiel?" wurde von Tom wörtlich übersetzt.

Wie oben erwähnt, getraute sich Gergös Freund Janos, der laut Katalin noch nie im Ausland und noch nie mit nicht-ungarisch sprechenden Menschen zusammengetroffen war, erst gegen Ende der Woche und nur in Interaktionssituationen mit Tom, seine geringen Englischkenntnisse anzuwenden. In der folgenden Situation spielen Janos und Tom im Garten:

    Tom: Leave your hand here. I won't bite you.
    Janos: What?
    Tom: I won't bite your finger...Where is Janos Prokscha?
    Janos: I can't see him.
    Tom: Who are you?
    Janos: I don't know my..., what my name? And who are you?
    (...)
    Tom: I just need four of those fingers.

Janos: I need my fingers. You can't eat that. Tom, you aren't eat me.
Tom: No, leave your head straight.
Janos: No, no. Tom, what are you doing?
Tom: Put your hands down.
Janos: No, no, no, no.
(...)
Janos (wird von Gergö gerufen): Tom, I must be go.
Tom: What?
Janos: I must be go.
Tom: Where?
Janos: I don't know.

Zusammenfassend kann festgehalten werden, dass für Tom die englische Sprache ihrer Funktion als Lingua franca voll gerecht wurde.

Metasprachliche Erfahrungen

a) Als Tom das erste Mal hörte, wie sich die Ungarn miteinander auf Ungarisch unterhielten, fragte er: **„Mama, warum reden die so komisch?"**
Darauf Mama: „Die reden net komisch, die reden ungarisch. So wie du und ich deutsch miteinander reden, reden Gergö und Tina miteinander ungarisch."
Toms Frage machte uns bewusst, dass es das erste Mal war, dass Tom jemand hörte, der eine andere Sprache als Deutsch oder Englisch sprach.

Für Schoen (1996, 77) beruht Toms Wahrnehmungsstörung darauf, dass für ihn diese fremde Sprache, das Ungarisch, ein Sprachchaos ist. Dazu lässt Schoen eine Irene erzählen, was ihre Mutter erlebt hat:

> Als ich vier war, fast fünf, führte mich mein Kindermädchen auf den nahe gelegenen Spielplatz. An diesem Tag war dort nichts los. Keine Kinder. Schließlich tauchte doch ein kleiner Junge auf, und wir spielten zusammen auf der Wippe. Dieser kleine Junge hatte offenbar ein Problem. Er konnte nicht richtig sprechen. Er brabbelte nur. Ich tat einfach so, als würde ich nicht merken, daß mit ihm irgend etwas nicht stimmte. Ich unterhielt mich ganz normal mit ihm. Immer, wenn er diese seltsamen Blubberlaute von sich gab, lächelte ich taktvoll und tat, als würde ich ihn verstehen. Nachdem er wieder gegangen war, stürmte ich zu meinem Kindermädchen und sagte: „Hast du diesen armen Jungen gesehen? Er hat einen Hirnschaden!" „Wie kommst du denn darauf?" fragte sie.

„Er kann nicht sprechen. Er macht immer nur so komische Geräusche", sagte ich. „Dummes Mädchen", entgegnete sie. „Er hat englisch gesprochen." Das war meine erste Begegnung mit der englischen Sprache.

b) Nachdem Tom Katalin geholfen und sich mit ihr unterhalten hatte, sagte er zu mir: „ Opa, it's good, that I can speak English so good. So I can speak with Katalin and Julius and Gergö and Tina and Janos." (Anhang 219, 30 – 32)

13.2.2 Nora (2;11)

Noras Verhalten in Oxford war vor allem dadurch gekennzeichnet, dass sie sich sehr schüchtern und ängstlich verhielt, sich immer nur bei ihrem Daddy, bei Tom oder mir aufhielt und nicht bereit war, mit ihren englischsprachigen Verwandten zu kommunizieren. Erst gegen Ende unseres Aufenthaltes redete sie ab und zu englisch mit mir.

Auch in Peröcseny war Nora in den ersten Tagen recht ruhig und schüchtern und vermied nach Möglichkeit Kontakte mit den ihr doch fremde Ungarn. Wenn sie von ihnen angesprochen wurde, schwieg sie häufig oder antwortete mit einem kurzen „yes" oder „no". Und wenn sie Katalin oder Julius etwas sagen wollte, dann tat sie das über ihre Mummy, Oma oder mich.

Immer häufiger aber lief Nora dann mit Tom mit, wodurch es sich nicht vermeiden ließ, dass auch sie, ohne dass ihr das bewusst wurde, in die Gespräche mit Katalin, Julius oder Tina mit einbezogen wurde. So konnte Katalin nach einigen Tagen feststellen, „how Nora is opening up." Vor allem Katalin, die sich liebevoll mit ihr beschäftigte, sie immer wieder bat, ihr im Garten oder bei der Küchenarbeit „zu helfen", gewann Noras Zutrauen und ihre Zuneigung. Und mit diesem Zutrauen kam auch Noras Bereitschaft, auf Englisch zu kommunizieren! Denn Nora erkannte, dass eine Kommunikation mit Katalin nur in englischer Sprache möglich war. In der Folge produzierte Nora nicht nur Katalin, sondern auch mir gegenüber eine Reihe erstaunlicher englischsprachiger Äußerungen.

Nora und Tom helfen Katalin Erdäpfel waschen.

Tom: This one is clean. Where can I put it?

Opa: The clean ones go in here.

Nora: And you are giving the potatoes to me.

Opa: Yes. And what will you do then?

Nora: To Tommy. Give it to Tommy.

Opa: To Tommy, that's right. And Tommy will check it.

Nora: Give that to me.

(...)

Opa: Nora, you take that one.

Nora: And you are giving immer to me.

Opa (zu Katalin): That's strange. Nora has never talked so much English to me.

Nora und Tom helfen in der Küche.

Nora: Katalin, I want another salad.

Katalin: Hold on. I give you some cucumber.

Nora: Yes.

(Tom und Nora schneiden Tomaten)

Katalin: No, no, Tom. Not towards yourself.

Nora: Opa, please help me. Please, help me.

(...)

Nora: Another tomato. I want to cut another tomato. Another tomato.

Katalin: There is one more for you. This is the last one.

Tom: Shall we stir it now?

Katalin: Yes, you can. You can stir it.

Nora: I want to stir it. Opa, I want a spoon.

Opa: Well, you have to ask Katalin.

Nora: Katalin, I want to stir it.

(Nora rührt die Salatdressing um)

Nora: When shall I put it on here?

Katalin: Not yet. Just before we eat.

Interessant ist, dass sowohl Tom als auch Nora im direkten Gespräch immer wieder ins Deutsche zurückfielen.

> Nora rührt die Salatdressing um.
> Tom: Nora, und dann darf i wieder. Darf i jetzt wieder? Magst du net?
> Nora: I will noch. So.
> Tom: Nein, du hast grad.
> Nora: Langsam.
> (...)
> Nora: I want to stir it.
> Tom (laut): Nein! I hab grad angfangen.
> Nora: I hab nur langsam...
> Tom: Und?
> Nora: I will des do.
> Tom: Nein! Da halten. Magst du des da halten, und i rühr um.
> Nora: Na, du haltest.
> Tom (ruft laut): Nein!
> Nora (beginnt zu weinen).
> Katalin: Joi, joi, joi, joi...He, Tom, it's her turn. Nora, don't cry.

Die positiven Auswirkungen dieses Aufenthaltes in Peröcseny auf Noras Sprachverhalten zeigen sich auch an den folgenden Beispielen:

> Opa: Nora, come, I need you. I need your help.
> Nora: Opa, why are you need me?

> Opa: Nora, we'll have to dig some potatoes.
> Nora: Opa, when will we go?

> Kurze Zeit später im Gemüsegarten.
> Nora (zu einer Frau, die vorbeigeht): We are digging the potatoes.

> Kurz vor der Abfahrt aus Peröcseny – wir packen das Gepäck ins Auto.
> Nora: Opa, are we leaving now?

> Nach der Abfahrt aus Peröcseny.

Nora: Opa, I want a car lolly. Tom, want you also a car lolly?[1]
Tom: Na, i hab a Emser.[2]
Nora: **Say it in English, Tommy.**

Im Steppentierpark Apetlon.
Opa: Look, Nora, what a beautiful white feather.
Nora: (hebt eine schwarze Feder auf): And here is **a black one**.

Nora durfte sich eine Spritzpistole kaufen.
Nora: Opa, I have bought my water gun ganz alone.

Zusammenfassung:

Dieser kurze Aufenthalt in Peröcseny brachte bei Nora eine deutliche Verhaltensänderung im Zusammenhang mit dem Gebrauch der englischen Sprache. Das erste Mal beteiligte sie sich nicht nur aktiv an englischsprachigen Kommunikationen, sondern stellte auch von sich aus Fragen in englischer Sprache. Dies ist meiner Meinung nach auf zwei Gründe zurückzuführen:

(1) Das positive Umfeld: Nora fühlte sich in Peröcseny und im Kreis der ungarischen Familie sehr wohl. Von allen Seiten erfuhr sie viel emotionale, affektive und sprachliche Zuwendung. Das führte dazu, dass sie sich von Tag zu Tag mehr von uns, d. h. von ihrer Mama, Oma, Tom und mir löste und sich Katalin oder Tina anschloss.

(2) Die Quantität des Inputs: Nora war den ganzen Tag lang der englischen Sprache ausgesetzt und hörte Englisch von verschiedenen Sprechern. Außerdem wurde sie regelmäßig in natürliche Interaktions- und Kommunikationssituationen mit einbezogen, in denen sie ihr Englisch erproben konnte.

---

[1] Ich habe im Auto immer Bonbons mit = the car lollies;
[2] Emser = salzhaltige Lutschpastillen

14 Erkenntnisse – Schlussfolgerungen

Die vorliegende Fallstudie beschreibt die pädolinguistische Entwicklung zweier zweisprachig aufwachsender Kinder im Vorschulalter. Die Studie erstreckte sich über ein Jahr und erfasste Toms fünftes (4;0 – 5;0) und Noras drittes (2;0 – 3;0) Lebensjahr. Die Daten für die Untersuchung beruhen auf Tonaufzeichnungen und einem Forschungstagebuch. Mit Hilfe dieser Daten wurde de sprachliche Entwicklung der beiden Kinder in Deutsch und Englisch beobachtet und verglichen. Es ging mir bei meiner Studie aber nicht nur um rein linguistische Fragen wie Sprachverweigerung, Sprachenwechsel, Sprachverzögerung, Sprachmischung oder Interferenz, sondern ich versuchte auch, den Zusammenhang zwischen dem Erwerb zweier Sprachen und sozialen Variablen im Umfeld der beiden Kinder zu überprüfen.

Eines der Ziele der vorliegenden Untersuchung war es, die sprachliche Entwicklung der beiden Kinder während des Beobachtungszeitraumes aufzuzeigen und zu untersuchen, wie sich die unterschiedlichen sozialen und sprachlichen Voraussetzungen auf den Spracherwerb der beiden Kinder auswirkte.

Bei **Tom** entwickelten sich zu Beginn der Spracherwerbsphase Englisch zu seiner stärkeren Sprache, denn nicht nur der Vater, sondern auch die Mutter und ich sprachen mit dem Kind englisch. Deutsch lernte er im Kontakt mit seinem übrigen sozialen Umfeld. So konnte er bereits von Anfang an in das Klangbild der beiden Sprachen eintauchen und ihre typischen Sprachstrukturen unbewusst aufnehmen. Die Bedenken der Mutter, Englisch könnte bei dieser Vorgangsweise ein zu starkes Gewicht bekommen, führten zu ihrem Entschluss, mit Tom ab dem Alter von 2;6 Jahren deutsch zu reden. Diese große Änderung, die Tom mit einer erstaunlichen Selbstverständlichkeit akzeptierte, führte sicherlich zu einer Festigung und Verbesserung seiner deutschen Lexik und Syntax. Gleichzeitig hatten sich bis zu diesem Zeitpunkt Toms Fähigkeiten und Kenntnisse in Englisch aber bereits derart gefestigt, daß sich der Verlust der Mutter als englischsprachige Gesprächspartnerin in keiner Weise nachteilig auf seine Kommunikationsfähigkeit auswirkte. So konnte ich, als Tom etwa 3;5 Jahre alt war, feststellen:

„*a) Toms englischsprachige Entwicklung verlief während dieses*
   Beobachtungszeitraumes in denselben Stufen und Phasen wie bei einsprachigen

Kindern mit englischer Muttersprache. Die allmähliche Entwicklung der Satzstrukturen und der Satzlänge entspricht der einsprachiger englischer Kinder.

b) *Toms Fehler beim Spracherwerb unterscheidet sich in keiner Weise von den Fehlern, die englische Kinder in diesem Alter beim Erwerb ihrer Muttersprache machen.*

c) *Es gibt in Toms englischsprachiger Erziehung aufgrund der Zweisprachigkeit keine zeitliche Verzögerung gegenüber einsprachigen englischen Kindern"* (Pisek 2000, 91 f.).

Im Alter von 4;0 Jahren, mit Beginn des Beobachtungszeitraumes für die vorliegende Studie, erfolgte für Tom durch die Übersiedlung eine entscheidende Veränderung seiner sozialen und damit sprachlichen Situation. Denn während ich ihm, solange er in unserem Haus wohnte, täglich für mehrere Stunden als englischer Kommunikationspartner zur Verfügung stand, reduzierten sich solche Situationen nun auf einzelne Halbtage pro Woche. Häufig war daher der Vater der einzige englischsprachige Gesprächspartner des Kindes. Dabei beschränkten sich auch diese Möglichkeiten, mit dem Vater englisch zu reden, aus beruflichen Gründen an manchen Tagen auf kurze Gespräche vor dem Schlafengehen. Toms Bereitschaft und seine Konsequenz, mit seinem Vater und mir in englischer Sprache zu kommunizieren, wurden durch diese Veränderungen jedoch in keiner Weise beeinflusst. Seine englischsprachigen Fähigkeiten stellte Tom vor allem auch im Kontakt mit Native Speakers unter Beweis. So konnte Tom mit 5;0 Jahren durchaus als zweisprachig bezeichnet werden: Er war in der Lage, sowohl in Deutsch als auch in Englisch altersgemäße Gespräche zu führen; er verstand Deutsch und Englisch von Sprechern mit unterschiedlichen Akzenten und Dialekten, und zwar sowohl im direkten Kontakt als auch über verschiedene Tonträger; und schließlich war er in der Lage, innerhalb einer Interaktionssituation mit deutschen und englischen Sprechern rasch und flüssig zwischen englischen und deutschen Äußerungen zu wechseln.

Die Bedingungen und Voraussetzungen für **Noras** zweisprachige Erziehung unterschieden sich in zwei Punkten wesentlich von denen für ihren Bruder Tom:
- Die Eltern verfolgten von Anfang an die *„one person – one language"* Methode, d. h. die Mutter sprach mit Nora nur deutsch, der Vater englisch.
- Mit der Übersiedlung im Alter von 2;0 Jahren stand ich Nora nicht mehr als regelmäßiger englischsprachiger Kommunikationspartner zur Verfügung,

wodurch der englische Input gerade in den so wichtigen ersten Phasen des Spracherwerbs stark reduziert wurde. Für Nora war daher immer Deutsch die eindeutig stärkere Sprache.

Es stellt sich nun die Frage, wie sich diese Unterschiede auf Noras sprachliche Entwicklung auswirkten. Dabei erscheint ein solcher Vergleich nur dann sinnvoll und berechtigt, wenn dazu dasselbe Lebensalter herangezogen wird. Nora befand sich während des Beobachtungszeitraumes für die vorliegende Studie im dritten Lebensjahr (2;0 – 3;0). Für Vergleiche mit Tom werde ich daher auf Ergebnisse der Untersuchungen im Rahmen meiner Diplomarbeit (Pisek 2000) zurückgreifen, die ebenfalls Tom drittes Lebensjahr umfassten.

Sprachverzögerung
Die Frage, ob das Vorhandensein einer zweiten Sprache zu einer **Verzögerung** des primären Spracherwerbs führte, kann für beide Kinder eindeutig verneint werden. Es gab weder bei Tom noch bei Nora Unterschiede in den Phasen des ersten Spracherwerbs im Vergleich mit einsprachigen Kindern. Es traten auch keine zeitlichen Verzögerungen auf. Bei beiden Kindern wurden die ersten Einwortsätze im Alter von etwa einem Jahr beobachtet, und beide Kinder begannen mit Beginn des dritten Lebensjahres, Drei- und Mehrwortäußerungen in Deutsch und Englisch zu produzieren.

Ein Sprachsystem oder zwei Sprachsysteme?
Ab ungefähr 2;2 Jahren begann Tom, zwei unterschiedliche lexikalische Systeme aufzubauen (Pisek 2000, 93). Er begann zu verstehen, dass man einen Gegenstand oder eine Tätigkeit mit zwei verschiedenen Wörtern benennen konnte, und dass bestimmte Erwachsene das eine und andere Erwachsene das andere Wort verwendeten. *„Das ist ein Zeichen dafür, dass Tom in dieser Phase bereits klar zwischen den beiden Sprachen unterschied und erkannte, dass auch er mit zwei unterschiedlichen linguistischen Codes kommunizieren konnte"* (Pisek 2000, 94). Dieser bewusste Gebrauch zweier Sprachsysteme ermöglichte es Tom auch, sehr bald **Metasprache** – nach Crystal (1998, 180) *„a language for talking about language"* – als eine wichtige Lerntechnik einzusetzen. Er fragte nicht nur häufig nach, wie Dinge auf Deutsch oder Englisch heißen, sondern er fragte auch nach Übersetzungen und Äquivalenten. Damit wurde es Tom aber auch schon sehr früh – viel früher als das bei

monolingualen Kindern der Fall ist – bewusst, dass es verschiedene sprachliche Möglichkeiten gibt, um einen bestimmten Gedanken auszudrücken.

Bei Nora dauerte es bedeutend länger, bis sie begann, die beiden lexikalischen Systeme zu trennen. Noch mit 2;5 Jahren weigerte sie sich vehement, ein *„Hasele"* auch als *„rabbit"*, *„Knete"* als *„play-dough"*, *„fork"* als *„Gabel"* oder ihre *„Engelen"* als *„angels"* anzuerkennen. Doch auch bei Nora war bereits im dritten Lebensjahr die Entwicklung eines metasprachlichen Bewusstseins zu beobachten.

Rezeptive und produktive Zweisprachigkeit
Tom war bereits im dritten Lebensjahr produktiv zweisprachig. Mit seinem Vater, mit mir und mit Native Speakers kommunizierte er auf Englisch, mit seinem übrigen sozialen Umfeld auf Deutsch. *„Das damit für ihn verbundene und in Kommunikationssituationen häufig notwendige Umschalten auf die andere Sprache erfolgt völlig selbstverständlich und problemlos"* (Pisek 2000, 76).

Bei Nora war im dritten Lebensjahr die Quantität des englischsprachigen Inputs nicht nur aus den oben angeführten Gründen viel geringer als bei Tom, sondern auch aufgrund der Tatsache, dass der Vater und ich nun unsere Zeit und Aufmerksamkeit auf zwei Kinder aufteilen mussten. Außerdem ergriff Tom in Interaktionen immer sofort die sprachliche Initiative, redete oft für Nora oder beantwortete an Nora gerichtete Fragen, sodass Nora wenig Gelegenheit hatte und auch keine Notwendigkeit sah, selbst sprachlich aktiv zu werden. Die *„kritische Schwelle der Sprachbeherrschung"* (Kielhöfer und Jonekeit 1998, 71) schien daher während dieser Zeit unterschritten worden zu sein. Die Folge davon war, dass sich Nora bis etwa 2;7 Jahren nicht nur ihrem Vater und mir gegenüber, sondern auch Native Speakers gegenüber weigerte, englisch zu sprechen. Sie redete uns immer auf Deutsch an, und auch auf unsere englischen Fragen oder Impulse reagierte sie konsequent in deutscher Sprache.

Dieses Verhalten Noras bestätigt die Bedeutung des Inputs für den Erwerb einer zweiten Sprache. Ob sich ein Kind produktiv zweisprachig entwickelt, liegt in einem großen Maße an der Quantität des Inputs. Diese Erkenntnis wird nicht nur durch das Sprachverhalten Toms bestätigt, sondern stimmt auch mit den Ergebnissen der Studien von Taeschner (1983, 192) und Lanza (1997, 325) überein.

Die ersten zaghaften Versuche Noras, englisch zu reden, konnten im Alter von 2;8 Jahren während einer Urlaubswoche des Vaters festgestellt werden. In dieser Zeit konnte sich der Vater, während Tom im Kindergarten war, voll seiner Tochter widmen. Einen ganz entscheidenden Einfluss auf das Sprachverhalten Noras hatten schließlich aber die Reise nach Oxford, England, im Alter von 2;9 Jahren, vor allem aber der Ferienaufenthalt in Ungarn mit 2;11 Jahren, bei dem Englisch als Lingua franca verwendet wurde. Hier war sie einem starken englischen Input ausgesetzt. Den ganzen Tag über war sie von vielen Menschen umgeben, die sich intensiv mit ihr beschäftigten, von denen ihr eine starke emotionale Zuwendung zuteil wurde, und die alle englisch mit ihr sprachen. Plötzlich agierte und reagierte Nora auf Englisch und brachte Äußerungen hervor, die wir ihr auf aufgrund ihres bisherigen Verhaltens nicht zugetraut hätten. Lanza kommt in ihrer Untersuchung zu demselben Ergebnis: *„The amount of input in each language was noted as playing a role in the children's language output. A trip to the USA increased the amount of English language output in speaking to the mothers"* (1997, 322).

Von diesem Zeitpunkt an erkannte Nora auch ihren Vater und mich als ihre englischsprachigen Partner an und bemühte sich, mit uns englisch zu sprechen. Doch auch dabei unterschied sich Nora von Tom: Während Tom immer versuchte, auch für schwierige sprachliche Situationen und komplizierte Sachverhalte geeignete englische Formulierungen zu finden, ging Nora dabei eher den Weg des geringeren Widerstandes. Sie äußerte sich meist nur dann auf Englisch, wenn sie sich sicher war, diese Situation auch tatsächlich auf Englisch bewältigen zu können. Wenn sie sich dessen nicht sicher war, blieb sie lieber bei der deutschen Sprache. Dieses Verhalten hatte aber wiederum zur Folge, dass während dieser Phase verhältnismäßig wenige Sprachmischungen und Interferenzen auftraten.

Verhalten der Erzieher
Bei Tom hielten sich alle Erzieher genau an die ihnen zugeteilte sprachliche Rolle. Die „one person – one language" Methode wurde von allen streng eingehalten. So war für Tom von Anfang an die Notwendigkeit gegeben, englisch zu reden, um mit seinem Vater und mir kommunizieren zu können.

> *„Dies führte dazu, dass Tom sehr klar unterscheidet, mit wem er in welcher Sprache spricht, wer also seine englischsprachigen und wer seine deutschsprachigen Bezugspersonen sind. So redet er beispielsweise mit seiner Mutter, wenn er mit ihr allein ist, nie englisch, obwohl er*

natürlich hört, wie sie mit dem Vater englisch spricht. Ebenso hat er mich noch nie auf Deutsch angesprochen, auch wenn er hört, wie ich mit allen anderen Menschen deutsch rede" (Pisek 2000, 39).

Bei Nora waren der Vater und ich als ihre englischsprachigen Partner bei weitem nicht mehr so konsequent in der Beachtung der *„one person – one language"* Regel. Wir redeten zwar ebenso wie mit Tom auch mit ihr englisch, tolerierten aber meist großzügig ihre deutschsprachigen Reaktionen. Während wir bei Tom vorgaben, ihn nicht zu verstehen, wenn er uns tatsächlich einmal auf Deutsch anredete oder ihn mit einem *„Say it in English, please"* aufforderten, mit uns englisch zu reden, beantworteten wir Noras deutsche Frage meist kommentarlos auf Englisch. Da auch Tom mit seiner Schwester immer nur deutsch sprach, musste Nora zwar in der Familie sowohl Deutsch als auch Englisch verstehen können, weil sie beide Sprachen täglich hörte. Dagegen bestand für sie keine Notwendigkeit, beide Sprachen täglich zu sprechen, wenn sie nicht wollte. Sie wurde von allen verstanden und erreichte alles, was sie wollte, auch wenn sie sich nur auf eine der beiden Sprachen beschränkte.

Kein unterschiedliches Verhalten der Erzieher gegenüber Tom und Nora war hingegen bei unkorrekten oder fehlerhaften Äußerungen, bei Sprachmischungen oder Interferenzen zu beobachten. Bei beiden Kindern verhielten sich die Erzieher sprachlichen Fehlern gegenüber äußerst tolerant. Tom und Nora wurden nie zurechtgewiesen, getadelt oder gar bestraft, wenn es ihnen nicht gelang, einen Satz grammatikalisch oder lexikalisch richtig zu formulieren, oder wenn sie die beiden Sprachen mischten. Man amüsierte sich eher über fehlerhafte Formulierungen und freute sich über das Bemühen der Kinder, sich in zwei Sprachen ausdrücken zu wollen. Auf Korrekturen wurde nach einigen eher erfolglosen Versuchen weitgehend verzichtet. So hatten Tom und Nora auch keine Probleme, ihre Wünsche und Vorstellungen in zwei Sprachen zu äußern. Gleichgültig, wie ungrammatikalisch und sprachlich „falsch" solche Äußerungen manchmal auch waren, verstanden wir doch immer, was sie uns mitteilen wollten. Und zwar verstanden wir sie auch deshalb, weil wir sie ja verstehen wollten. Wenn Fantini über eine ähnliche Situation schreibt, *„By five, increasing demands were placed on the child. There was little tolerance for inappropriate language or behavior. Commands were frequent and direct. These were sometimes followed by verbal or physical punishment"* (1974, 110), dann mag er mit diesem Verhalten in der zweisprachigen Erziehung seines Sohnes Mario möglicherweise erfolgreich gewesen sein. Diese Einstellung entspricht jedoch nicht unseren Vorstellungen von Kindererziehung. Unsere Vorstellungen von zweisprachiger Erziehung werden von Porschè sehr gut zum Ausdruck gebracht: *„Wir ermuntern sie, wenn sie englisch sprechen wollen, versuchen sie jedoch nicht dazu zu zwingen; schließlich haben sie auch andere Interessen, als nur eine zweite Sprache zu üben"* (1983, 183).

Die Studie aus der Sicht der Eltern

Nach Abschluss meiner Beobachtungen für die vorliegende Studie stellte sich für mich die Frage, wie dieses abgelaufene Jahr mit allen meinen Untersuchungen bzw. die zweisprachige Erziehung der beiden Kinder im Allgemeinen von Toms und Noras Eltern beurteilt wird. Zu diesem Zweck führte ich mit den Eltern ein Gespräch über diese Fragen (siehe Anhang).

Es ist den Eltern bewusst, dass sie das *„one parent – one language"* Prinzip bei Nora bei weitem nicht mehr so konsequent befolgten wie bei Tom:

> Bernard: Well, I think that I speak German with Nora as well. More than I would do with Tom. I actually think that we speak a lot more German than we used to.
> (...)
> Karin: Ja, und es wird a mehr gmischt. Dass der Bernard was auf Englisch sagt und i antwort auf Deutsch. Des kann schon sein.

Den Grund für diese Änderung ihres Verhaltens sehen die Eltern nicht nur in den verbesserten Deutschkenntnissen des Vaters, sondern auch in einer sehr unterschiedlichen Einstellung der Kinder zur Zweisprachigkeit. Während Tom von Anfang an Freude daran hatte und es interessant fand, englisch zu reden und stolz auf seine Fähigkeiten war, war die Frage der Zweisprachigkeit für Nora nie ein besonderes Thema:

> Bernard: Because Nora is not like Tom. He finds it interesting, that he speaks two langages.
> Opa: Yes, Tom is proud, yeah.
> Bernard: Whereas Nora,...you know.

Die Eltern sind aber der Meinung, dass Nora, auch wenn sie selbst nicht so gerne und so viel englisch redet wie ihr Bruder, im Bereich der Rezeption auch in Englisch bereits bisher sehr viele und wichtige Kenntnisse und Fertigkeiten erworben hat:

> Bernard: If she ever decides to go to England or anywhere, she won't have any trouble. She'll come back and she will be fluent.

Die geringere Quantität des Inputs ist für die Eltern nicht der einzige Grund für die großen Unterschiede zwischen Tom und Nora im Bereich der produktiven Sprachbeherrschung. Für sie liegen die Ursachen dafür auch in den Unterschieden im Wesen und im Charakter der beiden Kinder. Wenn Nora lieber deutsch als englisch spricht, so zeigt sie damit für den Vater ein für ein dreijähriges Kind ganz normales Verhalten. Tom hingegen war sich bereits im dritten Lebensjahr seiner Zweisprachigkeit und der damit verbundenen Vorteile voll bewusst. Und dabei ist es auch geblieben:

> Bernard: Because he is, ...well I think because he is not a normal five year old. For me Nora reacts as a child, ...ah, ...a lot more.
> Karin: Ja, das meine ich.
> Bernard: You know, Tom is always looking for intellectual stimulation. The whole time.
> Opa: Yeah, that's right.
> Bernard: Without such stimulations he gets bored. And Nora is not like that. (...) Because you can talk with Tom two or three hours about Ötzi or something like that. You pick up a book about dinosaurs, and he will talk about dinosaurs for hours. And of course in English. So he gets a lot more input.

Ihren Entschluss, mit Tom ab 2;6 Jahren und mit Nora von Anfang an deutsch zu reden, hält die Mutter rückblickend für richtig. Bei Tom war bis zu diesem Zeitpunkt Englisch so stark, dass Schwierigkeiten im Kontakt mit deutschsprachigen Kindern zu befürchten waren:

> Karin: Er hat ja zum Beispiel beim Einkaufen im M-Preis mit der Wurstverkäuferin nur englisch gredet. (...) Und die hat ihn ja nie verstanden.

Nora hätte nach ihrer Übersiedlung überhaupt keine regelmäßigen deutschsprachigen Partner gehabt, wenn sowohl die Mutter als auch der Vater mit ihr englisch geredet hätten. Dann wäre Englisch die Familiensprache gewesen, was bedeutet, dass dann auch Tom mit ihr englisch geredet hätte. Deutsch wäre auf jeden Fall Noras schwache Sprache gewesen.

> Karin: Und dann,...des wär nix...Vor allem, weil sie ja eher schüchtern oder zurückhaltend mit die Leut is, und wenn sie dann nur Englisch kann, dann is des noch verstärkt. In der Spielgruppe zum Beispiel, oder so.

Die zweisprachige Erziehung der Kinder führte, wie beide Elternteile bestätigen, nie zu irgendwelchen Spannungen oder Konflikten innerhalb der Familie. Meine Forschungsarbeit wirkte sich laut Aussage des Vaters sogar positiv auf das Familienleben aus. Obwohl es manchmal vor allem für die Mutter mühsam war, während einer Arbeit oder während einer Mahlzeit interessante Äußerungen der Kinder sofort zu notieren, um sie nicht zu vergessen, waren sie doch auch selbst am Verlauf und an den Ergebnissen meiner Studie sehr interessiert und daher bereit, mich in meiner Arbeit voll zu unterstützen. Was meine Beziehung zu Tom und Nora betrifft, so sind die Eltern der Meinung, dass mein an sich schon sehr tiefes und enges emotionales Verhältnis zu den beiden Kindern durch die Studie noch verstärkt wurde:

> Karin: Und i glaub, deine Studie hat des halt noch gefördert. Weil des einfach oft a Entschuldigung oder a Grund für dich war, dass man sich dem Tom noch mehr widmet. Oder a Vorwand.

Porschè (1983, 10) weist darauf hin, dass es sehr schwierig ist, zwei Kinder gleichzeitig zu beobachten. Denn erstens kann man sich einem zweiten Kind nicht mehr mit einer solchen Ausschließlichkeit widmen wie einem einzigen, und zweitens erregt ein zweites Kind nicht mehr mit jedem kleinen Fortschritt jenes Erstaunen, das eine wichtige Vorbedingung der Aufmerksamkeitseinstellung ist. Diese Feststellung trifft nach Meinung der Eltern auch für meine Situation als Forscher voll zu. Es war immer Tom, dem ich meine besondere Aufmerksamkeit zuwendete:

> Bernard: Of course. Tom was your first guinea pig, and Nora just happened to come along.
> (...)
> Karin: Des sowieso. Ja, des is bei der Nora sicher so. Und vor allem, weil ja der Tom gleich so gut Englisch können hat. Des war ja noch was Bsonderes. Während die Nora, dadurch dass sie sich gweigert hat,...I

moan, bei ihr war des interessant zu beobachten, ihr Verhalten, net ihre Fähigkeiten. Und der Tom war halt des ideale Studienobjekt.

Porschè (1983, 10) stellt auch fest, dass man durch das Vorhaben, das Sprechen der eigenen Kinder und das Sprechen mit den Kindern zu untersuchen und die Ergebnisse zu veröffentlichen, notwendigerweise einen Teil der familiären Privatsphäre preisgibt; eine Situation, die für ihn in seiner Studie zu einem Problem wurde. Für Toms und Noras Eltern war dieser Punkt nie ein Thema. Ihr Verhalten den Kindern gegenüber wurde durch das Wissen um eine Veröffentlichung nie in irgendeiner Weise beeinflusst. Die Mutter ist zwar der Meinung, dass sie sich in einer Situation, die aufgezeichnet wurde, teilweise anders verhielt. Das betrifft jedoch nur ihr Sprachverhalten, nicht aber ihr Sozialverhalten. Denn sie erhoffte sich bei den Interaktionen, die sie für mich aufzeichnete, die Kinder durch eine gewisse sprachliche Lenkung zu möglichst interessanten und für meine Untersuchung wichtigen Äußerungen anzuregen.

Meine Doppelfunktion als Forscher und Großvater sehen die Eltern in erster Linie als Vorteil an. Als Großvater bin ich Teil der Familie, nehme aktiv am Familiengeschehen teil und gewinne dadurch Erkenntnisse, die ein außenstehender Forscher nie erfahren kann. Im Vergleich zu Eltern habe ich schließlich den Vorteil, die Sache aus größerer Distanz zu sehen:

> Karin: Eltern sind zu involviert. Du hast den Abstand irgendwie. Du hast beides. Du hast den Abstand, aber net wie a Forscher. Und gleichzeitig bist du a Insider. (...) Aber des kann natürlich auch a Nachteil sein.
> Opa: In welcher Hinsicht kann des a Nachteil sein?
> Karin: Ja, dass du emotional die Kinder einfach anders behandelst. Während des a Forscher einfach net tun würde.
> Bernard (lacht): You spoil them. Of course, you spoil them rotten. Well, I never had an Opa, but that's what Opas are there for.

Zusammenfassend stellen die Eltern fest, dass die positive Einstellung beider Kinder zur Zweisprachigkeit, die erstaunlichen sprachlichen Leistungen Toms und die zustimmenden und anerkennenden Reaktionen des gesamten sozialen Umfeldes eine klare Bestätigung für die Richtigkeit ihres Entschlusses sind, den Kindern ein spielerisches, kindesgemäßes Erlernen von zwei Sprachen zu ermöglichen.

Abschließende Überlegungen

Die zweisprachige Entwicklung Toms wurde von mir einschließlich der Studien für meine Diplomarbeit etwa 2 ½ Jahre lang, die Entwicklung seiner Schwester Nora ein Jahr lang beobachtet. Trotz sehr intensiver Beobachtungen und trotz des Studiums einer großen Zahl von Büchern über zweisprachiger Kindererziehung wurde mir während meiner Beschäftigung mit diesem Thema bewusst, wie wenig wir über den tatsächlichen Spracherwerbsprozess wissen. Wir können Gespräche der Kinder aufzeichnen, Wörter zählen, bestimmte Stufen im Spracherwerbsprozess feststellen; wir können anführen, was ein Kind sagt, wann und wie es etwas sagt. Aber wir können noch immer nicht klar und eindeutig erklären, wie es die Fähigkeiten dazu erwirbt, in einer bestimmten Situation das Richtige zu sagen. Schließlich geht es beim Erwerb von Sprache um mehr als nur um den Erwerb linguistischer Elemente, denn die Sprache ist doch nur ein Teil (wenn auch ein sehr wesentlicher) unseres Kommunikationssystems. *„Most important of all, a model of bilingual language acquisition must place the child's acquisition of two languages within the process of language socialization. The bilingual child is not only learning linguistic forms but also social meaning attached to the use of these forms as he or she acquires communicative competence"* (Lanza 1997, 325). Gleichzeitig mit den linguistischen Elementen, die seine Sprache formen, lernt das Kind also auch alle anderen Aspekte menschlichen Verhaltens, die Teil der Kultur seiner Gemeinschaft sind. Wenn das Kind seine Sprache lernt, entwickelt es nicht nur ein Gefühl für die grammatikalische Richtigkeit der Sprache, sondern auch das Gefühl für ihre soziale Angemessenheit.

„And through language (...) he forms a view of his world. How all of this is accomplished remains a mystery. Obviously the process of language acquisition is affected by various factors and constraints: biological, maturational, psychological, conceptual and cognitive, and circumstantial (social). Yet the specific strategies the child uses still evade us" (Fantini 1976, 252).

So stehen wir noch immer vor dem *„Wunder des Spracherwerbs"* (Bruner 1997, 15).

15 Literaturverzeichniss

Abels, H.: Alltagswirklichkeit und Situationen. In: Soziale Welt 26.Jg. 1975.

Aitchison, J.: Der Mensch – das sprechende Wesen. Tübingen (Narr) 1982.

Akkari, A.: Bilingual Education: Beyond Linguistic Instrumentalization. In: Bilingual Research Journal, volume 22, 1998. URL: http://brj.asu.edu/v22234/articles/art2.html. Abfrage am 24.08.2001.

Arnberg, S.: Raising Children Bilingually: The Pre-School Years. Clevedon (Multilingual Matters) 1991 (1987).

Atteslander, P.: Methoden der empirischen Sozialforschung. Berlin, New York 1975.

Baetens Beardsmore, H.: Bilingualism: Basic Principles. Clevedon (Tieto Ltd.) 1982.

Baker, C.: A Parents' and Teachers' Guide to Bilingualism. Clevedon (Multilingual Matters) 1995.

Baker, C.: Key Issues in Bilingualism and Bilingual Education. Clevedon (Multilingual Matters) 1988.

Bialystok, E. (Hg.): Language Processing in Bilingual Children. Cambridge (Cambridge University Press) 1996 (1991).

Bichsel, P.: Kindergeschichten. Berlin (Luchterhand) 1979 (1969).

Bichsel, P.: Es gibt nur Eine Sprache. In: Huber, J. et al. (Hg.): Sprache- & Kulturerziehung. Element eines neuen Schulsprachenkonzepts. Graz (Zentrum für Schulentwicklung des Bundesministeriums für Unterricht und kulturelle Angelegenheiten) 1996.

Bloomfield, L.: Language. New York (Holt, Rinehart and Winston) 1933.

Bogdan, R. und Taylor, St.: Introduction to Qualitative Research Methods. New York 1975.

Bratt - Paulson, C.: Bilingual/Bicultural Education. In: Review of Research in Education 6, 1978, 186 - 228.

Bredella, L.: Immigration zwischen Sprachlosigkeit und Sprachbeherrschung. In: Gogolin, I., Graap, S., List, G. (Hrsg.): Über Mehrsprachigkeit. Tübingen (Stauffenburg) 1998.

Brown, R.: A Fist Language – The Early Stages. Cambridge MA (Harvard Univ. Press) 1973.

Brown, R.: Introduction. In: Snow. C. and Ferguson, C.: Talking to children. Cambridge (CUP) 1977.

Brügelmann, H.: Pädagogische Fallstudien. In: D. Fischer 1982, 62-82.

Brumlik, M.: Interaktionstheorien. In: Hierdeis, H. und Hug., Th. (Hg.): Taschenbuch der Pädagogik, Bd. 3, 883 – 892. Baltmannsweiler (Schneider-Verl. Hohengehren) 1997.

Bruner, J.: Mutter-Sprache. In: Psychologie heute, 7.Jg., Heft 1, 1984, 61-67.

Bruner, J.: Wie das Kind sprechen lernt. Bern (Huber) 1997 (1987).

Buber, M.: Das dialogische Prinzip. Gerlingen (Schneider) 1997 (1962).

Buschbeck, M.: Einzelfallstudien – ein notwendiges wissenschaftliches „Antiprogramm". In: D. Fischer 1982, 103-106.

Byram, M.: Cultural Studies and Foreign Language Education. Clevedon (Multilingual Matters) 1989.

Byram, M. und Morgan, C. et al.: Teaching and Learning Language and Culture. Clevedon (Multilingual Matters) 1994.

Byram, M.: Überlegungen zur Sprach- und Kulturerziehung. In: Huber, J. et al. (Hg): Sprachen und kulturelle Bildung. Beiträge zum Modell: Sprach-& Kulturerziehung. Graz (Zentrum für Schulentwicklung des Bundesministeriums für Unterricht und kulturelle Angelegenheiten) 1995.

Celce-Murcia, M.: The Simultaneous Acquisition of English and French in a Two-year-old Child. In: Hatch, E. (Hg.): Second Language Acquisition. Rowley, Mass. (Newbury House) 1978.

Christophersen, P.: Bilingualism. London 1948.

Corsaro, W. und Streek, J. (Hg.): Children's Worlds and Children's Language. Berlin (Mouton De Gruyer) 1986.

Crystal, D.: Listen to Your Child: A Parent's Guide to Children's Language. Harmondsworth (Penguin Books) 1986.

Crystal, D.: Language Play. Harmondsworth (Penguin Books) 1998.

Cunningham-Andersson, U. und Andersson, S.: Growing Up with Two Languages. London (Routledge) 1999.

De Houwer, A.: The acquisition of two languages from birth: A case study. Cambridge (CUP) 1990.

De Houwer, A.: Bilingual Language Acquisition. In: Fletcher, P./Mac Whinney, B. (Hg.): The Handbook of Child Language. Oxford (Blackwell) 1995.

De Jong, E.: The Bilingual Experience. Cambridge (Cambridge University Press) 1986.

De Vries, A.: Die Bibel unserer Kinder. Linz (Veritas) 1961.

Döpke, S.: One Parent One Language. Amsterdam (John Benjamins) 1992.

Duden, Bd. 5: Fremdwörterbuch. Mannheim (Dudenverlag) 1997.

Dunn, J.: The Beginning of Social Understanding. Cambridge, Mass. (Harvard Univ. Press) 1988.

Edwards, J.: Multilingualism. London (Penguin Books) 1995.

Fantini, A.: Language acquisition of a bilingual child. A sociolinguistic perspective. Brattleboro, Vermont, U.S.A. (The Experiment Press) 1976.

Ferguson, C.: Baby talk as simplified register. In: Snow, C. and Ferguson, C. (Hg.): Talking to Children. Cambridge (CUP) 1977.

Fischer, D. (Hg.): Fallstudien in der Pädagogik. Aufgaben, Methoden, Wirkungen. Konstanz (Faude) 1982.

Fromkin, V. und Rodman, R.: In Introduction to Language. New York (Harcourt Brace Jovanovich,Inc.) 1993.

Fthenakis, W.E.: Bilingual-bikulturelle Entwicklung des Kindes. München (Hueber) 1985.

Gal, S.: Language shift: social determinants of linguistic change in bilingual Austria. New York (Academic Press) 1979.

Garlin, E.: Bilingualer Erstspracherwerb. München (Verlag für Sprache und Sprachen) 2000.

Genesee, F.: Early Bilingual Development: One Language or Two?. In: Journal of Child Language 6, 161-79, 1989.

Girtler, R.: Methoden der qualitativen Sozialforschung. Wien (Böhlau) 1992.

Gogolin, I.: Erziehungsziel Zweisprachigkeit. Hamburg (Bergmann+Helbig Verlag) 1988.

Graf, P.: Frühe Zweisprachigkeit und Schule. Empirische Grundlagen zur Erziehung von Minderheitenkindern. München (Hueber) 1987.

Graf, P. und Tellmann, H.: Vom frühen Fremdsprachenlernen zum Lernen in zwei Sprachen. Schulen auf dem Weg nach Europa. Frankfurt am Main (Peter Lang) 1997.

Graf, P.: Sprachentwicklung und interkulturelle Pädagogik: Bilinguale Schullaufbahnen als interkulturelles Lernen. In: Eichelberger, H./Furch, E.: Kulturen, Sprachen, Welten: die Herausforderung (Inter-)Kulturalität. Innsbruck (Studien Verlag) 1998.

Grosjean, F.: Life with Two Languages. Cambridge,Mass.(Harvard University Press). 1982.

Gumperz, J.: Social network and language shift. Unveröffentlichtes Manuskript, University of California, Berkely 1976.

Hatch, E.M. (Hg.): Second Language Acquisition. A Book of Readings. Rowley, Mass. (Newbury House) 1978.

Harding, E. und Riley,Ph.: The Bilingual Family. Cambridge,UK. (Cambridge University Press) 1998 (1986).

Harris, M.: Language Experience and Early Language Development: From Input to Uptake. Hove, UK (Lawrence Erlbaum) 1992.

Haugen, E.: The Norwegian language in America: a study in bilingual behavior. Bloomington (Indiana University Press) 1969.

Hierdeis, H. und Hug, Th. (Hg.): Taschenbuch der Pädagogik, Band 1 - 4. Baltmannsweiler (Schneider Verl. Hohengehren) 1997.

Hoffman, E.: Lost in Translation. New York (Penguin) 1990 (1989).

Hoffmann, Ch.: An Introduction to Bilingualism. London (Longman) 1997 (1991).

Huschke-Rhein, R.: Systemische Pädagogik, Band II: Qualitative Forschungsmethoden und Handlungsforschung. Köln (Rhein-Verlag) 1991.

Jespersen, O.: Language. London (George Allen and Unwin) 1922.

Jeßner, U.: Zur Dynamik von Multilingualismus und Multikulturalismus. In: Huber, J. et al. (Hg.): Sprachen und kulturelle Bildung. Beiträge zum Modell: Sprach- & Kulturerziehung. Graz (Zentrum für Schulentwicklung des Bundesministeriums fürUnterricht und kulturelle Angelegenheiten) 1995.

Kielhöfer, B.: Frühkindlicher Bilingualismus. In: Bausch, K. R. (Hg.): Handbuch Fremdsprachenunterricht. Tübingen (Francke) 1995 (1989).

Kielhöfer, B. und Jonekeit, S.: Zweisprachige Kindererziehung. Tübingen (Staufenberg Verlag) 1998 (1983).

Kingston, M. H.: The Woman Warrior. New York (Vintage) 1989.

Klein, W.: Zweitspracherwerb. Eine Einführung. Königstein/Ts. (Athenäum) 1984.

Koehn, C. und Müller, N.: Neue Arbeitsergebnisse in der Bilingualismusforschung. In: Der Deutschunterricht 5/1990, 49-59.

Köppe, R. und Meisel, J.: Code-Switching in Bilingual First Language Acquisition. In: Kilroy, L. und Muyshken, P. (Hg.): One Speaker, Two Languages. Cambridge (CUP) 1995.

Kramsch, C.: Language and Culture. Oxford (OUP) 2000 (1998).

Krashen, St. D.: Relating Theory and Practice in Adult Language Second Language Acquisition. In: S.W.Felix (Hg.): Second Language Development. Trends and Issues. Tübingen (Narr) 1980, 433-468.

Krashen, St. D.: Principles and practice in second language acquisition. Oxford (Pergamon) 1982.

Krashen, St. D.: Condemned Without a Trial: Bogus arguments against bilingual education. Portsmouth, NH (Heinemann) 1999.

Samoa-Info: Kulturelle Identität 2001. URL: http://www.samoa-info.de/llkutid.htm. Abfrage am 22.08.2001.

Lambert, W.E.: The Effects of Bilingualism on the Individual: Cognitive and Sociocultural Consequences. In: P.A.Hornby (Hg.): Bilingualism. New York 1977.

Lambert,W.: Culture and language as factors in learning and education. In: Eckman,F.(Hg.): Current themes in linguistics. Washington D.C. (Hemisphere Publishing) 1977.

Lamnek, S.: Qualitative Sozialforschung, Band 1: Methodologie. München (Beltz) 1988.

Lamnek, S.: Qualitative Sozialforschung, Band 2: Methoden und Techniken. München (Beltz) 1995 (1988).

Langenmayr, A.: Sprachpsychologie. Ein Lehrbuch. Göttingen (Hogrefe) 1997.

Lanza, E.: Language Mixing in Infant Bilingualism. Oxford (Clarendon Press) 1997.

Larcher, D.: Fremde in der Nähe. Interkulturelle Bildung und Erziehung. Klagenfurt (Drava) 1991.

Lenneberg, E.H.: Biological Foundations of Language. New York 1967.

Leopold,W.: A child's learning of two languages. In: Hatch, E.(Hg.): Second language acquisition. Rowley, Mass. (Newbury House) 1978.

Lewis, E.G.: Bilingualism and bilingual education: from the ancient world to the renaissance. In: J.Fishman (Hg.): Bilingual Education. Rowley, Mass. (Newbury House) 1976.

Lyons, J.: Die Sprache. München (Beck) 1983.

Maceri, D.: Passive Bilingualism – Lucia's Story. In: The Bilingual Family Newsletter; Vol. 16 No. 4, 1999. Clevedon (Multilingual Matters).

Mackey, W.F.: The description of bilingualism. In: J.Fishman (Hg.): Readings in the Sociology of Language. The Hague (Mouton) 1970.

Maori Language Commission: Maori Language Immersion Course 1987. URL: http://tetaurawhiri.govt.nz/english/about_us.htm. Abfrage am 21.08.2001.

Mayring, Ph.: Einführung in die qualitative Sozialforschung. Weinheim (Beltz) 1999 (1990).

McLaughlin, B.: Second-LanguageAcquisition in Childhood. Hillsdale,New Jersey. (Lawrence Erlbaum Associates) 1984 (1978).

Meisel, J.(Hg.): Bilingual First Language Acquisition – Doppelter Erstspracherwerb. Amsterdam (Benjamins) 1989.

Merten, St.: Fremdsprachenerwerb als Element interkultureller Bildung. Frankfurt/Main (Peter Lang) 1995.

Merten, St.: Wie man Sprache(n) lernt. Frankfurt/Main (Peter Lang) 1997.

Meyers Großes Taschenlexikon, Band 12. Mannheim (BI-Taschenbuchverlag) 1987.

Müller, Chr.: Interkulturelle Kompetenz – zum Modell einer systemtranszedentierenden sozialen Kompetenz. In: Huber, J. et al. (Hg.): Sprachen und kulturelle Bildung. Beiträge zum Modell: Sprach- & Kulturerziehung. Graz (Bundesministerium für Unterricht und kulturelle Angelegenheiten) 1995.

Ochs, E.: Transcription as Theory. New York (Academic Press) 1979.

Oksaar, E.: Spracherwerb im Vorschulalter. Einführung in die Pädolinguistik. Stuttgart (Kohlhammer) 1987.

Österreichischer Rundfunk, Fernsehen: ORF 2: Wissenschaftsmagazin „Modern Times", Wien 8. 6. 2001.

Oxford Advanced Learner's Dictionary. Oxford (OUP) 1989.

Pearl, E. und Lambert, W.E.: The relationship of bilingualism to intelligence. In: Psychological Monographs 76, 1962.

Peltzer-Karpf, A. und Zangl, R.: Zoom. Fremdsprachenlernen in der Grundschule, Extraheft 1
Vier Jahre VIENNA BILINGUAL SCHOOLING. Graz (Zentrum für Schulentwicklung des Bundesministeriums für Unterricht und kulturelle Angelegenheiten, Bereich III) 1997.

Penfield, W. und Roberts, L.: Speech and brain-mechanism. Princeton, NJ.(Princeton University Press) 1959.

Pinker, St.: The Language Instinct. How the Mind Creates Language. New York (William
Morrow and Company, Inc.) 1994.

Pisek, R.: Zweisprachige Kindererziehung in Theorie und Praxis. Innsbruck 2000.

Porschè, D.: Die Zweisprachigkeit während des primären Spracherwerbs. Tübingen (Gunter Narr) 1983.

Pye, C.: One lexicon or two?: an alternative interpretation of early bilingual speech. In: Journal of Child Language 3, 1986, 591-593.

Redlinger, W. und Park, T.-Z.: Language mixing in young bilinguals. In: Journal of Child Language 7, 1980; 334-52.

Rodriguez, R.: Hunger of Memory. The Education of Richard Rodriguez. New York (Bantam) 1983 (1982).

Romaine, S.: Bilingualism. Oxford (Blackwell) 1995 (1989).

Saunders, G.: Bilingual Children. Guidance for the Family. Clevedon. (Multilingual Matters) 1982.

Saunders, G.: Bilingual Children: from birth to teens. Clevedon (Multilingual Matters) 1988.

Schoen, U.: Bi-Identität. Zweisprachigkeit, Bi-Religiosität, doppelte Staatsbürgerschaft. Zürich (Walter) 1996.

Schwartz, M.S. und Schwartz, Ch.G.: Problems in Participant Observation, in: American Journal of Sociology, 1955, 343-353.

Sedaris, D.: Me talk pretty one day. London (Abacus) 2000.

Siebert-Ott, G. M.: Frühe Mehrsprachigkeit. Probleme des Grammatikerwerbs in multilingualen und multikulturellen Kontexten. Tübingen (Niemeyer) 2001.

Skutnabb-Kangas, T.: Bilingualism or Not. Clevedon (Multilingual Matters) 1984.

Snow, C.: Mothers' speech to children learning language. In: Child Development 43, 549-565, 1972.

Snow, C. and Ferguson, Ch. (Hg.): Talking to Children. Language Acquisition and Input. Cambridge (CUP) 1979 (1977).

Stenhouse, L.: Pädagogische Fallstudien: Methodische Traditionen und Untersuchungsalltag. In: D. Fischer, 1982, 24-61.

Stöger, P.: Ayse und Fritz – eine pädagogisch-anthropologische Überlegung zur Sprach- und Kulturerziehung. In: Huber, J. et al. (Hg.): Sprach- & Kulturerziehung. Element eines neuen Schulsprachkonzeptes. Graz (Zentrum für Schulentwicklung des Bundesministeriums für Unterricht und kulturelle Angelegenheiten) 1996a

Stöger, P.: Martin Buber, der Pädagoge des Dialogs. Szombathely (Savaria) 1996b.

Stöger, P.: Wo liegt Afrika? Pädagogisch-anthropologische Grundposition zum Nord-Süd-Dialog. Frankfurt am Main (Peter Lang) 2000.

Swain, M. und Cummins, J.: Bilingualism, cognitive functioning and education. In: Language Teaching and Linguistics:Abstracts 12. o.J.

Szagun, G.: Sprachentwicklung/Spracherziehung. In: Hierdeis, H. und Hug, Th. (Hg.): Taschenbuch der Pädagogik, Bd. 4. Hohengehren (Schneider) 1997, 1435-1443.

Szagun, G.: Sprachentwicklung beim Kind. Weinheim (Beltz) 2000 (1980).

Taeschner, T.: The Sun is Feminine. A Study on Language Acquisition in Bilingual Education. Berlin (Springer-Verlag) 1983.

Van Overbeke, M.: Introduction au Bilinguisme. Brüssel (Nathan) 1972.

Varro, G. und Gebauer, G.: Zwei Kulturen – eine Familie. Paare aus verschiedenen Kulturen und ihre Kinder. Opladen (Leske + Budrich) 1997.

Victoria University of Wellington, New Zealand: A Rationale for Languages Policy for New Zealand, o. J. URL: http://www.vuw.ac.nz/lals/lang_policy_nz.htm. Abfrage am 22.08.2001.

Vihman, M.: Language differentiation by the bilingual infant. In: Journal of Child Language 12, 1985; 297-318.

Volterra, V. und Taeschner, T.: The acquisition of language by bilingual children. In: Journal of Child Language 5, 1978; 311-26.

Wandruszka, M.: Die Mehrsprachigkeit des Menschen. München (Piper) 1979.

Wandruszka, M.: Die Muttersprache als Wegbereiterin zur Mehrsprachigkeit. In: Oksaar, E. (Hg.): Soziokulturelle Perspektiven von Mehrsprachigkeit und Spracherwerb. Tübingen (Narr) 1987.

Wehr, G.: Martin Buber. Reinbek (Rowohlt) 1998 (1968).

Weinreich, U.: Sprachen in Kontakt. München (Beck) 1976.

Weinreich, U.: Languages in contact. The Hague (Mouton) 1968.

Weisgerber, B.: Handbuch zum Sprachunterricht. Weinheim (Beltz) 1983.

Weisgerber, L.: Die volkhaften Kräfte der Muttersprache. Frankfurt/Main (Diesterweg) 1939.

Weisgerber, L.: Vorteile und Gefahren der Zweisprachigkeit. In: Wirkendes Wort 16. Düsseldorf (Schwann) 1966.

Wells, G.: Language Development in the Pre-School Years. Cambridge (CUP) 1985.

Whorf, B.L.: Sprache-Denken-Wirklichkeit. Beiträge zur Metalinguistik und Sprach-Philosophie. Reinbek (Rowohlt) 1997 (1963).

Wode, H.: Einführung in die Psycholinguistik. Ismaning (Hueber) 1988.

Wong Fillmore, L.: Second-language learning in children: a model of language learning in social context. In: Bialystok, E.: Language processing in bilingual children. Cambridge (Cambridge University Press) 1996 (1991).

xrefer: New Zealand; Maori 2001. URL: http://w1.xrefer.com/entry.jsp?xrefid=442883. Abfrage am 21.08.2001.

Yule, G.: The Study of Language. Cambridge (Cambridge University Press) 1996 (1985).

Zangl, R.: Dynamische Muster in der sprachlichen Ontogenese. Bilingualismus, Erst- und Fremdsprachenerwerb. Tübingen (Narr) 1998.

Ziegler, M.: Das soziale Erbe. Eine soziologische Fallstudie über drei Generationen einer Familie. Wien (Böhlau) 2000.

Zimmer, D. E.: Deutsch und anders. Die Sprache im Modernisierungsfieber. Reinbek (Rowohlt) 1998a.

Zimmer, D. E.: Lieber gleich ins kalte Wasser. Die zweisprachige Erziehung in den USA ist ein Lehrstück dafür, wie leicht sich vermeintlicher Fortschritt verrennt. In: DIE ZEIT Nr. 47 vom 12. 11. 1998b.

Zimmer, D. E.: So kommt der Mensch zur Sprache. München (Heyne) 1999 (1986).

www.ingramcontent.com/pod-product-compliance
Lightning Source LLC
Chambersburg PA
CBHW082033230426
43670CB00016B/2646